本书为国家社会科学基金重大项目"东北亚命运共同体构建
—— 中国的引领与行动"（18DA129）最终成果

东北亚

命运共同体构建研究

张蕴岭

——等著

中国社会科学出版社

图书在版编目（CIP）数据

东北亚命运共同体构建研究 / 张蕴岭等著 . —北京：中国社会科学出版社，
2024.8

ISBN 978 - 7 - 5227 - 3428 - 6

Ⅰ.①东…　Ⅱ.①张…　Ⅲ.①国际合作—研究—东亚　Ⅳ.①D831.02

中国国家版本馆 CIP 数据核字（2024）第 073682 号

出 版 人	赵剑英
责任编辑	赵　丽　朱亚琪
责任校对	李　锦
责任印制	王　超

出　　版	中国社会科学出版社
社　　址	北京鼓楼西大街甲 158 号
邮　　编	100720
网　　址	http://www.csspw.cn
发 行 部	010 - 84083685
门 市 部	010 - 84029450
经　　销	新华书店及其他书店

印　　刷	北京明恒达印务有限公司
装　　订	廊坊市广阳区广增装订厂
版　　次	2024 年 8 月第 1 版
印　　次	2024 年 8 月第 1 次印刷

开　　本	710 × 1000　1/16
印　　张	25.5
插　　页	2
字　　数	368 千字
定　　价	129.00 元

凡购买中国社会科学出版社图书，如有质量问题请与本社营销中心联系调换
电话：010 - 84083683

前　　言

　　本书是国家社会科学基金重大项目"东北亚命运共同体构建——中国的引领与行动"（18DA129）的最终成果。自 2018 年课题立项以来，课题组全体成员按照课题分工，从多个方面对有关推动构建东北亚命运共同体的问题进行研究。在全面研究的基础上，本书从综合、经济、政治安全和文化四个方面就东北亚命运共同体的构建和中国的引领与行动进行深入分析。第一篇主要对人类命运共同体构建、中国的思想引领与行动、推动东北亚命运共同体构建进行综合分析；第二篇主要对东北亚经济命运共同体构建和各国的参与进行分析；第三篇主要对东北亚政治安全命运共同体和各国的参与进行分析；第四篇主要从东北亚历史与现代文化互通交流的视角，对东北亚人文命运共同体的构建进行分析。

　　构建人类命运共同体是回答和解决世界之问、时代之问的中国理念和方案，作为快速发展的大国，中国对世界郑重宣示，把人类命运共同体构建作为对外战略的指导理念与原则，倡导世界各国合作共建，是国际关系史上前所未有的事情，具有时代意义与价值，并将产生深远的国际影响。

　　当前，世界和平与发展面临的问题和挑战越来越具有全局性、综合性和长远性，人类命运共同体理念直面当今时代核心问题。人类命运共同体意识超越了世界不同国家、民族、群体的界限，最大限度地凝聚了国际社会的共识。从中国外交政策思想的历史演变来看，人类命运共同体理念体现了中国长期以来对于国际公平正义的追求，是中

1

国一以贯之的外交理念的最新体现。

人类命运共同体构建具有多层次、多方向、多方式的特征。中国从双边、区域及全球层次全方位倡导人类命运共同体理念，号召发展中国家和发达国家共建人类命运共同体。

人类命运共同体的根基在地区。东北亚命运共同体建设的思想指导与行动方案，必须基于本地区的特点，符合本地区各国和平发展的需要。百年大变局下的东北亚正处在一个历史性转变的新起点。历史性转变新内涵的核心是以东北亚命运共同体构建为思想引领和行动议程，实现东北亚地区和合共生、合作共赢的新未来。

东北亚地区矛盾错综复杂，地区特性很强，对未来世界格局的影响也很重大，因此，在这个地区推动建立人类命运共同体本身就是一个创新，需要创新理论、创新方式与创新行动，真正走出西方思维与范式的影响，探索出一条新的地区和解与合作的道路。

推动东北亚命运共同体的构建，需要推动各国对和平相处、合作发展理念的认同，以此为基础，推动基于共识的合作行动议程。鉴于在东北亚区域认同上存在不同，可以把东北亚放在东亚人类命运共同体与周边人类命运共同体的大框架下推动其发展，即把东北亚地区的命运共同体建设融入更大视野与空间之中，降低区域认同与利益认知的矛盾性。借鉴欧盟、东盟合作的经验，走东北亚特色的命运共同体之路。在方法上，以理念为导向，凝聚共识，整体定位，分类、分层推进，开展务实合作，在经济、政治安全、文化多领域深化合作，夯实命运共同体的基础。

在经济领域，推动命运共同体构建，宗旨是通过双边和区域的开放与合作，实现各国的共同发展和共同受益，在东北亚地区形成一种各国之间经济紧密连接、利益共创共享的可持续发展合作机制，实现区域经济的繁荣。

东北亚地区经济互补性强，已经逐步建立起紧密的产业链接，奠定了很强的共同利益基础，建立在共同利益基础上的合作得到了很大的发展。尽管东北亚各国在制度合作、功能合作上都得到了发展，但面临新的复杂形势，地区的合作机制较弱，需要在进一步凝聚共识的基础上深化合作。

改革开放后，中国致力于加强同东北亚国家之间的经贸关系，不断主动开放国内市场，降低外资进入壁垒，持续改善国内营商环境，并且积极参与和推动区域经济合作上的机制构建，在区域合作制度建设、功能性合作、地方性合作和应急合作等方面发挥着重要的和引领性的作用。

中日韩三国是区域经济重心，以紧密的双边经济关系为基础，逐步建立起了多层次合作机制。基于市场开放的环境，特别是中国改革开放带来的发展机遇，中日韩三国逐步建立了互补型的紧密经济联系。中日韩三国紧密的经济关系和合作机制构建，不仅有利于三国，也有利于东北亚、东亚和亚太地区。面临的新挑战是：如何在新的形势下稳定三国经济合作的基础、克服困难，就构建新的合作发展、共同发展达成共识，采取相向而行的行动。

东北亚地方经济合作具有重要的意义。地方对地方更能发挥积极能动性，实现合作的对接与共利，特别是接邻地区的合作，更具有活力，有利于创建小区域合作发展环境，构建更为紧密的相邻地区经济社会合作机制，地方经济合作更能直接惠及基层民众，最能直接体验和体现经济命运共同体的内涵。

在政治安全领域，推动命运共同体构建，旨在共建可持续的东北亚和平与发展新秩序。东北亚是大国力量交织、地区政治安全局势极为复杂的地区，区域内外国家间的博弈塑造了复杂的东北亚政治安全格局。在新的形势下，东北亚政治安全格局正在发生重要的转变，这种转变具有历史的意义。

在东北亚，尽管经济上的区域链接越来越紧密，特别是中日韩三国之间，构建了合作机制，但是，安全机制空缺，诸多安全问题，特别是领土争端加剧。在美国开展对华竞争的格局下，许多议题以安全的面目出现，被贴上安全的标签。东北亚深陷区域化与安全化悖论。

东北亚地区的政治安全形势出现了新的动向，美国对华竞争以及俄乌冲突的影响，使得东北亚的政治安全分裂性和对抗性增加。推动构建东北亚政治安全命运共同体是一个历史性的转变，需要时间进程和行动议程，重要的是在这个历史进程中避免发生新的大裂变和大对抗。

东北亚政治安全命运共同体构建是一个包含多要素的综合进程，一方面在总体设计上需要考虑国家、人、区域的综合性，另一方面需要在多要素上做工作，让安全感、信任感增加，降低不利因素导致的负面冲击。

东北亚的历史性转变提供了一个中国在地区事务中提升自身领导力的机会。中国和其他地区国家共同探索一条新的地区秩序路径，地区国家关系建立在平等合作的基础上，以共同安全、合作安全为导向，化解历史积怨、摆脱美国军事同盟及其竞争的羁绊，共同创建面向未来的可持续安全关系和秩序。

在人文领域，推动命运共同体构建，宗旨是实现各国人民间的和睦交往、守望相助、相互理解与互通互鉴。人文命运共同体是在人类命运共同体思想指引下，各国在多样性文化发展的基础上互学互鉴、和谐共处、合作共赢。东北亚有着久远的人文交流史，历史文化所积累的宝贵遗产，至今仍在东北亚发挥着重要的作用，是推动面向未来的人文命运共同体构建的宝贵财富。

文化相通是深化国家间人文联系、推动人文命运共同体构建的重要基础。文化相通的基本特征是相关国家之间存在历史文化要素的积淀，有着内在的联系基础，并且与现代有着发展上的延续。在长期的发展中，各国形成了具有本国特色的文化，在民族文化构建中，凸显自身的特色与优势是一个重要的趋势。因此，以文化相通推动人文命运共同体，需要寻求不同特色文化的对接点、连接线，求同存异，扩大同的凝聚性，缩小异的离散性，促进休戚与共的人类命运共同体认知。

"二战"以后，东北亚国家各自选择了不同的政治制度，如今，推动构建命运共同体就是要合力构建东北亚各国和合共生、合作共赢的区域关系和秩序。在东北亚命运共同体构建中，人文命运共同体的构建具有特殊的重要性，要让文化相通、互学互鉴的历史传统回归。

各国都有各自的国情，有不同的政治、文化，共商共建东北亚人文命运共同体，需要求同存异，求同是关键，是凝聚共识，在共识的基础上协力共进，创建一个和平、合作、繁荣的东北亚。

人文交流是一个庞大的体系，包含的内容很多，有些是作为独立形式存在的，有些蕴含在政治、安全、经济、社会以及科学技术之中。因此，推动人文命运共同体的构建，需要创建一种官与民、社会与个人多层次、多样性开放交流的环境，培育相互尊重、互学互鉴的人文意识，共建面向未来的东北亚人文命运共同体。在推动构建东北亚人文命运共同体进程中，中国应该，而且可以发挥思想引领、行动引领的作用。

人类命运共同体构建是新时代中国提出的重大倡议，旨在推动构建和合共生、合作共赢的新世界。人类命运共同体构建是一个历史的长进程，需要凝聚共识，需要合作共建。东北亚是一个地缘紧密连接、利益相互交织、关系异常复杂的地区。在这样一个地区推动基于共识的命运共同体构建，并非易事。因此，需要对诸多方面的问题进行深入的研究。作为课题的研究成果，本书的内容体现了我们对推动东北亚命运共同体构建的观察、分析和观点。有些是理论性和战略性的探讨，有些是对已经取得成效的总结，有些则是我们对如何推动构建的思考和建议。

东北亚命运共同体构建需要地区各国在凝聚共识的基础上相向而行，加强合作，并做出长期的艰苦努力。对于东北亚命运共同体构建的研究也需要不断地进行，及时对变化的情况进行分析，提出推进建议，以让构建的历史进程可持续。东北亚命运共同体构建涉及的问题多，面临复杂的新形势，一项课题很难对所有的相关问题都进行分析，更难对所有涉及的问题都做出具有创建性的回答，特别是关于具体的行动，还要在推动构建的实践进程中逐步进行设计与探索。

从这个角度来思考，我们的研究是阶段性的和初步的。希望我们的研究成果能够有助于推动东北亚命运共同体构建的进程，一些建议能具有可操作性，同时，也希望能够推进大家对相关问题进行更深入的研究。

作为主编，我根据课题的要求和全书的结构对各位作者提供的文本进行了统筹修改，对有的章节做了比较大的修改。在此，作为课题首席专家和本书主编，我诚挚地感谢各位课题组成员为本书所付出的努力，特别感谢中国社会科学出版社对于本书出版给予的大力支持。

张蕴岭

2021 年 12 月 31 日完稿

2023 年 4 月 20 日修改

目　　录

第一篇

第二篇

第三篇

第四篇

第一篇

构建人类命运共同体是新时代中国的倡议，是世界各国基于共识、面向美好未来的行动议程。

第一章　百年大变局下的东北亚
历史性转变

百年大变局下的东北亚正处在一个历史性转变的新起点。历史性转变是一个长期的演变进程，作为新起点，具有不同于以往的新内涵。历史性转变新内涵的核心是以东北亚命运共同体构建为思想引领和行动议程，实现东北亚地区和合共生、合作共赢的新未来。

近代以来，东北亚经历了两次具有历史意义的转变：第一次大转变是19世纪后期，以日本的崛起为转折点，改变了原有的地区关系和秩序格局与性质。日本通过明治维新，实行"脱亚入欧"方略，实现了发展。日本崛起所处的是帝国争夺与殖民时代，靠其迅速提升的力量，日本积极参与势力范围的争夺与殖民占领，以武力的方式推动建立"大东亚共荣圈"。日本异军突起，先后打败了俄罗斯、占领了朝鲜半岛，从亚洲赶走了欧洲列强，入侵中国，从根本上改变了东北亚长期形成的关系格局和秩序基础。[1] 第二次大转变是"二战"后，作为胜利方的两个大国重构东北亚关系和秩序，朝鲜半岛被一分为二，南部由美国、北部由苏联把控；美国把日本、韩国变成军事盟国，苏联与朝鲜、蒙古国、中国结盟，形成了冷战对抗格局。后来，这个格局发生了一些变化，包括中苏分裂、中美建交、中日复交等。苏联解体，冷战结束，中俄实现关系正常化、中韩建交，但朝鲜半岛

---

[1]　正如日本学者所指出的，日本发动战争的目的就是建立以日本为中心的东亚新秩序，参见［日］若槻泰雄《日本的战争责任》，赵自瑞等译，社会科学文献出版社1999年版。

分裂依旧，日朝、韩朝至今都没有建立外交关系。美国作为域外介入者，冷战后在东北亚的影响力大幅度提升，美朝对抗加剧，朝鲜走向拥核之路，导致朝鲜半岛局势紧张。

后冷战时期，东北亚地区的关系与格局发生了许多重要的变化，出现了一些新的特征：其一，中国的综合实力大幅度提升，影响力不断增强；其二，中日韩经济构建了紧密的联系，生成了具有相互依赖特征的利益基础，并且构建了三国合作机制；其三，朝鲜拥核，东北亚安全出现新变数；其四，尽管美日韩同盟基础仍然稳固，但在地区安全上的主导力下降；其五，中美的竞争加剧，在推进东北亚地区和平机制上共识性降低。这些新变化使得东北亚地区关系和秩序的演进路径和方向变得有些模糊，既加大了良性转变的难度，也增加了转变中的风险。

从历史发展来看，新地区关系和秩序的确立主要靠两个主导性因素：一是战争，胜者在战后引领制定由其主导的关系和秩序；二是靠国家实力，拥有超强的权势（power）推动由其主导的关系和秩序构建。以往，在大多数情况下，二者是并用的。"二战"后，东北亚的关系和秩序构建出现了异变，美苏中三大战胜国没有团结一致，美苏各自领衔建立了由其主导的关系和秩序圈，中国因为解放战争没有参与，新生的政权受到美国的遏制，加入了苏联领导的集团，后来发生的调整和演变只是大格局下的"微调"。冷战结束本来是重建地区关系和秩序的一个历史性机会，但是，冷战以非战方式终结，主要是苏联自行解体，俄罗斯成为继承者，中俄、美俄、日俄等关系顺势确立，而美国取得了霸权地位：第一，这使得原来的一些关系和格局留存下来，特别是朝鲜半岛；第二，美国成为唯一的超级大国，在东北亚地区加强了主导性地位。

然而，东北亚地区发生的最重要变化是，中国通过实行改革开放政策，加入现行国际经济体系，以和平的方式实现了综合实力的快速提升，超越日本成为世界第二大经济体，且逐步增强了对地区事务的影响力。中国综合实力的提升，以及提出的基于新理念的倡议和行动，加上中日韩发展起来的紧密经济联系与合作机制，改变了冷战结束后由美国主导东北亚关系与秩序、美国领导的同盟作为地区安全主导框架的结构，促进了地区新关系的生长与秩序萌芽。

东北亚地区的关系和格局演变提出了一些值得深入研究和探求答案的问题：其一，在中国综合实力大幅上升，中美战略博弈的情况下，东北亚向新关系和秩序的转变能逃过所谓"修昔底德陷阱"，即不经过战争，而是以和平的方式实现，从而改变"历史规律"吗？其二，什么是面向未来的东北亚新关系和秩序？构建人类命运共同体能成为新的范式，从而改变由强者主导和掌控的传统范式吗？

东北亚地区大国集聚，力量对比转变力度大，矛盾与对抗突出，敏感与争端问题多，出于现行关系和秩序的惯性，同时受到传统理论、价值、战略的影响，人们似乎难以相信，东北亚会平滑地过渡到一个更好的未来，许多政治家、战略家仍信守原来的战略思维与方式。然而，如今人类生活在一个相互联系与依赖越来越强的世界，命运相连，东北亚地区更是如此；传统的权势结构分散化，一个或几个大国难以主导世界，靠战争难有胜者，东北亚地区权势结构已经并且继续发生重要变化，这些都成为生成新理念、推动新行动的孵化器。重要的是，中国作为综合实力快速提升的国家，坚持走和平发展道路，倡导构建基于和平发展、开放包容、合作共赢的人类命运共同体。实现中华民族伟大复兴是中国之梦，目标是办好自己的事情，实现既定的现代化目标，同时，作为文明大国，推动更加公正合理的世界和地区关系与秩序构建。

然而，也要看到，中国毕竟是一个快速发展的大国，在近代曾有过受屈辱、受压制的历史，为此，其他一些国家对中国的发展带着一种警惕、怀疑的态度。然而，东北亚在变，处在历史转变的新起点，关键是以新思维、新方式导向转变进程，为此做出不懈的努力，让人类命运共同体理念成为公共价值观，让实现东北亚的持久和平、共同发展成为共同行动的目标。

一 可资借鉴的范例

纵观世界，"二战"后，以新思维、新方式推动构建区域新关系和新秩序的成功范例，一是欧盟，二是东盟。欧盟建设进程的最大成功是让欧洲走出战争阴影，实现了长久和平。欧洲是两次世界大战的发源地，在此之前，战争连年不断。在经历了惨烈的"三十年战争"（1618—1648）后，欧洲签订了《威斯特伐利亚合约》，确立了民族国家准则，试图以此制止战争，但是，战争并没有远离欧洲，还是发生了第一次世界大战。"一战"后，胜者主导下的欧洲关系和秩序为败者后来的复仇埋下祸根，结果第二次世界大战爆发。

"二战"后，欧洲政治家改变了思维理念、战略设计与构建方式，主要国家就以和平为导向重建欧洲达成了高度共识，推动了包括战败者在内的欧洲联合运动。欧洲联合以区域性制度构建为基础，从建立煤钢联营计划开始，先后建立了欧洲煤钢共同体、欧洲经济共同体、欧洲原子能共同体，欧洲共同体、统一大市场（单一市场）和欧洲联盟（欧盟）。参加欧洲联合运动的国家逐步增多，从最初的 6 个国家，发展到如今的 27 个国家。[①] 欧洲联合的基本特征是通过区域制度和法律的建设，实现重大事务上的区域治理，通过制度和法律来保障和平不可逆，通过开放与合作实现参与者共同受益。如今，几乎没有人相信，欧盟成员国内部会再发生战争，尽管面临诸多挑战，欧盟也不会解体而退回到分裂的欧洲。[②] 欧洲联合的成功对世界产生了巨大的影响，几乎所有其他地区的合作都参考与借鉴欧洲的经验。

---

① 2020 年英国退出后，欧盟成员国为 26 个。

② 关于对联合欧洲的质疑一直存在，特别是在英国脱欧之后。质疑之一是欧盟面对不断出现的危机和挑战，是否能长久存续下去，提出"有必要认真思考欧洲一体化是否是一个不可逆转的过程"。参见张亚宁《欧盟的危机政治：多重约束下的政治突围》，《欧洲研究》2019 年第 2 期。

欧洲之所以能够联合成功，第一是抓住了"二战"后整合与治理的机遇。还在战争硝烟未烬之时，欧洲政治家们就开始规划未来，就走联合道路达成共识，避免了"二战"后的无序；① 第二是很好地处理了与美国的关系，构建了大西洋联盟，当然，法德和解协力参与和推动联合进程也是至关重要的。②

东盟学习欧洲联合的经验，但是创建了适于东南亚的"东盟方式"，其主要特征是：其一，以维护国家主权，不干涉内政为基本原则，通过协商与合作创建共同利益；其二，以政治共识为动力，通过各自承担责任，推动合作进程，落实行动计划；其三，开放包容，向所有地区成员开放，逐步深化和扩大。东南亚地区情况复杂，多方势力介入，长时间陷入战乱。几个国家联合起来改善发展环境，推动经济发展，在合作过程中，通过制定国家间关系准则，逐步化解冲突，把所有的东南亚国家吸纳到区域组织之内。在取得合作成效的基础上，制定东盟宪章，进一步推进经济、安全和社会文化共同体建设。东盟方式的核心是以成员国为主体，坚持协商与合作，不搞超国家区域管理。东南亚通过区域合作实现了三个目标：一是把所有地区成员纳入一个区域组织；二是实现了地区的和平与发展；三是提升了影响力，加强了东盟的中心地位。③

东北亚能从欧洲和东盟学习和借鉴什么呢？就欧盟建设的经验而言，至关重要的一条是：凝聚共识，抓住了"二战"后的历史机遇，推进了欧洲联合，而东北亚，可以说丧失了"二战"后调整与治理的历史性机会。"二战"后的东北亚很快形成了冷战的对抗格局，鉴于此，本应在"二战"后整合与治理中解决的一

---

① "二战"后，欧洲联合成为基本共识，但是，在如何联合以及走什么样的联合道路上，存在诸多看法，也建立了不少机制，最终选择了以功能性制度构建为起点，即从建立旨在限制一个国家发动战争能力的煤钢联营计划开始，逐步深化，逐步扩大，最后建立欧盟。参见张健雄编著《欧洲联盟》，社会科学文献出版社 2006 年版。

② 所说的欧洲联合主要是指西欧，因为东欧国家加入了以苏联为首的集团，东西欧陷入了对抗格局，泛欧洲联合的进程是在苏联解体以后开始的。

③ 张蕴岭：《东盟 50 年：在行进中探索和进步》，《世界经济与政治》2017 年第 7 期。

些重要问题没有得到解决。① 就在"二战"后不久，发生了大规模的朝鲜战争，让朝鲜半岛和东北亚地区分裂和对抗加剧。

后来，东北亚地区的关系发生了许多重要的调整和变化，特别是冷战结束，使得东北亚多数国家的关系走向了正常化，形成了以中日韩为重心的经济链接和快速发展，且以此为基础发展了对话与合作机制。但是，东北亚作为一个区域而言，并没有真正走出历史，朝鲜半岛的对抗并没有终结，没有建立起一个各国共同参与的区域安全机制。新时代的东北亚无法通过翻转历史解决现存的问题，只能在面向未来的调整、变革中寻求答案。

欧洲联合的模式是不可复制的，但其开展区域合作的经验是可以学习与借鉴的：其一，以创建持久和平为导向，走区域联合的道路；其二，坚持理解与包容，吸收各个国家参加合作进程；其三，以新理念共识为引领，推动地区的和解与联合。② 如今，东北亚最大的挑战是能否保障和平，因此，面向未来的关系与秩序调整与构建应以和平构建为导向，以共同参与为基础，以推动构建人类命运共同体为理念，凝聚共识，引领行动。

东南亚区域合作的经验也许能给东北亚更多的启迪。其一，走区域协商与合作的方式，即"东盟方式"。鉴于东南亚各国差别很大，东盟方式给各方提供了参与的机会，对于后来者给予更多的调整空间。③ 其二，把发展放在首位，通过合作，推动地区开放与发展。比如东盟自贸

---

① 1951 年 9 月 8 日在美国旧金山召开对日和约会议，由包括日本在内的 49 个国家参加，受日本发动战争损害最甚的中国、朝鲜以及作为主要战胜国的苏联拒绝在《旧金山对日和平条约》上签字，由于在涉及领土、战争责任的一些相关重要问题上没有界定清晰的条款，留下了后患。中国当时就明确表示，不承认该条约。当时，冷战已经开启，朝鲜战争已经爆发，美国借此条约拉日本加入军事同盟，获得长期驻军权力。

② 像英国的丘吉尔，法国的让·莫内、罗伯特·舒曼，德国的阿登纳等是有理想、有战略、有魄力的政治家、思想家，特别是被称为欧洲联合之父的让·莫内，不仅提供思想，而且全力投入规划与实施。还有，欧洲联合是一场运动，需要前仆后继，后继有人，只有这样，和解与合作的进程才能够可持续。

③ 缅甸的参与是一个很好的例子。对于缅甸军政府，东盟没有采取强制或者开除的方式，而是通过为其提供参与的机会，让其自我变革。东盟在这方面顶住了美国等西方国家制裁的巨大压力。

区的建设，主要是旨在通过制定开放规则，改善区内发展环境，吸引外部资源进入，东盟经济共同体的目标也是创建开放的区域生产基地，为各国的发展创建区域环境。其三，和平导向，通过制定条约规范成员国对外关系行为，和平解决争端，合作应对威胁。① 尽管东北亚与东南亚有很大的不同，但是，基于协商与合作的方式，通过制定共同遵守的法规（条约）维护地区的稳定与和平，通过共同参与的区域开放发展环境创建，实现经济的共同发展等，都对东北亚构建面向未来的新区域关系和秩序有着直接的借鉴意义。

东北亚的地区新关系和秩序是在现有的基础上进行的。尽管现行的关系与秩序需要改变，但任何快速的突变都不现实，且没有一方能够单独改变现状，因此，东北亚既需要学习与借鉴其他地区成功的经验，更需要寻求符合本地区情况，符合新时代大趋势的变革之路。

二　为东北亚寻求良方

朝鲜战争以后至今，东北亚地区保持了几十年的和平，尽管其间发生过一些小规模的冲突，比如：中俄珍宝岛冲突，朝鲜半岛南北多次发生小规模冲突，但都很快平息，没有扩大；美国曾声言对朝鲜的核设施进行武力摧毁，最后也没有动手。正是因为有了基本的和平大局，东北亚才有了进行调整与变化的空间，构建了开放发展的大环境。

在地区关系上，重要的调整发生在中日、中韩、中苏/俄之间：20世纪70年代以中美建交为带动，中日邦交正常化；80年代末中苏恢复正常关系，苏联解体后，中俄很快确立了正常关系；90年代初，中韩建立外交关系；尚没有得到调整的主要是朝鲜与韩国、日本的关

---

① 尊重国家主权，不干涉内政，和平解决争端等国家间的基本相处原则是通过条约的方式确立的（《东南亚友好合作条约》），具有法律性质。并且，为了保障地区的和平，该条约向区外国家开放，作为其他国家必须遵守的原则。参见《东南亚友好合作条约》，http：//www.law-lib.com/law/law_view.asp？id=96958。

系，这主要是受到朝美关系的影响。

在地区经济上，重要的变化是日本、韩国实现了经济上的快速发展，日本在1968年成为世界第二大经济体，韩国成为"四小龙"之一，加入发达国家俱乐部（OECD），中国实施改革开放政策，实现快速发展，在2010年超越日本成为世界第二大经济体，中日韩建立起了紧密的经济产业链和相互依赖网络，东北亚成为东亚和世界的经济重心。

但是，东北亚的和平是脆弱的，局势是不稳定的，面临严峻的挑战，处理不好会使和平局面发生逆转。从总体看，东北亚地区没有一个包容所有国家的安全合作机制。美国强调军事同盟的作用，日本、韩国也离不开同盟，中俄通过战略协作伙伴关系维护安全环境，而朝鲜力图通过主体与拥核维护自己的安全，在此情况下，基于地区框架的安全协商与合作就变得非常困难。虽然"六方会谈"时曾规划推动东北亚的合作安全机制建设，但是因"六方会谈"进程终止，好不容易出现的一缕曙光也随之一闪而过。

中日韩三国的经济链接与对话合作机制主要聚焦经济，对于敏感的安全问题几乎很少涉及，且中日、韩日、中韩之间因历史留下的"后遗症"不时发作，双边关系紧张，进而对三边合作产生影响。因此，要把"中日韩对话合作机制"作为东北亚合作的主渠道，推动构建东北亚地区的新关系与秩序构建，看来也存在一定困难。

朝鲜拥核改变了地区安全关注的导向，具体而言：第一，朝鲜成为核国家，会引起连锁反应，可能促使日本、韩国考虑走拥核道路，对东北亚来说是一场灾难，因为基于对抗的"核竞争"存在发生核灾难的风险；第二，使得朝核问题成为地区安全关注的核心，而仅仅针对朝核问题，可能会加剧对抗，导致走向无解，让局势更为复杂多变。因此，需要把朝核问题纳入东北亚地区整体安全框架来考虑。东北亚地区安全机制的构建，不能仅依靠美朝互动，更不能由美国主导，需要区域各国共同参与，以命运共同体的理念为导向，构建照顾到各方安全关注、符合各方共同安全利益的新机制。

东北亚是中美战略博弈的重点地区，美国针对性的军事部署、长臂管辖的技术限制等，都会对东北亚的地区关系、经济链接、安全合作产生显著的影响，增加地区的离散取向。本来，在解决朝核问题上，中美曾有着比较一致的战略认知，但是，美国对中国采取的战略敌视性政策，特别是基于敌对、封堵和制裁的"对华竞争"，让两国的合作共识减少、战略博弈加强。美国是东北亚的域外介入者，构建了美日、美韩同盟，美国极力维护其在东北亚的存在和利益，但是，美国主导的地区关系与秩序不会被所有域内国家接受，因此，东北亚地区的新关系与秩序构建需要凝聚新的战略定位、利益共同点与各方参与和发挥作用的共识点。①

东北亚的区域性构建还有许多缺失：其一，身份认同缺失，即"我是谁""我与区域"和"区域与我"，这三者构成区域认同的一个整体。"我是谁"，是基于地缘的基本身份认同，比如，欧洲、东盟的联合与合作，是基于各成员对区域的认同基础，而在东北亚就不同。"我是谁"，即对于区域的归属认知，日本作为海岛国家，对于自己的东北亚身份与大陆国家不同，俄罗斯只有远东地区属于地缘东北亚，在区域认知存在"边缘化"意识。"我与区域"是基于对区域利益的认同，即区域利益是可期的，这一点，各国的感受和认识也差别很大；"区域与我"是前一个问题的另一面，即从区域的角度思考问题，既有区域可以为我带来什么，也有我对区域负有什么责任。美国不是地缘意义上的东北亚国家，但是，其在这个区域有着深度的直接参与和巨大的利益，但其对区域的这三个问题都有很大的不同，对于基于区域的机制构建不仅不热心，反而会反对和阻挠。② 其二，共同利益认同，即东北亚各国对区域性共同利

① 正如有的专家所指出的，东北亚的问题在于，统合的地区格局尚未形成主导力量，战略多头博弈、合作与对抗的趋势都在增强。参见杨伯江《东北亚地区如何实现与历史的"共生"——从"大历史"维度思考中日韩和解合作之道》，《东北亚论坛》2016年第4期。

② 正如专家所指出的，尽管美国不是地缘意义上的东北亚国家，但其对东北亚地区有着重大的影响与作用，有着直接和重要的影响力。参见倪峰《美国与东北亚关系概览》，载张蕴岭、毕颖达主编《东北亚地区关系概览》，世界知识出版社2019年版。

益的定位和认知有着很大的差别，由于巨大的差别，就难以形成共同的行动议程。① 经济上，中日韩三国基于优势互补的利益认同，逐步发展起了紧密的供应链，推动了三国合作机制的建立，在三国竞争比较优势以及合作环境发生变化后，面临如何重构利益共识与合作结构的挑战；核问题出现后，曾有过共同威胁的认同，这是六方会谈可以把各方聚拢在一起的基础，但是，解决威胁方法上的分歧，使得合作的行动议程难以启动，从而使得"六方会谈"作为解决问题平台的基础遭到破坏。安全是东北亚各国的共同关注，而当今，安全的范畴已经远远超出传统的定义，安全威胁并不都是与战争相联系，比如核泄漏产生的扩散，可能出于非人为因素，危及各方的安全；再如，公共卫生事件会危及各方的安全，且影响涉及多个方面。但是，由于认知和定位不同，要建立有效的合作机制的难度还是很大的。② 其三，引领国家或者共同认同的思想引领缺失。东北亚新关系与秩序构建需要引领者。传统上，引领者往往是一个强国，但欧洲、东盟构建区域开展合作的经验表明，需要基于共识的"核心集体"引领，也就是说，由几个"志同道合"的国家先行。③ 东北亚看来缺少这样的"核心集体"，如前所述，现有的中日韩合作机制难以形成这样的"核心集体"，中俄的战略协作伙伴也难起这样的作用，美日韩同盟更难以发挥这样的作用。在此复杂的情况下，如何让东北亚的历史性转变向好？这既是一个值得深入研究的问题，也是一个需要提出可操作方案的问题，这也正是需要深入中国如何发挥引领作用的课题。在诸多研究探索中，以下

---

① 基辛格在谈到世界新秩序构建时指出，各国内部结构不同，对现有趋势意义的评估也会不同，更重要的是，处理这些差异的标准也会相互冲突，这就是我们这个时代的困境。参见［美］亨利·基辛格《世界秩序》，胡利平、林华、曹爱菊译，中信出版社 2015 年版。

② 其实，共同利益认同还有一个共同信任的问题，即各方都相信可以从中获益，如果信任缺失，即便存在客观的利益基础，仍然会放弃对利益的求取。

③ 在欧洲联合中，法德和解与合作起着核心引领的作用。在东盟，马来西亚、印度尼西亚、泰国、新加坡、菲律宾五个发起国一致推动进程，功不可没。

几个方面的观点值得重视。

第一，以"共同性""共生观"推动东北亚共同体构建。"共同性"是东北亚区域认知的基础，因此，有的学者提出，需要培养东北亚的"共同性理念"，需要"重构各国的身份认同"，走出现实主义认知的模式。东北亚存在战略与利益的博弈，要增进"协调性博弈"，与同盟体系不同，协调性博弈并不排斥合作。东北亚需要增强"共有理念"认知，超越社会制度和意识形态的差别，重新构建东北亚身份认同，实现政治和解。① 有的提出以"共生观"作为导向，以东方方式处理地区关系。共生观基于求同存异的认知，通过建设性互通实现相生相长，在存在争议的情况下，以非零和的方式求得安排和解决。② 有的学者提出，欧洲合作基于"一个欧洲"的认知，东北亚需要共同构筑一个认识上的纽带，既作为国家，又作为地区的人存在，努力共同构筑地区和平的认知共同体。③

显然，这些观点的一个突出特点是，东北亚需要新的理念，即区域的共生、共有、共建，所言共同体，不是要建设一个实体性的区域组织来管理区域事务，而是强调基于公共认知的自我与协调行动，创建共生平台和利益。

第二，推动构建"东北亚和平共同体"，东北亚地区需要基于共同安全的思维，推动东北亚共同安全的建设，改变美国同盟安全体

---

① 韩彩珍：《东北亚合作机制的微观解释——从博弈论的角度》，《东北亚论坛》2004年第1期；韩彩珍：《东北亚地区的合作——一种制度分析》，《国际论坛》2004年第1期。

② 任晓：《中国周边学：以共生观照周边》，载石源华主编《中国周边学研究文集》，世界知识出版社2019年版，第359—361页。

③ 李熙玉：《东北亚历史问题与和平合作的议题》，载《当代韩国》，社会科学文献出版社2006年版。关于认知共同体，是指对某一特定事物拥有共同理念的精英，他们为实现目标制定战略，并在其中起着重要的创新作用。参见［美］詹姆斯·多尔蒂、［美］小罗伯特·普法尔茨格拉夫《争论中的国际关系理论》，阎学通、陈寒溪等译，世界知识出版社2003年版。曾任韩国外长的洪淳瑛认为，只有东北亚共同体才可以让居于大国之中的韩国摆脱大国的夹挟，实现和平发展。参见 Hong Soon-Young, "For a Northeast Asian Community", *New Perspective Quarterly*, Vol. 16, No. 1999, pp. 50 - 52, 转引自钟飞腾《东北亚命运共同体构建何以成为可能?》，《日本学刊》2020年第1期。

系主导的架构。① 其实，"六方会谈"就曾决定成立专门小组，就构建东北亚长久和平机制提出方案，该机制的主导意图是构建一种共同参与和建设的新框架。为此，东北亚的安全不是靠均势，也不是靠集体安全，而是靠合作安全，而合作安全并不要求必须建立约束性的安全机制，是非排他性的，同时，合作安全是由多种安全机制支撑的。② 也有学者认为，东北亚地区安全秩序构建，应该以中美主导的领导双体制为基础，或者以大国协调为中心。③ 有的学者提出，东北亚存在很多问题，面临很多挑战，关键是寻求共同利益点。其中，和平与安全涉及各国的核心利益，应该推进和平与安全的战略对话。④

东北亚目前及未来的主要威胁来自安全领域，把和平导向作为构建地区关系和秩序是有必要的。特别是朝鲜半岛，韩国专家提出把和平共同体构建作为推动更广泛合作的基础，也是抓住了这一重点。东北亚和平共同体并不是要建立一个有形的安全组织或者机制，而是靠合作安全理念指导下的多种安全合作机制构建，这可能更符合东北亚的安全实际。不过，在这种理念下，特别是考虑到中美两国安全战略的不同，希望以中美双领导体制来克服东北亚安全的悖论，实际上是难以行得通的。⑤

第三，推动东北亚的和解与合作进程。东北亚问题复杂，很多问题都是长期历史累积造成的，因此，应把东北亚放在一个长历史发展

① 韩国提出构建和平共同体，文在寅总统先后提出与东盟、俄罗斯、朝鲜构建和平共同体，以和平推动其他合作。东北亚的和平共同体构建为东北亚走向更高的合作水平提供基础。参见周永生《从东北亚"和平共同体"到"命运共同体"》，《区域与全球发展》2019年第2期。

② 宫玉涛：《合作安全视角下的东北亚安全机制建构》，《教学与研究》2011年第9期。

③ 关于中美共治为基础的安全构建，参见王俊生《东北亚安全秩序的悖论与中美双领导体制的未来》，《当代亚太》2019年第2期。

④ 门洪华、甄文东：《共同利益与东北亚合作》，《外交评论》2013年第3期。

⑤ 对于东北亚的安全定位与战略，中美有着很大的不同。这方面的分析参见 Seong-hyon Lee, "The shift of security environment in Northeast Asia: The US-China conflict and the implications for Korea", https://www.tandfonline.com/doi/full/10.1080/25751654.2018.1542655。

进程来对待，不仅是"二战"后的问题，也有之前的问题。① 因此，东北亚的新关系和秩序的构建是一个长进程。有的提出，重要的是进程本身，这有别于西方传统的结果导向，进程不仅仅是实现目的的手段，进程本身往往就是目的。② 东北亚的问题相互交织，需要逐步化解。实现和解与合作，需要各国把本民族的利益和区域利益结合起来，增加集体认同，构建合作共处的区域观。为此，需要减少，而不是增加摩擦，在构建新关系与秩序的进程中，需要超越历史，超越民族国家眼界。③

基于上述各种观点与方案，考虑到东北亚的历史与现实的复杂交叉，我们应该清楚地认识到，推动东北亚的历史性转变，需要新的理念引领，需要面向未来的视野，需要找到解决现存问题的可行方案。在东北亚走向新关系和秩序的进程中，需要多种相向而行的力量推动，在进程中化解矛盾和争端，在进程中逐步增进共识和实现目的，从这个意义上来说，进程本身是目的，并非没有道理。新理念引领下的新关系和秩序构建，与传统的力量转换改变结构不同。理念的转变基于两个重要的变化：一是共同利益认知的导向，二是区域认知的导向。④ 因此，东北亚的历史转变并不依赖于力量的翻转，或者力量的新均衡。⑤

推动东北亚的良性转变，重要的是改变传统思维方式，即地区秩

---

① 靳利华：《东北亚问题演化的历史考察》，《河北师范大学学报》（哲学社会科学版）2010 年第 5 期。

② 秦亚青：《全球治理——多元世界的秩序重建》，世界知识出版社 2019 年版，第 185 页。

③ 靳利华、胡洋：《民族主义视阈下东北亚问题的解读》，《黑河学刊》2010 年第 11 期；姜克实：《历史认识问题的现状和未来》，原载《开放时代》2011 年第 5 期，转引自 http://www.aisixiang.com/data/90911-2.html。

④ 区域的认知是基于通过区域性构建增加利益的理念，是开放与连接的，而不是封闭与排斥的，这符合"开放的区域主义"原则。"开放的区域主义"源自亚太经合组织（APEC）构建所遵守的基本原则，要义是不搞封闭的集团，成员参与 APEC 并不影响参与其他的合作机制。关于开放的区域主义，参见 C. Fred Bergsten, "Open Regionalism", PIIE Working Paper, https://www.piie.com/publications/working-papers/open-regionalism。

⑤ 力量的翻转意味着一种主导力量替代另一种主导力量，而力量的新均衡（均势）则意味着以改变现有力量对比结构为基础，以这样的定位创建新关系和秩序，必然会引起争斗，甚至引起战争。

序必然是大国主导的。如果是这样，鉴于美国在东北亚有着直接的参与，有盟国体系，且把维护现有结构和美国主导地位作为基本战略定位，这必然会影响到东北亚区域的合作。①

在此情况下，重要的是如何让东北亚基于区域共生、区域和平和区域合作的理念和行动议程成为主流。较之其他地区，东北亚的历史性转变具有更大的挑战性，尽管如此，推动东北亚走向新未来的努力不会停下脚步。

三　东北亚命运共同体构建

世界进入一个百年大变局的时代，突出的特征是：全球化把世界各国紧密地联系在一起，涉及政治、经济、社会各个领域，没有一个国家可以独善其身；大变局范围广、深度大，发展范式、生态环境、国际关系、世界秩序等，都在生变。面对这样的大变局，中国提出了推动构建人类命运共同体的倡议。2011 年中国政府发表《中国和平发展白皮书》，全面阐述中国走什么样的道路、对世界做什么贡献的大问题。②白皮书明确指出，"不同制度、不同类型、不同发展阶段的国家相互依存、利益交融，形成"你中有我、我中有你"的人类命运共同体"。③2012 年，党的十八大报告强调，"推动建设持久和平、共同繁荣的和谐世界"，"要倡导世界命运共同体意识"，促进各国共同发展，建立更加

---

① 波拉克认为，美国在东北亚的基本定位是，维护现有机构不改变，美国的地位和作用不改变。但东北亚地区在发生改变，这会改变东北亚的战略与美国同盟的安排与作用。参见 Jonathan D Pollack，"The Changing political-military environment：Northeast Asia"，https：// www. rand. org/content/dam/rand/pubs/monograph ＿ reports/MR1315/MR1315. appa. pdf. 针对中国增强的实力和影响力，美国所应采取的办法是加强美日韩同盟、平衡中国，美国应该主导军事与经济进程，在应对中国方面与盟友协商。参见 Patrica M. Kim，"China's quest for influence in Northeast Asia"，https：// www. nbr. org/publication/chinas-quest-for-influence-in-northeast-asia-the-korean-peninsula-japan-and-the-east-china-sea/.

② 按 GDP 计算，中国在 2010 年超越日本，成为世界第二大经济体。

③ 《中国和平发展白皮书》， http：// www. scio. gov. cn/zxbd/nd/2011/document/999798/ 999798. htm.

平等均衡的新型全球发展伙伴关系，同舟共济，权责共担，增进人类共同利益。① 2017 年，党的十九大把推动构建人类命运共同体作为新时代坚持和发展中国特色社会主义的基本方略之一。

（一）如何理解人类命运共同体构建

构建人类命运共同体是一个认知理念，它代表了中国对世界未来发展的一种愿景。中国的传统思想文化里不乏关于实现大同世界、和合世界的认知。现代中国总是把实现公平合理的世界作为奋斗的目标，因此，中国提出推动构建人类命运共同体，是有着深厚的思想文化积淀基础的，是基于认知理念对世界美好愿景的期待。② 重要的是，构建人类命运共同体不只是中国的一个倡议和愿景，还是一个世界各国基于共识的合作行动方案，也就是说，人类命运共同体构建，既体现了中国对世界未来发展的谋划，也体现了中国为之奋斗的目标。特别是党的十九大，把推动构建人类命运共同体作为建设中国特色社会主义的基本方略写入宪法，表明中国言必行、行必果。

如何推动构建人类命运共同体？尽管有关人类命运共同体的研究成果颇多，但也很少有关于具体蓝图的设计。因此，准确把握人类命运共同体的含义，才能增进共识、集聚更多的志同道合者一起行动。③

我们可以回顾一下"二战"后国际关系与秩序构建历史。在两次世界大战之后，人类面临的最大挑战是，如何防止新的大战爆发，创建世界的持久和平，为此，建立了联合国，确立了国家间关系的基本

① 中共中央文献研究室编：《十七大以来重要文献选编》（下），中央文献出版社 2013 年版，第 450 页。

② 吴志成等认为，人类命运共同体理念是中华传统思想的创造性发展，诸如"协和万邦""和合共生""和而不同""天人合一"等体现在人类命运共同体的理念之中。参见吴志成、吴宇《人类命运共同体思想论析》，《世界经济与政治》2018 年第 3 期。

③ 有关命运共同体的提法，在国际上很早就有，但表达方式不同，含义也很不相同。在中国，命运共同体用在国内，即把命运共同体与各民族和谐共处联系起来；用在国际，即把命运共同体与中国和周边邻国关系联系起来。但是，以国家的名义推动构建人类命运共同体，把它作为全球治理的方略，这是前所未有的。

原则，设立了安理会。这是人类历史上首次建立具有全球权威的人类安全治理制度。为了推动战后重建和为世界经济创建长期增长的环境，先后成立了国际复兴开发银行（现世界银行），关税与贸易总协定（GATT，现WTO），以及国际货币基金组织（IMF）等，这些组织成为"二战"后国际经济治理体系的支柱。

"二战"后国际治理体系的建立，体现了人类为共建一个和平与发展的世界所取得的巨大进步。但是，也要看到，"二战"后体系没有摆脱近代西方崛起后所形成的传统思维和战略，即大国治理与大国主导。比如，旨在构建世界和平的安理会，基本理念是大国共治，防止一国单独行动。但在实践中，赋予安理会成员的一票否决权常常被滥用，从而否定了许多本应采取措施的合理决定。特别是美国，作为实力最强大、有美元本位支撑、在国际机构中拥有否决权特权的超级大国，常常为一己私利而滥用否决权，把本国的利益放在超越国际治理机制的地位，使得国际体系的普惠性和公平性受到侵害。因此，改革联合国安理会、改革国际经济体系的呼声一直很高。

中国所要推动的人类命运共同体并不是另立炉灶、构建一套新制度和体系代替现行的制度和体系，而是针对人类社会面临的诸多重大挑战，处在百年大变局下，提出的基于新理念、新认知的方略。就笔者的理解，推动构建人类命运共同体至少包含两层意思：其一，面临诸多重大挑战与威胁，从生态危机、气候变化到经济发展、总体安全，都需要各国协力应对，通过合作来解决。协力就是通过协商达成共识，劲往一处使，而不是各行其是，只顾自己，甚至不负责任；合作就是大家共同参与、共谋方案、共同出力。在一个相互依赖的世界上，没有一个国家可以单独应对和解决面临的诸多挑战，就像气候变化带来的威胁，需要各国承担责任、共同努力，落实联合国制定的各项协议。其二，以新的理念和方式应对与处理大变局带来的新挑战、新问题，避免出现历史上大变局时期发生的悲剧，尤其是因力量对比变化而发生战争。推动新型大国关系与新型伙伴关系构建，实现和平相处、合作发展的愿景，共创未来是构建人类命运共同体的核心含义。①

就全球治理体系构建而言：第一，在维护"二战"后建立的以联合国为中心的国际体系基础的同时，推动机构的调整与改革，以适应新的变化；第二，支持新机构的建设与发展，以适应新的需要。"二战"后，在全球层面，已经逐步在各个领域建立起了各国广泛参与的治理机构，大多需要根据形势的变化进行变革。推动人类命运共同体的构建，不是拆台，而是补台，是让现有的体系更完善，让世界向更好的方向发展。现实中，出于复杂的原因，在重大问题上要在全球形成共识并采取一致行动的难度很大，对于未来国际体系改革的方向也存在很大的分歧，因此，如何让人类命运共同体的理念成为不断扩大的共识，让基于共识的合作不断增多，需要做出不懈的努力。人类处在一个新的历史发展期，会发生诸多重大的转变，至关重要的是，防止发生大的冲突，确保和平与发展的大局。②

中国在多个层面提出并推动人类命运共同体的建设，既有全球范围的，也有双边、地区范围的，既有体系性的，也有功能性的。显然，构建人类命运共同体作为一个整体性的愿景，是通过各个不同层次、不同领域、不同方式的努力来实现的。作为实现人类美好愿景的方略，构建人类命运共同体同时强调利益共享与责任共担的重要性，也就是说，既要考虑到共建的利益，也要考虑到共建的责任，把利益与责任统合起来。中国还把人类命运共同体与具体的领域合作推进直接联系起来，比如：把基于共商、共建、共享方式推动的"一带一路"建设作为推动人类命运共同体的重要实践；③ 新冠疫情在世界范围蔓延之时，中国倡导

---

① 党的十九大报告中的人类命运共同体的英文译文"the community of shared future for mankind"清楚地表达了这个含义。

② 有的学者提出，人类命运共同体不是一个实体共同体，而是一个价值共同体，作为价值共同体，着眼于正义，强调同理、同利，从而化解冲突与纷争。不过，在笔者看来，尽管明确人类命运共同体不是实体共同体的认识是有益的，但如果仅仅作为价值取向，而缺乏实际的措施，则难以保证价值的实现。有关论述参见周安平《人类命运共同体概念探讨》，《法学评论》2018年第4期。

③ 高扬：《"一带一路"实践推动构建人类命运共同体进入新阶段》，《马克思主义与现实》2020年第1期。

人类命运共同体精神，积极推动全球防疫合作，推动全球公共卫生人类命运共同体建设；等等。这些都表明，人类命运共同体构建是在一个个基于合作的实际行动中不断积累的。

（二）如何推动东北亚命运共同体构建

推动东北亚命运共同体构建是近代东北亚关系和秩序发展的一个历史性转变。近代，东北亚地区的关系和秩序构建陷入了帝国、殖民、大国争夺的旋涡，迄今没有完全摆脱旧体系的羁绊和争斗的阴影。基于和平相处、合作发展理念的人类命运共同体构建，旨在解开枷锁、走出阴影，共创一个美好的未来。实现这个目标，不是短时间可以做到的，是一个百年变革与重建的长历史进程。①

推动东北亚命运共同体的构建，需要推动各国对和平相处、合作发展理念的认同，以此为基础，推动基于共识的合作行动议程。东北亚命运共同体构建是一个逐步积累的进程，在进程中培养意识、凝聚共识与开展合作，在进程之中化解矛盾和争端，实现东北亚历史的和解与现实的合作。因此，为了凝聚共识，需要大力推动政治对话与协商。目前，中日韩建立了以领导人对话机制为核心，包括部长、高官和70多个工作层机制为支撑的对话与协商机制。机制建立以来，尽管多有波折，但能够坚持下来，进程本身就是逐步增进共识的过程。从未来发展看，可以考虑逐步吸纳其他东北亚国家参加，如果考虑到所有的领导人参加一时有困难，也可以先从部长会议开始，也可以先从建立1.5轨或者2轨论坛开始，比如，建立包括东北亚所有国家参加的东北亚合作论坛。同时，鉴于在东北亚区域认同上存在差异，可以把东北亚放在东亚人类命运共同体与周边人类命运共同体的大框架下来推动，即把东北亚地区的命运共同体建设融入更大视野与空间，降低区域认同与利益认知的矛盾性。事实上，中日韩合作机制就是首先在东亚合

---

① 关于大变局与东北亚的关系和秩序重建的分析，参见张蕴岭《百年大变局下的东北亚》，《世界经济与政治》2019年第9期。

作框架下构建的，经过一段时间磨合的推动三国单独的合作机制。

　　基于意愿与共识的功能性合作机制构建是推动东北亚命运共同体建设的重要方式。所谓功能性合作，就是针对某个领域的合作。功能性合作机制并不要求地区国家都参与，也不排斥域外国家参与，是开放的。沿着这样的路径，东北亚命运共同体构建就可以不断充实内容，这样，东北亚也许并不需要像欧洲那样，建立一个超国家的区域管理机构，不像东南亚那样，通过一个东盟共同体的具有普遍法律意义的文件（东盟宪章），而是基于理念导向、共识增进与功能性机制建设的累积进程，逐步让人类命运共同体意识成为公共认知，通过不断增加的合作，铺垫与加固人类命运共同体的基础。[①] 凝聚合作导向的共识，推动基于共识的行动，是东北亚命运共同体构建的基本保证。共识是基础，合作是关键，共识与合作是建立在参与利益认同和相互信任基础上的。特别是对于功能性合作来说，基于共识的合作是取得成效的保证，参与者之间所构建的是一种合作伙伴关系，与传统的同盟关系不同。[②]

　　应急性合作凸显人类命运共同体的意识与责任。处在转变期的东北亚是矛盾多发地，特别是一些矛盾容易激化，甚至发生冲突，若失控，很可能会导致灾难性后果。同时，也存在突发性事故、自然灾害、公共卫生事件危机，因此，需要构建危机和应急处理合作机制，鉴于东北亚地区经济社会联系紧密，加强应急合作的必要性和重要意义不言而喻。

---

　　① 就理论分析而言，与结构主义理论解释变革所描述的结构与行为体之间的关系不同，命运共同体构建并不设定一个固定的整体结构，或者通过行为体的互动创建一个整体结构，而是一个基于理念所推动的向好的进程，通过进程逐步实现和平相处、合作发展的愿景。关于结构主义的归纳，参见［美］詹姆斯·多尔蒂、［美］小罗伯特·普法尔茨格拉夫《争论中的国际关系理论》，阎学通、陈寒溪等译，世界知识出版社 2003 年版。钟飞腾提出，将东北亚命运共同体的构建作为东北亚实现和平与和解的目标，需要创新理论、创新方式、创新行动，走出西方思维与范式的影响，探索新的地区和解合作的目标。参见钟飞腾《东北亚命运共同体构建何以成为可能?》，《日本学刊》2020 年第 1 期。

　　② 伙伴关系是一种平等参与的关系，没有意识形态、价值观的要求，而同盟则是一种不平等的参与关系，有着鲜明的意识形态与价值观要求。因此，结伴不结盟、和而不同，是命运共同体理念下合作的本质特征。

（三）关于经济命运共同体构建

经济全球化、区域化是当代世界经济发展的重要特征。东北亚地区已经建立起了紧密的经济联系，除朝鲜外，其他国家均实行开放发展政策，由此，建立起了相互连接的经营网络。中国、日本和韩国是东北亚地区的经济重心，GDP 分别位居世界第二、第三和第十一位，三国之间的紧密联系主要建立在投资—贸易链条基础之上，面向东亚、亚太和世界市场。在很大程度上说，中日韩三国是经济上相互依赖的人类命运共同体。中日韩建立了领导人年会晤机制，设立了合作秘书处，主要议程是推进三国间的经济合作。从未来发展看，尽管三国间经济链接的结构会发生变化，但是相互依赖与共利发展的基础不会发生根本性改变。[①]以中日韩合作为基础，推动构建东北亚经济区的建设，是东北亚经济命运共同体构建的一个重要内容。

东北亚经济命运共同体构建的认知基础是共同受益，通过开放与合作，实现共同发展，从而使各方获得好处。东北亚作为一个经济区，相互间的联系与合作是建立在多结构、多层次基础上的，开放合作可以使各自的优势得到释放。中国的巨大生产能力、创新活力和市场潜力，日本、韩国的精工技术，俄罗斯、蒙古国的丰富资源储藏量，以及朝鲜待开发的潜能等，构成世界上少有的优势互补经济区特征。

中日韩之间之所以能够发展起紧密的经济关系，主要是构成了一种优势互补的"天然组合"。[②] 中国的开放和其能提供的诸多优势资源（市场、人力、政策等），日本的领先技术和经营优势，韩国先进

---

① 新冠疫情期间，日本政府设立专门资金，援助撤离中国或转产其他国家的日本企业，这不能被看作是脱钩，而是调整。随着中国经济规模的扩大，以中国市场为目标的日本、韩国企业还会扩大投资与经营，在中国经济提升的情况下，三国的经济关系将会在新的结构基础上重构。

② 中日韩三国间的内部贸易投资比例并不高，但是：第一，韩国对中国、日本对中国的贸易市场依赖度都占首位；第二，三国间的供应链在国际供应链中居于非常重要的地位。随着三国竞争结构的变化，中国作为消费市场链接中心的作用会增大。参见张蕴岭《处在历史转变的新起点——基于东北亚命运共同体的思考》，《世界经济与政治》2020 年第 6 期。

制造能力和与中国的近地缘链接等，让三国组成特殊的"地缘 +"优势组合，即便目前三国没有签署自由贸易协定，基于多边开放体系规则的市场环境仍提供了经济链接的基础支撑。推动构建中日韩自贸区建设的努力一直在进行，但由于经济结构、经济力量对比的变化，加上政治因素的影响，谈判的难度是很大的。目前只有中韩之间签署了双边自贸协定，中日韩之间签署了一个投资促进协议，自贸区的协定还在谈判中。中日韩自贸区的建立会对构建基于开放与规制基础的更紧密经济关系起到重要的作用，不过，考虑到其他各国经济的情况，扩大中日韩自贸区，吸纳其他东北亚国家参加的难度较大。

像蒙古国这样的国家，其优势在资源产业，而资源型产业具有独占性，需求方不会对所需资源产品的进口设置障碍，该国的制造业能力弱小，开放市场并不能使其能力提升，反而可能会失去对市场的管理能力。朝鲜的开放还需要等待，即便开放，也需要很长的时间具备全面、高质量开放的能力。俄罗斯的优势也主要在资源产业，特别是参与东北亚经济圈的远东地区，很难发展起具有竞争力的制造业与服务业。在此情况下，推进东北亚地区的合作就具有非常重要的意义。与基于高标准开放的自贸区协议不同，经济合作具有很大灵活性，只要双方或多方有意愿，就可以推动，规划好了，就可以做起来。从合作的主体来说，既可以是中央政府，也可以是地方政府；既可以是公司企业，也可以是社团与个人；就合作的领域而言，几乎可以涵盖所有的领域：生产、服务、交通运输、技术研发与利用、环境保护等。东北亚地区已经在各个层次、各个领域发展起了多种形式的合作，但还远远不够。

在认识上，以往关于区域经济构建，重点是构建自贸区，尽管自贸区是提升区域经济共利的重要方式，但在很多情况下，共利性并不主要是通过自贸区的形式实现的。在诸多领域，经济合作的重要性更为凸显。比如次区域的合作，既可以在统合的自贸区框架下进行，也可以在没有自贸区的情况下进行。就东北亚经济合作的情况看，形式多样，比如链接中俄朝的图们江次区域合作，早在冷战刚刚结束不久就提出来了，由联合国开发计划署（UNDP）推动，中国、俄罗斯、朝鲜（后退出）、蒙古国、韩国参加，聚焦小区域的综合合作，尽管所取得成效没有达到预期，但还是一直坚持下来，特别是在推动边境地区发展方面，推动了许多务实的合作项目，起到不可替代的作用。再如，以海洋链接发展的经济圈，推动了相关国家地方的合作，促进了相互间的人员交流和项目合作。因此，东北亚地区的活力存在于多层次、多形式的地方、民间参与和推动的基础上。[①]

显然，东北亚经济命运共同体的构建是建立在多层结构的基础上的，开放、竞争与合作是经济区域构建的基本原则，目的是发挥区域构建的潜力和优势，实现各国经济的更好发展。经济命运共同体，就像安全人类命运共同体一样，作为推动东北亚区域互利合作的理念，推动经济领域的合作发展与共同受益。

（四）关于政治安全命运共同体构建

在政治安全领域，人类命运共同体构建的核心是实现东北亚的可持续和平与发展。[②] 东北亚各国政治制度不同，如果把意识形态、政治制度的认同与单一的安全机制作为认同标准是难以做到的，只会增加分裂、激化对抗，因此，需要契合东北亚实际的政治与安全认同，应该说，追求和平是各国人民价值观认同的最大公约数。特别是在历史性的转变期，把和平构建作为公共价值观具有特别重要的意义。历史的经验表明，和平总是与战争相联系的，在大多数情况下，和平是战争的结果，且"二战"后的和平秩序一般由获胜者主导。然而，这样的和平往往不能持久，一旦新的挑战者出现，试图改变现有秩

---

① 这方面的相关分析，参见和春红、刘昌明《东北亚地区经济合作的内生动力分析》，《经济问题探索》2019 年第 7 期。作者提出了东北亚区域合作的"集体行动困境"与"公共产品供给不足"的问题，作者认为，需要通过推动地方、民间参与的积极性。

② 中国提出构建中国与东盟之间的可持续和平。参见刘娟娟《构筑可持续和平 共创可持续未来——2012 年国际和平纪念活动暨中国—东南亚和平发展论坛侧记》，《当代世界》2012 年第 10 期。可持续和平的概念被用在中美新型大国关系构建中，作者认为，新型大国关系以可持续和平为首要目标。参见金灿荣、张昆鹏《建构以实践为导向的可持续和平——新型大国关系的再解析》，《太平洋学报》2018 年第 1 期。

序，则新的战争又会爆发。新时代的东北亚和平构建必须超越传统战争——和平的"规律"，以和平的方式实现可持续的和平。①

基于人类命运共同体理念的东北亚和平构建，一是靠各国的主动性，做负责任的国家，把和平构建作为己任；二是靠双边关系稳定，确保不发生碰撞，合力推动和平构建；三是靠区域性合作机制，考虑到东北亚地区情况，区域性合作机制并不急于推动泛区域性的合作机制，而是基于多框架、多功能的机制构建，多轮驱动。在机制构建中，领导人的对话机制与职能部门的协商机制非常重要。目前，中日韩已经建立起中日韩三国的领导人对话机制，对话主要聚焦经济领域，今后需要增加安全问题，并且在中日韩三国机制基础上，以灵活的方式吸收其他东北亚国家参加（俄罗斯、蒙古国、朝鲜），如果美国有意愿参加，也不应该拒绝。②

安全合作机制的构建，以解决问题为目标，多层次，多形式，并不强求"全家福"，根据不同的情况和需要，从务实、有用、见效的目标出发，顺势而行。实现功能性合作，共同的规则制定与遵守很重要，领土争端、海上冲突、空域对撞（特别是防空识别区的重叠）是最容易发生摩擦和冲突的，规则的作用是坚守通过协商和平解决争端，通过风险预警交流避免形势恶化。新时代的东北亚和平秩序构建不同于传统的战后和平协议，也不是由一个或两个大国主导，而是基于对和平公共价值观的认同，并为此开展合作。

东北亚面临诸多安全威胁，和平构建需要直面这些威胁，寻求解决之道。朝鲜半岛的和平构建是重中之重。朝鲜半岛问题很复杂，有历史

---

① 韩国专家林炳菜提出，东北亚的安全合作应该基于人类安全的理念，排除强国利己的目的。参见林炳菜《构建"东北亚人类安全共同体"中的人类安全议题和国际机制探索》，《当代韩国》2014年第2期。

② 安全是一个敏感的领域，中日韩开展安全合作，一是可以从非传统安全领域着手，二是与美国对话并推动其参与。同时，可以让新安全机制构建与美日韩同盟并存，在可能的情况下，建立联系。有的学者认为，东北亚的合作安全机制构建应该基于域内国家和域外相关利益者的参与，美国应该是一个参与主体。参见宫玉涛《合作安全视角下的东北亚安全机制建构》，《教学与研究》2011年第9期。

遗留的因素，但主要是"二战"后冷战背景下生成的南北分裂、对抗所致。冷战结束后，美朝对抗加剧，朝鲜加快发展核武器步伐，进而引发对抗升级，这使得朝鲜半岛问题变得更为复杂。朝鲜拥核受到联合国的制裁。然而，在没有真正安全保障的情况下，朝鲜不会弃核。"六方会谈"曾以朝鲜弃核作为前提，推动朝鲜半岛和东北亚和平构建，但没有成功。后来，美、朝双方试图通过首脑会晤的方式来实现突破，但迄今没有达成协议。从根本上讲，朝鲜半岛问题还是需要放在东北亚和平构建的大框架下来解决。从这个角度来认识，也许需要以解决朝鲜的安全关注为出发点，来解决朝核问题、朝鲜半岛问题和东北亚和平机制的问题。鉴于此，需要以朝鲜半岛和东北亚和平构建为出发点，由联合国安理会主持召开专门会议，讨论制定东北亚和平议程。[①]

中美战略博弈对东北亚地区的和平产生多重影响。随着中国综合实力提升，美国对中国的战略警惕增加，针对中国的战略与军事部署也在增强，而中国出于自身的安全需要，也会提升自己的对抗能力，在此情况下，地区有陷入以中美战略博弈为背景的"安全陷阱"的危险。因此，在东北亚的和平构建中，把握中美战略大局、防止东北亚再次出现力量重组对抗的局面至关重要。除了中美双方要降低竞争带来的不确定性和风险，也需要创建其他的合作机制，以改变美国对华竞争主导东北亚安全议程的局面。[②]

值得重视的是，如今和平的内涵和构成与以往不同。传统的和平含义主要是不发生战争，如今还包括诸多非传统安全领域的冲突，如网络战，所造成的损害甚至会超过传统的战争；像气候变化、污染扩散、传染病、重大事故特别是核事故等，所导致的对人的安全威胁与财产的安全威胁巨大。应对和处理这些威胁，单个国家难以做好甚至

---

① 朝核问题如今陷入僵局，似乎坐等美国与朝鲜达成协议，这是很不可靠的。中国应该联合包括朝鲜在内的其他东北亚国家，也包括非东北亚国家，启动朝鲜半岛与东北亚和平会议。

② 在东北亚，中美战略关系的演变与东北亚地区关系的历史性转变是直接关联的，因此，处理好两国关系对东北亚的新关系与秩序构建至关重要。参见倪峰《美国与东北亚关系概览》，载张蕴岭、毕颖达主编《东北亚地区关系概览》，世界知识出版社 2019 年版。

难以做到，需要地区与更大范围的合作，有些则需要构建常设的合作机制。这方面的合作，一般分歧比较少，易于开展，大国发挥更大的作用也容易被接受。事实上，在东北亚地区，在治理空气污染扩散、地震与海啸、核事故等领域，已经建立起了一些合作机制。新冠疫情进一步推动了公共卫生领域的合作机制构建。考虑到东北亚地区人口密集度大、经济社会的活动相互连接性强的特点，构建有效合作机制的必要性要比其他地区更强，显然，非传统安全的合作至关重要。①

总之，安全命运共同体构建，和平构建是导向，也是目标。新时代的和平构建，需要走出传统安全构建的思维，把和平作为公共产品和公共价值观，推动各方参与，同时，和平具有新的内涵，高度重视非传统安全领域的安全合作。

（五）关于人文命运共同体构建

东北亚地区各国人民间有着长久的交流，记载着相互尊重、相互学习的友好历史，但是近代发生了重大的转变，也有着令人难以忘记的杀戮、仇恨、敌视记录。社会人文命运共同体的构建，其宗旨是推进东北亚各国人民间的和睦交流、守望相助与文化上的相互理解与互通互鉴。

就社会关系而言，"二战"后，随着国家间关系正常化，特别是经济上的紧密关系，人际间的交流得到快速的发展，由商务、学习、旅游等所拉动的人员流动规模前所未有，人民间的相互了解、理解也大大增进。不过，受到国家间关系波动的影响，人民之间的相互友好认知也不时受到损害，特别是，朝鲜半岛南北之间的隔离，导致一个民族之间的人民仍然几乎没有往来。

从社会角度思考的东北亚命运共同体，当然首要的是人民的福祉和以此为基础的友好相处，前者依托合作发展来提高，后者主要依靠

---

① 与传统安全所不同的是，非传统安全具有"共享安全"的特征，因为，非传统安全的威胁带有共同威胁的性质，在非传统安全威胁增大的情况下，没有战争的和平并不能与安全画等号。这方面论述参见余潇枫等《非传统安全理论前沿》，浙江大学出版社 2020 年版。

良好的国家关系。推动社会层面的人类命运共同体构建，需要加强各国间的社会联系，构建社会交流与合作的网络，增进民心相通。特别是在发生危险情况时，如天灾、重大事故、传染疾病等，能够动员社会的相互支援。

人文命运共同体的核心是不同文化间的互通互鉴。文化存在于知识、信仰、道德、思想、文学、艺术、习俗、习惯等之中，推动人文命运共同体建设，重在推进各国间的文化相互交流与相互学习，政府为"文化互联互通"提供便利的环境和条件。东北亚地区有着文化交流的历史积淀，在现代，各国都发展了独具特色的主体文化。而且，各国都有基于自己认知的历史、遗产、思想等叙事方式，这难免会有差别、冲突、矛盾。因此，作为有着长久历史和现代文化交流的东北亚各国，需要有"共享历史观""共享文化观"，即把各自不同的历史、文化叙事、遗产记录与叙事，作为区域共处的共享财富，总结相互交往的经验与教训，提炼文化精髓。① 推动东北亚人文命运共同体建设，要义不是推进区域文化上的整合，或者推崇一种主流文化，而是推进多样性基础上的互通互鉴。② 值得重视的是，应该区别文化的共享性与文化的共同性，前者是在互学互鉴的基础上发展的，基于不同的共识认同，而后者强调的是交流上一致性，基于相同的共识认同。基于不同的文化互通互鉴，会凝练出共享性的文化因素。③ 共享性以尊重各国的个性特色为前提，

① 当然，这并不是说没有是非曲直，特别是在对近代历史的认知上，侵略与被侵略是一个基准定位。但历史关系问题涉及的因素很复杂，中日韩为寻求共享历史和文化做过努力，组成了合作团队，编写东北亚历史读本，中日韩合作秘书处组织编写共用汉字手册等。

② 这与欧美、伊斯兰国家以宗教为取向的文化认同有区别。为此，有人提出，把异质文化的跨文化认同作为目标，而这里所说的认同，并非同一或同化。参见谢晓娟《文化与东北亚地区国际合作》，《中国特色社会主义研究》2006年第4期。

③ 在中国、日本、朝鲜半岛长期的交流中，形成了一些认同的"东北亚价值观"，它们以"相似的方式"融入本国的主体文化之中。也许，"共享性插座"的创建可以有助于体会基于个性的共享性特征。欧洲统一大市场建设中曾就如何统一欧洲各国不同的电插座进行过讨论，最后的结果是，创建了一种保留各国特色的共享式国际通用插座，而不是搞一个共同的单一插座。

以开放交流为保障，互通互鉴的价值来源于各具特色的个性。东方文化的精髓是包容性与融通性，东北亚人文命运共同体的构建是要把它发扬光大。

依据这样的认识，推动东北亚人文命运共同体的构建有利于凝聚共识，可以减少许多人对中国倡导并推动构建人类命运共同体的疑虑。在新时代，没有哪个国家在推行文化霸权主义上可以获得成功，全球化越发展，相互交往越加强，各国在学习吸收其他文化精华的同时，就越会奋力保护自己的主体文化，凸显自身文化的独特性和优越性，在一定程度上，甚至会采取措施抵御强势文化的入侵，实施个性很强的文化保护主义，在这一点上，甚至要比经济上的保护主义更强烈。

推动东北亚地区的文化交流，需要广开渠道，推进各国文化的相互传播，让各国人民能更好地了解其他国家的文化，需要推动政府间和民间的交流组织与机制的建设，让交流常态化，在很多情况下，可以超越国家间政治关系波动的影响，以文化交流推动国家间关系正常化与区域合作运动的发展。以互联网为代表的新媒体是当今和今后文化交流传播的重要形式，应该让其发挥共享文化桥梁的作用，而不是起反作用。①

四 中国的思想引领与行动

提出构建人类命运共同体，这本身就是中国的一种思想引领。人类命运共同体建设面向世界，在各种实践中加以落实，思想引领的作用不仅在于提出，更在于凝聚认知上的共识和行动上的共进。中国是倡议者，倡议只有被越来越多的国家和个人接受，才能得到越来越强

---

① 鉴于网络空间的自由化特征，为了商业目的或者受到其他势力的影响，网络舆论的情况比较复杂，因此，需要增强新媒体在增进文化互通互鉴中的建设性作用。参见张蕴岭《处在历史转变的新起点——基于东北亚命运共同体的思考》，《世界经济与政治》2020年第6期。

的支持。实现共同愿景，需要大家携手共建，因此，构建人类命运共同体，首要的是推动认知上的共识，让更多的国家、机构、个人理解和接受，让人类命运共同体理念深入人心，成为公共的价值观。在这方面，已经取得了不少积极的进展。比如，构建人类命运共同体被写入联合国的一些文件中，成为推动全球新发展的重要共识。①

在东北亚，出于复杂的政治生态，促进一种公共的价值观认知并不是一件容易的事情，关于人类命运共同体构建的倡议会遇到一些非议或者冷遇。比如，中国的倡议可能会被政治化，被加上意识形态的标签，由此，会使得政治共识性降低，增加意识形态的矛盾性与斗争性；也可能会被带上"权势"（power）争夺的标签，即中国是为了获得主导权。由此，会使得大家对共利性的认同降低，增加权势的竞争与争夺。从现实来看，东北亚地区尚处在由近代以来构建的传统关系与秩序向新时代关系与秩序历史性转变的初始阶段。人们对未来的走向还没有一个比较清晰的理解和认知。因此，在政治层面，多数东北亚国家对把人类命运共同体构建作为公共价值观并不热心，认可度并不强，其中，既有意识形态的因素，也有对权势争夺的担心。在社会层面，受到多种因素的影响，不同国家的公众对区域性受益的认知有着很大的差别，对于大多数人来说，人类命运共同体构建还是一个比较新鲜的概念，缺乏认同，特别是把它作为公共价值观的基本认同。

显然，在东北亚推动有关构建人类命运共同体的认知认同还有很长的路要走。对此需要有一个客观的判断。这种情况也表明，在推动构建人类命运共同体的认知与认同上，不可操之过急，也不可强人所难，需要做耐心、细致的工作，做不懈的努力。前文分析表明，在东

---

① 据报道，2017 年 2 月 10 日，这一理念写入联合国社会发展委员会"非洲发展新伙伴关系的社会层面"决议；3 月 17 日，写入联合国安理会关于阿富汗问题的第 2344 号决议；3 月 23 日，写入联合国人权理事会关于"经济、社会、文化权利"和"粮食权"的两个决议；11 月 2 日，"构建人类命运共同体"又写入联大"防止外空军备竞赛进一步切实措施"和"不首先在外空放置武器"两份安全决议，参见http：// politics. people. com. cn/ n1/2019/1011/c429373-31394646. html。

北亚有着许多基于区域和平发展与文化互通互鉴的思想，可以把它们融汇到人类命运共同体构建的理念之中。鉴于东北亚命运共同体的构建是体现在多样性的实践之中的，因此，推进认知的共识，需要寻求可以对接的灵活方式，让理念融入看似不同却含义近同的话语集成之中，也就是说以各方习惯的方式表达类同的理念，这样，交流的空间就可以扩大，认知的公共性就可以增加，在进程中逐步形成共同认知基础上的公共价值观。

中国要通过自己的行动在东北亚历史性转变的进程中发挥引领作用，这是必然的。一般而言，大国在关系和秩序构建中的行动引领作用主要通过两种方式进行：一是通过获得主导权而发挥领导者的作用，按照自己的主张推行关系与秩序构建。这通常称之为霸权方式，而霸权往往主要是通过战争或者强权的方式获得的；二是通过榜样影响力，提供可供引导的公共产品，并且利用这种影响力凝聚共识，推动行动议程前行。新时代的东北亚关系与秩序构建，并不给中国提供获得霸权的条件与环境，同时，中国也不想通过战争或者强权的方式来获取主导地位。因此，中国的行动引领主要是通过榜样影响力来推进共识与合作行动的。

通过榜样影响力来推动东北亚命运共同体的建设，首先要把中国自身的事情做好。中国作为新型大国，肩负两个责任：一是建设一个更好的社会经济发展与国家治理制度，在百年大变局中体现发展和制度优势；二是推动构建一个更好的世界体系与秩序，纠正现行体系和秩序的弊端。① 中国在实现快速发展、提高人民生活水平等方面已经取得了巨大的成绩，为世界所瞩目，但是，在建立一个更好的社会发展与国家治理制度方面，还有很长的路要走。就履行推动构建一个更好的世界的责任而言，一是在中国进一步发展的进程中体现的，二是在中国自身力量与能力的不断提升中逐步增大的。循序渐进，量力而

①　关于中国在新时代承担的两个责任，或者说双重使命的论述，参见张蕴岭主编《百年大变局：世界与中国》，中共中央党校出版社 2019 年版。

行，引领行动的最大效力体现在中国不断增强的综合实力和国际影响力，即能为世界提供更多的公共产品，为更多的国家和社会公众认同，以便吸引更多的同路者，沿着人类命运共同体构建的方向相向而行。

在东北亚地区，中国要在社会经济发展与国家治理上为其他国家所认可，还需要时间，至于为其他国家学习、借鉴，也许需要更长的时间。从这个角度来说，正是因为如此，才增加了中国行动引领的难度。就推动建立一个更好的东北亚地区关系与秩序而言，中国尚不具备主导之力来实现转变。应该看到，"二战"后以及冷战结束后形成的东北亚地区权势组合还有很强的基础，美日韩军事同盟在安全、地区关系与秩序结构导向等方面，还有很强的影响力，无论是出于政治的原因，还是出于战略的考虑，对于中国单独推动的议程都可能会观望、怀疑，甚至抵触。在许多方面，俄罗斯、朝鲜、蒙古国都可能难以成为支持中国主导作用的志同道合者。

新时代的人类命运共同体构建，不同于传统的大国主导或霸权下的关系与秩序构建，而是基于新理念、采取新方式，因此，在认识和分析上也需要创新。中国提出构建人类命运共同体倡议，并非意在主导议程，而是旨在凝聚共识、推动共建，目标是实现东北亚的长久和平与合作发展。因此，推动构建人类命运共同体的进程是开放和包容的：开放性体现在不拉拢势力集团，支持所有利益相关者参与；包容性体现在支持各种相向而行的努力。因此，人类命运共同体构建是集大家之智，靠大家之力，中国既是倡导者，也是行动者。

五 构建命运共同体面临的挑战

东北亚区域关系复杂，处在历史的转变时期，推动命运共同体构建，面临诸多困难与挑战。

中美战略博弈带来新的挑战。所言中美战略博弈，实质上是美国对中国的战略调整与竞争。面对中国综合实力的快速提升，美国调整对华战略，从奥巴马执政时期的"亚太再平衡"，到特朗普执政时期的对华制裁、遏制，再到拜登执政下的对华竞争，美国对中国的战略定位一步步升级。美国的这种战略调整极大地影响了东北亚地区的关系和秩序演变。一方面，美国利用盟友关系把日本与韩国纳入对华战略框架，以价值观对抗为旗号，进一步分割东北亚，作为盟友，日韩都对与中国的关系、东北亚区域和朝鲜半岛的政策进行了大幅度的调整；另一方面，采取各种政策措施，加大对中国的封堵和制约政策与行动力度，极力阻碍中国在东北亚区域的发展，特别是在推动构建面向未来的新格局、新关系和新秩序上发挥引领作用方面。中国在推动东北亚命运共同体构建中，面临如何反制美国分裂东北亚的战略与行为，推动各国构建包容、合作、和平的东北亚的共识的挑战。

中日韩经济紧密连接，构建了互动互利的合作关系，不仅成为推动东北亚地区经济的主动力，而且也是东亚和亚太地区经济活力的引擎。如今，三国经济关系面临新的挑战：一是互补性降低，竞争性提升，产业链需要重构；二是受到美国与中国脱钩和技术限制的影响；三是发展的安全因素增大，日、韩政府与企业试图减少对中国市场的依赖。在此情况下，需要推动三国供应链的有序调整，构建可持续的经济合作关系，减少美国政策的干预，推动企业对接和市场运作，在新技术领域构建互动互利与共同安全的合作发展关系。

命运共同体构建的基础在民，民心相连，民众支持才可以使东北亚各国走得更近、友好相处。因此，推动构建东北亚命运共同体，要做好扎实的民众工作。目前出于多种原因，民调显示，中日、中韩、日俄之间的相互信任度、友好度大幅度下降，需要加强教育、媒体、文化的交流，增进之间的了解和理解，构建可持续的多样性民间互通、互动机制。东北亚国家陆海相接，相互来往频繁，有着特殊的联系和利益关系，要特别注重接壤区域、近海连接区的相互友好合作，给予各方面的支持。

　　东北亚国家比邻而居，相互间交往多、利益纠葛多，历史的、现实的矛盾交织，因此，需要谨慎处理各种矛盾甚至碰撞。尽管各方对于命运共同体的含义有着不同的表述，但是有着共同的利益和期盼，这就是合作相处、和平与发展，这正是各方能够逐步增进共识、能够合力推动东北亚命运共同体的内在逻辑与动力。

第二章　人类命运共同体思想与
当代国际秩序

党的十八大以来，中国政府积极在国际上推进人类命运共同体建设，人类命运共同体思想在国际上产生越来越大的影响力。人类命运共同体理念具有深厚的思想渊源和鲜明的时代特色，将对国际秩序的发展方向产生重要影响。

一　人类命运共同体思想的内涵与时代意义

2012年11月，人类命运共同体概念进入党的十八大报告。此后习近平主席在多个重要场合系统阐述了构建人类命运共同体的内涵，人类命运共同体思想产生广泛的国际影响，彰显了这一概念的时代意义。

人类命运共同体本身并不是一个全新的概念，但作为一国对外战略的指导理念与原则和正在快速发展的新兴大国对世界的郑重宣示，是国际关系史上前所未有的事情，具有独特的时代意义与价值，并将产生深远的国际影响。

第一，人类命运共同体理念直面当今时代核心问题。当前，世界和平与发展面临的问题和挑战越来越具有全局性、综合性和长远性。面对这些问题和挑战，任何一个国家都不能独善其身，需要各国同舟共济，携手共进。与此同时，国与国之间依然存在复杂的利益冲突与矛盾纷争，这些冲突与纷争并不会轻易得到解决，而将长期存在。客观上，国际形势并不平静，部分国家间关系的紧张程度还有所上升，贸易争端和权力政治在国际上进一步抬头。在此情况下，如果每个国家都从狭隘的自身利益出发，放任冲突与纷争发展，其结果将是国际环境的进一步恶化，这无疑不符合人类整体的利益，从长远看也不符合相关国家的利益。构建人类命运共同体有助于在一定程度上遏制利益冲突与矛盾纷争的发展，为各类国际问题的解决创造良好的心理和物质条件。

第二，人类命运共同体理念深刻反映当今时代发展趋势。即使当前国际体系中的不确定性和风险有所上升、国家之间利益冲突与矛盾纷争依然存在，不断增强的相互依存依然是基本的国际关系事实。从大国关系、全球治理等宏观层面看，我们似乎离人类命运共同体依然十分遥远，但从人与人之间相互联系、科学技术的国际传播、商品与服务的国际流动等微观层面看，我们又似乎在逐渐趋近于人类命运共同体。至少可以说，技术进步为人类命运共同体的发展提供了更多有利条件和更大的可能性。

从理性角度出发，以人类眼光看待国际关系无疑可以改善各国福祉。在当前国际环境下，中国大力倡导人类命运共同体理念，是对国家主义强势回归的理性回应，有助于国际社会抑制单边主义、强权政治、保护主义和封闭性思维。人类命运共同体的构建不是靠抹杀差异、追求国家之间的同质化来实现，而是要以对话代替对抗，以多边协商代替单边行动，以休戚与共代替相互对立，以感同身受代替自我中心。通过身份与利益视角的转变，通过高水平合作创造更多共同利益，推动国家、社会与个人行为方式的逐渐转变，以化解冲突、缓和对立、弥补国家之间的发展鸿沟，创造人类社会更加美好的未来。

自提出人类命运共同体理念并将其迅速转化为外交实践以来，中国面临的国际环境和周边环境不稳定因素多，包括中美战略博弈加剧、周边地区的热点问题虽有所缓和但其根本解决仍然任重道远。但中国并没有因为这些问题的存在和维护自身核心利益的紧迫任务，而放弃对人类命运共同体的主张和追求。相反，中国始终重视人类命运共同体建设在整体外交布局中的地位。面对全球新冠疫情，习近平主席强调，中国始终秉持构建人类命运共同体理念，愿与世界各国一道共同佑护人类共同的地球家园，共同构建人类卫生健康共同体。① 正所谓"沧海横流，方显英雄本色"，这些努力恰好显示了中国新时代大国外交的特色。

二　人类命运共同体的思想渊源

人类命运共同体具有鲜明的时代性，这一思想的产生，有其深厚的渊源，主要来自以下几个方面。

（一）中国传统思想的渊源

如何实现人与人之间的和谐相处，是构建人类命运共同体过程中需要解决的首要问题。在人与人交往的过程中，一致性和差异性始终存在。中国传统文化崇尚和合共生。"和实生物，同则不继。""同则相亲，异则相敬。"② "君子和而不同，小人同而不和"③，"和也者，天下之达道也"④。"求同存异""和而不同"作为中国传统文化思想中处理人际关系的重要方法，对于维持人与人之间的和谐交往具有独特的辩证智慧。"万物并育而不相害，道并行而不相悖"⑤，强调在交往过程中接受和尊重事物的差异性，以开放包容的态度理解差异、尊重区别、减少隔阂，促进人与人之间的和谐共处。

在人与自然的关系方面，习近平主席指出："我们应该遵循天人合一、道法自然的理念，寻求永续发展之路。""天人合一"思想作为"和合"理念的重要组成部分，在中华文化中具有独特内涵。从

---

① 《习近平在第73届世界卫生大会视频会议开幕式上的致辞（全文）》，https：//www. fmprc. gov. cn/web/ziliao_ 674904/zyjh_ 674906/t1780241. shtml。

② 《礼记》，胡平生、张萌译注，中华书局2017年版。

③ 《论语·大学·中庸》，陈晓芬、徐儒宗译注，中华书局2011年版。

④ 《礼记》，胡平生、张萌译注，中华书局2017年版。

⑤ 《礼记》，胡平生、张萌译注，中华书局2017年版。

人与自然和谐统一的角度，"天人合一"强调人与自然是相互影响、相互作用的统一体。中国传统文化提倡"赞天地化育""天地万物为一体"，遵循"道法自然""天地与我并生，万物与我为一"，认为人与自然万物同源，在自然万物演化中存在的天道是人与人交往的人道的根基，"天人合一"是人与自然和谐共生的必然要求。人与自然之间应当是一种相互统一的和谐关系。当前，我们面临颇为严峻的全球性生态危机和环境问题，气候变化带来的极端天气对人类的生存环境产生了很大影响。面对这一局面，人类只有回归自然、顺应自然、尊重大自然的规律，才能更好地趋利避害。人类的长期生存发展需要以完备健康的生态空间为基础，需要以自然资源为主体的物质资料的支撑，人类命运共同体的构建需要人与自然的协调合作、和谐共生。为了实现人类命运共同体，我们需要在世界范围内树立"天人合一"的绿色发展理念，在更高科技水平和思想观念层面实现人与自然的和谐相处，实现人类的可持续发展。

除了人与人之间在差异性的基础上实现和谐、人与自然在共生的基础上实现和谐之外，人类命运共同体还强调社会层面的合作共赢。"四海之内，皆兄弟也"的传统观念，蕴含着在困难局面下休戚与共、风雨同舟的想法，以及在和平时期互相支持、睦邻友好、守望相助的期许。这样的理念在社会层面的扩散，可以在国家内产生"和衷共济"的意识，在国与国层面产生"协和万邦"的思想与实践。"和也者，天下之达道也""穷则独善其身，达则兼济天下"，这些思想的共同点，是超越了利益对立的零和博弈思维，强调利益上的包容与共赢，为当代中国外交"共商共建共享"、正确的义利观等理念，提供了稳固的根基和观念上的出发点。

从国与国关系的层面来看，"天下大同"是传统中国世界主义政治哲学的一个核心理念，它包含若干基本的观念。首先，世界是有秩序的，秩序、和谐是其本然状态；其次，世界是统一的，表现为"天下定于一""四海之内若一家"的努力方向；再次，世界具有某种政治性的结构，这个结构是一种如天地日月、乾坤阴阳的差序等级结构，该结构的不同部分互相依赖、相辅相成、相互成就;① 最后，世界的演化方向具有进步性，实现"大同"的天下是一个"天下为公，选贤与能，讲信修睦"的天下，中国的天下观中有很强的崇仁尚义等方面的道德意识。人类命运共同体思想继承了"天下大同"观念中世界具有不可分性、资源和人类命运具有共同性、人类具有共同的道德本性等信念，同时扬弃了其中的差序性内容，是在民族国家时代对"天下大同"思想的创造性转化和创新性发展。

(二) 文明交流互鉴的凝聚

共同体思想来自社会学，是一个社会学概念。滕尼斯曾对人类群体生活的结合类型进行过研究，并抽象概括为两种理想类型，即共同体和社会。共同体形成主要有赖于自然基础之上的群体（如家庭、宗教)，此外也可能在历史形成的较小联合体（村庄、城市）以及思想联合体（友谊、师徒关系等）中实现。共同体不仅是其各个组成部分的总和，而且是一个有机生长在一起的整体，是一种持久和真正的共同生活，其基础是有关行为体习惯制约下的适应或者与思想有关的共同记忆。②

鲍曼认为，共同体意味着确定性和随之而来的安全。为了确定性，共同体中的个体需要让渡一定的自由。形成共同体后，每个个体都会有一种安全愉悦的舒适感和满足感。共同体成员之间的关系要比他们与外部其他行为体的关系紧密，否则"一旦内部行为体与外部世界的交流变得比内部相互交流更为频繁，并且承负着更多的意义与压力，那么这种共同性就会消失"③。共同体建立的核心基础是内部凝聚力（交往频率和关系深度）和归属感。对于国际关系中的共同体

---

① 何君安、闫婷:《从"天下大同"到"人类命运共同体"——兼论中国世界主义政治哲学》,《东南学术》2020 年第 5 期。

② ［德］斐迪南·滕尼斯:《共同体与社会》,林荣远译,北京大学出版社 2010 年版,第 2 页。

③ ［英］齐格蒙特·鲍曼:《共同体:在一个不确定的世界中寻找安全》,欧阳景根译,江苏人民出版社 2003 年版,第 4—9 页。

而言，共同体内成员彼此之间的关系要强于这些成员与共同体之外其他国家的关系，否则难以形成或从长期维持共同体。

20世纪50年代，瓦吉恩将共同体概念引入国际关系研究，提出了安全共同体的概念。① 此后，多伊奇通过研究欧洲一体化提出了较为系统的安全共同体理论。他将安全共同体定义为不以战争手段解决矛盾冲突的群体集合（人或国家）。② 安全共同体的核心在于共同体意识，即"我们感"（the sense of weness）。冷战结束后，阿德勒和巴涅特进一步深化了对安全共同体的研究。两位学者重点关注多元型安全共同体，它不但具备前述共同体的特征，共同体成员还处在利他互惠的国际社会中，共享一系列主动接受的合作规范。③ 欧美学者思考安全共同体主要参照了"二战"后北约成员国的合作实践，这些安全共同体高度依赖以美国实力优势为基础的安全保护。北约框架虽涵盖了西欧国家和北美的美国和加拿大，但其安全合作的本质是排他性军事同盟，与包容性安全合作存在明显差异。

这些不同的"共同体"思想虽然内容各有侧重，关注点和结论存在差异，但都是在探讨整体和个体的关系，这是人类命运共同体思想与这些认识的共性。当前，任何国家、任何人的生存与发展都是人类社会这个整体不可分割的一部分，都影响着人类社会的发展变化。中国与世界的关系也在人类社会的这样一种发展趋势中变得更为紧密。人类命运共同体思想是中国智慧与人类文明交融的智慧结晶，同时具有鲜明的时代性，它牢牢把握科学技术快速发展，各国经济水平不断提高，经济全球化、社会信息化、文化多样化深入发展的世界大势，

---

① Richard Van Wagenen, *Research in the International Organization Field*: *Some Notes on Possible Focus*, Princeton: Princeton University Press, 1952.

② Karl W., Deutsch and Sidney A. Burrell, et al., *Political Community and the North Atlantic Areas*: *International Organization in the Light of Historical Experience*, Princeton: Princeton University Press, 1957; Karl W. Deutsch, "Security Community", in James N. Rosenau, ed., *International Politic and Foreign Polity*, New York: Free Press, 1961.

③ ［以］伊曼纽尔·阿德勒、［美］迈克尔·巴涅特主编：《安全共同体》，孙红译，世界知识出版社2015年版，第7页。

认识到世界各国之间的联系愈发频繁、相互依赖程度愈发深刻，世界日益成为复杂联系的整体。同时，世界的发展还面临多方面的问题和挑战，存在治理赤字、信任赤字、和平赤字和发展赤字。① 人类命运共同体建设直面世界存在的问题，强调中国要自觉承担全球治理的责任和使命，建立持久和平、普遍安全、共同繁荣、开放包容、清洁美丽的世界。

（三）基于中国外交的理念与实践

中华人民共和国丰富的外交理念与实践，也是人类命运共同体思想的一个重要来源。1953 年 12 月，周恩来总理在接见印度代表商讨中国西藏与印度关系问题时首次提出和平共处五项原则。1955 年 4 月，周恩来总理在万隆会议上发表《关于促进世界和平与合作的宣言》，进一步明确互相尊重主权和领土完整、互不侵犯、互不干涉内政、平等互利、和平共处这五项原则的基本内容。这些原则在 1960 年联合国大会通过的《给予殖民地国家和人民独立宣言》中得到体现。"和平共处五项原则之所以在亚洲诞生，是因为它传承了亚洲人民崇尚和平的思想传统。"② 和平共处五项原则改变了国际关系领域的强权政治逻辑，反对通过战胜对手的方式把自己希望的"和平"强加给对方，它提倡的互不侵犯原则体现了用和平方式解决国际争端的主张，互不干涉内政原则要求各国在承认彼此差异的基础上尊重各自的不同，并在此基础上进而实现"互利"与"和平共处"。自提出后，和平共处五项原则不仅成为指导中国外交的基本原则，也为不同社会制度国家的和平共处树立了榜样。中国坚持独立自主的和平外交政策，成为维护世界和平、促进世界发展越来越重要的力量。

和平共处是国际社会建设人类命运共同体的基础，从国际社会和

---

① 习近平：《为建设更加美好的地球家园贡献智慧和力量——在中法全球治理论坛闭幕式上的讲话》，http：//www. gov. cn/gongbao/content/2019/content_ 5380351. htm。

② 习近平：《弘扬和平共处五项原则 建设合作共赢美好世界——在和平共处五项原则发表 60 周年纪念大会上的讲话》，《人民日报》2014 年 6 月 29 日第 2 版。

谐发展的角度看，各国和平共处是一个基本的条件。经过和平共处，达到和平共生，进而达到和谐共生，这是国际社会和谐发展的不同阶段，① 每个阶段的递进都意味着共生关系的优化，并伴随一系列理论自觉和实践创新。

20 世纪 80 年代，中国领导人准确把握世界趋势的变化，提出和平与发展是时代的主题。1985 年 3 月，邓小平在会见日本商工会议所访华团时指出："现在世界上真正大的问题，带全球性的战略问题，一个是和平问题，一个是经济问题或者说发展问题。"② 当时全球还处于美苏对抗的冷战背景下，中国政府提出和平发展的时代主题，摒弃两极对立的冷战思维，对时代发展和世界政治走向做出了准确和具有前瞻性的判断，并用这一判断指导中国外交的实践。此后，这一判断一直得到延续。在世纪之交的 2000 年，江泽民明确指出，"追求和平与发展是世界各国人民的共同愿望，也是我们这个时代的主题"。③

和平与发展是人类社会的永恒诉求。自中国做出和平与发展是时代主题的判断后，虽然当今世界的时代主题并未改变，但从现实上说，和平与发展却面临诸多挑战，包括：各种传统安全威胁与非传统安全威胁此起彼伏、大国竞争上升、权力政治依然在国际社会盛行；单边主义、保护主义抬头，全球治理遭遇挑战；等等。这些体现了世界在和平发展过程中所处的不同阶段。"和平与发展"这一命题既是中国对时代主题的战略判断，也是对自身发展道路的战略选择。中国对和平发展道路的坚持，本身是影响时代主题的重要因素。

在坚持和平发展是时代主题的基础上，中国又逐步把和谐的诉求引入对时代发展的理解中，形成建设和谐世界的构想。2005 年 9 月，胡锦涛在联合国成立 60 周年首脑会议上的讲话中指出："应该以平等开放的精神，维护文明多样性，促进国际关系民主化，协力构建各种

---

① 杨洁勉：《中国走向全球强国的外交理论准备——阶段性使命和建构性重点》，《世界经济与政治》2013 年第 5 期。

② 《邓小平文选》第三卷，人民出版社 1993 年版，第 105 页。

③ 《江泽民文选》第三卷，人民出版社 2006 年版，第 107 页。

文明兼容并蓄的和谐世界。"① 党的十七大报告明确提出，"我们主张，各国人民携手努力，推动建设持久和平、共同繁荣的和谐世界"②，说明建设和谐世界已成为中国坚持走和平发展道路的重要战略诉求。

党的十八大以来，习近平总书记坚持和平与发展的时代主题观，在创造性地继承和发展世界政治多极化、经济全球化论断以及建设和谐世界构想的基础上，提出构建人类命运共同体的思想，这是着眼人类发展和世界前途提出的中国理念、中国方案。人类命运共同体建设继承了毛泽东的国际主义思想、邓小平的时代主题观和改革开放思想、江泽民的积极参与全球化战略、胡锦涛的建设和谐世界理念，延续了新中国外交的优良传统，开辟了中国外交的新时代、新空间、新形式、新平台。③

（四）当代经验的借鉴与超越

人类命运共同体思想作为中国提出的外交思想，也借鉴了当代国际发展的实践经验，包括全球化的深入发展、国与国之间相互依存的不断深入、国际社会中多边主义的实践，以及安全共同体建设在一些区域取得的成效等，从而体现出鲜明的时代性。

从人类视野来看待和建设人类命运共同体，在一定程度上超越了对国家主权的狭隘理解：强调国与国的同舟共济、命运与共，从而超越了零和博弈的权力政治思维；强调不同文明的交流互鉴、不同文化的和谐共存，从而超越了文明冲突的视野；强调共同发展与共同繁荣，超越了国际关系中根深蒂固的民族主义思维；强调持久和平与普遍安全，超越了基于同盟政治的对抗思维；强调共商共建共享，通过各国树立共同体思维、共同解决全球性问题，超越了基于霸权稳定和大国权力竞争的国际秩序观。

---

① 《胡锦涛文选》第二卷，人民出版社 2016 年版，第 355 页。
② 《胡锦涛文选》第二卷，人民出版社 2016 年版，第 650 页。
③ 李丹：《中国特色大国外交的传承与创新：命运共同体的视角》，《理论与改革》2020 年第 2 期。

人类命运共同体，是关于全人类的共同体，而不是某一集团的共同体，也不是某一区域的共同体，它不是任何局部的、狭隘的、地域的共同体形式。中国从中国传统文化四海一家、心怀天下、崇尚和合、讲信修睦、协和万邦出发，提炼出构建人类命运共同体的中国智慧，旨在使人类打破各种藩篱撕裂的区隔，联结成"命运与共、休戚相关"的一体。① 在全球一体化深入发展，同时全球性问题层出不穷，世界各国家、各民族人民命运愈发休戚相关的背景下，人类命运共同体思想立足于现代中国与世界的发展前景，对中华文明传统精髓进行与时俱进的现代性转化，以"天下"情怀的现代主张来回应当前人类文明所面临的重重困境与挑战，有着宏伟的构思与丰富的内涵，它也显著开拓了中国外交空间与作为。

三　人类命运共同体思想对国际秩序的影响

国际秩序代表了国与国关系运行模式中的一种稳定状态，它的形成受到国际体系中实力结构的制约。国际秩序是国家在一定国际格局下为实现自身利益，在重复博弈的过程中形成的一种稳定的均衡状态，并由此使国家行为具有较高的可预测性，使国家间的合作保持在较为稳定的水平。在此基础上，国际行为体对国家间的互动形成较为稳定和可靠的预期。国际秩序是各国为维护本国利益而相互竞争与合作的产物，因此，形式上稳定的秩序，在其内部始终包含着竞争性的因素和方向不一的努力，这些因素同时也是推动国际秩序向不同方向变迁的动力。

（一）国际秩序类型及其基本性质

传统国际秩序总体上是实力基础上的秩序，它主要有霸权秩序、均势秩序、基于大国协调的秩序等类型，大国在传统国际秩序中的地

---

① 李丹：《中国特色大国外交的传承与创新：命运共同体的视角》，《理论与改革》2020年第2期。

位和作用一直十分突出，中小国家的作用受到明显的忽视与压制。

1. **霸权秩序**

霸权秩序的基本特点，是在国际体系中存在一个实力超群的霸主国家，同时这个国家通过建立一套由其主导的国际秩序来实现霸权统治下的和平。其中颇为典型的是所谓"英国治下的和平"与"美国治下的和平"。尤其是"二战"后特别是冷战后美国推动建立的秩序，是霸权秩序最典型的代表。

结构现实主义认为，国家在国际体系中的相对权力位置与其国家利益密切相关。国际体系中相对实力地位最高的主导国，其整体国家利益就是维持其体系主导地位。[①] 对于体系中实力最强大的国家来说，维护其国际主导地位可以带来重要利益。而这一国际主导地位得到有效维护的一个重要体现，就是确立并维持由其主导的国际秩序。从霸权秩序的视角，当一个最强大的国家确立了霸权的时候，往往也是一种新的国际秩序得到确立的时候。

霸权秩序的主要特征是国际体系中只有一个世界性的支配国家，它具有超群的实力和无可匹敌的国际影响力，它能够制定和维持体系中根本性的规则，并能在一定程度上迫使他国承认其在体系中的优势地位，遵守其制定的国际规则。

霸权国不仅会运用实力来维护其主导的国际秩序，还努力论证由其主导的秩序是稳定的、有效的、合理的。"霸权稳定论"是论证霸权的存在有利于国际秩序稳定、有利于国际社会利益的理论。金德尔伯格强调开放和自由的世界经济需要一个霸主或主导性强国，霸主可以为国际经济体系提供重要的国际公共产品，当实力最强大的国家不愿意承担其国际义务时，可能会在国际体系中引发系列危机。[②] 霸权国的权力确保了规则、权利的确立与维系。霸主国强大的实力，可以抑制其他国家挑

---

① 秦亚青：《霸权体系与国际冲突》，上海人民出版社 2008 年版，第 103—105 页。

② Charles P. Kindleberger, *The World in Depression, 1929—1939*, London: Allen Lane The Penguin, 1973.

战其主导地位的动机，这有助于维护体系的稳定。[①] 由于霸权秩序主要由霸主国维持，以至于霸主国有时认为，对其国际主导地位的挑战，就是对国际秩序的挑战，但实际上，由于在单极体系下缺乏对霸主国的有效制约，霸主国可能产生比较强的修正主义倾向。也就是说，霸主国可能通过改变国际制度、国际规则的方式来谋求更大的利益。[②] 米尔斯海默认为，国际制度不能阻止国家的权力最大化行为，但大国可以创建和利用国际制度来为其国家利益服务。制度诞生的首要前提是成员之间有着共同利益，而该制度的主导者正好也是该制度的最大获益者。简而言之，制度反映了大国的利益，制度的本质是大国实现自身利益的工具。[③] 即使一些自由制度主义者也承认，由于国际规则在很大程度上是由实力最强大的国家推动设立的，主导性大国会努力把具有差别性的规则和义务引入制度安排，以更好地实现其国家利益。[④]

霸权秩序的主要问题在于，它的维系依赖于霸主国强大的实力，同时，在这个秩序下，国际利益的分配是有明显偏向性的。此外，在霸权秩序下，国际体系中的实力结构，包括国际制度与国际规则难以对霸主国形成有效的约束。在实力相对衰落的时期，霸主国会产生更强烈的通过修改国际规则以实现自身利益的冲动。[⑤] 美国特朗普政府时期对国际秩序、国际规则发起的广泛冲击充分显示了霸权秩序可能存在的问题。[⑥]

[①] Robert Gilpin, *War and Change in World Politics*, Cambridge：Cambridge University Press, 1981; William C. Wohlforth, "The Stability of a Unipolar World", *International Security*, Vol. 24, No. 1, summer 1999, pp. 5–41.

[②] John Ikenberry, Michael Mastanduno and William C. Wohlforth, "Introduction：Unipolarity, State Behavior, and Systemic Consequences", *World Politics*, Vol. 61, No. 1, 2009, pp. 1–27; Robert Jervis, "Unipolarity：A Structural Perspective", *World Politics*, 61, No. 1, 2009, pp. 188–213.

[③] John J. Mearsheimer, "A Realist Reply", *International Security*, Vol. 20, No. 1, 1995, pp. 82–93.

[④] ［美］约翰·伊肯伯里：《自由主义利维坦：美利坚世界秩序的起源、危机和转型》，赵明昊译，上海人民出版社2013年版，第95页。

[⑤] 高程：《从规则视角看美国重构国际秩序的战略调整》，《世界经济与政治》2013年第12期。

[⑥] 周方银、何佩珊：《国际规则的弱化：特朗普政府如何改变国际规则》，《当代亚太》2020年第2期。

2. 均势秩序

与霸权秩序相反，在均势秩序中不存在某一个实力超群的国家，而是存在若干个实力大体相当的大国，它们形成相互制约的平衡关系，并在此基础上建立稳定的世界秩序。

均势理论是西方国际关系理论中最古老的理论之一，它是现实主义理论的一个核心内容。均势理论的信奉者认为，只有国际力量结构形成某种均势，才能确保国际体系的稳定。沃尔兹认为，国际体系中存在着趋向均势的强烈趋势，均势一旦被破坏，就会以这种或那种方式建立，均势会周而复始地形成。在无政府体系下，当体系中存在一个最强大的国家时，次等大国会联合起来制衡这个最强大的国家，[1]因此，任何霸权都不会在国际关系中长期存在，而只是一种暂时现象。均势可以防止霸权的出现，同时有利于维护世界和平，因为每一个试图挑起战争的国家都会担心其他大国的联合反对。均势不仅符合各世界大国的利益，而且主要国家会以一种符合均势理论预期的方式行事。

第一次世界大战前一个时期的欧洲历史，从形式上看似乎与均势理论的观点颇为契合。但冷战后美国作为全球霸主，在比较长的时期内未受到其他国家的有效制衡，构成了对均势理论的一个重要挑战。[2]在国际体系中，均势并不像均势理论的信奉者所认为的那样普遍和长时期地存在。国际体系中的很多行为体也并不是像均势理论预测的那样积极对体系中最强大的国家采取制衡行为。[3]

均势秩序肯定了实力结构在国际秩序中的基础性作用，强调了大国关系在国际秩序中的重要性。它的问题在于：首先，均势秩序本质上是一种强权秩序，它最为关注的是体系中大国的相对实力变化，而

---

[1]　Kenneth N. Waltz, *Theory of International Politics*, New York：McGraw-Hill, 1979.

[2]　对这个问题的系统探讨，可以参考 ［美］约翰·伊肯伯里主编《美国无敌：均势的未来》，韩召颖译，北京大学出版社 2005 年版。

[3]　［美］兰德尔·施韦勒：《没有应答的威胁：均势的政治制约》，刘丰、陈永译，北京大学出版社 2015 年版，第 168 页。

各大国往往是在维持体系均势的名义下争夺强权。其次，均势的打破和恢复往往伴随着颇为激烈的战争，这意味着国际社会要反复为此付出巨大的代价。再次，由于国际体系中大国的数量有限，为了在它们之间形成大体的力量平衡，往往需要以牺牲中小国家利益的方式来实现。最后，在实践层面，在国际体系中并没有一种可靠的方式来保证均势的实现，均势的实现与否是各主要行为体自主选择其行为，并相互作用的结果。

"二战"后，联合国等国际组织的建立与国际制度网络的发展的一个重要的目的，是试图更充分地发挥国际组织、国际制度的作用，更好地推进国际合作，使国际秩序避免过于受到权力政治的束缚。

3. 大国协调秩序

大国协调是大国共同管理国际冲突与危机的一种多边安全机制。它主要通过会议外交和协商、共识来决策，并依据一致性、合法性、责任性、包容性和自我克制等共有规则与规范行事。[①] 大国协调不同于均势秩序，因为均势秩序的主要逻辑是力量平衡，主要机制是制衡与追随。大国协调虽然也建立在大国力量平衡的基础上，但其主要机制是协商与协调。大国协调也不同于霸权秩序，霸权秩序是由一个实力超群的大国来主导，而大国协调建立在各大国相互尊重的基础上，其有效运行依赖于各主要大国的包容和自律。

传统的大国协调的典型例子，是拿破仑战争后，由英国、法国、俄国、奥地利、普鲁士通过维也纳会议开启的欧洲协调。其运行方式是由体系中最有影响的大国，通过国际会议的形式进行共同决策。特别是各国领导人参加的高峰会议，起着颇为关键的作用。这些会议有时会发表关于若干基本原则的共识，但不采取投票表决的方式，而是通过协商、达成共识的方式来决策。当时的国际会议虽然不以正式的国际机构为支撑，但通过高层国际会议商谈、争论和讨价还价的结果往往具有权威和合法性，会议产生的国际条约成为"国际法律"，被

---

① 郑先武：《大国协调与国际安全治理》，《世界经济与政治》2010 年第 5 期。

认为对所有国家都具有约束力。① 传统大国协调本质上是一种大国共同治理的国际会议机制。

传统的大国协调机制并没有建立强制性的共同机构来推动各方的共同行动，通过会议机制达成的共识要转化为具体的政策行为，高度依赖于各参与大国的配合。各大国积极履行其责任、对其他大国的重要利益采取尊重和包容的态度，是传统大国协调机制能有效运行的关键因素。但是，在大国协调的背景下，没有一种有效的机制能确保各大国都做到包容、履责和战略克制，在主要大国实力发生巨变或者国际形势出现重要变化的情况下，大国是否尊重和履行通过国际会议达成的一致，从长期看缺乏保障。

在当前的国际背景下，也有一些试图实现新的大国协调的观点，比较典型的是 G2 的说法，但是随着中美战略博弈的加强，G2 的说法很快失去影响力。相比之下，G7 只是西方国家内部的协调，G20 包含的国家数量太多，主要只能在全球治理等议题上发挥一定作用。总体上，在国际体系权力转移、大国竞争加剧的背景下，大国要实现真正有效的协调还比较困难。这也体现了大国协调难以克服大国之间的利益冲突、对大国的约束力相对有限的问题。

（二）人类命运共同体与当代国际秩序

中国政府在国际上倡导的人类命运共同体建设，是一个具有鲜明国际秩序含义的重要理念。人类命运共同体理念从国际社会实际状态的角度指出，在全球化深入发展的今天，世界各国之间，已经形成一种"你中有我、我中有你的人类命运共同体"。从现实的角度来说，世界各国有不同的国际秩序理念，有的国家崇尚霸权秩序，有的国家追求实力基础上的和平，有的国家寻求力量优势，有的国家希望大国能协调政策、和平相处，有的国家积极推动多边主义与全球治理。各

---

① ［加］K. J. 霍尔斯蒂：《没有政府的治理：19 世纪欧洲国际政治中的多头政治》，载［美］詹姆斯·N. 罗西瑙主编《没有政府的治理：世界政治中的秩序与变革》，张胜军、刘小林等译，江西人民出版社 2001 年版，第 41—44 页。

国在国际秩序层面有不同的认识和主张是正常情况。但不管各国对国际秩序的认识如何，在全球化深入发展、各国相互依存不断加深、国际交流十分频繁的当下，面对全球性问题，没有任何一个国家能够独善其身，各国命运紧密相连也是一个基本事实。在安全问题上，一国的不安全往往导致不安全因素的外溢；在发展问题上，各国的发展相互联动，一国的经济问题往往会对其他国家的经济造成影响。中国政府强调要把握好国际国内两个大局，实际上，国际国内因素的紧密联动，对世界大多数国家都是一个难以回避的事实。

人类命运共同体也是一种看待和处理国际关系的思维与方法，并对未来的世界提出了一种美好愿景。其基本逻辑和思路是，通过推动构建新型国际关系，各国携手合作、共同应对人类面临的各种全球性挑战，最终建立一个持久和平、普遍安全、共同繁荣、开放包容、清洁美丽的世界，这是关于一种未来理想秩序的良好图景。关于五个世界的提法，展现了与人类命运共同体相联系的国际秩序在和平、安全、发展、交往模式和自然环境方面的多维特征。构建人类命运共同体的路径，也是构建未来理想国际秩序的路径。

人类命运共同体理念基础上的国际秩序，显然不是霸权秩序，因为人类命运共同体倡导的是开放包容的理念，在这个秩序中，没有霸权主义和强权政治的空间。它也不是均势秩序，因为在这个秩序中，各国实现了持久和平与普遍安全，国家不用始终处于生存担忧之下，更不必通过联盟、制衡、追随，乃至军备竞赛、武装冲突等方式来维护自身的生存与安全，而可以更好地把主要精力用于经济发展、互利合作与环境保护。它也不是大国协调，因为在这个秩序中，实力对比因素的重要性显著下降，和平发展、合作共赢的意识显著增强，人类命运共同体要实现的是各国的普遍安全和共同发展，而不是少数大国的安全与发展，中小国家的利益在这一秩序安排下可以得到更有效的保障。

人类命运共同体是关于未来国际秩序的美好蓝图，但它的实现需要一个长期的过程。习近平总书记指出："构建人类命运共同体是一个美好的目标，也是一个需要一代又一代人接力跑才能实现的目标。"①
构建人类命运共同体是一个需要付出长期努力的艰苦过程，不可能一
蹴而就，而需循序渐进、由点及面、逐步推进。② 在中国提出构建人类
命运共同体的国际主张后，国际形势的发展并不是十分理想：美国对
华战略博弈加剧，中美在高技术领域存在局部"脱钩"的可能性；中
东等地区的安全形势颇不稳定，国际热点问题并未真正缓解；等等。
这些现象的出现，显示人类命运共同体建设过程中存在着不容忽视的
风险和挑战，说明人类命运共同体建设将是一个长期和曲折的过程，
它的发展具有阶段性和过程性。中国政府对人类命运共同体建设过程
中存在的困难、挑战有着清晰的认识，但依然坚持在国际上倡导人类
命运共同体建设，彰显了中国在国际事务方面强烈的责任意识。随着
国际社会人类命运共同体意识的加强，以及各国国际合作的深化，将
推动国与国关系的性质和逻辑发生某些积极变化，使国家界定并追求
其利益的思维和行为方式逐步契合人类命运共同体的要求，为人类命
运共同体建设打下坚实的基础，推动实现更为理性的国际秩序。

---

① 习近平：《论坚持推动构建人类命运共同体》，中央文献出版社 2018 年版，第 426 页。
② 周方银：《"命运共同体"：国家安全观的重要元素》，《人民论坛》2014 年第 6 期。

第三章　人类命运共同体视阈下的 中国外交理论与实践

恩格斯曾经指出，"每一个时代的理论思维，包括我们这个时代的理论思维，都是一种历史的产物"①。党的十九大明确提出，中国外交要推动构建新型国际关系，推动构建人类命运共同体，标志着中国特色大国外交以奋发昂扬的姿态迈入了新时代。

一　人类命运共同体理念的时代背景

当今世界，一方面政治多极化、经济全球化、发展模式多样化和文明多元化趋势进一步增强，各国在政治、经济、安全、文化、环境等领域的联系日益紧密；另一方面，贫富差距加大、各种矛盾与冲突加剧、环境恶化、气候变暖、资源枯竭等问题凸显。人类需要走向一个更好的未来，解决这些问题必然有赖于各国的共同努力，任何国家都不可能独善其身。从本质上讲，人类命运共同体就是各国命运的有机统一，其目标是实现和平、发展、合作与共赢的新世界。

从中国外交政策思想的历史演变来看，人类命运共同体理念体现了中国长期以来对于国际公平与正义的追求，是中国一以贯之的外交理念的最新体现。这一方面同中国传统文化密切相关，如中国文化中

---

① 《马克思恩格斯选集》第三卷，人民出版社 2012 年版，第 873 页。

对于"和"的强调就被深深嵌入中国的外交理念。① 另一方面，这也同近代以来中国饱受帝国主义国家欺凌而产生的屈辱记忆有关，这种屈辱记忆推动了中国在国际关系中对于公平正义的不懈追求。② 同时，作为一个社会主义国家，中国的国家性质也决定了中国不可能像帝国主义国家那样通过霸权战争、殖民扩张、建立"势力范围"等手段来追求自身利益，而必须将自身利益同各国乃至全人类的利益统一起来，追求全人类的解放和发展。因此，早在新中国成立之初，中国就提出了和平共处五项原则，并被联合国接受，成为指导国家间关系的基本准则。改革开放后，随着中国融入国际社会的程度不断加深，中国对于维护国际公平正义的追求也更加强烈，先后提出了建立国际政治经济新秩序、国际关系民主化、构建和谐世界等重要论断和主张，而构建人类命运共同体是在新的历史条件和国际背景下对于维护国际公平正义的具象化表述，是将中国自身利益同各国利益有机统一的最新思想成果。

从当前国际关系发展的现实来看，冷战后国际关系中一个显著的变化就是随着经济全球化的深入发展，国与国之间在政治、经济、文化、资本、技术乃至环境、信息等领域被日益紧密地联系在一起，而这就导致了以往在国际关系中作为"硬通货"的权力政治不再具有普遍适用性。③ 与此同时，随着国家间相互依赖程度的不断加深，国与国之间的共同利益越来越明显，以往那种通过武力和强权手段来追求国家自身利益最大化的行为方式已越来越不被国际社会所认可。例如，2008 年的国际金融危机尽管起源于美国，但是却对很多国家都产生了重大影响，因而需要所有国家携手应对。由于国内经济发展迟缓、政治动荡以及外部干涉等多重因素所导致的难民危机也对很多国

---

① Chih-yu Shis, *The Spirit of Chinese Foreign Policy：A Psychocultural View*, New York：St. Martin's press, 1990, p. 50.

② Chih-yu Shis, *China's Just World：The Morality of Chinese Foreign Policy*, London：Lymme Rienner Publisher, 1993, p. 31.

③ 曲星：《人类命运共同体的价值观基础》，《求是》2013 年第 4 期。

家造成了冲击，并且引发了国际社会的热烈讨论。环境污染、气候变化乃至信息安全等问题也都是各国共同面临的紧迫问题。在面对这些问题时，没有一个国家可以置身事外或者单独应对。可见，当前的国际关系相较于百年前甚至几十年前而言已经发生了根本性的变化。尽管和平与发展仍然是时代的主题，但是面对全球化所带来的各种新问题、新挑战，世界各国需要运用新的思维、寻找新的方式加以应对。正是在上述背景下，人类命运共同体理念应运而生。这一理念反映了国际关系的最新变化，代表了人类共同的价值追求，是中国为解决全球性问题所提供的具有"中国智慧"的应对方案。

2011 年 9 月，中国政府发表《中国的和平发展》白皮书。白皮书指出，"经济全球化成为影响国际关系的重要趋势。不同制度、不同类型、不同发展阶段的国家相互依存、利益交融，形成'你中有我、我中有你'的人类命运共同体"。① 这是中国官方首次提出并使用"人类命运共同体"的表述。在 2012 年 11 月召开的党的十八大上，胡锦涛同志提出："就是要倡导人类命运共同体意识，在追求本国利益时兼顾他国合理关切，在谋求本国发展中促进各国共同发展，建立更加平等均衡的新型全球发展伙伴关系，同舟共济，权责共担，增进人类共同利益。"②

党的十八大后，构建人类命运共同体成为中国特色大国外交的重要目标，习近平同志多次在国内外重要场合对这一理念进行阐释。习近平同志在担任中共中央总书记后首次会见外国人士时就表示，"国际社会已经日益成为一个'你中有我，我中有你'的人类命运共同体，面对世界经济的复杂形势和全球性问题，任何国家都不能独善其身"③。2013 年 3 月，习近平主席在莫斯科国际关系学院发表演讲时指出，"这个世界，各国相互联系、相互依存的程度空前加深，人

① 《〈中国的和平发展〉白皮书（全文）》，http：//politics. people. com. cn/GB/1026/15598627. html。

② 《胡锦涛文选》第三卷，人民出版社 2016 年版，第 651 页。

③ 曲星：《人类命运共同体的价值观基础》，《求是》2013 年第 4 期。

类生活在同一个地球村里，生活在历史和现实交汇的同一个时空里，越来越成为你中有我、我中有你的命运共同体"①。2016 年 7 月，在庆祝中国共产党成立 95 周年大会上，习近平总书记强调，"中国始终是世界和平的建设者、全球发展的贡献者、国际秩序的维护者"，表示中国"愿扩大同各国的利益交汇点，推动构建以合作共赢为核心的新型国际关系，推动形成人类命运共同体和利益共同体"②。同年 9 月，在杭州举行的 G20 峰会上，习近平主席重申了树立人类命运共同体意识的主张。③

　　与此同时，中国对于人类命运共同体概念的理解也在不断深化和细化。2013 年 10 月，习近平主席访问印度尼西亚时，提出构建"中国—东盟人类命运共同体"。2014 年 11 月，习近平总书记在中央外事工作会议上强调要打造"周边人类命运共同体"。在 2015 年 3 月发表的《推动共建丝绸之路经济带和 21 世纪海上丝绸之路的愿景与行动》文件中，中国提出"秉持和平合作、开放包容、互学互鉴、互利共赢的理念，全方位推进务实合作，打造政治互信、经济融合、文化包容的利益共同体、命运共同体和责任共同体"④。这是中国官方首次明确阐述三个不同领域的共同体，并首次将各国乃至全人类的共同命运和共同利益、共同责任相结合，展现了宽广的全球视野和大国的责任担当。

　　中国提出的人类命运共同体理念在本质上反映了世界政治的未来发展趋势，其内涵体现了国际公平正义，因此在国际社会赢得了日益广泛的赞许和认同。2015 年 9 月，习近平主席在第 70 届联合国大会一般性辩论上发表题为"携手构建合作共赢新伙伴　同心打造人类命

---

① 《习近平著作选读》第一卷，人民出版社 2023 年版，第 104 页。

② 习近平：《在庆祝中国共产党成立 95 周年大会上的讲话》，人民出版社 2016 年版，第 20 页。

③ 习近平：《构建创新、活力、联动、包容的世界经济——在二十国集团领导人杭州峰会上的开幕辞》，http://news.xinhuanet.com/world/2016-09/04/c_129268987.htm。

④ 中共中央文献研究室编：《十八大以来重要文献选编》（中），中央文献出版社 2016 年版，第 445 页。

运共同体"的演讲，强调要构建以合作共赢为核心的新型国际关系，并且从建立平等相待、互商互谅的伙伴关系，营造公道正义、共建共享的安全格局，谋求开放创新、包容互惠的发展前景，促进和而不同、兼收并蓄的文明交流，构筑尊崇自然、绿色发展的生态体系五个方面，提出了迈向人类命运共同体的"路线图"①，引起了国际社会的热烈反响。2017 年 1 月，习近平主席在联合国日内瓦总部发表题为"共同构建人类命运共同体"的演讲，提出要从伙伴关系、安全格局、经济发展、文明交流和生态建设等方面入手，推动人类命运共同体的形成，并具体提出了坚持对话协商、共建共享、合作共赢、交流互鉴和绿色低碳五个途径，② 成为迄今中国在国际社会对于这一理念最为深刻、全面、系统的阐述。同年 2 月，联合国社会发展委员会第 55 届会议一致通过"非洲发展新伙伴关系的社会层面"决议，明确将"构建人类命运共同体"写入该决议，这是"构建人类命运共同体"理念首次被写入联合国决议中。③ 同年 3 月，联合国人权理事会第 34 次会议通过关于"经济、社会、文化权利"和"粮食权"两个决议，明确表示要"构建人类命运共同体"。这是人类命运共同体理念首次被载入联合国人权理事会决议。④ 这表明，人类命运共同体理念已经得到国际社会的广泛认可，成为国际人权话语体系的重要组成部分和处理国家间关系、维护国际和平、推动各国共同发展的重要准则。

---

① 习近平：《携手构建合作共赢新伙伴 同心打造人类命运共同体——在第七十届联合国大会一般性辩论时的讲话》，http：// news. xinhuanet. com/world/2015-09/29/c_1116703645. htm。

② 习近平：《共同构建人类命运共同体——在联合国日内瓦总部的演讲》，http：// politics. people. com. cn/n1/2017/0119/c1001-29033860. html。

③ 《联合国决议首次写入"构建人类命运共同体"理念》，http：//news. xinhuanet. com/world/2017-02/11/c_1120448960. htm。

④ 《人类命运共同体重大理念首次载入联合国人权理事会决议》，http：// news. xinhua-net. com/world/2017-03/24/c_129517029. htm。

二　人类命运共同体构建与国际新秩序

当前，世界正处在百年未有之大变局中，人类面临合作还是对抗、进步还是保守、融合还是割裂的历史抉择。一方面，经济全球化的迅猛发展和信息技术的持续变革造就了国际社会深度的相互依存，人类日益处在你中有我、我中有你的人类命运共同体之中。国际力量对比出现历史性变化，新兴国家和发展中国家不断发展壮大，成为维护世界和平、促进共同发展的重要力量。全球治理体系和规则加速变革，"建立国际规制、遵守国际规则、追求国际正义成为多数国家的共识"。① 然而，另一方面，世界并不安宁，面临和平赤字、发展赤字、治理赤字和信任赤字。从和平角度看，尽管世界总体保持和平稳定，但局势动荡和地区冲突此起彼伏，霸权主义、强权政治时有发生，传统安全与非传统安全问题相互交织。从发展角度看，世界经济增长动能不足，实体经济与虚拟经济发展失衡，全球债务水平不断攀升，贸易保护主义和经济民族主义空前高涨；全球贫富差距扩大，国家内部和全球范围的分配不公愈演愈烈，加剧了国际国内两个层面的鸿沟与失衡。从治理角度看，全球化进程的加深导致大量全球性问题凸显，气候变化、恐怖主义、移民难民、核武器扩散等跨国威胁持续蔓延，海洋、网络、极地、太空等新兴议题不断涌现，威胁着人类的生存和发展。从信任角度看，国家之间特别是大国之间认知错位、相互猜疑，彼此都从负面的角度理解对方的战略目标和政策行为，导致相互合作所必需的理解和认同缺失，国际竞争摩擦呈现上升趋势。

面对国际秩序转型释放出的巨大不确定性，传统的治理机制应对乏力，其权力分配、规则供给和治理理念都明显滞后于时代的变化。在权力分配上，西方国家长期垄断着国际规则的制定权，并因此获得

---

① 《习近平在中共中央政治局第二十七次集体学习时强调推动全球治理体制更加公正更加合理　为我国发展和世界和平创造有利条件》，《人民日报》2015 年 10 月 14 日。

大量政治特权和利益好处。进入 21 世纪后，特别是 2008 年国际金融
危机以来，西方国家的实力地位出现明显下降。不过，"现有全球治
理权力结构仍以西方大国为中心，全球治理规则……集中反映它们的
国家利益与政策偏好，而广大发展中国家处于不合理和不公平的不利
境地。"① 在规则供给上，既有的全球治理机制主要由西方国家在
"二战"结束后主导制定，以主权国家的基本行为主体，以大国之间
的冲突与合作为核心关注议题，带有强烈的国家中心主义色彩。冷战
结束后，世界上出现大量跨越国界的全球性问题，诸如国际组织、跨
国企业等非国家行为体也空前活跃，既有的国际规则不管是数量还是
效能都出现严重赤字。有学者指出："这些规则本身就是为管理国际
体系中的个体行为体，而不是为国际社会的整体治理而设计和制定
的，所以，在管理全球公地和应对跨国威胁方面效用很低。"② 在治
理理念上，西方主导下的全球治理遵循的是二元对立的零和思维，将
自己的价值理念视为先进、文明和普世性的，而非西方则意味着封
闭、狭隘和落后。基于这一逻辑，西方认为必须通过胡萝卜与大棒的
交替运用来改造非西方，以实现西方治下的和平。然而，冷战结束
后，西方粗暴干涉他国内政、简单移植制度模式的做法并不成功，给
大量非西方国家带来了深重灾难，也加剧了国际体系的冲突和动荡。
基于对西方主导的传统治理范式的深刻反思，习近平主席强调要顺应
国际潮流和世界大势，为解决日益增长的全球问题提供新的外交理念
和治理方案。正是在这个意义上，习近平主席指出："我们将从世界
和平与发展的大义出发，贡献处理当代国际关系的中国智慧，贡献完
善全球治理的中国方案，为人类社会应对 21 世纪的各种挑战作出自
己的贡献。"③

　　党的十九大报告指出："中国特色社会主义进入新时代，意味着
近代以来久经磨难的中华民族迎来了从站起来、富起来到强起来的伟

① 吴志成：《全球治理对国家治理的影响》，《中国社会科学》2016 年第 6 期。
② 秦亚青：《全球治理失灵与秩序理念的重建》，《世界经济与政治》2013 年第 4 期。
③ 习近平：《在德国科尔伯基金会的演讲》，《人民日报》2014 年 3 月 30 日。

大飞跃，迎来了实现中华民族伟大复兴的光明前景。"① 的确，经过新中国成立以来近 70 年的探索，特别是改革开放近 40 年的发展，中国的综合国力不断增强，国际地位大幅度提升。经济总量超过 12 亿美元，占世界经济总量的 15% 左右，制造业产值、进出口贸易、外汇储备、对外投资等位居世界前列。科研投入持续增加，创新型国家建设取得显著成效，"天宫、蛟龙、天眼、悟空、墨子、大飞机等重大科技成果相继问世"，在工程建设、交通运输、能源开发、人工智能等方面处于世界领先水平。军队建设和国防现代化迈出重要步伐，通过军队改革形成了"军委管总、战区主战、军种主建"新格局，先进战机、国产航母、新型驱逐舰等武器装备陆续服役，军队现代化程度和实战化水平大幅提升。伴随着综合国力的不断增强，中国与世界的关系出现历史性变化，中国日益从国际体系的边缘走近世界舞台的中心，从积极参与国际事务到引领全球治理变革，"做世界和平的建设者、全球发展的贡献者、国际秩序的维护者"②。

　　然而，一个国家越是由大到强，其面临的国内挑战和国际风险也就越多。"中华民族伟大复兴，绝不是轻轻松松、敲锣打鼓就能实现的。"③ 从内部看，中国经济步入新常态，处于增长速度换挡和新旧动能转换的阵痛期，经济增长的质量和效益需要进一步提升；全面深入改革步入深水区，利益固化和体制樊篱的阻力不断加大，一些改革部署和重大举措没有顺利落地；社会贫富差距持续拉大，医疗、教育、住房、就业、养老等民生领域面临诸多痛点和难题；全面从严治党面临新挑战，全面依法治国存在薄弱环节，国家安全和意识形态领

---

① 习近平：《决胜全面建成小康社会 夺取新时代中国特色社会主义伟大胜利——在中国共产党第十九次全国代表大会上的报告（2017 年 10 月 18 日）》，人民出版社 2017 年版，第 10 页。

② 习近平：《在庆祝中国共产党成立 95 周年大会上的讲话》，《人民日报》2016 年 7 月 1 日。

③ 习近平：《决胜全面建成小康社会 夺取新时代中国特色社会主义伟大胜利——在中国共产党第十九次全国代表大会上的报告（2017 年 10 月 18 日）》，人民出版社 2017 年版，第 15 页。

域斗争复杂严峻，国家治理体系和治理能力现代化依然任重道远。从外部看，在中国的持续发展下，国际社会针对中国的认知和战略正出现新变化。一方面，国际社会要求中国承担更多的责任，特别是广大发展中国家希望中国在维护国际公平正义、促进共同发展和完善全球治理等方面提供更多公共产品；另一方面，不少发达国家对中国的发展充满疑虑和恐惧，通过各种方式加大对中国的防范和打压。尤其是作为世界唯一超级大国的美国，正把中国视为挤压其利益空间、挑战其主导地位、威胁其制度模式的挑战者，并采取贸易打压、舆论围剿等多种方式延缓中国的发展进程。① 面对国际国内的新形势，中国外交必须更加积极有为，回应外部世界的期待诉求，消除外部世界的困惑疑虑，同时为国内发展营造良好国际环境。习近平外交思想的提出正是中国对"强起来"时代如何统筹应对国内挑战和国际变局进行的系统性思考。

面对新的世界形势，中国不断推进外交理论创新，提出了一系列外交新理念、新思想、新倡议。我们注重阐述中国梦的世界意义，努力推动世界机遇与中国机遇的相互转化；进一步丰富和平发展战略思想，在坚持走和平发展道路的同时坚定维护国家的主权、安全和发展利益；提出构建"不冲突不对抗、相互尊重、合作共赢"的新型大国关系，努力跳出历史上新老大国必然冲突的"修昔底德陷阱"；在坚持"以邻为善""与邻为伴"的工作方针的基础上提出"亲诚惠容"的周边外交理念，深化同周边国家的互利合作；针对发展中国家提出义利兼顾、以义为先的正确义利观，超越西方国家唯国家利益至上的自利逻辑；倡导共同、综合、合作、可持续的安全观，以应对当前世界层出不穷的国际争端和安全困境；提出共商、共建、共享的全球治理观，推动全球治理体制向更加公正合理的方向发展。这一系列外交新理念的提出顺应了国际社会求和平、谋合作、促发展的时代潮

---

① The White House, "National Security Strategy of the United States of America", December 18, 2017, https: // www. whitehouse. gov/wp-content/uploads/2017/12/NSS-Final-12-18-2017-0905. pdf.

流，符合世界各国的共同利益和普遍诉求，展现了中国的大国风范和道义担当。

在外交理论的指导下，积极推进中国特色大国外交，努力发出中国声音，提出中国倡议，贡献中国智慧。中国发起共建"一带一路"倡议，推动欧亚大陆乃至全球的互联互通进程；合作建立金砖国家新开发银行和金砖应急储备基金，发起创办亚洲基础设施投资银行，设立丝路基金，推动着国际金融格局和治理结构的深刻变化；积极开展主场外交，先后举办亚太经合组织领导人非正式会议、亚洲相互协作与信任措施会议、二十国集团领导人杭州峰会、"一带一路"国际合作高峰论坛、金砖国家领导人厦门会议，努力凝聚国际共识、不断推出行动议程，为全球治理和人类发展寻求新的出路；积极参与气候变化、核不扩散、移民和难民、网络安全等全球问题的解决，推动建立更加开放、包容、均衡、普惠的新型全球化，为国际社会提供力所能及的公共产品。此外，中国还积极参与国际热点和地区冲突的调停，以实际行动诠释负责任大国的使命与担当。

三　当代中国外交理论创新发展的思想渊源

当代中国外交理论的产生有其深刻的思想渊源，既是对中华优秀传统文化的坚守与弘扬，也是对新中国和平外交思想的继承与创新；既与马克思主义世界历史理论一脉相承，又有着对西方国际关系理论的反思与超越。

（一）优秀传统文化的坚守与弘扬

中国传统文化历史悠久、博大精深，是中华民族在长期的历史演变和社会实践中不断扬弃和发展的结果，至今影响着中国人民的价值观念。其中，以"和合"思想、"义利观"、中庸之道为核心的优秀传统文化是新时代外交思想的重要来源。"和"乃相应，指不同事物之间相互配合，"合"则指相合、吻合。"和合就是指自然、社会、人际、心灵、文明中诸多形相、无形相之间相冲突、融合，与在冲突、融合的动态变化过程中诸多形相、无形相之间和合为新的结构方式、新事物、新生命的总和。"① "和合"思想是中国传统文化的鲜明特征，也是中国传统文化的最高价值原则。"义利"问题是中国传统文化的核心问题，儒家提出"先义后利""君子喻于义，小人喻于利"（《论语·里仁》），要求人们在正当追求物质利益的基础上，要以义制利、以义节欲。在国与国的关系方面，中国传统文化强调"重道义、轻利益"。因此，在构建新型大国外交时，充分借鉴了"义利观"——"要坚持正确义利观，做到义利兼顾"②。中庸之道是中国传统文化中通向"和谐"的重要途径。所谓"中庸"，"不偏之为中，不倚之为庸，中者，天下之正道；庸者，天下之定理"。（《中庸章句》）中庸之道强调在行事时，要追求平衡稳定、协调有序。在国与国的关系上，中庸之道强调"和而不同"，既要加强与不同国家的交流互鉴，又要保持本国的独立性。在"和合"思想、"义利观"、中庸思想的基础上，中华民族自古以来都是一个热爱和平的民族。"中国坚定不移地走和平发展道路，是基于中国历史文化传统的必然选择。"③ 因此，在国际舞台上，中国始终是维护地区和平和世界和平的中坚力量。

（二）新中国外交思想的继承与创新

自新中国成立以来，中国始终坚持独立自主的和平外交政策，坚定不移地走和平发展道路，坚定不移地致力于维护世界和平、促进共同发展，逐渐形成了一套独具特色的外交思想和战略理念，并指导着不同时期中国的外交实践。

---

① 张立文：《和合哲学论》，人民出版社 2004 年版，第 11 页。
② 中共中央宣传部编：《习近平总书记系列重要讲话读本》，学习出版社、人民出版社 2014 年版，第 271 页。
③ 中华人民共和国国务院新闻办公室：《中国的和平发展道路》，《人民日报》2005年 12 月 23 日。

　　新中国成立初期，中国国内百废待兴、国际环境复杂严峻，以毛泽东为核心的党的第一代中央领导集体肩负起建设社会主义新中国的历史任务，积极探索与世界的相处之道，努力为国内发展创造有利国际条件。为争取国家自主和民族独立，新中国全面实行"另起炉灶""打扫干净屋子再请客"的外交方针，废除旧政权与西方国家签署的一切不平等条约，在平等、互利及相互尊重领土主权的原则基础上同世界各国建立外交关系。面对"二战"后严峻复杂的国际形势，新中国宣布对苏联"一边倒"，通过加入社会主义阵营维护国家安全，并获取现代化建设所必需的国际支持。在此基础上，中国加快解决同周边国家的领土争端和历史遗留问题，同印度、缅甸共同倡导和平共处五项原则，为推动建立公正合理的新型国际关系做出了历史贡献。自进入 20 世纪 60 年代以来，面对中苏关系破裂、中美关系敌对的严峻形势，毛泽东提出"两个中间地带""三个世界"的外交思想，加强同亚、非、拉各国的合作与团结，积极争取部分西方国家支持，有力提升了中国在国际社会的地位和作用。到 20 世纪 70 年代，美苏争霸的攻守态势出现变化，苏联的全球扩张和霸权主义成为中国国家安全的首要威胁，毛泽东适时调整外交战略，实行"一条线、一大片"，争取包括美国在内的国际反霸统一战线，有力维护了自身国家安全，大大改善了中国外交的孤立局面。

　　以邓小平同志为核心的党的第二代中央领导集体科学判断时代主题，正确分析国际形势，积极把握发展机遇，使中国成功地走上了一条与本国国情和时代特征相适应的和平发展道路。邓小平从唯物史观出发，对世界战争与和平形势做出了科学理性的判断。在他看来，"在较长时间内不发生大规模的世界战争是有可能的，维护世界和平是有希望的。根据对世界大势的这些分析，以及对我们周围环境的分析，我们改变了原来认为战争的危险很迫近的看法"[①]。正是基于对国际形势和世界格局的科学分析，邓小平提出"和平与发展"是世

---

　　① 《邓小平文选》第三卷，人民出版社 1993 年版，第 127 页。

界主题，并据此调整了中国的外交战略。首先，重新确立了独立自主的和平外交政策，明确不同任何国家结盟，不依附于任何大国，不参加任何国家集团；对于国际问题，中国坚持自己的独立判断，根据事情本身的是非曲直决定自己的政策和立场；在国际事务中坚持原则，决不拿原则做交易。其次，坚持永远属于第三世界的政治立场。1984年 5 月 29 日，邓小平在阐述中国对外政策的基本点时，强调指出："中国永远属于第三世界，这是我们对外政策的一个基础。我们讲永远属于第三世界，就是说，现在中国穷，理所当然属于第三世界，中国和所有第三世界国家的命运是共同的，即使中国将来发展富强起来，仍然属于第三世界，中国永远不会称霸，永远不会欺负别人，永远站在第三世界一边。"① 最后，确立了"韬光养晦"的外交战略。1989 年以后，以美国为首的西方国家对中国采取了政治上干涉内政、经济上实施制裁、外交上加以孤立等一系列遏制政策，企图干扰和破坏中国的自主发展道路。面对严峻的国际形势以及一些发展中国家希望中国"当头"的建议，邓小平提出了冷静观察、稳住阵脚、沉着应付、韬光养晦、有所作为的外交政策方针。"韬光养晦"战略的提出避免了中国成为国际矛盾的焦点，集中精力发展自己，大大改善了中国所处的国际环境。

冷战结束导致国际格局剧烈变化，以江泽民同志为核心的党的第三代中央领导集体在深刻洞察、冷静分析世界形势的基础上明确指出，和平与发展仍然是当今时代的主题，并在外交理论与实践方面进行了新的探索。第一，推动国际关系民主化，探索建立国际政治经济新秩序。"各国的事情要由各国人民作主，国际上的事情要由各国平等协商。全球性挑战需要各国合作应对。"② 第二，倡导树立互信、互利、平等、协作的新安全观。新安全观强调安全的对等性、相互性、合作性和制度性，主张树立共同安全和普遍安全的思想，认为获得安全的

① 邓小平：《建设有中国特色的社会主义》（增订本），人民出版社 1987 年版，第 43 页。
② 《江泽民文选》第三卷，人民出版社 2006 年版，第 474 页。

主要方式是以互信、互利为基础的合作而不是对抗。第三，推动世界在多样性中共同发展，主张应尊重各国的历史文化、社会制度和发展模式，尊重各国人民选择符合自身国情发展道路的权利，尊重文明间的差异，承认世界多样性的现实，强调世界各种文明和社会制度，应长期共存，在竞争比较中取长补短，在求同存异中共同发展。①

　　进入 21 世纪以来，经济全球化和世界多极化的发展，为不同社会制度、不同文明、不同发展模式提供了长期共存的基础和机遇，也使国家间的经济联系更加密切，相互依存日益加深。然而，国际社会面临的新挑战和新威胁也与日俱增，使任何国家都难以独善其身。世界各国只有加强合作、协力共进，才能抓住机遇、应对挑战，实现互利共赢。21 世纪的前 20 年，是中国发展的重要战略机遇期。抓住并用好这一战略机遇期，对于实现全面建成社会主义现代化强国的第二个百年奋斗目标、推进中国特色社会主义事业，具有极其重大的意义。在这种背景下，以胡锦涛同志为总书记的党中央继续推进外交理论创新，提出了构建"和谐世界"的重大国际战略构想，进而推动外交实践呈现全新局面。2005 年 9 月 15 日，胡锦涛同志在联合国成立 60 周年首脑会议上发表了题为"努力建设持久和平、共同繁荣的和谐世界"的演讲②，全面阐述了"和谐世界"的深刻内涵及其实现途径，向全世界正式提出了这一基于中国深厚传统文化底蕴、当今国际政治现实和中国独立自主和平外交政策宗旨的国际战略新思维、新理念，代表中国政府向全世界发出了"共同建设和谐世界"的倡议，受到国际社会的高度关注和积极评价，向世界传递了中国渴望和平发展、愿作负责任大国，并希望与其他各国共建和平、繁荣、和谐的世界的信息。2007 年 10 月 15 日，胡锦涛总书记在党的十七大报告中指出："共同分享发展机遇，共同应对各种挑战，推进人类和平与发展的崇高事业，事关各国人民的根本利益，也是各国人民的共同心愿。

---

　　① 《江泽民文选》第三卷，人民出版社 2006 年版，第 298 页。
　　② 胡锦涛：《努力建设持久和平、共同繁荣的和谐世界》，《人民日报》2005 年 9 月 16 日。

我们主张，各国人民携手努力，推动建设持久和平、共同繁荣的和谐世界。"① 从而将"和谐世界"理念上升为中国和平发展国际战略的总纲。这一思想强调和平发展，实行互利共赢，进一步丰富和深化了中国的外交思想，开创了中国外交的全新局面，极大地改善和提升了中国的国际形象。在新的形势下，中国提出推动构建人类命运共同体，既是对以往外交理论和实践的继承，也是面向未来的创新和实践探索。

当前世界并不太平，世界经济复苏乏力，国际冲突和地区动荡频繁发生，恐怖主义、跨国犯罪、核武器扩散、重大传染疾病等全球问题正危及人类的和平与安全。对此，西方国家主导的全球治理体制乏善可陈，既不能反映国际力量对比和安全性质的新变化，也难以提供解决全球挑战的有效途径和合理举措。究其根源，是西方的国际关系理论存在根本缺陷。自近代以来，西方国家通过商业扩张、殖民征服和对外战争确立起在现代国际体系中的主导地位。在此基础上，西方国家构建出一套一元主义的价值观，即西方价值观是普世性的，代表着先进、发达和文明。一元主义价值观的背后是二元对立的思维模式，即认为以西方价值为基石的自由主义国际秩序是通向人类繁荣进步的唯一道路，国际社会成员必须加入其中并自觉遵守。它们如若反对或是另起炉灶，则是对全球秩序的公然挑战，西方国家有义务予以纠正，必要时甚至可以诉诸武力。

然而，冷战结束的全球政治图景展现的并非西方模式的节节胜利。相反，这一模式在世界政治舞台和西方国家内部都出现了严重危机。就前者而言，从武力推翻萨达姆政权到大力支持"阿拉伯之春运动"，西方国家不仅没有在中东地区培育出自由民主的种子，反而种下了种族矛盾激化和极端主义扩散的恶果。当前，中东地区不管是社会秩序的崩塌，还是无数的生灵涂炭，都与西方盲目推广其政治模式

---

① 胡锦涛：《高举中国特色社会主义伟大旗帜 为夺取全面建设小康社会新胜利而奋斗》，人民出版社 2009 年版，第 46 页。

有着莫大干系。就后者而言，失去变革动力的西方模式也在不断僵化，所谓的民主程序为不同政党相互攻讦和掣肘大开方便之门，防止专制独裁的制度设计最终沦为相互否决的政治安排，使得达成共识困难重重，重大议程迟迟得不到落地。有学者指出，美国当前陷入市场金融化、社会分化和政府失灵的复合型困境之中。西方国际关系理论的失效呼唤新型的治理方案和理念。这正是人类命运共同体作为解决世界之困、构建更好世界未来的基础。

四　把推动构建人类命运共同体作为外交的重心

从"中国梦"与"世界梦"相联通的视角看，中国外交工作的使命还在于维护世界和平、促进人类共同进步，通过中国自身发展带动国际社会的共同发展。正如习近平总书记强调的一样，"中国梦既是中国人民追求幸福的梦，也同各国人民追求幸福的梦想相通"[1]。"中国发展壮大，带给世界的是更多机遇而不是什么威胁。我们要实现的中国梦，不仅造福中国人民，而且造福各国人民。"[2] "把中国人民利益同各国人民共同利益结合起来，在中国与世界各国良性互动、互利共赢中开拓前进。"[3] 党的十九大报告进一步指出："中国共产党是为中国人民谋幸福的政党，也是为人类进步事业而奋斗的政党。中国共产党始终把为人类作出新的更大贡献作为自己的使命。"[4] 这充分说明作为一个具有世界眼光和人类情怀的发展中大国，中国一直将自身发展与世界进步统一起来，把本国利益与国际利益自觉兼容。面向未来，中国也将继续以高度的责任感和使命为世界和平担责，为国际发展出力，实现"中国梦"与"世界梦"的同频共振。

---

[1] 《习近平谈治国理政》第一卷，外文出版社 2018 年版，第 64 页。
[2] 《习近平谈治国理政》第一卷，外文出版社 2018 年版，第 107 页。
[3] 《习近平谈治国理政》第一卷，外文出版社 2018 年版，第 248 页。
[4] 习近平：《决胜全面建成小康社会 夺取新时代中国特色社会主义伟大胜利——在中国共产党第十九次全国代表大会上的报告》，人民出版社 2017 年版，第 57 页。

纵观过去几百年的历史，人类之所以对抗不休、冲突不止，根源在于国家之间始终遵循零和博弈思维参与国际博弈，将自己的安全建立在他人不安全的基础之上，结盟对抗、争夺霸权、划分势力范围成为当时国际互动的基本方式。然而，一方面，这种追求自身绝对安全的行为势必损害他人的安全利益，对方为求自保不得不进行对等反应，从而导致国家之间安全困境的不断升级，人类由此步入冲突和战争的深渊。另一方面，经济全球化导致国家之间深度相互依存。"这个世界，各国相互联系、相互依存的程度空前加深，人类生活在同一个地球村里，生活在历史和现实交汇的同一个时空里，越来越成为你中有我、我中有你的命运共同体。"① 特别是在面对大量跨越国界、攸关全球的威胁时，没有哪个国家能够靠单打独斗从容应对，也没有哪个国家能够凭自我封闭就与之隔缘。

人类命运共同体构建是基于对近代以来世界秩序的历史反思，同时着眼于国际社会共存共荣的政治现实和未来发展需要提出的创新理念，反映了中国从"中国之中国"走向"世界之中国"的国际胸怀和责任担当。党的十九大报告对人类命运共同体的内涵做了明确的阐述，即要建立"持久和平、普遍安全、共同繁荣、开放包容、清洁美丽"的世界。这一内涵分别从政治、安全、经济、文化、生态五个维度勾勒出了当前世界的不同侧面，指明了构建人类命运共同体的具体方向。

在政治上要建立相互尊重、平等协商的伙伴关系。所谓相互尊重，就是要恪守和平共处五项原则，充分尊重各国的核心利益和重大关切，充分尊重各国人民自主选择发展道路的权利，反对肆意干涉别国内政，反对把自己的意志强加于人。"鞋子合不合脚，自己穿了才知道"，"各国主权范围内的事情只能由本国政府和人民去管"。所谓平等协商，就是要坚持国家不管大小、强弱、贫富一律平等，都有资

① 习近平：《顺应时代前进潮流 促进世界和平发展——在莫斯科国际关系学院的演讲》，《人民日报》2013 年 3 月 24 日。

格参与国际事务的讨论，反对以强凌弱、以大欺小，反对少数国家搞垄断、包办一切。正如习近平总书记所言："什么样的国际秩序和全球治理体系对世界好、对世界各国人民好，要由各国人民商量，不能由一家说了算，不能由少数人说了算。"[①] 只有真正建立起相互尊重、平等协商的伙伴关系，才能真正实现国际关系的法治化、民主化，推动国际体系朝着更加公正合理的方向发展。

在安全上要营造公道正义、共建共享的安全格局。反思近代以来的国际关系史，人类之所以对抗不休、冲突不止，根源在于国家之间始终遵循零和博弈思维参与国际博弈，将自己的安全建立在他人不安全的基础之上，结盟对抗、争夺霸权、划分势力范围成为当时国际互动的基本方式。然而，这种追求自身绝对安全的行为势必损害他人的安全利益，对方为求自保不得不进行对等反应，导致国家之间安全困境的不断升级，人类由此步入冲突和战争的深渊。另外，伴随着全球化的深入发展，诸如恐怖主义、跨国犯罪、核武器扩散、气候变化等非传统安全议题不断凸显。面对这些跨越国界、攸关全球的安全威胁，没有哪个国家靠单打独斗就能从容应对，也没有哪个国家凭自我封闭就能与之隔绝。正是基于对历史教训的深刻反思以及对现实挑战的精准研判，中国主张放弃对立和自处、超越零和博弈和冷战思维，以共同、综合、合作和可持续的安全观来缔造长久和平、实现普遍安全。

在经济上坚持同舟共济，推动世界均衡发展、共同繁荣。当前，经济全球化处在一个关键的十字路口。过去二十多年，技术进步、产业变革和跨国资本流动推动着全球化进程的进一步深化，全球财富经历了前所未有的增长。然而，由于利益分配的严重失衡，那些在全球化进程中失利的国家和群体出现了对全球化不同程度的抵触情绪。一方面，西方国家长期主导着全球化的规则和议程，利用霸权机制汲取

---

① 习近平：《在庆祝中国共产党成立 95 周年大会上的讲话》，人民出版社 2016 年版，第 20 页。

世界财富资源，导致南北差距持续拉大；另一方面，国家内部不同群体之间的贫富差距也空前拉大。在全球化条件下，跨国企业、金融巨头在不断拓展的世界市场中赚得盆满钵满，而处在社会中下层的劳动者却承受着产业转移和国际竞争的双重压力。"世界长期发展不可能建立在一批国家越来越富裕而另一批国家却长期贫穷落后的基础之上"①，经济全球化也难以在社会群体严重分化的背景下顺利推进。正因为如此，中国始终主张加强全球经济政策协调，在共同挖掘世界经济增长动力的同时，更加注重发展机会和财富资源公平合理的分配，推动建立更加均衡、包容、普惠、共赢的新型全球化。

在文化上坚持交流互鉴，实现不同文明之间的和合共生。"世界上有200多个国家和地区、2500多个民族、多种宗教。不同历史和国情，不同民族和习俗，孕育了不同文明，使世界更加丰富多彩。"②中华文明之所以能够源远流长、生生不息，就在于我们承认世界文明的多样性，并坚持在文明的交流中相互学习，在文明的融合中实现共存，"和而不同""聚同化异""和合共生"等观念已经浸润中华文明的肌体。反观今天的世界，"文明冲突论""文明一元论""历史终结论"等思潮不一而足，它们要么固守自我中心主义的偏见，对其他文明嗤之以鼻；要么刻意渲染文明之间的差异，人为制造对立和冲突，从而加剧了不同文明之间的隔阂、误解和敌视。面对世界范围内激烈的文化交锋以及由此带来的国际纷争，中国主张以文明对话超越文明傲慢、以文明共存取代文明对抗、以文明互鉴化解文明冲突，推动不同文明相互理解、相互尊重、相互信任。

在生态上坚持人与自然和谐相处，共同打造清洁美丽的世界。人与自然的共生共存构成了人类社会进步和可持续发展的根本动力。自近代以来，人类的工业化使得自然资源最大限度地为经济和社会发展

---

① 习近平：《顺应时代前进潮流 促进世界和平发展——在莫斯科国际关系学院的演讲》，《人民日报》2013年3月24日。

② 习近平：《共同构建人类命运共同体——在联合国日内瓦总部的演讲》，《人民日报》2017年1月20日。

服务，创造了前所未有的财富。然而，过度的自然开发也带来了环境破坏、生态透支，最终伤及人类自己。可见，先污染后治理的路子代价巨大，环境友好型的发展模式才能持续。正因为如此，中国高度重视环境保护，倡导绿色、低碳、循环、可持续的生产生活方式，将生态文明建设和打造美丽中国置于治国理政的核心位置，同时与国际社会共同努力应对全球气候变化，为《巴黎协定》的达成作出了重要贡献，为推动2030年可持续发展议程发挥着积极引领作用。

总之，构建人类命运共同体是站在实现全人类共存共荣的政治高度，为破解当前世界的冲突、纷争而提出的中国方案，承载着中国对未来世界的崇高理想和不懈追求。人类命运共同体意识超越了世界不同国家、民族、群体的界限，最大限度地凝聚了国际社会的共识，不仅是推动中国特色大国外交进入新时代的指导思想，也是中国为世界提供的思想性公共产品。

中国外交的战略布局是依托全球伙伴关系网络，重点推进"一带一路"建设和全球治理体系变革。中国长期奉行独立自主的外交政策，坚持结伴不结盟。结盟政治具有明显的对抗性、封闭性和非对称性。首先，结盟往往针对共同的威胁或敌人，将另一方作为明确的假想敌，容易造成国际关系紧张，甚至诱发军事冲突和战争；其次，结盟带有明显的封闭性，根据安全利益和意识形态来确定国家间关系的亲疏远近，构建的是排他性的小圈子；最后，结盟造成国家之间的主导—依附关系，大国动辄以同盟的名义干涉他国内政，以大欺小、以强凌弱的现象屡见不鲜。正是因为这些内在缺陷，我们看到历史上国家之间因军事结盟而导致兵戎相见的案例不胜枚举。当前，全球化导致世界各国深度的相互依存，在国家间随意制造对立差异的做法日益不可持续，大国制衡、结盟政治等旧办法同样难以为继。因此，习近平总书记强调我们要在国际和区域层面建设全球伙伴关系，走出一条"对话而不对抗、结伴而不结盟"的国与国交往新路。在这一思路的指引下，中国目前已经和100多个国家建立起伙伴关系，形成了覆盖全球的庞大"朋友圈"。"这些国家彼此之间各有不同，伙伴关系的名称和形式也不尽一致，但其实质内涵都是平等相待，互利共赢，都超越了社会制度和发展阶段的差异。"① 中国实践的这条道路强调国家关系的和平性、平等性和包容性，是对传统结盟政治和零和逻辑的超越。在全球伙伴关系网络的支撑下，中国外交以"一带一路"建设和全球治理体系变革为主线全面展开。

全球治理体系改革是新时代中国特色大国外交的重要努力方向。如前所述，全球治理体系面临需求与供给之间的重大悖论，即全球性问题不断增加，但全球治理的供给严重不足，特别作为西方国家纷纷坚持内部问题优先，拒绝通过提供更多国际公共产品来推动全球问题的解决。近年来，一大批新兴国家和发展中国家发展迅速，在全球治理上扮演越来越重要的作用，但全球治理体系并没有充分反映国际力量对比的变化，导致国际地位与责任义务之间的严重不对等。习近平总书记高度重视全球治理，多次主持政治局集体学习研究全球治理问题。他指出随着国际力量对比消长变化和全球性挑战日益增多，加强全球治理、推动全球治理体系变革是大势所趋。② 在习近平总书记看来，中国参与全球治理要从中国国情出发，坚持发展中国家定位；要坚持权利和义务的平衡，通过参与全球治理提升中国的国际话语权；要坚持维护联合国的权威，维持全球多边主义的规则框架；要坚持为发展中国家发声，加强同发展中国家的团结合作；要注重国际协调合作，充分凝聚国际共识，共同推动全球治理体系朝着更加均衡、公正和合理的方向发展。

中国从两个层面分步骤地推动全球治理体制的变化。其一，对于西方国家长期主导的治理体制，中国主张推动改革其不公正不合理的安排，以增加新兴市场国家和发展中国家的代表性和发言权。比如，在中国等国家的不懈努力下，2015 年 12 月 18 日，美国国会参众两院批准了国际货币基金组织 2010 年份额和治理改革方案，中国的份额

---

① 王毅：《进入新时代的中国外交：开启新航程 展现新气象》，《国际问题研究》2018 年第 1 期。

② 《习近平谈治国理政》第二卷，外文出版社 2017 年版，第 448 页。

占比从 3.996% 升到 6.394%，正式成为国际货币基金组织的第三大股东，俄罗斯、巴西、印度的份额也跻身前十。同国际货币基金组织类似，世界银行最近一轮改革也将发达国家的一部分投票权转移给发展中国家，以更好反映国际力量对比的变化。此外，中国还主动倡议成立金砖国家新开发银行、亚洲基础设施投资银行，以填补既有国际金融机制的空白，进一步倒逼传统国际金融机构的改革完善。需要指出的是，中国是现行国际体系的受益者和建设者，中国推动全球治理体制改革并非"另起炉灶"，而是对西方主导的全球治理架构进行适应时代变化的必要改革和有益补充。其二，对于新兴的全球治理领域，中国正与国际社会一道努力推动建立反映多数国家意愿和利益的新规则。针对全球气候变化，中国一方面向联合国提交"国家自主贡献"文件，表明其走绿色、低碳和可持续发展之路的决心，另一方面加强国际合作协调，积极推动全球气候变化谈判，为构建公平合理的国际气候制度作出重大贡献。在网络安全领域，中国提出加快全球网络基础设施建设、打造网上文化交流共享平台、推动网络经济创新发展、保障网络安全、构建互联网治理体系五点主张，为全球互联网发展治理贡献了中国智慧。① 在此基础上，中国正同有关国家开展打击网络犯罪及相关事项高级别联合对话机制，共同制定和推动国际社会网络空间合适的国家行为准则。除此之外，在治理恐怖主义、核不扩散、跨国犯罪、传染疾病、太空、极地等新兴领域，中国都在积极参与国际规则的制定，展现了建设性、负责任的国际形象。

当前，世界体系和国际格局正处在大发展大变革大调整的关键时期。党的十九大宣告中国特色社会主义进入新时代。中国与世界的同步转型使我们面临前所未有的机遇和挑战。在这一背景下，中国特色大国外交需要更加积极进取、开拓创新，为中华民族伟大复兴和构建人类命运共同体提供实践支撑。概括起来，中国特色大国外交之"特色"，主要体现在：坚持中国发展的和平属性，致力于超越历史上国

---

① 《习近平在第二届世界互联网大会开幕式上的讲话》，《人民日报》2015 年 12 月 17 日。

家崛起必然导致对外扩张和战争冲突的历史宿命，努力实现中国和平发展与世界和平稳定的高度统一；坚持合作共赢的外交方向，"在维护自身利益的同时兼顾各方利益，在谋求自身发展的同时促进共同发展"①，通过合作扩大各国的共同利益，应对人类社会的共同挑战；坚持维护国际公平正义，主张国家不管大小、强弱、贫富一律平等，反对以大欺小、恃强凌弱，支持扩大发展中国家在国际事务中的发言权，推动国际秩序朝着公正合理的方向发展。

"大道之行，天下为公。"推动构建人类命运共同体基于构建美好世界未来的理想而提出。当前，世界正处于百年未有之大变局。新变局、新时代必须要有新作为。将人类命运共同体从概念原则落实为外交行动实践，这一历史进程必将推动和促进更多国家和地区在互利共赢中找到共同发展的利益交汇点，从而推动实现人类更加美好的未来。

---

① 王毅：《构建以合作共赢为核心的新型国际关系——对"21 世纪国际关系向何处去"的中国答案》，《学习时报》2016 年 6 月 20 日。

第四章　人类命运共同体构建的
地区意义

　　2013 年 3 月 23 日，习近平主席在莫斯科国际关系学院对托尔库诺夫院长、戈洛杰茨副总理及学院师生发表题为"顺应时代前进潮流，促进世界和平发展"的演讲时讲道，"这个世界，各国相互联系、相互依存的程度空前加深，人类生活在同一个地球村里，生活在历史和现实交汇的同一个时空里，越来越成为你中有我、我中有你的命运共同体"。① 这是习近平主席在公开场合首次阐述人类命运共同体理念。此后，这一理念不仅在 2017 年 2 月首次被写入联合国决议，② 更是在当年 10 月经中国共产党第十九次全国代表大会通过列入了《中国共产党章程》，2018 年 3 月还经十三届全国人大一次会议通过的宪法修正案写入了《中华人民共和国宪法》。2018 年 6 月，"坚持以维护世界和平、促进共同发展为宗旨推动构建人类命运共同体"又被列为习近平外交思想十个方面之一。新冠疫情的暴发再次表明，人类是一个休戚与共的人类命运共同体，但包括应对新冠疫情的诸多实践也表明，一蹴而就的全球层面的人类命运共同体困难重重，地区路径对人类命运共同体的实现富有现实意义，至关重要。

---

　　① 《习近平谈治国理政》第一卷，外文出版社 2014 年版，第 272 页。

　　② 2017 年 2 月 10 日，联合国社会发展委员会第五十五届会议协商一致通过"非洲发展新伙伴关系的社会层面"决议，其中第 41 条内容为"呼吁国际社会本着合作共赢和构建人类命运共同体的精神，加强支持，兑现在对非洲经济社会发展至关重要的领域进一步采取行动的承诺，并欢迎发展伙伴为加强与新伙伴关系合作而进行的努力"。参见联合国社会发展委员会第五十五届会议报告，https：//undocs. org/zh/E/2017/26。

一 人类命运共同体思想与实践的缘起

从统一性的视角看待人群或人类，这种思想以及基于这种思想的实践活动由来已久。其器物与社会基础，或应上溯至人类在非洲大陆的共同始祖。这种统一性的逐渐丧失，则与人类由非洲大陆向世界各地扩散并受当地环境禀赋之影响而逐渐疏离隔阂有关。尽管如此，对统一性的认识，在东西方世界都以神话或哲学思想的形式，潜藏于不同区域不同文化的人类群体的意识之中。人类命运共同体意识的兴起，从某种意义上说，即是对上述统一性的一种回归。

（一）东海西海与心理攸同

钱钟书先生在《谈艺录》序中曾论及"东海西海，心理攸同；南学北学，道术未裂"的观点，可谓对宋儒陆九渊"东海有圣人出焉，此心同也，此理同也；西海有圣人出焉，此心同也，此理同也"① 观点的引申发挥。这些论断所阐释的一个道理是，地域不分东西南北，人种无论黑白黄棕，在各自文明或环境中发展起来的人类集团，特别是其中的精英分子，在一定的阶段，对某些重大问题或价值观念上往往有相似的看法。以共同体观来看待人与人之关系，就是其中重要的一例。

中国先贤对共同体的设想较早体现在《礼记·礼运》所说的大同之上。某年十二月祭祀万物之神，孔子担任助祭人。或许是对祭祀中执礼不严的不满，孔子不禁发出叹息。与耶和华为人类力量之强大而感叹有所不同，孔子之叹是为时人之行为缺乏礼之约束而叹。他引《诗经》句说："人而无礼，胡不遄死。"他所处的时代，大道已经隐没，人人各为其家、各爱其身，圣人必须用礼来引导民众、治理国家，社会才能呈现小康景象。礼崩乐坏而不能进于小康，已经让孔子

---

① （清）黄宗羲：《宋元学案》，中华书局1986年版，第1884页。

心怀忧虑，何况他还有更高的追求。他孜孜以求的三代之治，是大道昌明的公天下世界。在那个世界里，王位不由一家一姓所私有，而是类似西方世界所谓哲学王的贤能之人相继地领导民众。无须对礼制的三令五申，更不用时时明正典刑，民众皆能各安其分、各守其职，从心所欲而不逾矩。人民守信和睦，"不独亲其亲，不独子其子"；社会安定和谐，盗贼不兴、夜不闭户。这是比小康社会境界更高的大同理想。① 北宋理学家张载在《西铭》中更是精心设计了一个"民胞物与"的大同世界，在这里，"尊高年，所以长其长；慈孤弱，所以幼其幼；圣其合德；贤其秀也。凡天下疲癃、残疾、惸独、鳏寡，皆吾兄弟之颠连而无告者也"②。

西方的共同体观念，不妨从《圣经》里巴别塔的故事说起。据说大洪水灭世之后万物复苏，诺亚的子孙开始在大地再次繁衍起来。人们决定在示拿地（Shinar）的平原上烧砖筑城，还要修建一座塔顶通天的巴别塔（Babel Tower），"为要传扬我们的名，免得我们分散在大地上"。传扬人类之名和让全人类团结起来的雄心壮志，令只欲自身耶和华之名传扬大地的上帝莫名忌惮。他亲临人间，发现人类"成了一样的人民，说着同样的语言"，慨然长叹说，如果放任人类把这件事办成，那还有什么事情人类依靠自身办不成呢。于是耶和华变乱人类口音，让人们语言不通难于合作，无法协力修起巴别塔，最终分散各地，丧失了"世界团结成一人，天上地下谁能敌"的机会。③

西方世界的共同体原型展示了人类团结可能迸发出的强大力量，也折射出对人类自恃这种力量、缺乏敬畏和引导而失控的深切忧虑。东方世界的共同体原型展示了"以礼约之节之"的小康社会和更高境界的大同理想的美好和谐，当然这也是建立在对人类团结力量妥善

---

① 习近平总书记在 2017 年新年贺词中明确指出，"中国人历来主张'世界大同，天下一家'。……真诚希望，国际社会携起手来，秉持人类命运共同体的理念，把我们这个星球建设得更加和平、更加繁荣"。见习近平《习近平主席新年贺词（2014—2018）》，人民出版社 2018 年版，第 9 页。

② 《张载集》，中华书局 1978 年版，第 62 页。

③ 巴别塔之名 Babel 就是"变乱"之意。

运用基础之上的。两者逻辑贯通融洽，旨趣殊途同归。

东方世界的大同理想和西方文化中巴别塔的传说寄意深刻。共同目标是人类结成共同体的主要驱动力。并且目标越是远大，能够凝结而成的共同体的规模也越大。所以，"天下为公""老有所终，壮有所用，幼有所长，矜寡孤独废疾者，皆有所养"的大同理想，或者修建类似巴别塔这样的能够直通天堂的超级基础设施，才能把全人类团结成一个共同体。实际上，大型基础设施或公共工程的修建对民族共同体的形成及稳固的重要作用在东方世界也不乏案例。鲧禹父子在长期治水过程中动员和带领众多人民跨域修建大型水利工程的历程，对炎黄族群演进成为更具组织性的华夏族群发挥了其他生产生活实践无法替代的作用。

人类具备结成共同体的亲缘或同一性基础。强调"圣人耐以天下为一家"的大同理想，或强调"世人皆为我的同胞，万物俱是我的同辈"因而倡导爱人和一切物类的"民胞物与"思想自不待言，《圣经》也讲参与修塔的都是大洪水幸存者诺亚的子孙。而古罗马基督教神学家奥古斯丁甚至把人类社会的同一性回溯到上帝创世的初心。在他看来，上帝创造各种动物时是按照群种的方式批发出来的，而创造人类的时候则是以个体方式产生的。上帝先创造了亚当，从亚当创造了夏娃，再从最先的这一对产生了其他人。这种独特的创造方式，并不意味着人类是一种非社会性的存在，正好相反，这恰恰强调了人类社会的统一性，人类被紧密联系在一起，不仅因为本性的相同，还因为亲属之间的关爱。[①] 雅斯贝斯甚至专断地论说，人类的共属一体性并不需要生物学意义上的单系起源或多系起源作为论据，而是取决于一种信仰，一种人性在历史上逐渐形成的对共属性的信仰，"人类的团结一致是我们人性的条件"[②]。

---

① [英] 安东尼·肯尼：《牛津西方哲学史》（第二卷），袁宪军译，吉林出版集团有限责任公司 2010 年版，第 8 页。

② [德] 卡尔·雅斯贝斯：《历史的起源与目标》，李夏菲译，漓江出版社 2019 年版，第 62—63 页。

现代生物技术也能为人类的同一性提供某些证据。例如现代人类无论皮肤何种颜色，均属于相互之间没有生殖隔离的智人（Homo sapiens）。人属（Homo）之中其他 16 个兄弟姐妹，如曾分布于欧洲和西亚的尼安德特人（Homo neanderthalensis），印度尼西亚的身高最高不超过 1 米的弗洛里斯人（Homo floresiensis），西伯利亚的丹尼索瓦人（Homo denisova）等，都已经消失在历史长河之中了。①

人类结成一个共同体会拥有巨大的力量。《周易·系辞上》称"二人同心，其利断金"②，《史记》也有"人众者胜天"③ 之说。按照基督教的看法，人类的同一性固然原本就是上帝的旨意，但人类一旦真正团结起来，理性的自负也可能会让巨大的创造力变成毁天灭地的破坏性力量。从这个意义上说，人类的合作也需要伦理的指引和约束。否则，耶和华宁可让人类结不成完整的共同体。

交流和沟通是达成人类合作及结成共同体的关键或必要条件。这样看来，人工智能在翻译领域的发展，或将帮助人类绕过上帝制造的语言障碍，迈上重修巴别塔的征程。当然，反过来看，外部力量或人类自身制造隔阂、破坏交流沟通或增加其成本的行为将降低人类合作水平、破坏共同体建设。

从某种意义上说，人类命运共同体是一个时间上而非空间上的概念。不同地区的人都曾经秉持过共同体的理想，并且至今依旧怀念着那段或许掺杂了太多想象、寄寓了太多希望的柔美时光。当今对人类命运共同体的呼唤，能如黄钟大吕般迅速引发全世界的共鸣，正是源于对人类灵魂深处那根祈祷力大无穷而又期盼守望相助的琴弦的共振。

（二）马克思主义的继承与发展

马克思主义经典作家对人类社会的共同体有深刻的思考，这为构建人类命运共同体提供了丰富的思想资源。

---

① ［以］尤瓦尔·赫拉利：《人类简史》，林俊宏译，中信出版社 2014 年版，第 6—7 页。
② （宋）朱熹：《周易本义》，中华书局 2009 年版，第 232 页。
③ （汉）司马迁：《史记》，中华书局 1982 年版，第 2089 页。

首先，共同体是个体实现自由发展、共同发展的重要工具，从源头来看，甚至可以说共同体是发展的前提。马克思和恩格斯指出，共同体是个人通过分工来实现对物的力量的驾驭的工具。"只有在共同体中，个人才能获得全面发展其才能的手段，也就是说，只有在共同体中才可能有个人自由。""在真正的共同体的条件下，各个人在自己的联合中并通过这种联合获得自己的自由。"① 在马克思和恩格斯看来，真正的共同体不同于一些人压迫或桎梏另一些人的虚幻的共同体，而是每个个体都在为一切个体的自由创造条件。马克思在《政治经济学批判（1857—1858 年手稿）》中还指出，基于血缘、语言、习惯等共同性而自然形成的部落共同体，是人类占有他们生活的客观条件和占有再生产这种生活自身并使之物化的客观条件的第一个前提。② 这与人类命运共同体蕴含的"每个经济体的发展都会对其他经济体产生连锁反应""命运与共，一荣俱荣，一损俱损"③ "相互尊重、平等相待""美人之美、美美与共"④ "在追求本国利益时兼顾他国合理关切，在谋求本国发展中促进各国共同发展"⑤ 等理念具有内在一致的逻辑。

其次，共同体的发展一方面有赖于从成员剩余产品中形成的公共产品，另一方面征集、形成和维持这些物质形态的公共产品，又有赖于观念形态公共产品（情感、信仰等）的感召和动员。⑥ 马克思在研究亚细亚生产关系时发现，一些个体的劳动以公共储备、保险、灌溉渠道、交通工具或支付共同体的战争或祭祀等费用的形式，被集中到

---

① 《马克思恩格斯选集》第一卷，人民出版社 2012 年版，第 199 页。
② 《马克思恩格斯全集》第四十六卷（上册），人民出版社 1979 年版，第 472 页。
③ 习近平：《深化改革开放 共创美好亚太——在亚太经合组织工商领导人峰会上的演讲》，《人民日报》2013 年 10 月 8 日。
④ 习近平：《深化文明交流互鉴 共建亚洲命运共同体——在亚洲文明对话大会开幕式上的主旨演讲》，http：//www.xinhuanet.com/2019-05/15/c_ 1124497022.htm。
⑤ 《胡锦涛文选》第三卷，人民出版社 2016 年版，第 651 页。
⑥ 随着生产力的进步，人类对血缘为纽带的共同体的依赖越来越低，但对观念意义上的或所谓想象的共同体的依赖并未降低，甚至越来越强地受制于或受惠于想象的共同体。有学者分析了民族作为想象的共同体的影响。［美］本尼迪克特·安德森：《想象的共同体——民族主义的起源与散布》，吴叡人译，上海人民出版社 2005 年版，第 6 页。

更高的共同体层面来运用；而能够集中起来，则部分是为了取悦共同体的英雄或领袖，部分是为了颂扬集体想象出来的共同体的神灵。① 人类命运共同体的发展，同样需要那些具备更强"剩余产品"供给能力的大国承担更多国际责任，提供更多"搭便车""搭快车"的机会，同时也需要其他国家认同"你中有我、我中有你""开放包容、互信认同""同舟共济、共克时艰"的人类命运共同体理念，为共同体的公共产品池作出与自身能力相匹配的贡献。

再次，共同体具有层次性。正如马克思所见，在自然形成的部落共同体之外，还有凌驾其上的统一体。人类命运共同体建设也需分层开展。在国内层面首先是中华民族命运共同体建设。党的十七大报告指出："十三亿大陆同胞和两千三百万台湾同胞是血脉相连的命运共同体。"② 习近平总书记在第二次中央新疆工作座谈会上也明确指出："高举各民族大团结的旗帜，在各民族中牢固树立国家意识、公民意识、中华民族共同体意识。"③ 国际上，中国在一些重要双边、区域层面也倡导过人类命运共同体建设，而在全球层面上，中国倡导全人类作为一个整体的人类命运共同体。在不同层次，人类命运共同体的定位和建设要求存在差异。例如，中华民族共同体血浓于水、血脉相连，必须"铸牢中华民族共同体意识，促进各民族像石榴籽一样紧紧抱在一起"；④ 而在二十国集团（G20）层面，中国则提出"各国要树立命运共同体意识，真正认清'一荣俱荣、一损俱损'的连带效应，在竞争中合作，在合作中共赢"⑤。

最后，共同体往往在成员共同应对内外部矛盾威胁（或争取重大利益）的过程中变得更加强大和富有凝聚力。马克思认为，共同体是

---

① 《马克思恩格斯文集》第八卷，人民出版社 2009 年版，第 125 页。

② 《胡锦涛文选》第二卷，人民出版社 2016 年版，第 648 页。

③ 《习近平在第二次中央新疆工作座谈会上发表重要讲话》，http：//www. xinhua-net. com/photo/2014-05/29/c_ 126564529. htm。

④ 习近平：《决胜全面建成小康社会 夺取新时代中国特色社会主义伟大胜利——在中国共产党第十九次全国代表大会上的报告》，人民出版社 2017 年版，第 40 页。

⑤ 《习近平谈治国理政》第一卷，外文出版社 2018 年版，第 336 页。

在内部矛盾对立统一的运动过程中向前发展的,"旧共同体的保持包含着被它当作基础的那些条件的破坏,而这又会破坏共同体的旧有的经济条件,通过生产而发展和改造着自身,造成新的力量和新的观念,造成新的交往方式,新的需要和新的语言"①。换言之,共同体对冲击的及时、有效和持续的反馈,有助于其功能和形式的进化。1998年3月,当时刚刚履新国务院总理的朱镕基同志在国务院第一次全体会议上就开诚布公地讲,本届政府前面是"地雷阵""万丈深渊",确实很艰难,但"同志们,……我们已经是一个'命运共同体'了,你们要下定决心……克服前面的各种困难"②。朱镕基同志以面临的巨大困难倒逼部门共同体大刀阔斧改革,取得了重大成效。2015年3月28日,习近平主席在博鳌亚洲论坛上所做的主旨演讲中,也回顾了亚洲国家如何逐步超越意识形态和社会制度差异,从相互封闭到开放包容,从猜忌隔阂到日益增多的互信认同,越来越成为你中有我、我中有你的人类命运共同体,他特别提及1997年亚洲金融危机和2008年国际金融危机的艰难时刻,以及在12·26印度洋海啸和中国5·12汶川地震等灾害的紧要关头,各国人民焕发出的同舟共济、共克时艰的强大力量。

二 命运与共的现实世界

现代社会的人类命运共同体,其凝聚力的基础,并不局限于人类走出非洲之前的机械团结,而更加诉诸分工网络和相互依赖的不断发展。事实上,如果按照本尼迪克特所说的是否认识共同体内每一个个体的标准,人类命运共同体也在想象的共同体之列。但想象的共同体绝非虚构的共同体,人类命运共同体立基于经济全球化背景下真实的人类活动。无论是在微观还是宏观层面,我们都可以真

---

① 《马克思恩格斯全集》第三十卷,人民出版社1995年版,第487页。
② 《朱镕基讲话实录》第三卷,人民出版社2011年版,第3页。

切地感受到，或找到坚实的证据。

当今地球上相当部分的人类，已经被各式各样的供应链、资金链、信息链以高度紧密、不舍昼夜甚至无计回避的方式捆绑到了一起。这固然给人们带来不少困扰，但若要强行从这个网络中抽离出来，哪怕只是小范围或局部的割裂，也会感到极大的不适或不便。

美国作家萨拉·邦吉奥尼曾做过一个试验，用一年的时间拒绝所有产自中国的产品，由此来了解经济全球化对普通美国人的影响。到了2005年年底，她给一年"去中国化"生活所下的结论是："没有中国货你仍然可以过活，只是活得会越来越艰难，越来越昂贵。未来十年我可能都不敢再做这样的尝试。"[1] 后来她还把自己和家人的经历写成了一本书，名叫《没有"中国制造"的一年》。[2]

无独有偶。2018年，一位名叫帕默·门德尔森的26岁的美国学生也接受了一项尝试过没有中国制造生活的挑战，不过他非常明智地把期限设置为1天。结果发现，家里的智能音箱、台灯、电视机、阿迪达斯和耐克牌的鞋子、大疆无人机的稳定器、玩具狗都是中国制造或中国装配。因为这样在家待一天什么都不能用太过无聊，帕默决定吃完早饭去学校。到厨房一看，华夫饼机、碗、烤箱也都是中国制造，只好饿着肚子出门买杯星巴克咖啡去学校。进教室一检查，椅子不能坐，投影仪不能用，苹果电脑是中国组装，墙上挂的时钟是中国制造。这下课也没法上了，改道去生活超市购物。又发现大部分玩具、毛巾、炊具、垫子、被褥等都是中国制造，只有少量的印度尼西亚制造，而美国造的产品则告之阙如。最后帕默总结说自己的日常用品几乎都是中国制造，如果把这些产品全都拿走，生活会一团糟，自己将变得几乎一无所有。

萨拉结束一年的实验后，说未来十年内她都不敢再尝试拒绝中国制造一年，实际上十年之后更加困难。2005年美国全部进口商品中

---

① Sara Bongiorni, "A Year Without 'Made in China'", *The Christian Science Monitor*, Dec. 21, 2005.

② Sara Bongiorni, *A year without "made in China": one family's true life adventure in the global economy*, John Wiley & Sons, 2007.

来自中国的占比为 15.5%，到帕默迎接"拒绝中国货 1 日"挑战的 2018 年，这个比例已经上升至 22.2%。

经济全球化的世界里，不只是世界离不开中国，中国同样也离不开世界。中国不仅离不开世界市场——2000—2009 年，中国商品出口额与国内生产总值（GDP）之比各年均值为 27.7%；2010—2019 年有所下降，但仍达到 21.4%——而且，为了向世界市场提供最终产品，中国还高度依赖其他国家提供的能源、原材料和零部件等投入品及中间产品。

全球化的影响当然不限于中国。绝大多数国家都被这一浪潮所席卷，成为国际生产网络上或全球价值链上的一个环节。在一些产品特别是所谓高附加值产品中，中国甚至并非创造产值的主要环节。

以苹果手机为例。作为最终产品的苹果手机主要是在中国完成装配后发向美国及全世界的，按现有进出口统计标准，出口额算在中国头上。但是，根据雪城大学（Syracuse University）教授詹森·戴德里克等人的研究[1]，在 iPhone 7 的出厂成本 237.45 美元中，绝大部分用于购买来自美国、日本、韩国等和中国台湾地区的公司，如英特尔、索尼、三星和富士康生产的触摸屏显示器、内存芯片、微处理器等，实际用于购买中国大陆装配劳动力及电池的部分仅有 8.46 美元，占全部出厂成本的比重仅为 3.6%，占零售价 649 美元的比重就更是微不足道了。

全部出厂成本中，购买美国和日本公司零部件分别大约为 68.69 美元和 67.7 美元，占出厂成本比重的 28.9% 和 28.5%；出厂成本中大约 47.84 美元由中国台湾地区的公司获取，占比约为 20.1%；16.4 美元由韩国企业获取，占比约为 6.9%。换个角度看，如果没有这么多国家和地区的企业分工合作，iPhone 要么索性生产不出来，要么生产的成本将大大提升。正是看到这一点，戴德里克认为把整个生产网络堆积起来的成本 237.45 美元全部算作只贡献了不到 8.5 美元的最终装配和发货者中国的出口并不合理。时任美国总统特朗普以此为借口批评中国贸易顺

---

[1] Jason Dedrick, Greg Linden and Kenneth L. Kraemer, "The guts of an Apple iPhone show exactly what Trump gets wrong about trade", https://phys.org/news/2019-06-guts-apple-iphone-trump-wrong.html.

差太大，并向中国征收高额关税，就显得更加无理了。

宏观上，借助世界贸易组织（WTO）、世界银行（WB）及经合组织（OECD）等机构与经济全球化有关的数据，可以一窥经济全球化及其趋势的全貌。首先，从资本流动来看，全世界外国直接投资（FDI）流入头寸占 GDP 比重在 2005 年为 21%，到 2019 年已提升至 42%。其次，从国际贸易来看，全球商品贸易占 GDP 比重，1990—1999 年均值为 32.1%，2000—2009 年均值为 43.2%，2010—2018 年均值为 46.8%；全球服务出口金额占 GDP 比重，1993—1999 年均值为 4.0%，2000—2010 年均值为 5.2%，2010—2018 年均值为 6.0%。最后，从人员流动来看，2000 年全球出境旅游 7.3 亿人次，2010 年上升至 10.7 亿人次，2018 年进一步上升至 15.6 亿人次。

不管人们喜欢还是不喜欢、承认或是不承认，当今的世界已经是一个高度全球化的世界。商品、服务、资本、技术、人员、货币，虽然存在一定程度上的差异，但无疑都已经全球化了。就连反全球化本身，也借助无远弗届的技术而实现全球化了。

审视当今的全球化，有人试图唱响全球化的挽歌。一些保护主义和民粹主义者把与经济全球化相伴而来的贫富分化、增速差异、贸易差额归咎于全球化，"想人为切断各国经济的资金流、技术流、产品流、产业流、人员流，让世界经济的大海退回到一个一个孤立的小湖泊、小河流"[1]。

面对这种形势，中国领导人在国际场合大声呼吁："要让经济全球化进程更有活力、更加包容、更可持续""让经济全球化的正面效应更多释放出来，实现经济全球化进程再平衡""要顺应大势、结合国情，正确选择融入经济全球化的路径和节奏""要讲求效率、注重公平，让不同国家、不同阶层、不同人群共享经济全球化的好处"[2]。

中国倡导人类命运共同体意识，就是要为生产力层面的新型全球

---

[1] 《习近平谈治国理政》第二卷，外文出版社 2017 年版，第 478 页。
[2] 《习近平谈治国理政》第二卷，外文出版社 2017 年版，第 478—479 页。

化，搭建一套适应容纳其发展、充分释放其正能量、摒弃过去全球化伴生之负面因素的新的上层建筑，提供情感共鸣、思想基础和观念指引。中国已经是世界第二大经济体、制造业第一大国、货物贸易第一大国、商品消费第二大国、外资流入第二大国，外汇储备连续多年位居世界第一，近年对外投资也节节攀升，对外直接投资头寸占 GDP 比重由 2010 年的 5% 上升至 2019 年的 15%。这样的中国，有责任也有能力为更加美好的世界继续多做一些贡献。

三 推动更为紧密的地区链接

人类命运共同体最终需要新型全球化的匹配和适应，但这并不意味着地区层面的共同体合作并不重要。恰恰相反，地区层面先行先试实现的效率和安全改进可以发挥积极的带动和示范效应。

假定一个国家的资源在"产出发展成果"和"产出安全能力"两个方面的用途上进行分配，如图 4 - 1 所示，OJ（以及 OJ*）线表示一国的安全能力投入产出函数，即 A = f（I）= f（δY）的曲线，其斜率是单位资源投入产生的安全能力，在积极安全阶段，其斜率为正。PI 线表示该国的发展成果投入产出函数 D = g［（1 - δ）Y］的曲线，其斜率是单位资源投入发展成果生产所能够产生的成果。OP 代表该国全部可用资源，OB（或 OA、OB*）表示按一定比例投入安全能力生产的资源，BP（或 AP、B*P）表示扣除安全投入之后其余的投向发展成果生产的资源。当安全—生产的资源分配点位于 A 点时，OA 的安全投入产生了保障利益规模为 AC 的安全能力，相应地，AP 的发展投入产生了 AD 的利益。OI（全部资源投入生产而获得的利益产出水平）减去 AD 的部分，就是把 OA 段资源投入安全而非生产所带来的安全机会成本。当安全—生产的资源分配点位于 A 点时，其中 CD 段的发展成果收益得不到保障。此时，社会处于安全投入不足的状态，可以增加安全投入。如果将安全投入增加到 OF，发展投入则为 PF，此时 OF 的安全投入可以保障规模高达 FH 的利益，但留给发

展的生产性资源 PF 只能产生 FG 的利益，此时，社会处于安全投入过
度的状态，应当削减安全投入。合理的安全投入规模是 OB，其产生
的安全能力恰好能够保护 PB 的生产性投入所产生的利益 BE，此时的
安全即为均衡安全，此时的发展成果产出，是恰好有充分安全保障的
发展成果产出（可称为"均衡安全产出"）。

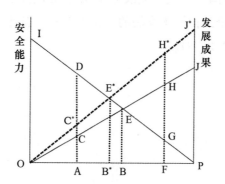

图 4 - 1　安全与发展的投入产出关系
资料来源：笔者自制。

现在需要证明：如果不同国家之间实现"大禹改进"①，即各方
摒弃敌意组成区域或地区人类命运共同体，从而把本来用于相互戒备
的资源，用于应对共同威胁或发展共同利益，那么，最终实现的有安
全保障的发展成果产出，比不存在地区时，单个国家在均衡安全点上
实现的有安全保障的发展成果产出之和更大。

---

①　这一安全威胁逆转为安全合作的灵感来源是大禹"化干戈为玉帛"的事迹，故命
名为"大禹改进"（Great Yu Improvement）。据《淮南子·原道训》记载，大禹之父鲧筑
"三仞之城"来防范风险，结果陷入了安全投入增加而安全水平下降的安全困境（"以其役
劳，故诸侯背之，四海之外皆有狡猾之心也"）。大禹改其道而行之，在降低安全投入的同
时增加物质及道德等方面的公共产品供给（"坏城平池，散财物，焚甲兵，施之以德"），
得到诸侯和四夷的认同和支持。原先背叛并武装抵制夏朝者，开始向其纳贡赋税（相当于
共同负担包括安全投入在内的公共产品），夏朝在涂山会盟，诸侯和四夷纷纷执玉帛前来承
认其盟主地位（"海外宾伏，四夷纳职，合诸侯于涂山，执玉帛者万国"）。张双棣：《淮南
子校释》（上），北京大学出版社 1997 年版，第 34、42—44 页。

现在假定有两个国家（这个逻辑可以推广到多个国家），一个是人类命运共同体倡导国，另一个原本是其潜在对手国，在两者组成地区人类命运共同体之后，共同体倡导国和由潜在对手转变而来的伙伴国达成了可以在两国内统筹安全资源配置的共识。如图 4－2 所示，不妨令倡导国的安全能力曲线 O_0E_0 的斜率大于伙伴国安全能力曲线 PE_1 的斜率，伙伴国发展成果曲线 O_1E_1 比倡导国发展成果曲线 PE_0 更陡峭，且伙伴国全部投资于发展的产出 PM 大于倡导国全部投资于安全所可以保障的产出 PQ。

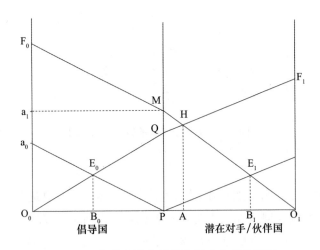

图 4－2　人类命运共同体均衡安全产出示意

资料来源：笔者自制。

在地区人类命运共同体背景下，两国统筹资源配置时，无论是安全还是发展用途的资源，配置时都会优先选择更陡峭的曲线（配置效率更高）的路径，按这一曲线配置全部可用资源后，才会选择沿着较不陡峭的曲线来配置后续资源，即达成地区人类命运共同体后的均衡安全下的有保障发展成果产出，总是可以大于两国没达成人类命运共同体条件下，分别达成均衡安全时有安全保障的发展成果产出之和。

四　人类命运共同体引领下的多边治理

　　现实主义国际关系理论强调国际社会的无政府性——没有一个世界政府或类似的权威来协调裁断国际公共事务，全球问题只能靠各国之间的博弈来应对。自由制度主义国际关系理论则声称，国际上达成的各种条约、建立的国际组织或机构在一定意义上扮演了世界政府的角色。新冠疫情在全球大范围暴发之后，政府博弈难解，机构协调乏力，扣留物资者有之，拦截抢购者有之，集中地暴露了迄今为止只有生产力的全球化而缺乏与之适应的治理和国际协调等上层建筑全球化的重大缺陷。新冠疫情再次证明了构建人类命运共同体的重要性和紧迫性。巨大的悲剧如果不能在痛定思痛下形成巨大的遗产，将是对人类社会重大牺牲的极大的不尊重。以人类命运共同体意识完善和改造全球治理刻不容缓。

　　现有的以联合国为核心的国际政治与安全治理框架和以布雷顿森林机构及世界贸易组织为支柱的国际经济治理框架，是由大国引领下基于对"二战"经验教训的反思而形成的多边治理基本架构发展演变而来的。这个框架原本最主要的任务，是避免重蹈"一战"后处理"战败方"的覆辙，不让各国因经济社会恢复的失败而重新走上军国化的扩张之路。借助联合国和布雷顿森林机构等机制，美国通过"马歇尔计划"等帮助西欧、日本等比较顺利地实现了恢复重建的任务。

　　布雷顿森林体系瓦解后，布雷顿森林机构中的国际货币基金组织业务重心放在货币政策协调、维持汇率稳定特别是提供危机救助上，而世界银行则聚焦减贫及相关的技术援助、知识分享。无论如何，在处理发展议题特别是管理各国非均衡发展之后全球治理权力的重新分配等问题上，着眼处理"恢复""稳定"议题的传统多边治理机制存在先天的不足。且不说"冷战"期间应对美苏争霸的左支右绌[1]，面

---

　　[1]　苏联索性拒绝加入国际货币基金组织和世界银行这两家布雷顿森林机构，一些未发表过的和以前未报道过的苏联档案的背景分析可参考〔俄〕K. V. 明科娃、靳玺《苏联与国际货币基金组织（1943—1946）》，《冷战国际史研究》2019年第1期。

对"二战"以后民族解放运动中独立的众多民族国家的发展诉求，布雷顿森林机构和世界贸易组织的前身关贸总协定都没有很好的解决方案。世界贸易组织成立后发起的被称为"发展回合"的新一轮多边贸易谈判，更是在延宕多年后陷入沉寂。

树立人类命运共同体意识，就是要民族国家都意识到它们的敌人不是其他民族国家。"偏见和歧视、仇恨和战争，只会带来灾难和痛苦。相互尊重、平等相处、和平发展、共同繁荣，才是人间正道。"①只要秉持开放发展、包容发展、公平发展的态度，出现在某个国家的技术创新产生的福利涟漪，一定会通过贸易投资机制向其他国家扩散，最终惠及全人类；而一个国家面临的麻烦、困难或苦难，也一定会得到其他国家的同情和帮助，俾使这些麻烦、困难或苦难不至于通过开放体系在国际社会传递、蔓延、震荡，造成世界更大的损失。传统多边治理机制要通过改革，转向对全球繁荣与安全的有效管理，所需的正是人类命运共同体意识的牵引。

联合国为中国在世界上推动共建人类命运共同体提供了讲台。2015 年 9 月，习近平主席在第七十届联合国大会一般性辩论时发表了"携手构建合作共赢新伙伴 同心打造人类命运共同体"的讲话，提出了"以合作共赢为核心的新型国际关系，打造人类命运共同体"的初步倡议。2017 年 1 月，在联合国日内瓦总部"共商共筑人类命运共同体"高级别会议上，他发表了名为"共同构建人类命运共同体"的主旨演讲，系统完整阐述了构筑人类命运共同体的主张，明确提出了建设持久和平、普遍安全、共同繁荣、开放包容、清洁美丽世界的人类命运共同体建设愿景。

近年来，或因传统全球治理机制公共产品提供能力受限，或因特定区域或领域的挑战倒逼，中国参与或深度介入了一批新兴国际治理机制的创建与运营管理，主要包括"一带一路"倡议、亚洲基础设施投资银行（简称"亚投行"）、金砖国家合作机制及新开发银行、

---

① 《习近平谈治国理政》第二卷，外文出版社 2017 年版，第 500 页。

上海合作组织等。通过推动共建人类命运共同体来引领这些新兴机制的发展，是为改善全球治理作出更加主动更有成效的贡献。

"一带一路"倡议是中国推动构建人类命运共同体的重要实践平台。2013 年，习近平总书记提出共建"一带一路"倡议。2017 年 5 月 15 日，他在"一带一路"国际合作高峰论坛圆桌峰会上的开幕辞中指出，"在'一带一路'建设国际合作框架内，各方秉持共商、共建、共享原则，携手应对世界经济面临的挑战，开创发展新机遇，谋求发展新动力，拓展发展新空间，实现优势互补、互利共赢，不断朝着人类命运共同体方向迈进。这是我提出这一倡议的初衷，也是希望通过这一倡议实现的最高目标。"

亚投行是为增加亚洲地区基础设施投资、多渠道动员各种资源特别是私营部门资金投入基础设施建设领域、推动区域互联互通和经济一体化进程、促进全球经济治理体系改革完善而设立的新型发展融资机构。2013 年 10 月，中国提出筹建亚投行的倡议。2016 年 1 月 16 日，57 个国家的代表相聚北京，举行亚投行开业仪式暨理事会和董事会成立大会。习近平主席在大会致辞中指出："亚投行一定能成为专业、高效、廉洁的 21 世纪新型多边开发银行，成为构建人类命运共同体的新平台。"

上海合作组织和金砖国家合作机制是中国与发展中和新兴国家携手推动人类命运共同体建设的重要机制。2018 年 6 月 10 日，习近平主席在上海合作组织成员国元首理事会第十八次会议上表示，要坚持共商共建共享的全球治理观，不断改革完善全球治理体系，推动各国携手建设人类命运共同体。2018 年 7 月 25 日，习近平主席在金砖国家工商论坛上的讲话中呼吁，金砖国家要顺应历史大势，把握发展机遇，合力克服挑战，为构建新型国际关系、构建人类命运共同体发挥建设性作用。他利用这些机制同有关各方深入交换意见，其主张得到了大家的赞同。

货币权力是国际社会中最重要的制度性权力之一，围绕货币权力的角逐是影响全球经济治理的重要内容。历史上，创设布雷顿森林机构的谈判过程，中心议题之一就是崛起的美国如何安排颓势已现但影响犹在的英镑区及支撑英镑区的帝国特惠制。实际上，当英、德还在激战之中时，美国财政部已经开始谋划以租借法案为手段来彻底终结英镑的国际地位，并逼迫英国人在金融和贸易方面让步，以便在"二战"后世界格局中消灭那个作为美国经济和政治对手的英国。[①] 至于布雷顿森林会议上，美国财政部长经济顾问怀特的国际稳定基金方案打掉他所仰慕的经济学巨擘凯恩斯精心设计的国际清算联盟计划，不过是前述政策一以贯之的延续而已。直到 1947 年秋季《关税与贸易总协定》签署，英国放弃了帝国特惠制，英镑区也受到严重削弱，这场货币权力竞争才以一方落败而告一段落。

当前，高度依赖美元的国际货币体系问题丛生。危机来时，美国注入大量流动性货币拯救本国经济，造成的货币贬值、资产泡沫及金融市场动荡相当程度要由其他持有美元的国家特别是新兴经济体买单。这种转嫁危机的嚣张特权，严重损害了其他国家的利益。2008年，美国次贷危机引发国际金融危机之后，回到金本位、以特别提款权（SDR）作为超主权储备货币等提议声浪攀高。新冠疫情暴发后，世界经济供需停摆，美国国内企业只有支出缺乏收入等因素一度引发"美元荒"，让新兴市场面临货币贬值和资本流出的巨大压力，这也反映了安全资产严重缺乏的现实。

但是，在人类命运共同体意识指引下，国际货币体系改革并非货币权力的无序争夺过程。无论是强化欧元在全球支付结算中的角色，还是推动人民币国际化，其目的都不是要用另外的货币取代美元建立新的货币霸权，而是希望通过增加全球安全资产、优化国际货币供给结构，来增加整个国际货币体系的稳定性。这样有利于凝聚各方改革共识，务实推进国际货币体系改革进程。

五　人类命运共同体构建的区域实践

人类命运共同体构建具有多层次、多方向、多方式的特征。中国从

---

① ［美］本·斯泰尔：《布雷顿森林货币战》，符荆捷、陈盈译，机械工业出版社2014 年版，第 107—108 页。

双边、区域及全球层次全方位倡导人类命运共同体理念。在参与国际交往时，中国无论对发展中国家还是发达国家，都表达了倡导共建人类命运共同体的愿望。例如，对法国表示"期待同法方加强协调，维护多边主义，坚持以联合国宪章宗旨和原则为基础的国际关系基本准则，携手应对挑战，共促世界繁荣稳定，推动构建人类命运共同体"；对意大利表示"两国从历史沧桑中汲取宝贵经验，共同畅想构建相互尊重、公平正义、合作共赢的新型国际关系，构建人类命运共同体的美好愿景"。

对其中一些国家或地区，则有成为携手树立人类命运共同体典范的更高评价或期待。例如，中方认为中俄两国"为推动建设新型国际关系、构建人类命运共同体树立了典范"。还有一些国家或地区，不仅是为携手构建人类命运共同体树立典范，而且要在双方之间打造人类命运共同体。例如：中国表示愿同发展中国家最集中的大陆非洲一起，共筑更加紧密的中非人类命运共同体，为推动构建人类命运共同体树立典范；要将中国—巴基斯坦人类命运共同体打造成为中国同周边国家构建人类命运共同体的典范；等等。中国还表示要与各方携手构建更加紧密的上海合作组织人类命运共同体，把上海合作组织打造成团结互信的典范、安危共担的典范、互利共赢的典范和包容互鉴的典范。其他共同打造的双边或区域性人类命运共同体还包括周边人类命运共同体、亚洲人类命运共同体、亚太人类命运共同体、中国—东盟人类命运共同体、中国—阿拉伯人类命运共同体、中国—拉美人类命运共同体、中国—乌兹别克斯坦人类命运共同体、中国—卢旺达人类命运共同体等。从倡导地域性人类命运共同体的情况看，区域性人类命运共同体的构建是人类命运共同体构建的重要组成部分，是通过共同参与合作进行的。

人类命运共同体内涵丰富，涉及和平、安全、繁荣、开放和绿色等诸多方面的目标，这些目标又对应着一系列功能性合作领域。不同的合作对象在这些领域的合作基础、水平、进展和预期效果各有不同，所以在共建过程中会对特定领域有所侧重。

具体来说，打造利益共同体是较为广泛或普遍的需求。经济全球化、共同的利益基础和诉求，已经把世界上所有国家的利益和命运都更加紧密地联系在一起，形成了你中有我、我中有你的利益共同体。①

利益这个概念本身也较为宽泛，如果细化，至少有发展利益和安全利益。中国强调共建发展共同体，主要是对金砖合作平台的新兴市场国家、广大发展中国家，以及"一带一路"共建国家而言。中国在强调和"一带一路"共建国家加强合作时，提到要努力打造利益共同体、责任共同体、人类命运共同体，强调金砖国家既是息息相关的利益共同体，更是携手前行的行动共同体。

在一些具体的合作领域，中方也用共同体的框架发出了倡议。例如，在互联网合作方面，中方提出了共同构建网络空间人类命运共同体的主张；新冠疫情暴发后，习近平主席在同法国总统马克龙通电话时曾表示，中法共同肩负着维护国际和地区公共卫生安全的艰巨责任，双方应精诚合作、推进联合研究项目、加强国境卫生检疫合作，支持世界卫生组织工作，共同帮助非洲国家做好新冠疫情防控，努力打造卫生健康共同体。

总之，人类命运共同体事关全人类的梦想与前途，意义重大、涉及面广，需久久为功，对各国的战略耐力和人性之善都是持久而巨大的考验。大多数国家或民族能从全人类的立场设身处地、推己及人地思考，是人类命运共同体梦想变成现实的重要前提。凝聚人类命运共同体意识，通过合作共进，人类就可以找到更好的全球治理方案，世界期待的美好人类命运共同体就一定能够实现。

---

① 《习近平在中共中央政治局第二十七次集体学习时强调推动全球治理体制更加公正更加合理 为我国发展和世界和平创造有利条件》，《人民日报》2015 年 10 月 14 日。

第五章　推动东北亚命运共同体的构建

　　为了增进国际社会对快速发展的中国如何运用其权力的理解和认识，中国政府在提出"人类命运共同体"理念后不久，将它运用于对外关系领域。随着中国政府日益强调中国将与国际社会共同构建人类命运共同体，中国学术界讨论人类命运共同体的文献日益增多，特别是国际关系研究领域的文献增长颇快。然而，尽管东北亚地区与中国存在极为深厚的文化、历史以及经济联系，但从人类命运共同体角度讨论中国在东北亚地区的角色和作用的文献却不够丰富。① 中国政府已经提出诸如"周边人类命运共同体""亚洲人类命运共同体""中国—东盟人类命运共同体"等，但我们很少见到有"东北亚命运共同体"的官方提法。从逻辑上讲，东北亚地区属于中国周边和亚洲；从概念覆盖范围看，"东北亚命运共同体"理所应当被包含在"周边人类命运共同体"和"亚洲人类命运共同体"之中，那么阐述这两个人类命运共同体的思想和引领行动也用于东北亚地区。

――――――――――

　　① 有一份关于东北亚研究学术文献的统计分析表明，"（2008—2017 年）十年间东北亚研究成果较为薄弱"，而且"东北亚研究属于区域研究领域……（但）大部分论著是针对中国、韩国和日本展开的研究，只有少量的研究涉及朝鲜、俄罗斯，极个别论著涉及蒙古国"。参见王玮《中国东北亚研究文献计量分析（2008—2017）》，载张蕴岭主编《东亚评论》（2018 年第 1 辑），世界知识出版社 2018 年版，第 190—191 页。最近有关东北亚命运共同体的学术讨论增多了，例如李宗勋《东北亚命运共同体与中国外交》，《东北亚论坛》2016 年第 4 期；张波、李群群《"东北亚命运共同体"背景下的中国文化选择》，《东疆学刊》2018 年第 1 期；张蕴岭《推进东北亚区域合作：困境、空间与问题》，《东北亚学刊》2019 年第 4 期。

国际关系学者曾长期认为东北亚地区是全球颇为特殊和危险的一个地区，也是大国争斗最为激烈的地区之一。在这个地区施行互利共赢、面向未来的一种新政策，具有极大的难度。对于从现实主义角度观察美国霸权的学者而言，长期以来东亚（多数时候讨论的其实是东北亚）、中东以及欧洲是美国必须要加以控制的三个区域，由于美国霸权主导，其他国家难以发挥核心作用。① 即便是自由主义国际关系学者，也不无遗憾地看到，东北亚的经济一体化远未达到欧洲一体化的水平。在面对东北亚的局势演变时，深陷欧美国际关系理论窠臼的学者面临着越来越大的挑战。早在 2003 年，韩裔美国学者康灿雄即提出"分析亚洲的框架错了"，他甚至预测："随着东北亚和东南亚国家越来越多地将经济和政治重点转向中国，亚洲国家如果被迫在美国和中国之间做出选择，（这些国家）可能不会做出许多西方人期许的选择。"② 2012 年，哈佛大学教授江忆恩强调，东亚在权力结构的影响、功能主义之外的合作以及民主和平的复杂性观念等方面都提供了不同于跨大西洋的新思路。③ 尤其值得中国学者注意的是，西方学者在运用国际关系理论分析东北亚局势时，往往忽视了地区间的差异。正如韩国延世大学教授崔钟建等在十年前曾指出的："东北亚这一概念尚未有明确定义，由此造成重大的分析混乱。最严重的问题是'东亚'和'东北亚'概念的可互换使用。"④ 在日本学术界，同样存在着互用"东亚"和"东北亚"的情况，在讨论"东亚海域"时甚至包括了鄂霍次克海。⑤

---

① John Mearsheimer, "Imperial by Design", *National Interest*, Dec. 16, 2010, http://www.nationalinterest.org/article/imperial-by-design-4576.

② David C. Kang, "Getting Asia Wrong: The Need for New Analytical Framework", *International Security*, Vol. 27, No. 4, Spring 2003, pp. 82 – 83.

③ Alastair Iain Johnston, "What (If Anything) Does East Asia Tell Us about International Relations Theory", *Annual Review of Political Science*, 2012, pp. 70 – 71.

④ Jong Kun Choi and Chung-in Moon, "Understanding Northeast Asian Regional Dynamics: Inventory Checking and New Discourses on Power, Interest, and Identity", *International Relations of the Asia-Pacific*, Vol. 10, No. 2, 2010, pp. 363 – 364.

⑤ ［日］羽田正编：《从海洋看历史：东亚海域交流 300 年》，张雅婷译，民主与建设出版社 2023 年版。

与早期文献讨论中国是否可以在东北亚地区发挥作用不同，新近有关东北亚国际关系研究的文献承认快速发展的中国将发挥越来越重要的作用，并且推动东北亚成为当代国际关系关注的核心，但分歧在于中国在本地区应该怎样发挥积极的作用。[①]

本章将在评估人类命运共同体和东北亚研究文献的基础上阐明如下问题。首先，分析作为一种外交政策创新的人类命运共同体的话语内涵，并且通过重新界定作为一个独特地区的东北亚，理解中国外交在东北亚地区运用人类命运共同体理念时的挑战。其次，国际关系学者对东北亚命运共同体的理解，应该建立在对东北亚国际关系变化的基础上，日本、韩国等国的学者早期都曾提出过诸如东亚共同体的概念，新的时代背景下中国提出的人类命运共同体与韩日两国有所不同，且中国政府在阐述这一理念时有着不同的地区侧重点。最后，东北亚是一个非常独特的地区概念，其范围和延伸受制于特定阶段的地缘政治格局。基于欧洲地区一体化的国际关系理论，在解释东北亚为什么难以出现合作与和解时有很大局限性，我们需要有更加丰富的概念和更准确的界定。从中国的角度看，各方在推动东北亚地区合作时之所以产生诸多分歧，是因为有一个基础的问题没有明确，即东北亚作为一个整体分析对象是何时出现的。历史事实表明，各方在推动东北亚地区不同领域的合作时，构想的东北亚范围并不相同。如果学者们分析不同问题领域时用同一个东北亚概念，可能造成理论上的严重误用。鉴于中国在东北亚地区的独特地缘特性，随着中国在经济和政治上的发展，东北亚地区的和平、和解与发展也将更富生命力。

一　国际关系视野中的人类命运共同体理念

学术界有关人类命运共同体的相关研究已经颇为丰富，特别是在

[①] 最典型的是，1999 年伦敦国际战略研究所杰拉德·谢格尔在美国《外交事务》杂志刊发的文章中声称 "中国是个二流国家"。参见 Gerald Segal, "Does China Matter?", *Foreign Affairs*, Vol. 78, No. 5, Sep. /Oct., 1999, pp. 24 – 36。

阐述相关思想内涵方面，呈现出跨学科的特点。大体来说，在将人类命运共同体理念运用于国际关系领域时，国内学术界的相关研究和分析视角可以分为如下几种类型。

第一类侧重于论述人类命运共同体与人类社会发展新阶段的关系，认为中国提出的这一理念是对人类社会美好构想的一种新论述，特别是与康德的永久和平思想、格老秀斯的国际主义具有共通之处，还认为目前国家间存在广泛而重要的共同利益，从而可以更加深入地推动合作。学者们认为，在以共生关系为核心特征的当代国际社会中，国家间的矛盾冲突具有相对性，会不断优化，实现包容共进。当然，学者们也普遍认为，人类命运共同体的建设仍是一个长期、复杂和曲折的过程，主要挑战在于各国政治家能否真正从人类长远利益而不是短期国内政治需求出发来制定政策。① 从西方国际关系理论角度定位，这种论述既有自由主义的含义，同时蕴含着进化论的思维，认为国际关系演化的趋势是走向新的光明未来，国际体系的性质也在朝向更积极的趋势转变。按照唐世平的研究和分类，"二战"结束以来国际关系的现实更符合制度主义以及建构主义预测的发展路径。②

第二类主要与国际社会的一些理念进行比较，特别是与西方国家对国际社会"丛林法则"的判断以及发展趋势进行比较，认为中国提出的人类命运共同体理念的核心是"合作共赢"，强调各国普遍都能接受的共同价值，意在超越只能由西方提出话语以及被西方垄断的霸权格局。所谓构建人类命运共同体，主要构建的是一种价值共同体，中国希望各国都能参与形成新的关于国家间合作的价值体系，照顾到各国的利益，着眼于全人类的正义。当然，学者们普遍认为，人

---

① 曲星：《人类命运共同体的价值观基础》，《求是》2013年第4期；金应忠：《试论人类命运共同体意识——兼论国际社会共生性》，《国际观察》2014年第1期；李爱敏：《"人类命运共同体"：理论本质、基本内涵与中国特色》，《中共福建省委党校学报》2016年第2期；张辉：《人类命运共同体：国际法社会基础理论的当代发展》，《中国社会科学》2018年第5期。

② 唐世平：《国际政治的社会演化：从公元前8000年到未来》，董杰旻、朱鸣译，中信出版社2017年版。

类命运共同体理念有助于提升中国的国际话语权和话语能力。① 这种思路显然更多偏重于权力结构中的软实力和规范性权力等。在当代国际关系中，欧盟曾被广泛认为代表了一种规范性权力，与美国霸权基于物质性力量不同，欧盟在国际社会中发挥影响力主要靠提出新的理念。② 尽管近年来欧盟遭受重大挫折，但自 20 世纪 90 年代初以来，欧共体转变为欧盟，并且进一步推动共同货币的实践，仍然是解决冲突与纷争的重要典范，而且这一区域共同体的构建实践曾长期是东亚和东北亚地区一体化的参考样本。

　　第三类则侧重于中国的对外关系，特别是中国特色大国外交与周边外交，认为人类命运共同体是对中国外交实践与目标的一种思想概括。例如，郑必坚认为，中国当前的重大理论和战略问题之一，是如何进一步构建中国自己的发展理论和国际关系理论。“利益汇合点和利益共同体”基础上的人类命运共同体，应构成面向 21 世纪的国际关系理论的根本基础。③ 周方银认为，人类命运共同体既是中国周边外交的手段，也是中国周边外交的一个重要目标。人类命运共同体与本地区长期的和平、稳定与繁荣本身具有高度的一致性。④ 阮宗泽认为，构建人类命运共同体的主要目标是打造中国特色大国外交，是中国发展为世界强国之际回答“建设一个怎样的世界”的理论构想。⑤

---

① 陈须隆：《人类命运共同体理论在习近平外交思想中的地位和意义》，《当代世界》2016 年第 7 期；徐艳玲、李聪：《“人类命运共同体”价值意蕴的三重维度》，《科学社会主义》2016 年第 3 期；张辉：《人类命运共同体：国际法社会基础理论的当代发展》，《中国社会科学》2018 年第 5 期；周安平：《人类命运共同体概念探讨》，《法学评论》2018 年第 4 期。

② Ian Manners, "Normative Power Europe: A Contradition in Terms?", *Journal of Common Market Studies*, Vol. 40, No. 2, 2002, pp. 235 – 258; Adrian Hyde-Price, "'Normative' Power Euopre: A Realist Critique", *Journal of European Public Policy*, Vol. 13, No. 2, 2006, pp. 217 – 234; Clara Portela, "The Perception of the European Union in Southeast Asia", *Asia Europe Journal*, Vol. 8, No. 2, 2010, pp. 149 – 160。

③ 郑必坚：《中流击水：经济全球化大潮与中国之命运》，外文出版社 2018 年版。

④ 周方银：《命运共同体：国家安全观的重要元素》，《人民论坛》2015 年第 16 期。

⑤ 阮宗泽：《人类命运共同体：中国的“世界梦”》，《国际问题研究》2016 年第 1 期；阮宗泽：《构建人类命运共同体 助力中国战略机遇期》，《国际问题研究》2018 年第 1 期。

卢光盛、别梦婕认为，人类命运共同体理念与中国特色周边外交理论有机联系，在人类命运共同体理念指导下，中国特色周边外交理论应当建立"利益—责任—规范"三位一体的框架，利益是前提条件，责任是应履行的义务，而规范则表明各国应当遵守的价值观和制度。①

　　与中国学术界趋向从积极方向讨论人类命运共同体不同，国外学术界侧重于从实用主义角度来解读，并且不少观点还用西方结盟式共同体与零和博弈理论等进行解读，认为中国提出这一理念意图制衡西方、对抗美国，进一步拓展区域影响力、提升全球治理能力。② 抛开意识形态偏见不说，西方学者的批评也提醒中国学者，对领导人提出的概念与原则，要进行学理化论述，而不能照搬照抄政策表述。回顾文献时也可以发现一个特点，中国学者在解读这类抽象的概念时，都认识到这是一个具有丰富内涵的理念，但在论述相关内容时，往往只是将领导人的讲话内容重新编排，有的甚至还进行了不恰当的拔高。③ 尤其是当我们将人类命运共同体理念运用于分析不同地区层面的中国对外政策时，缺乏有关外交政策论述背景的介绍，忽视地区和议题之间的差异，更显不足的是没有对日韩等国在该地区的共同体建设进行深入的比较研究。

二 "人类命运共同体"与中国对外政策理念④

　　现代民族国家体系首先从欧洲区域开始扩张，通过殖民主义和帝

---

① 卢光盛、别梦婕：《"命运共同体"视角下的周边外交理论探索和实践创新——以澜湄合作为例》，《国际展望》2018 年第 1 期。

② 宋婧琳、张华波：《国外学者对"人类命运共同体"的研究综述》，《当代世界与社会主义》2017 年第 5 期。

③ 周安平：《人类命运共同体概念探讨》，《法学评论》2018 年第 4 期。

④ 21 世纪初，西方学者曾提出"中国新外交"概念，后来一些中国学者也呼应了这一说法，当时指更加重视多边外交。本文用"新综合"，意在表明中国共产党第十八次全国代表大会以来中国特色大国外交所含有的新内容，是对以往的理念进行更高层次、更强自主性和更富中国特色的阐述。

国主义战争，进而形成一个全球体系。在欧洲体系向世界扩张的过程中，领先一步的欧洲国家开始使用"共同体"概念描述欧洲社会的发展历程，在这方面颇有影响的是德国社会学家费迪南·滕尼斯。在完成于 19 世纪 80 年代的《共同体与社会》一书中，滕尼斯提出，血缘共同体、地缘共同体和宗教共同体是共同体的基本形式，三者有一定的递进关系，但同时又交错在一起。从滕尼斯的定义来看，共同体实际上就是人与人之间的某种相互关系。"社会"作为一种类型，其出现时间要晚于"共同体"这一类型。简单而言，"社会"是由许多个"共同体"结合在一起构成的。① 从滕尼斯的分类来看，他所说的"社会"非常接近于国际关系理论中英国学派（又称"英格兰学派"）所主张的"国际社会"含义，即民族国家体系赖以生存的国际体系以及国际规范等，而"共同体"更像是威斯特伐利亚秩序产生之前的状况。考虑到滕尼斯本人曾以研究霍布斯为业，在他的概念体系中，"共同体"的地位其实要低于"社会"。

　　将"国内社会"扩展到"国际社会"是英国学派对国际关系学说的主要贡献。这一学派的代表人物赫德利·布尔在 1977 年出版的《无政府社会》一书中指出："如果一群国家意识到它们具有某些共同利益和价值观念，从而组成一个社会，即它们认为彼此之间的关系中（原文如此）受到一套共同规则的制约，并且一起确保共同制度的运行，那么国家社会（或国际社会）就形成了。"② 布尔还强调，国际社会的层级要高于国际体系，只有少数国际体系可以完全等同于国际社会，比如中国战国时期的国际体系以及现代国际体系。在布尔欧洲中心主义的分析中，存在着依次递进的三个国际社会：基督教国际社会、欧洲国际社会和世界性的国际社会。更进

---

　　① 参见［德］费迪南·滕尼斯《共同体与社会：纯粹社会学的基本概念》，林荣远译，商务印书馆 1999 年版，第 65、95 页。该书第一章和第二章分别讨论了"共同体的理论"和"社会的理论"。
　　② ［英］赫德利·布尔：《无政府社会：世界政治中的秩序研究》（第 4 版），张小明译，上海人民出版社 2015 年版，第 15 页。

一步，布尔认为，国际体系中的国家拥有一定的共同利益、遵守一定的共同规则，并且在具有约束力的制度中交往，在这样的国际社会中，秩序可以实现。与第二阶段以国家为中心的国际（国家间）秩序不同，在世界性的国际社会中存在着世界秩序，该秩序包括了国内秩序，因而在道义上优于国际秩序。在这个阶段，布尔关注的仍是以较为发达的欧洲国家、美国和苏联等大国间关系为核心的秩序变化。

沿着西方社会学家的分类，经济发展程度高的国家会出现结合程度较高的"社会"，而在此之前需要构建比较独立的、众多的"共同体"。"二战"以后新独立国家的建族和建国之路其实也是各个团体（滕尼斯意义上的"共同体"）重新构建更大的共同体（民族国家）的过程。1983年，本尼迪克特·安德森以反欧洲中心主义的姿态，用"想象的共同体"描述发展中国家的民族国家构建历史，认为这些国家通过民族主义运动创造了与传统欧洲国家平等的主权国家地位。[①] 与发达国家相比，发展中国家在建构同一个民族或者共同体时，仍处于初级阶段，同一个社会中各个共同体之间的关系远不如西方国家那样紧密，西方国家的社会蕴藏着国家和市场，有着复杂的法律和财产关系，处于发展早期阶段的发展中国家在使用"共同体"这个词时，则更加侧重于彼此之间基于血缘、地缘和文化形成事实上的共同体。在构建民族国家体制时，需要从政治角度夯实共同体的制度基础。因此，就"共同体"一词而言，无论是国内还是国际，其主要含义相对一致且简单易懂，国际关系侧重的是以民族国家为中心的政治共同体建设。比较复杂的是人类命运共同体以及扩展为对外关系用语的人类命运共同体，显然超越了民族国家之间的关系建构。

在中国官方用语中，"人类命运共同体"首先被用于描述两岸关

---

① ［美］本尼迪克特·安德森：《想象的共同体——民族主义的起源与散布》（增订本），吴叡人译，上海人民出版社2016年版。

系，因而更多时候是一种国内政治术语。2006 年 2 月，针对"台独"
分裂活动步步升级，中共中央台湾工作办公室、国务院台湾事务办公
室负责人发表的谈话指出："经由十几年来两岸关系的发展，两岸同
胞已经结成实实在在的'命运共同体'。两岸关系继续和平稳定发
展，再创合作互利双赢，是两岸同胞的共同愿望。"① 2007 年 10 月，
胡锦涛同志在中国共产党第十七次全国代表大会上的报告中正式提
出："十三亿大陆同胞和两千三百万台湾同胞是血脉相连的命运共同
体。"② 2008 年 12 月，在纪念《告台湾同胞书》发表 30 周年座谈会
上，胡锦涛进一步指出："两岸同胞是血脉相连的命运共同体。包括
大陆和台湾在内的中国是两岸同胞的共同家园，两岸同胞有责任把她
维护好、建设好。实现中华民族伟大复兴要靠两岸同胞共同奋斗，两
岸关系和平发展新局面要靠两岸同胞共同开创，两岸关系和平发展成
果由两岸同胞共同享有。"③ 这一讲话对人类命运共同体在国内层面
的含义做了深入描述，并提出共同家园、共同开创、共同享有的
理念。

　　之后，"人类命运共同体"被进一步用于描述中华民族发展演变
和缔造新中国的历史。2009 年 9 月发布的《中国的民族政策与各民
族共同繁荣发展》白皮书，从历史纵深角度论述了民族构建、国家认
同与"人类命运共同体"的关系，认为："在近代反侵略、反分裂的
伟大斗争中，各民族在历史上形成的不可分离的关系变得更加牢固，
各民族福祸与共、休戚相关的人类命运共同体的特征更加凸显。"白
皮书还强调："民族平等，是中国民族政策的基石。"④《人民日报》

---

① 《中共中央台湾工作办公室、国务院台湾事务办公室负责人就陈水扁推动废除"国
统会"和"国统纲领"发表谈话》，《人民日报》2006 年 2 月 27 日。
② 胡锦涛：《高举中国特色社会主义伟大旗帜 为夺取全面建设小康社会新胜利而奋
斗——在中国共产党第十七次全国代表大会上的报告》，《人民日报》2007 年 10 月 25 日。
③ 胡锦涛：《携手推动两岸关系和平发展 同心实现中华民族伟大复兴——在纪念
〈告台湾同胞书〉发表 30 周年座谈会上的讲话》，《人民日报》2009 年 1 月 1 日。
④ 中华人民共和国国务院新闻办公室：《中国的民族政策与各民族共同繁荣发展》，
人民出版社 2009 年版。

的评论员文章进一步指出，中华民族的构建与近代救亡图存紧密相连，各民族在争取民族独立和解放的革命洪流中，形成了"生死相连、不可分割的人类命运共同体"。① 用人类命运共同体维系中国各民族的关系，也反映在学术界对"何为中国"的讨论中。葛兆光认为最近的这次讨论牵涉民族问题、周边问题和国际问题，关键词是族群、国家和认同。② 国际关系学者对这些论述并不陌生，事实上西方（欧洲）学术界长期存在一种论断，认为战争与民族国家形成的关系十分紧密。③

正是基于对中华民族近代由盛而衰的深刻体验，中国比很多发展中国家对于"命运"二字有更加痛彻的感悟，也比绝大多数发达国家更容易产生与发展中国家同为人类命运共同体的情感，因而建立在国内政治共识和民族独立历史认识基础上的人类命运共同体意识就有了更大的用武之地。在 2010 年版的《中国的国防》白皮书中，人类命运共同体被拓展至描述亚太地区安全形势。白皮书认为："亚洲各国抓住经济全球化和区域经济一体化机遇，致力于促进经济发展和地区稳定，利益共同体和人类命运共同体意识增强。"④ 在 2011 年版的《中国的和平发展》白皮书中，人类命运共同体已经上升为预判全球化的发展趋势。该白皮书认为："不同制度、不同类型、不同发展阶段的国家相互依存、利益交融，形成'你中有我、我中有你'的人类命运共同体。人类再也承受不起世界大战，大国全面冲突对抗只会造成两败俱伤。"⑤ 2012 年 11 月 8

---

① 任仲平：《中华民族的生命所在、力量所在、希望所在——论全国各族人民大团结》，《人民日报》2009 年 11 月 30 日。

② 葛兆光：《什么时代中国要讨论"何为中国"？——在云南大学的演讲记录》，《思想战线》2017 年第 6 期。

③ Charles Tilly, *Coercion, Capital and European States, A. D. 990 – 1990*, Revised edition, Wiley-Blackwell, 1992；[美] 许田波：《战争与国家形成：春秋战国与近代早期欧洲之比较》，徐进译，上海人民出版社 2009 年版。

④ 中华人民共和国国务院新闻办公室：《2010 年中国的国防》，人民出版社 2011 年版。

⑤ 中华人民共和国国务院新闻办公室：《中国的和平发展（2011 年 9 月）》，人民出版社 2011 年版。

日，在党的十八大报告的国际部分中指出："合作共赢，就是要倡导人类命运共同体意识，在追求本国利益时兼顾他国合理关切，在谋求本国发展中促进各国共同发展，建立更加平等均衡的新型全球发展伙伴关系，同舟共济，权责共担，增进人类共同利益。"① 从此，人类命运共同体理念成为中国的国内共识和对外政策的原则。需要注意的是，该报告的原文着重从"互利共赢"目标论述人类命运共同体理念。

当我们说中国正在对外交政策理念进行新综合，意图以"人类命运共同体"统领新时代中国特色大国外交时，不可避免要与西方学者曾经论述过的路径做比较。布尔在 20 世纪 70 年代的分析是相当传统的，即以大国为中心的一种关于国际秩序的解读，覆盖了西方沿袭几百年的关于大国与国际秩序关系的思想认识。从学理上看，布尔在《无政府社会》中曾阐述道，不管大国采取何种措施和理念，大国跟某个地区的关系总体上可以分为三种：支配、领导和霸权。所谓"支配"，主要是指大国用军事力量实施长期占领。"领导"主要指大国获取优势地位并不通过武力或武力威胁，而是很尊重主权、平等和独立的规范。身处两者中间的是"霸权"，意指大国偶尔动用武力解决问题。在布尔看来，苏联和东欧的关系、美国和中美洲加勒比海地区的关系是一种霸权关系，但美国在北约中体现了领导地位。② 在布尔的论述中，曾在个别指标上将中国列为与美国、苏联同等的三个大国。但综合来看，布尔认为中国在两个方面不同于美苏，一是中国的军事力量不够，二是中国并不承认自己具有大国的特殊权利和义务。③ 因此，当我们运用布尔总结的大国与地区关系的三种模式时，就要十分注意武力的作用及其局限性。

---

① 胡锦涛：《坚定不移沿着中国特色社会主义道路前进 为全面建成小康社会而奋斗——在中国共产党第十八次全国代表大会上的报告》，《人民日报》2012 年 11 月 18 日。

② ［英］赫德利·布尔：《无政府社会：世界政治中的秩序研究》（第 4 版），张小明译，上海人民出版社 2015 年版，第 179—183 页。

③ ［英］赫德利·布尔：《无政府社会：世界政治中的秩序研究》（第 4 版），张小明译，上海人民出版社 2015 年版，第 169—173 页。

布尔曾断言，20世纪中叶美苏两个"超级大国"与19世纪德国史学家兰克缔造"大国"概念时的欧洲大国没有什么区别，因而美苏的行为是从欧洲大国继承下来的。就此而言，中国作为当时的一个准大国，其行为模式与美苏并不相同。应该说，布尔得出的这个结论具有重要价值。自朝鲜战争结束后，东北亚地区一个显然的事实是，该地区的局势总体是和平的。中国希望避免支配别人和称霸，中国也从来不曾宣布过要建立一个美国—北约式的国际关系。因此，即便中国在东北亚地区扮演布尔说的"领导"角色，也会相当不同于美国。

　　布尔还分析了大国之间达成协议来维护国际秩序的三种模式，分别为大国与殖民地之间的势力范围、欧洲国家在亚洲建立的利益范围和几个大国在某个国家划分的责任范围。[1] 从布尔的倾向来看，他认为以19世纪欧洲协调为蓝本的大国一致或大国共管是一种较好的模式。显然，在处理和应对东北亚地区，特别是朝鲜半岛局势的挑战时，中国并没有响应美国政府曾经提出的"G2"模式，而是明确宣布要做一个新型大国。布尔的上述分类之所以仍然值得关注，还在于中国领导人曾在不同场合使用过"利益共同体"和"责任共同体"等概念，因而难免要触碰到布尔提出的大国妥协造成的"利益范围"和"责任范围"。从中国方面看，以人类命运共同体为理念的中国外交新战略，注重互利共赢，放弃传统大国关系中的争霸，倡导一种新型大国关系和国际关系，因而更加侧重于规范和制度建设。不过，按照布尔20世纪70年代对西方国际社会的思想的分类与总结，中国当前的这种思路也符合18、19世纪国际关系中曾经流行过的康德主义和格老秀斯主义的路径，对此中国学术界也有共识。[2] 在布尔看来，康德主义与格老秀斯主义的主要差别在于，前者主张取消国家、推翻国际体系，而后者仍尊重以国家为中心的国际体系。对比之下，中国

---

[1] ［英］赫德利·布尔：《无政府社会：世界政治中的秩序研究》（第4版），张小明译，上海人民出版社2015年版，第183—193页。

[2] 周安平：《人类命运共同体概念探讨》，《法学评论》2018年第4期。

仍然重视主权、安全和发展等核心利益，与此同时也强调"你中有我，我中有你"的人类命运共同体。而且，与欧洲思想家主要分析欧洲文明国家间关系不同，中国主张人类命运共同体可以关照到所有类型的国家。

三　人类命运共同体的地区与双边关系维度

2013 年年初，中国政府新一届领导班子上台之后，人类命运共同体理念迅速转变为中国双边和多边政策的重要原则。如表 5-1 所示，在不到两年的时间内，中国已用人类命运共同体理念创造出了与以往和亚非拉国家交往时不同的政策话语，为研究中国与发展中国家的关系提供了新的重要思路和视野。需要注意的是，各个区域的"人类命运共同体"不尽相同，内容最为丰富的是中国与非洲共建人类命运共同体，包括"共同的历史遭遇、共同的发展任务、共同的战略利益和共同的精神追求"。如果我们将中国的各民族争取独立、反抗殖民主义侵略进而融为中华民族的人类命运共同体列为内容最丰富、层级最高的一种"人类命运共同体"，那么中非人类命运共同体可以说紧随其后，而其他领域和区域的人类命运共同体建设在内容和目标上相对要弱一些。例如，中阿利益共同体和人类命运共同体侧重于分享共建的成果，中欧人类命运共同体重视利益关系，中国与二十国集团共建人类命运共同体主要着眼于推动世界经济增长，因而是人类命运共同体中最为单薄的一种。

表 5-1　　作为中国外交政策的"人类命运共同体"演变

序号	提法	时间	场合	含义
1	上合组织人类命运共同体	2012 年 6 月 7 日	上合组织北京峰会	全面推动互利合作，将本组织建设成为成员国休戚与共的利益和人类命运共同体，共同建设和谐美好家园，携手创造共同发展繁荣的美好未来

序号	提法	时间	场合	含义
2	中非人类命运共同体	2013 年 3 月 25 日	坦桑尼亚尼雷尔国际会议中心	共同的历史遭遇、共同的发展任务、共同的战略利益①
3	人类命运共同体	2013 年 9 月	俄罗斯圣彼得堡，二十国集团领导人峰会	一个强劲增长的世界经济来源于各国的共同增长
4	中国—东盟人类命运共同体	2013 年 10 月 3 日	印度尼西亚国会	实现多元共生、包容共进
5	中巴人类命运共同体	2014 年 2 月 19 日	巴基斯坦总统对华进行国事访问	政治关系更加牢固、经济纽带更加紧密、安全合作更加深化、人文联系更加通畅
6	中欧人类命运共同体	2014 年 3 月 31 日	布鲁塞尔，会见欧盟委员会主席巴罗佐	在经济全球化时代，中欧是利益高度交融的人类命运共同体。推进中欧关系，合作共赢是关键
7	亚洲人类命运共同体	2014 年 4 月 10 日	博鳌亚洲论坛	实现亚洲共同发展，根本出路在于经济融合
8	中阿利益共同体和人类命运共同体	2014 年 6 月 5 日	中国—阿拉伯国家合作论坛第六届部长级会议	中阿共建"一带一路"，应该坚持共商、共建、共享原则……共享，就是让建设成果更多更公平惠及中阿人民，打造中阿利益共同体和人类命运共同体
9	中拉人类命运共同体	2014 年 7 月 16 日至 17 日	巴西，中国—拉美和加勒比国家领导人会晤	在追求本国利益时兼顾他国合理关切，在谋求本国发展中促进各国共同发展，建立更加平等均衡的新型全球发展伙伴关系

---

① 2014 年 5 月 5 日，在亚的斯亚贝巴达成的《关于全面深化中国非盟友好合作的联合声明》中，又增加了一条"共同的精神追求"，完整表述为："中国和非洲拥有共同的历史遭遇、共同的发展任务、共同的战略利益和共同的精神追求，这构成了中非命运共同体的坚实基础，也是中非传统友谊历久弥坚的根源。"参见《关于全面深化中国非盟友好合作的联合声明》，《人民日报》2014 年 5 月 6 日。

续表

序号	提法	时间	场合	含义
10	周边人类命运共同体	2014 年 11 月 28 日至 29 日	北京，中央外事工作会议	打造周边人类命运共同体，秉持亲诚惠容的周边外交理念，坚持与邻为善、以邻为伴，坚持睦邻、安邻、富邻，深化同周边国家的互利合作和互联互通

资料来源：根据《人民日报》相关资料整理。

应当予以指出的是，人类命运共同体这个概念曾出现在冷战时期的东亚和太平洋国际关系中，其主要含义是反霸以及构建同盟体系。显然，这都不属于中国如今推进人类命运共同体建设的内容。1965—2019 年，《人民日报》曾登载过 6500 多篇含人类命运共同体的文章，其中 2002 年以前为 110 篇，2003—2012 年间为 120 篇，2013 年以来约为 6300 篇。从《人民日报》登载的文献来看，冷战时期，日本政府较早在其对外政策中使用人类命运共同体概念，引起了较大争议。1965 年 12 月，日韩建交时，日本政府曾用过"日韩联邦论""日韩人类命运共同体论"等词汇，遭到朝鲜民主主义人民共和国政府的批判。[1] 1977 年 12 月，中国新闻代表团访问日本时，时任日本首相福田赳夫曾指出："日中两国是同乘一条船的人类命运共同体。"[2] 这一谈话的背景是中日双方正在商谈《中日和平友好条约》，从 1974 年 11 月预备谈判到 1978 年 8 月正式达成共识的过程中，双方分歧较大的一个问题是如何写入"反对霸权"条款。虽然日方并不愿意在条约中载明反对苏联霸权，但中美苏最后都认为该条约是对苏战略的一种产物。[3] 1983 年 1 月，时任日本首相中曾根康弘在美国发表演讲时表示，"美国和日本是地处太平洋两岸的人类命运共同体"，并把日

①《朝鲜民主主义人民共和国政府发表声明　严正宣告"韩日条约批准书"非法无效　朝鲜人民坚决战斗到底把美帝赶出南朝鲜统一祖国》，《人民日报》1965 年 12 月 22 日。

②《中日友好是历史潮流》，《人民日报》1977 年 12 月 8 日。

③ [日] 添谷芳秀：《日本的"中等国家"外交——战后日本的选择和构想》，李成日译，社会科学文献出版社 2015 年版，第 83—84 页。

本说成是"不沉的航空母舰",结果招致日本在野党的强烈批评。《朝日新闻》甚至认为:"'人类命运共同体'比'同盟'又前进了一步。"① 中国学术界也有一种声音是从同盟的角度理解共同体的。例如,北京大学教授牛军在论述中苏同盟关系时曾给出这样的解读:"同盟意味着中苏朝结成一种类似'共同体'的关系,其中的每一方都有必要照顾另外两方的需求。"② 不过,需要加以强调的是,中苏同盟与西方的同盟仅仅立足于国家间关系还有较大的差别,包括一度更加重要的党际关系。

要进一步强调的是,中国当前倡导的人类命运共同体,与冷战时期基于同盟意义的人类命运共同体含义截然不同。一方面,中国在使用人类命运共同体时,首先是从亚非拉国家开始的,而中国长期以来将自己定位在发展中世界的一员,双方并不是一种基于外部军事威胁的权力关系,更多的是从共同发展的目标出发寻求建立利益共同体和责任共同体,最后走向"共享的未来"。③ 另一方面,中国对于西方社会使用"人类命运共同体"也有了解,比如美欧长期坚持认为建成了大西洋人类命运共同体,但美欧关系的不平等也使得欧洲人更加推崇欧盟自身。有一种声音认为:"欧洲人应通过欧盟这个人类命运共同体,逐步实现欧洲强国梦,最终退出北约,彻底结束美国保护国地位。"④ 2007年1月,时任中国总理温家宝在出席第二届东亚峰会时提出:"东亚合作应是促进国家之间和谐相处的合作。我们要建立一个能够在安宁的时候共同发展、危机的时候共同应对的新型人类命运共同体。"⑤ 与美国基于等级制的大西洋共同体关系不同,中国更

① 《中曾根在美言论引起国内强烈反应 在野党批评中曾根把日本说成是"不沉的航空母舰"》,《人民日报》1983年1月21日。
② 牛军:《冷战时代的中国战略决策》,世界知识出版社2019年版,第119页。
③ 中国共产党第十九次全国代表大会将"人类命运共同体"的英文翻译为"a community with a shared future for mankind",参见张蕴岭《东北亚和平构建:中国如何发挥引领作用》,《东北亚学刊》2018年第2期。
④ 郑园园:《盟友的"美国观"》,《人民日报》2002年4月12日。
⑤ 温家宝:《合作共赢 携手并进——在第二届东亚峰会上的讲话》,《人民日报》2007年1月16日。

加重视参与构建人类命运共同体各方的平等和相互尊重，是一种以伙伴关系为表征的国家间关系。

从中国外交布局来看，人类命运共同体与新型大国关系建设也不完全一致，但并不存在以前者平衡后者的意图。中国外交布局自 2002 年中国共产党的第十六次全国代表大会以来逐步定型，中央明确提出了"坚持大国是关键、周边是首要、发展中国家是基础的布局，坚持在国际舞台上高举和平、发展、合作的旗帜"这一说法。① 对照上文给出的资料，2013 年和 2014 年，人类命运共同体概念被广泛运用于描述中国与周边、发展中国家以及多边区域组织的关系，但很少见到在大国关系领域中的运用，唯一的例外可能是运用于中俄蒙三边关系。2015 年 7 月，在俄罗斯乌法举行第二次中俄蒙三国元首会晤时，习近平主席首次提出三国"政治上，要增进互信，打造人类命运共同体"。② 对于大国关系，中国政府使用了"新型大国关系"这一词汇。就"相互尊重"和"互利共赢"而言，新型大国关系的内涵与人类命运共同体的含义可以说基本是一致的。但是，新型大国关系与人类命运共同体的一个重大区别在于，新型大国关系的设计从一开始就试图避开权力竞争，而与俄罗斯、美国等国构建新型关系。从日韩两国曾经提出过的有关东亚（东北亚）共同体建设的思想看，权力竞争和权力失衡是导致其失败的重要因素，但背后的主导性因素仍然是美国。

四　日本和韩国推动东北亚共同体的方案

尽管美欧和日韩等国有关共同体构建的概念、理念与方案与中国提出的人类命运共同体构建有着巨大的差别，但是对其关于共同体构建进行梳理，对于推动人类命运共同体的构建还是有意义的。从本质

---

① 有关论述可参见钟飞腾《胡锦涛时期的中国周边外交思想》，载复旦大学中国与周边国家关系研究中心编《中国周边外交学刊》（2017 年第二辑），社会科学文献出版社 2019 年版，第 45—46 页。

② 《习近平出席中俄蒙三国元首第二次会晤》，《人民日报》2015 年 7 月 10 日。

上说，中国的人类命运共同体理念要比西方语境下的共同体构建具有更为广泛、包容和深刻的含义，是基于和合共生理念的秩序构建，而非着眼于单一的制度性构建。

日本政府早在20世纪60年代即提出过有关共同体的政策主张，90年代以后韩国学者的相关论述也在增多。① 鉴于日本、韩国等国在东北亚地区发展中率先进入高收入发展阶段，更高程度地融入国际体系，以往有关东北亚合作的研究多以日本与韩国为主要分析对象，且日韩等国政府以及学术界、智库等围绕东亚共同体的讨论也很多。这类研究的一个突出特点是假设美国主导的体系不动摇，包括美国主导的规则、制度以及权力基础等都继续发挥作用，东北亚共同体的建设是在国际体系稳定的情况下，作为次区域体系加以建构的对象，其比较和参照的对象是欧洲一体化。然而，这种立足于美国（欧洲）中心主义的分析忽视了东北亚权力格局的变化，没有注意到地区内部多个国家行为体间的复杂关系。例如，经济学家在讨论东亚（东北亚＋东南亚）时，并不包括俄罗斯。② 而且，有些学者即便注意到近年来东亚和东北亚的巨大变化，但对于中国作为一种新型力量，可能会不同于以美国为中心的地区秩序的分析仍相当欠缺。

（一）日本构建东亚共同体的方案

根据分析，日本学术界关于东亚共同体建设主要有三种思路。③ 第一，吸取近代日本殖民主义和帝国主义的教训，积极投身

---

① 日本学者几乎没有人专门使用"东北亚共同体"概念，用的是"东亚共同体"，而韩国学者专门提出"东北亚共同体"概念。多数学者混合使用"东北亚共同体"和"东亚共同体"这两个概念。但笔者认为，这两个概念背后蕴含着不同的地缘政治理念。从本书第五部分的论述来看，在地缘政治意义上，中国强调东北亚时，通常意味着东北亚只是中国周边的组成部分，而韩日两国使用"东北亚"或者"东亚"时，通常认为两国被这两个概念所包围。

② ［美］德怀特·珀金斯：《东亚发展：基础和战略》，颜超凡译，中信出版社2015年版。

③ 王玉强：《历史视角下日本学界对东亚共同体的审视》，《东北亚论坛》2013年第2期。

新东亚共同体建设，例如森岛通夫 1994 年就提出了东亚共同体构想。第二，强调东亚历史多样性和差异性，主张应该借用西方的价值观念和东亚区域外的政治力量，开展东亚区域合作。白石隆认为，在 20 世纪 80 年代后期，"东亚"的含义已经从儒家文明圈转向东亚经济奇迹圈。与欧洲不同，东亚地区整合并不是由各国政府从政治上推进的，而是由市场逻辑推动的。青木保则认为，多样性是东亚历史文化的基本特征，东亚文化的共同体实际上差异极大，但东亚各国在都市文化上呈现相似性。因此，东亚共同体主要是经济意义上的，而不是文化和政治意义层面的。第三，担心推动东亚区域合作会助长中国的扩张主义。如渡边利夫和中川八洋，认为中国提倡东亚共同体是想借此离间日美同盟关系，日本应该始终坚持与美国结盟，一旦脱离日美体系，加入东亚共同体，日本会亡国。他们认为，如要以欧盟为榜样建设东亚共同体，必须以日本为亚洲的盟主。

在小泉纯一郎至鸠山由纪夫执政期间（2001—2010），日本政府对推动东亚共同体建设具有很高的热情。2001 年 1 月，东亚展望小组提交了《迈向东亚共同体》的报告，首次提出以东亚共同体为愿景的地区合作设想，包括经济合作、金融合作、政治安全合作、环境合作、社会文化合作以及制度合作六大领域。① 2002 年 1 月，时任日本首相小泉纯一郎在新加坡演讲时，首次明确提出了日本的东亚共同体构想。该构想以日本—东盟关系为中心，利用和扩大"10＋3"机制，推动建立包括澳大利亚、新西兰在内的多重地区合作机制。按照添谷芳秀的解读，"日本把构筑东亚共同体作为长期目标，并不愿意与中国直接对抗，而是利用'中等国家'合作逐步展开主导权竞争"。② 日本政府的政策带有很强的平衡中国影响的考虑，力图扩大

---

① East Asia Vision Group, "Towards An East Asian Community: Region of Peace, Prosperity and Progress", January 2001, https://www.mofa.go.jp/region/asia-paci/report2001.pdf.
② ［日］添谷芳秀:《日本的"中等国家"外交——战后日本的选择和构想》，李成日译，社会科学文献出版社 2015 年版，第 166—167 页。

区域和合作的范围，吸纳更多国家参加，制定市场开放的高标准。也有分析认为，日本推动东亚共同体的另一个短板是农业，因国内政治干扰，难以推动地区内的共同农业政策。

以 2011 年日本考虑加入美国主导的"跨太平洋伙伴关系协定"（TPP）为标志，日本并没有把东亚共同体建设作为优先之选。[①] 不过，在特朗普政府于 2017 年 1 月退出 TPP 之后，日本政府反而扮演了领导者角色，推进"全面与进步跨太平洋伙伴关系协定"（CPTPP）谈判。该协定于 2018 年 12 月 30 日生效，覆盖了 11 个国家，其范围远远超出了本文讨论的东北亚地区。从这个意义上说，日本型东亚共同体建设并没有像 21 世纪初预想的那样推进，主要源于两个因素：一是以 2008 年国际金融危机为主的外部因素变化超出了日本能够控制的范围；二是基于领导权竞争的权力政治逻辑，在中国经济总量超过日本之后，日本试图借助美国平衡中国的影响力。正是在如何界定东北亚地区的范围以及大国这一点上，日韩与中国存在着较大分歧。在一个主权国家构成的国际体系中，权力的边界与领土主权的边界是密切相关的。如果缺乏对权力边界的准确界定，那么在构想地区共同体方面就会误用相关理论。

（二）韩国构建东北亚共同体的讨论

韩国一直是东北亚合作的积极推动者。早在 1996 年，韩国学者俞炳勇就提出"东北亚和平共同体"的构想，并强调东北亚多边安保合作是走向这一目标的重要途径，今后东北亚应建立类似于欧洲安全和合作组织的多边安保合作机构，避免历史上的"中华主义共同体"和"大东亚共荣圈"。[②] 1999 年，时任韩国外长洪淳瑛表示，尽管很多人对东北亚能否出现一个地区共同体持悲观态度，但是从韩国角度看，有必要积极推动东北亚共同体建设。作为东北亚的地理中

---

① 张蕴岭：《日本的亚太与东亚区域经济战略解析》，《日本学刊》2017 年第 3 期。
② 俞炳勇、金香：《东北亚和平共同体的形成》，《当代韩国》1996 年第 4 期。

心，韩国的命运深受地区内四个大国之间关系的影响。长远来看，只有周边地区成为一个共同体，韩国才可能真正取得和平与繁荣。在他看来，东北亚命运共同体包括以下几个部分：（1）必须确保朝鲜半岛持久的和平；（2）中美关系必须进一步深化；（3）中日关系必须在高位运行。①

2012 年，韩国学者朴炳奭进一步提出了"东北亚人类安全共同体"构想。他认为，韩国政府和学界在近十年内为构建东北亚共同体做出了不少努力，但韩国对中国推行中华思想表示担忧。他认为，当代韩日两国人民并不那么认同中国文化，包括中国的传统文化。东北亚共同体应发展为可以相互制约和均衡的较松散的合作共同体。可构建包括环境安全、经济安全、政治安全、社会安全、生态安全、文化安全以及科技安全等非传统安全和"人类安全"在内的东北亚人类安全共同体，来增强东北亚国家之间的相互理解和合作交流。但与此同时，他也指出，政权频繁更替的自由主义国家，政策一贯性要显著低于社会主义国家。② 因此，朴槿惠政府提出的"东北亚和平合作构想"难以持续，因为这一构想对合作（安全）议题、区域范围（参与对象国）、行为主体、国际机制（制度化）、推进战略等问题缺乏具体界定。但更根本的困难在于，朴槿惠政府的这一构想很难协调中美日俄等国家的政策优先选择。③ 这也印证了一些学者的判断，即区域外大国的干预、区域内认同感偏低，是造成东北亚一体化断层的根本原因，并且直接影响了东北亚共同体的建设。④ 从这个意义上说，

---

① Hong Soon-Young, "For a Northeast Asian Community", *New Perspective Quarterly*, Vol. 16, No. 4, 1999, pp. 50 – 52.

② 朴炳奭：《构建东北亚共同体的方向：超越文化共同体而走向人类安全共同体》，《当代韩国》2012 年第 2 期；朴炳奭：《构建"东北亚人类安全共同体"中的人类安全议题和国际机制探索》，《当代韩国》2014 年第 2 期。

③ 沈定昌：《朴槿惠"东北亚和平合作构想"刍议》，载王缉思主编《中国国际战略评论（2015）》，世界知识出版社 2015 年版。

④ 王庆忠：《经济合作与安全竞争：对东亚一体化的反思——兼评自由主义关于地区一体化的观点》，《国际论坛》2010 年第 5 期。

与东盟在东南亚地区发挥中心作用不同，韩国实际上难以在东北亚地区扮演"小马拉大车"的角色。

因此，韩国学者更普遍的设想是学习欧盟，从功能性问题领域入手，特别是从经济合作领域推动东北亚共同体的建设。韩国韩中经济协会会长具天书认为，韩国关于东亚经济共同体的研究相当热门，出版的著作不少，其中以"创评集团"① 的研究最为世人熟悉。具天书认为，有关区域一体化的三种理论——联邦主义、功能主义和新功能主义中的最后一项对东北亚合作最具解释力。而且，具天书赞成首先建立以中日韩为中心的东北亚经济共同体，在此基础上加入东盟一体化，并将朝鲜列为参与共同体建设的正常国家，才是最终建立东北亚共同体的最现实可行的办法。在实践中，应首先发展经济和文化领域的合作，然后再逐步扩大到政治和安全领域。② 这一思路与日本的方案具有一定的相似性。

韩国明确提倡东北亚共同体，日本则偏重于东亚共同体，这种差异反映出韩国在地理、文化和地缘上的定位不同于日本。例如，1990年，日本学者志子·艾伦认为，朝鲜近代历史学家崔南善曾主张在中国和西方之间，强化以朝鲜为中心的文化论述，对塑造朝鲜的民族主义发挥了重要作用。③ 如果说，这种观点还主要侧重于从地理和文化意义上论述近代朝鲜在东北亚的中心位置，那么2006年查尔斯·阿姆斯特朗等多位重量级学者主编的《位于中心的朝鲜半岛：东北亚地区主义的动力》一书，则从多个角度论述了朝鲜半岛（朝鲜和韩国）在东北亚地区合作中的中心地位。④ 因此，在识别各方对东北亚合作

---

① "创评集团"的主要成员是崔元植、白乐晴和白永瑞。

② ［韩］具天书：《东北亚共同体建设：阻碍性因素及其超越——韩国的视角》，北京大学出版社 2014 年版。

③ Chizuko T. Allen, "Northeast Asia Centered Around Korea: Ch'oe Namsŏn's View of History", *The Journal of Asian Studies*, Vol. 49, No. 4 (Nov., 1990), pp. 787–806.

④ Charles K. Armstrong, Gilbert Rozman, Samuel S. Kim, and Stephen Kotkin eds., *Korea at the Center: Dynamics of Regionalism in Northeast Asia*, London and New York: M. E. Sharpe, 2006.

的相关论述时，我们也要充分注意地理、文化以及地缘上的差异。地理几何意义上的中心与地缘上的中心有显著不同，后文将进一步阐述这个问题。

（三）欧洲一体化的新解释与东北亚合作的难题

以欧洲为典范，也包括世界其他地区一体化建设的经验和理论总结，日韩的方案均倾向于认为东亚共同体的建设应当以这些更早建立的地区一体化建设作为指引。总体而言，这些跨地区的一体化建设思路对于理解东北亚地区关系有一定的借鉴意义，但是近期研究也发现，欧盟的发展历程并不像以往说得那样。王庆忠指出，自由主义认为在合作的过程中一旦形成了某种共同利益，这种利益共同体就能保证合作持续下去，但是它们对于外部因素和行为体考虑过少，忽视外部行为者或外部事件的作用。自由主义是对欧洲一体化经验的抽象化，根据这种单一个案形成的经验抽象在上升到学理层面的时候，不可避免地存在解释力的局限性。由于东亚地区特殊的历史和现实，东亚一体化的进程并没有严格遵循自由主义的一体化发展路径。[1] 而且，西方学术界也在反思欧洲一体化，诺林·里普斯曼的研究表明，现实主义、自由主义和建构主义均不能完全解释"二战"结束以来这一地区从战争转向和平的过程。欧洲和平的进程可以分为两个阶段，第一阶段是转型阶段，共同的苏联威胁和美国霸权的参与等现实主义的因素起了决定性作用，但到了第二个阶段，即稳定与合作的阶段，则主要是受自由主义机制的影响，特别是民主的政治体制和合作型的国际制度的影响。[2] 现实主义机制主要是在初始阶段发挥作用，迫使敌对双方坐在一起，将差异放在一边，但最终巩固地区认同和合作的还

---

① 王庆忠：《经济合作与安全竞争：对东亚一体化的反思——兼评自由主义关于地区一体化的观点》，《国际论坛》2010 年第 5 期。

② Norrin M. Ripsman, "Two Stages of Transition from a Region of War to a Region of Peace: Realist Transition and Liberal Endurance", *International Studies Quarterly*, Vol. 49, No. 4, 2005, pp. 669 – 694.

是自由主义机制，两个阶段缺一不可。其中，如果没有外部施加压力，原先的敌对者很难达到和解的水平。对于中东和东欧而言，在缺乏美国参与中东安全事务时，即使加强了经济相互依赖和功能性合作，地区形势也没有出现和平。这一分析对理解中国与东北亚命运共同体构建具有重要意义。

在分析讨论东北亚地区共同体建设时，认同缺失被认为是一种重要的解释变量。埃琳娜·阿塔纳索娃认为，东北亚地区因历史问题和互信缺失进一步加剧了战略不确定性和地缘政治紧张，但与此同时，经济相互依赖和对非传统安全的关注也在增加，中日韩三国都认识到信任是建立稳定秩序的前提。就此而言，她认为欧盟关于信任和制度建立的诀窍对东北亚地区仍有借鉴意义。① 张度则认为，欧洲的区域共同命运是一种文化价值的相近与超越民族国家的区域意识，而东南亚的区域意识是基于区域外挑战与冲击而产生的。和欧洲相比，东北亚的区域意识是滞后的，停留在低水平；即便和东南亚相比，东北亚的区域认同程度也相对较低。②

东北亚区域意识的薄弱一定程度上源于这一区域的历史传统。日韩两国学者在使用"东北亚"时强调的重心是不同的。这在一定程度上缘于两国悠久的历史记忆，但也与如何评估 20 世纪上半叶日本在东亚地区（东北亚＋东南亚）的行为有关。到 20 世纪后半叶东北亚地区一体化发生新的演化时，日韩两国的角色也不同。东亚一体化早期阶段的推动力，主要是日本与东南亚国家构建新关系的努力，在日本和韩国建交以及越南战争结束之后，日韩与东南亚国家的关系也逐渐紧密，但在日本依据"雁行模式"总结的地区一体化中，长时期将自己定位于领导者角色。

---

① Elena Atanassova-Cornelis, "Northeast Asia's Evolving Security Order: Power Politics, Trust Building and the Role of the EU", *Istituto Affari Internazionali*, *Working papers 17/04*, January 2017, http://www.iai.it/sites/default/files/iaiwp1704.pdf.

② 张度：《比较视角下的东北亚区域意识：共同命运对集体认同的关键影响》，《当代亚太》2011 年第 4 期。

　　冷战结束后，推动东北亚地区合作的动力更加复杂，越来越呈现出历史和现实交错的现象。彼特·卡赞斯坦和白石隆的研究认为，西方关于共同体的概念通常与组织化的、制度化的结构联系在一起，但是在日文和中文里关于这个词的翻译却没有这个意思。尤其是东北亚地区（中日韩），对共同体的认识和理解还不充分。这些国家受到朝贡秩序的很大影响，虽然更熟悉等级制度以及礼仪意义上的地区秩序，但又排斥传统中国的大国主义。① 在潘佩尔看来，东亚之所以更加具有相互依赖、关联和一致性，主要是受到非国家行为体的驱动。他提出了东亚地区主义的三种驱动力——政府、公司以及问题导向的联合阵线。他认为，东亚是演化的发展，而不是间断性的转变。② 肯特·考尔德和叶敏则提出了有关东亚合作过程中相关制度建设的一般性理论，认为地缘政治、政治领导力和危机等三个关键性要素共同发挥作用，促进了地区发展。亚洲决策的一个突出特点是危机反应性，不过制度创新能否成功则高度依赖于领导力。③ 需要注意的是，考尔德也认为东北亚是一个被建构的概念。

　　总的来看，日韩构建东北亚共同体的方案均以建立经济共同体为第一步，然后逐步过渡到政治安全领域。这是一种典型的欧洲一体化模式，其背后的政治动力是以美国为霸权的国际秩序。但最近一些年的研究对欧洲一体化模式有了新的认识，认为在推动欧洲统合的力量中，最初其实是现实主义起到决定性作用，然后才是经济自由主义发挥力量，后者在一定程度上也建立在较高的经济发展水平基础上。而且，学者们达成的一个共识是，欧洲模式中稳步升级的有序发展难以

---

① Peter Katzenstein and Takashi Shiraishi eds. , *Network Power*: *Japan and Asia*, Ithaca, NY: Cornell University Press, 1997; Peter Katzenstein and Takashi Shiraishi eds. , *Beyond Japan*: *The Dynamics of East Asian Regionalism*, Ithaca, NY: Cornell University Press, 2006.

② T. J. Pemepl ed. , *Remapping East Asia*: *The Construction of a Region*, Ithaca, NY: Cornell University Press, 2005.

③ Kent Calder and Min Ye, *The Making of Northeast Asia*, *Stanford*, California: Stanford University Press, 2010.

被模拟用于东北亚的一体化进程中，因为后者多次受到核心区政治经济危机的影响，地区发展模式存在不确定性。相比欧洲合作受到政府间合作力量的推动，东亚（东北亚）则往往是由民间（公司）力量的交往推动形成更加紧密的关系，因而尽管出现了事实上的东亚一体化，但主要是基于双边的政府间合作模式，而在多边意义上的政府间合作则显得不足。①

日韩方案背后的逻辑实际上是指向以美国为中心的秩序，包括美国在经济、政治和安全领域的主导地位，日韩学者源源不断提出这种方案的前提是美国霸权地位的稳定。我们又必须注意到，欧洲与美国的经济联系远远强于东北亚各国与美国的经济联系，并且从20世纪70年代起美欧之间的经贸联系就已经是一种建立在产业内分工基础上的深度相互依赖关系。东北亚的蒙古国、朝鲜和俄罗斯，与美国的经济联系极其微弱，如果以经济共同体为核心推动共同体建设，那么这个共同体也是局部意义上和产业间的。随着中国的快速发展，特别是美国特朗普政府放弃"二战"结束以来美国历届政府坚持的自由主义国际秩序，美国中心已遭严重削弱，甚至可以说不复存在。美国学者约翰·米尔斯海默认为，冷战后建立的自由主义国际秩序已经于2019年崩溃，世界将进入一个新的多极时代，其中两个具有明确的边界，分别由中国和美国主导，而第三个则是薄弱的国际秩序。② 不过，与进攻性现实主义者将秩序崩溃归结于中国的快速发展不同，更多的美国学者认为，美国霸权日益增长的合法性危机主要是由于其自由主义霸权精英的思想观念和失败

---

① 正如上文所指出的，韩国学者更愿意区分东北亚和东亚，而日本学者则很容易混用两个概念。但无论是哪一种概念，日韩双方都承认政府之外的力量（特别是公司层面）更容易实现实质上的合作关系。自20世纪90年代末起，东亚地区的合作开始呈现越来越明显的政府间引领的趋势，标志是各种自由贸易协定的出现。日本早稻田大学教授浦田秀次郎曾将这种转变概括为从"市场导向"转向"制度导向"的东亚一体化。参见 Shujiro Urata, "The Emergence and Proliferation of Free Trade Agreements in East Asia", *Japanese Economy*, Vol. 32, No. 2, 2004, pp. 5 – 52。

② John J. Mearsheimer, "Bound to Fail: The Rise and Fall of the Liberal International Order", *International Security*, Vol. 43, No. 4, 2019, pp. 7 – 50.

所致。① 东北亚经济格局的重大变化则来得更早，中国于 2004 年成为日本的最大贸易伙伴之后，现已是东北亚地区五国的最大贸易伙伴。而且，在"十二五"期间，中国也成为世界经济增长的最主要动力，年均贡献率超过 30%，跃居世界第一。② 在这种发展前景下，以美国（欧洲）中心主义界定东北亚合作的模式已经行不通了。但日韩方案留下的遗产之一，即与权力中心的联系，仍将深刻影响这两个国家对东北亚共同体的构想。由于中国快速发展，东北亚地区的各国将充分考虑中国的方案，与此同时，这些国家也会从历史记忆中排斥单一国家主导的地区构建模式。

五　重新定义东北亚

界定一个地区的范围，除了自然形成之外，也有两种构建方式，一种是本尼迪克特·安德森提出的旨在反抗西方中心的"想象的共同体"③，另一种则是由地区权力的主导者设定地域范围，后者最为典型的是"二战"后东南亚概念的出现。正如前文韩国学者崔钟建指出的，东北亚的概念也有这类情况，在不同的权力格局中，东北亚的构成十分不同。如果未来中国试图通过一种新的综合性的视野，将东北亚命运共同体建设作为东北亚和平与和解进程的重要目标，那么了解这一区域建构的历史和政治动力非常重要，只有如此才能从人类命运共同体构建的需要重新定义东北亚这个区域。

东北亚的范围以及作为一个整体的东北亚究竟怎么演变的？④ 从相

---

① Inderjeet Parmar, "Global Power Shifts, Diversity, and Hierarchy in International Politics", *Ethics & International Affairs*, Vol. 33, No. 2, 2019, pp. 231–244.

② 《中国对世界经济增长的贡献不断提高》，《人民日报》2017 年 1 月 13 日。

③ ［美］本尼迪克特·安德森：《想象的共同体——民族主义的起源与散布》（增订本），吴叡人译，上海人民出版社 2016 年版，第 87 页。

④ 按照日本学者子安宣邦的论述，"二战"期间日本曾广泛使用"东亚"概念，但"二战"结束以后日本人把"东亚"当作一个禁忌，很少主动谈起这个概念。参见［日］子安宣邦《近代日本的亚洲观》，赵京华译，生活·读书·新知三联书店 2019 年版，第 56、116 页。

关文献来看，20 世纪 40 年代以前，很少有现代意义上的东北亚概念。有学术文献提到东北亚，也只是说亚洲的东北部。[①] 1942 年，在美日太平洋战争进行正酣之时，美国学术界在分析日本所处的地缘政治环境时，曾提及"萨哈林岛是东北亚唯一的石油来源……从萨哈林岛的基地出发，整个日本北部将处于盟军轰炸机的攻击范围之内，对本州两侧的日本运输的威胁将增加很多倍"[②]。尽管作者在文中提到"东北亚"一词，但在标题中还是使用了"苏联远东地区"这一说法。当时的美国经济学家在计算亚洲的战争潜力时，同时使用了苏联远东和东亚，而东亚竟然还包括印度和斯里兰卡等国。从当时的情况来看，东南亚的地理范围比较确定，而东北亚的概念却没有被提及。[③] 远东的地理范围甚至包括了我们现在所说的东北亚、东南亚、澳大利亚和新西兰。[④]显然，远东这个概念并不是一个简单的地理学意义上的概念，也不是"想象的共同体"，而是战争（权力）主导下的地缘政治概念。

"二战"结束后，美国的中国问题专家、约翰霍普金斯大学教授拉铁摩尔开始使用"东北亚"这个词，并且明确将其与东南亚相区分。[⑤]不过，拉铁摩尔在使用这个概念时，欧洲的冷战已经开始，中国则处于解放战争时期，可以想象根本不存在一个东北亚区域的整体性概念。1947 年 9 月，太平洋学会在英国召开会议时，按照地理区域将与会成员国分成三组：东北亚（日本和韩国）、中国和西南太平洋。[⑥] 这一划分表明，中国此时并未被归于东北亚。在远东学会 1949 年列出的学会

① Wilhelm Schmidt, "The Oldest Culture-Circles in Asia", *Monumenta Serica*, Vol. 1, No. 1, 1935, p. 9.

② Andrew Grajdanzev, "The Soviet Far East and the Pacific War", *Far Eastern Survey*, Vol. 11, No. 9, May 4, 1942, pp. 105 – 111.

③ William W. Lockwood, "Postwar Trade Relations in the Far East", *The American Economic Review*, Vol. 33, No. 1, Mar. 1943, pp. 420 – 430.

④ W. L. Holland, "Postwar Political Economy of the Far East and the Pacific", *The American Economic Review*, Vol. 34, No. 1, Mar. 1944, p. 356.

⑤ Owen Lattimore, "Some Recent Inner Asian Studies", *Pacific Affairs*, Vol. 20, No. 3, Sep. 1947, pp. 318 – 327.

⑥ "The Stratford Conference", *Pacific Affairs*, Vol. 20, No. 4, Dec. 1947, pp. 477 – 479.

成员所属的学科中，已经出现了国际关系的分类，拉铁摩尔被归类于此。① 因此，这一时期拉铁摩尔对东北亚的介绍可以被当作是国际关系学术圈的一种基本认知，但并不是当时政府间的共识和政策主张。

20 世纪 40 年代末，美国政府在认识这一区域时，仍沿用远东概念，并且试图在亚洲东侧构建包括日本、琉球群岛和菲律宾在内的"第一道防御线"，以抵抗共产主义势力的扩张。② 这种地缘认知反映了美苏主导的冷战格局，而现在我们所认为的"东北亚"当时在事实上被分割了。朝鲜战争爆发后，在分析亚洲和东北亚局势时，学术界也并未马上使用我们今天以为会使用的"冷战"等词汇，而是继续使用"大国"。1954 年，美国华盛顿大学远东与俄国研究所所长乔治·泰勒在一篇分析亚洲的权力以及关系的文章中提出，美苏是两大主导力量，美苏在东北亚地区的竞争由于朝鲜战争已经陷入僵局，但在中东和东南亚还处于相互交织之中。③

在英文学术界，从 1957 年开始"东北亚"作为一个确定的词汇被普遍使用，标志是加州大学人类学教授切斯特·查德在系列文章标题中多次使用这一词汇。在他看来，东北亚的地理范围主要是指："包括叶尼塞河和阿尔泰山以东的苏联领土，因西伯利亚的这部分区域的史前史与远东地区或多或少存在紧密联系。"④ 从国际关系领域

---

① 在这份名单中，研究的学科归属于国际关系的学者包括：James Bay、Denzel Carr、朱永琛（Yong Chen Chu）、Wesley Fishel、Roger F. Hackett、Richard V. Hennes、Arthur P. Kruse、Joseph F. Krupp、Owen Lattimore、Charles W. MacSherry、Harold J. Noble、Cyrus H. Peake、Nathaniel Peffer、David N. Rowe、Frank G. Williston、Hugh J. Wilt。参见"Membership of the Far Eastern Association, February 10, 1949", *The Far Eastern Quarterly*, Vol. 8, No. 2, Feb. 1949, pp. 240 – 255。

② 《美国对亚洲的立场（国家安全委员会第 48/1 号文件）》（1949 年 12 月 23 日），载周建明、王成至主编《美国国家安全战略解密文献选编（1945—1972）》（第二册），社会科学文献出版社 2010 年版，第 751 页。

③ George E. Taylor, "Power in Asia", *The Virginia Quarterly Review*, Vol. 30, No. 3, Summer 1954, p. 344.

④ Chester S. Chard, "Northeast Asia", *Asian Perspectives*, Vol. 1, No. 1/2, Summer 1957, pp. 15 – 23；Chester S. Chard, "Northeast Asia: Bibliography", *Asian Perspectives*, Vol. 10, 1967, pp. 23 – 38.

看，法国学者雷蒙·阿隆在 1962 年出版的名著《和平与战争》一书中已多次使用"东北亚"一词。他强调的重点是，作为一个子体系的东北亚，当时被海权国家和陆权国家的争斗所分裂。阿隆还指出："在某些地区，地理、种族和历史的休戚相关，看起来不弱于偏远地方的经济或意识形态制度方面的休戚相关。"① 他将"休戚相关"与"共同体"等同使用，还多次使用"政治—军事共同体"，其含义就是前文描述过的"同盟"。但他所指出的海权与陆权博弈对东北亚造成的影响应受到更大程度的重视。日本的东南亚问题专家白石隆曾用"海洋亚洲与大陆亚洲"描述日本对外战略的主线，即坚持美国主导的自由主义（海洋）国际秩序。②

中美关系的改善，极大地改变了东北亚的分裂状态。从 20 世纪 70 年代后期开始，英美国际问题研究领域也开始频繁使用"东北亚"的相关表述，并且创造了以美国为中心的双边关系的分析范式。例如，1979 年布鲁金斯学会出版了《东北亚的军事方程》报告，认为美国在东北亚拥有压倒性军事力量，建议撤退一部分在日韩的地面力量。③ 在 1977 年美日韩三国举办三次会议的基础上，1979 年由理查德·福斯特等美国学者主编出版了《东北亚的战略与安全》文集，其核心内容是认为卡特政府宣布 1982 年撤军的政策是错误的。④ 显然，上述两个文献集中讨论了军事问题，但观点相互对立。熟悉国际关系文献的读者会感觉到，这些作者对东北亚的讨论并未涉及当时已经在美国学术界引起重视的"复合相互依赖"理论。基辛格在 1979 年出版的《白宫岁月》中也表示："世界各大国的安全利益在亚洲相

---

① ［法］雷蒙·阿隆：《和平与战争：国际关系理论》，朱孔彦译，中央编译出版社 2013 年版，第 381 页。

② 白石隆. 『海洋アジア vs. 大陸アジア——日本の国家戦略を考える——』. ミネルヴァ書房，2016，p. 134.

③ "Review: Rationalizing the U. S. Force Posture in Northeast Asia", *The Brookings Bulletin*, Vol. 15, No. 4，Spring 1979, pp. 17 – 18.

④ Richard B. Foster, James E. Dornan, and William M. Carpenter eds. , *Strategy and Security in Northeast Asia*, New York：Crane, Russak, 1979.

互交错，特别是在东北亚。这个大陆的心脏地区是中国。苏联的远东部分横跨亚洲的两端。日本诸岛伸展在大陆附近两千英里的海洋上。美国在太平洋的势力则环绕着这整个地区。"① 需要加以强调的是，此时的东北亚概念显然主要反映了美国对国际政治的现实主义理解，特别是美日同盟体系、中美苏大三角等概念。

由于日韩均是美国的盟友，它们对现代国际体系中的东北亚的理解和认识主要来自美国的定义。20 世纪 70 年代末，随着中美关系正常化以及中日建交，正在形成的中国国际关系学术界也开始逐步接受东北亚概念。中国在改革开放以后，逐步融入以美国为主导的地区和国际秩序，"东北亚"开始从"二战"后的日韩两国扩展为中日韩三国。1990 年苏联承认韩国，1992 年中韩建交，东北亚的整体性得到比较大的体现。这也是前文日本、韩国学者进行东北亚共同体论述的时代背景。尽管如此，此时的中国东北亚政策，还是双边层面的，是与处于东北亚地区的各国关系的政策，而不是一个整体性的。②

这种认知，在有关东北亚的地区研究中其实并不是一个例外。2002 年，普林斯顿大学资深社会学教授吉尔伯特·罗兹曼在评述美国国际关系学界的东北亚研究时指出，传统的美国国际关系研究遮蔽了对东北亚地区的认识，欧美学术共同体迫切需要训练新一代东北亚专家，兼具地区和学科知识。③ 罗兹曼认为，研究东北亚的美国国际关系学者都是以双边关系为基础的。从 20 世纪 50 年代到 80 年代，东北亚存在六组双边关系：（1）美国与日本、中国、韩国、朝鲜；（2）美苏关系对地区的影响；（3）中苏关系；（4）中日关系；（5）苏联与日本的关系；（6）韩国、朝鲜等之间的关系。在安全研究领域，上述双边关系的优先排序是非常固定的。而在西方学术界，最为盛行的

① ［美］基辛格：《白宫岁月》，方耀盛等译，上海译文出版社 2016 年版，第 393 页。

② Guocang Huan, "China's Policy Towards Northeast Asia: Dynamics and Prospects", *Korean Journal of Defense Analysis*, Vol. 3, No. 2, 1991, pp. 163 - 185.

③ 需要加以指出的是，在中华人民共和国恢复联合国席位，并与美国关系正常化之后，各国与中国台湾地区的关系只是非官方的民间交往。笔者在此引用罗兹曼的权威论述，意在表明国际学术界在研究该地区事务时的差异。

是第一组，即以美国为中心的双边关系。罗兹曼还认为，如果说 20 世纪 50—60 年代是苏联研究（克里姆林宫学）的黄金时期，那么 20 世纪 70 年代到 80 年代则是日本研究的最佳时期，进入 20 世纪 80 年代后期特别是冷战结束以来，有关中国问题的研究越来越受到美国学界的重视。①

当西方学术界把视角转向中国时，中国学者也在积极进行东北亚的相关研究，特别是经过 1997 年亚洲金融危机的冲击，东北亚地区合作被中日韩提上议事日程。然而，中国学术界在界定东北亚的范围时也存在很大的争议。一种意见认为，东北亚的总面积为 1400 万平方千米，占亚洲陆地面积的 32%，与欧洲相当。② 而朴键一认为，东北亚地区总面积约为 2020 万平方千米（其中陆地约占 75%，海洋约占 25%），其所属成员国包括中国、日本、韩国、朝鲜、俄罗斯、蒙古国。美国可被视为地缘政治意义上东北亚地区的特殊成员国，作为域内所有国家和地区的周边邻国。③ 张蕴岭也认为，东北亚作为一个地缘区域，包括中国、日本、朝鲜、韩国、俄罗斯、蒙古国六个国家，而且东北亚国家之间已经形成独具特色的"东北亚情结""东北亚文化""东北亚认同"。④ 显然，中国并不承认美国是一个地理上的东北亚国家，而是和日韩一样均认为其是地缘政治上的成员。作为对比，尽管地理上中国与东南亚、南亚、中亚等均接壤，但我们很少会认为中国是一个东南亚国家。

中国经济学者的东北亚研究侧重于区域一体化，而政治学者的研究侧重于地区内国家间的权力关系。经济学者在通过模型对中日韩自由贸易区（FTA）进行测算时均发现，地区内国家合作的潜力远没有被挖掘，但也出现了两种截然不同的意见：一种认为建立中韩 FTA

---

① Gilbert Rozman, "International Relations of Northeast Asia in the US: Area Studies, Disciplines, and Regional Coverage", *Journal of East Asian Studies*, Vol. 2, No. 1, Feb. 2002, pp. 139 – 163.

② 王洪章：《价值链视角下东北亚区域经济合作》，《中国金融》2018 年第 24 期。

③ 朴键一：《关于东北亚地区国际秩序研究的思考》，《东北亚学刊》2017 年第 5 期。

④ 张蕴岭：《从不同领域、不同视角更深入地了解东北亚》，《世界知识》2019 年第 11 期。

的前景尚不明朗①，另一种则认为中国优先与韩国建立 FTA 将是更为
理性的选择②。经过十几年的发展，中韩间已经率先于 2015 年 6 月缔
结双边 FTA，并于当年年底正式生效。一定程度上受到《区域全面经
济伙伴关系协定》（RCEP）的鼓舞，在 2019 年 12 月举行的第八次中
日韩领导人会议上，三方表示将加快中日韩自贸协定谈判。③

　　与此同时，中国学者也越来越强调，要将中国东北地区的发展纳
入东北亚区域加以考虑，特别是希望通过"一带一路"带动区域内
各国的共同发展。④ 尽管经济学者也认识到，东北亚地区合作进展不
快主要是源于地缘政治因素，但两类学者的分歧也很明显。学习经济
学的人立足于经济规模，认为中日韩是矛盾的主要方面，大部分的贸
易模型分析也侧重于中日韩。而且，经济学者通常试图用东南亚地区
一体化进展来比照东北亚，但忽视了东南亚发展受益于美国开放市场
以及与美国的同盟关系。而政治学者中多数认为东北亚地区的矛盾主
要是中美日，尤其是中美两国。⑤ 这种思路比较典型地体现出国际关
系学者的认知地图。中外对东北亚地区的主要矛盾的认识是不断变化
的，不同学科之间存在重大分歧，这在其他地区研究中较为罕见。

　　对比中国外交在世界上其他地区的进展，特别是前文对人类命运共
同体的分析可以发现，不同地区人类命运共同体的内容和程度均不同，
而东北亚显然处于比较初级的阶段，甚至连具体问题领域的利益共同
体都难以推进。最为典型的是有关能源共同体建设。早些年，一些学

　　① 刘翔峰：《建立中韩自由贸易区的必要性及前景分析》，《当代亚太》2005 年第 4 期。
　　② 赵金龙：《中国在东北亚地区的 FTA 战略选择：基于 CGE 模型的比较研究》，《东
北亚论坛》2008 年第 5 期。
　　③ 《中日韩同意加快自贸协定谈判受到广泛关注》，《光明日报》2019 年 12 月 29 日。
　　④ 王胜今：《东北老工业基地振兴与东北亚区域合作》，《东北亚论坛》2004 年第 2
期；笪志刚：《东北亚国际区域合作的实践探索和发展趋势》，《商业经济》2019 年第 1 期；
卢元昕：《"一带一路"倡议视野下推动以黑龙江省为中心的泛东北亚经济区建设研究》，
《商业经济》2019 年第 8 期；李光辉：《东北地区沿边开放与融入东北亚区域合作》，《西伯
利亚研究》2019 年第 2 期。
　　⑤ 金强一：《论中国的东北亚区域战略》，《延边大学学报》（社会科学版）2004 年第 2
期；沈丁立：《中美关系、中日关系以及东北亚国际关系》，《当代亚太》2009 年第 2 期。

者将能源合作看作东北亚地区可先行和最有潜力的合作领域，由能源合作带动东北亚其他领域的合作，甚至有学者提出建立"东北亚能源共同体"。虽然东北亚各国在双边层面上签署了多项能源合作协议，但并没有建立一个为域内各方所接受的合作框架，而且近期目标仍然是保障能源供应，中期目标才涉及能源定价权，长期目标则是实现东北亚能源市场一体化。① 对于东北亚的合作之难，大家都能想到的问题是：东北亚各国存在着极为复杂的政治安全关系。2007 年，美国东亚问题专家罗伯特·斯卡拉皮诺认为："东北亚或许是当今世界，无论是经济还是政治安全领域，最为关键的地区。"② 同一年，美国原驻韩国大使詹姆斯·雷尼在《外交》季刊发文指出："东北亚正在转型。美国统治 60 年后，该地区的力量平衡正在发生变化。美国处于相对衰落状态，中国处于上升趋势，日本和韩国处于变化之中。"③ 2010 年，世界体系论代表性人物伊曼纽尔·沃勒斯坦也认为，世界上出现了八至十个相对独立的地缘政治自治中心，其中位于北方位置的四个地缘政治中心——美国、西欧（法德）、俄罗斯和东北亚（中日韩）——是最主要的，而在这四个主要的地缘政治中心中，东北亚的局势又是最为复杂的。④ 这种复杂性的本质在于，在政治安全上人们倾向于将俄罗斯纳入，并且以中俄作为一方对抗美国同盟体系，而在经济上人们倾向于认为中日韩处于优先地位，忽视其他国家之间的合作效应。

---

① 陈钺：《寻求东北亚区域经济合作的新突破》，《南开学报》2002 年第 6 期；朱显平：《中俄能源合作及对东北亚区域经济的影响》，《东北亚论坛》2004 年第 2 期；李玉潭、陈志恒：《中日能源：从竞争走向合作——东北亚能源共同体探讨》，《东北亚论坛》2004 年第 6 期；张慧智、张健：《新形势下东北亚能源合作的路径：延伸与拓展》，《亚太经济》2019 年第 1 期。

② Robert A. Scalapino, "The State of International Relations in Northeast Asia", *Asia Policy*, No. 3, Jan. 2007, pp. 25 – 28.

③ Jason T. Shaplen and James Laney, "Washington's Eastern Sunset: The Decline of U. S. Power in Northeast Asia", *Foreign Affairs*, Vol. 86, No. 6, Nov. – Dec., 2007, p. 82.

④ Immanuel Wallerstein, "Northeast Asia in the Multipolar World-System", *Asian Perspective*, Vol. 34, No. 4, 2010, pp. 191 – 205.

与上述现实关系相对应的另一个重要因素是，美国对东北亚的研究长期轻视亚洲本地知识。[①] 由此造成的一个问题是，本地学者对东北亚的研究与美国的潮流是不一致的。前引罗兹曼的文章中还提到一个值得重视的观点，他认为，随着地区内贸易与合作的兴起，地区研究（area studies）得以真正成为一种区域研究（regional studies）。[②] 也就是说，区域研究不应该是地理意义上对处于这个地区的国家间双边关系的研究，而应该是对地区范围内复杂的多种交错的双边关系网络的研究。这是真正意义上的跨越民族国家、真正研究整个地区的区域研究，包括对非政府力量（市场）的重视，后者实际是亚洲学者多年来都相当重视的力量。从罗兹曼的分析来看，区域研究要比地区研究广泛得多。后者是对位于区域内的国家的研究，是国别研究的集合；而前者则主要是指，研究东亚这个地区的整体性问题，应重视整个地区内多个国家的相互关系。

六　结语

东北亚地区在地缘政治上具有独特性，不同国家在不同时期对该地区的范围有不同的定义。从中国外交的目标来看，尽管人类命运共同体已上升为一种指导原则，覆盖中国周边，但在官方的表述中，东北亚地区的人类命运共同体建设仍处于较低的层次，无法与其他地区相比。特别是，中美之间长期以来受制于权力政治的影响，致使该地区在很大程度上受制于新型大国关系建设的进展。尽管新型大国关系与人类命运共同体同样讨论平等相待、相互尊重和互利共赢等内容，但地区内国家在地区认同、地区使命、地区威胁以及发展前景上仍有

[①] 康灿雄新近的一项研究表明，美国对亚洲的研究存在着严重的不对称现象，甚至可以说存在着对亚洲的恶意忽视。参见 David C. Kang and Alex Yu-Ting Lin, "US Bias in the Study of Asian Security: Using Europe to Study Asia", *Journal of Global Security Studies*, Vol. 4, No. 3, 2019, pp. 393 - 401。

[②] Gilbert Rozman, "International Relations of Northeast Asia in the US: Area Studies, Disciplines, and Regional Coverage", *Journal of East Asian Studies*, Vol. 2, No. 1, Feb. 2002, p. 151.

不同看法。就此而言，建设东北亚命运共同体面临着很多挑战。

作为一种理念，人类命运共同体是基于共识基础上的共建，当人类命运共同体作为中国外交政策理念的新综合，体现出中国倡导平等、相互尊重以及互利共赢，尽管中国追求做一个新型大国的努力仍未被西方完全接受，但就地区内而言获得了越来越多的认同。

作为外交政策的指导原则，人类命运共同体既有全球体系层次的内涵，也有地区层次的差异，注意到这种地区差异性是构建东北亚命运共同体不可或缺的一步。中国在将人类命运共同体理念与各地区相结合时，侧重点并不一样，东北亚地区虽然不属于优先地区，但其优势之一是可以很好地与新型大国关系建设协调推进。

日韩两国在近代中国衰落之际被纳入美国主导的国际秩序，其国家发展也深受美国构建的国际秩序的影响，因而接受了美国（欧洲）关于区域变化的诸多理论，其结果之一是忽视了美国同盟体系之外的其他东北亚国家关于地区范围的界定和参与。尤其明显的是，经济学者和政治学者在使用东北亚这个词时有较大不同，前者容易忽略俄罗斯，后者则以经济总量定位参与者的优先序列。随着中国的复兴，地区关系将朝向中国力量的方向转变，从逻辑上讲中国的发展也将推动中国理念在东北亚地区的复兴，特别是人类命运共同体理念试图超越国家为中心的权力政治，接受本地区其他非国家行为体的影响，而基于市场的动力曾是该地区多年来相互关系深化的重要原因。我们也发现，除了中央政府层面的动力，各国的地方以及重要城市也正在积极推进东北亚的地区合作。

从实践层面上看，有关东北亚的地区认同最终有赖于地区间关系的牢固树立，中国提出人类命运共同体理念，并应用于构建东北亚地区关系的未来时，必须充分注意到东北亚作为一个整体深受地缘政治的影响。以美国为中心的东北亚研究缺乏地区整体的分析，是一种基于美国中心的双边关系研究。从概念上讲，美国的东北亚地区研究仅仅体现出大国关系这一层含义，这为中国重新构建一个东北亚地区概念提供了机会，今后应更加重视地区内国家彼此之间关系的进展。

　　人类命运共同体的根基在地区。中国推进人类命运共同体建设，并不是试图建立一个全球性的制度，或者说力图在全球范围内构建一个规则明晰、完全不同于之前的新制度体系。"共享未来"的人类命运共同体理念表明，它是由多层次的合作机制组成的，基于各个地区的特点，构建符合地区内国家发展要求的和平相处、合作共赢的机制。东北亚命运共同体建设的思想指导与行动方案，必须基于本地区的特点，符合本地区各国和平发展的需要。东北亚地区矛盾错综复杂，地区特性很强，对未来世界格局的影响也很重大，因此，在这个地区推动建立人类命运共同体本身就是一个创新，需要创新理论、创新方式与创新行动，真正走出西方思维与范式的影响，探索出一条新的地区和解与合作的道路。

第二篇

　　在经济领域推动东北亚命运共同体构建，宗旨是通过双边和区域的开放与合作，实现各国的共同发展和共同受益。

第六章　东北亚经济链接与命运共同体构建

经济链接是区域链接的重心，是区域各国相互交往的重点。区域经济的链接建立在三个重要基础上：一是自然链接，涉及山川河流、自然资源、海域等，在诸多方面都是难以截然分开的，具有共生性；二是基于贸易交换、投资形成的网络、供应链，具有共享性；三是建立在各个层次上的合作机制，有地方的，也有中央政府的，有官方的，也有非官方的，具有共建性。这也是经济领域命运共同体构建的内容和方式。东北亚经济命运共同体的内涵，就是在东北亚地区形成一种区域各国之间经济链条紧密关联、经济发展共生共荣、经济利益共创共享的经济命运共同体意识，并基于此种区域共识，推动区域内各个经济体互帮互助，协力加强东北亚地区经济合作，共同实现东北亚经济繁荣。

一　东北亚地区经济链接与合作的发展

东北亚地区经济互补性强，产业链接性紧密，有着共同的利益基础。建立在共同利益基础上的合作得到很大的发展。东北亚地区各国对外经济合作形式多种多样。自贸区（FTA、RTA）构建是主要的形式，也有不同形式的功能性合作。在自贸区构建上，中日韩三国最为突出。截至 2021 年 9 月，中国签署（含生效）FTA 数量为 19 个，日本已生效 RTA 为 18 个，韩国已生效 RTA 为 21 个。俄罗斯签署 13

个，主要在中亚、欧亚联盟范围内，蒙古国、朝鲜基本上没有签署。①与此形成对比，东北亚地区内部，只有中韩签署了自贸协定，其他双边都没有签署，中日韩三国签署了投资保护协定，自贸区协议谈判了多年，进展有限。东北亚六国经济互补性强，市场规模达到20万亿美元，超过欧盟GDP的总和；但由于东北亚区域内开放滞后，使其经贸互补性难以充分释放，如中日韩三国区域内贸易比例仅占19%，低于东盟（24%）、北美（42%）、欧盟（65%）。②由此可见，东北亚地区内部的制度合作亟待加强，各国在对外开放市场的同时，迫切需要携手打造一个共同面向区域内的市场开放平台，以形成合力，产生规模效益。

东北亚基于双边和诸边的多层次合作特色显著。双边层面，中、韩两国迄今已签署了60多项双边经济技术合作协定，广泛涉及海运、民用航空、邮电、水资源、环境、渔业、林业、海关、铁路、高技术、金融、卫生、能源、广播电视等多个行业。

中日之间虽然没有建立FTA，但多年以来，双边贸易、投资关系密切，产业合作不断加强，双方在制造业、金融、零售、航空、物流、餐饮、医药卫生、教育等行业的合作更趋密集；2018年10月26日，经国务院批准，中国人民银行与日本银行签署了中日双边本币互换协议，旨在维护两国金融稳定、支持双边经济和金融活动发展，协议规模为2000亿元人民币/34000亿日元，协议有效期三年，经双方同意可以展期；③2018年5月，中日签署了《关于中日第三方市场合作的备忘录》，同年10月，首届中日第三方市场合作论坛在北京举办，中日两国的政府机构、企业、经济团体共签署了52项合作备忘录，内容涵盖社会基础设施、物流、IT、卫生保健、金融等众多领

---

① 根据WTO RTA Database和中国自由贸易区服务网资料整理。
② 迟福林：《中国扩大开放趋势及其对东北亚经贸合作进程的影响》，《经济纵横》2019年第10期。
③ 商务部：《对外投资合作国别（地区）指南·日本》（2020年版），http：//jp.mofcom.gov.cn/。

域；"十四五"时期，随着中国构建国内国际双循环新发展格局的推进，中日两国在产业链完善、科技创新、节能环保、医疗康养、数字经济以及第三方市场合作等方面将大有可为。

中俄两国的合作比较集中于远东地区。《中俄在俄罗斯远东地区合作发展规划（2018—2024 年）》明确指出，中俄新时代全面战略协作伙伴关系迅速、稳定发展，呈现良好发展态势；基于《中华人民共和国和俄罗斯联邦睦邻友好合作条约》确立的原则，中俄各领域合作持续稳步发展，包括经济、投资、基础设施建设、能源、高科技、农业、人文等领域；鉴于远东开发已确定为俄罗斯 21 世纪的优先发展方向，中俄双方认为，在俄罗斯远东地区发展经济贸易和投资合作是双边关系中的重要方向，具体涉及天然气与石油化工、固体矿产、运输与物流、农业、林业、水产养殖、旅游、基础设施等多个行业。①

中蒙于 1991 年 8 月签订《关于鼓励和相互保护投资协定》，以及《关于对所得避免双重征税和防止偷漏税的协定》，两个协定均于 1993 年 1 月 1 日生效实施；2008 年 6 月，《中国与蒙古国经济贸易合作中期发展纲要》签署，规划了随后五年的中蒙经贸合作；2014 年，双方签署《中华人民共和国政府与蒙古国政府经贸合作中期发展纲要》，以及《中华人民共和国与蒙古国经济技术合作协定》；2015 年 11 月，双方发表《中华人民共和国和蒙古国关于深化发展全面战略伙伴关系的联合声明》，同时还签署了多项重要合作文件。经过多年发展，中蒙两国间在基础设施建设、农业、牧业、林业、矿产、金融等领域的合作日渐增多。

中日韩三国于 2003 年发表《中日韩推进三国合作联合宣言》，初步明确了三国合作的原则和领域；2004 年，《中日韩三国合作行动战略》获得通过，该文件为全面推进各领域合作做出了具体规划；2007 年，中日韩三国建立外长会议机制；2008 年，中日韩三国发布《三国

---

① 商务部：《中俄在俄罗斯远东地区合作发展规划（2018—2024 年）》，http：//images. mofcom. gov. cn/www/201811/20181115164728217. pdf。

伙伴关系联合声明》，同时通过了《三国灾害管理联合声明》《推动中日韩三国合作行动计划》；2009 年 10 月，《中日韩可持续发展联合声明》通过；2010 年 5 月，第三次中日韩领导人会议发表了《2020 中日韩合作展望》《中日韩加强科技与创新合作联合声明》《中日韩标准化合作联合声明》，同意继续深化三国经贸财金合作，推动可持续发展，加强社会人文交流，保持在国际与地区问题上的沟通与协调。经过多年发展，中日韩三国之间已建立起近 20 个部长级会议机制、50 多个工作层面的交流合作平台，广泛涉及外交、科技、财政、金融、信息通信、农业、人力资源、环保、运输及物流、经贸、文化、卫生、海关、知识产权、旅游、地震、灾害管理、水资源等众多领域。此外，在东盟的推动下，中日韩三国还相继建立了"10＋3""10＋6"等区域合作机制。

2015 年 7 月，中、蒙、俄三国元首将中方的"丝绸之路经济带"倡议、蒙方的"草原之路"倡议、俄方的"跨欧亚运输大通道倡议"进行对接，达成重要共识，批准了《中华人民共和国、俄罗斯联邦、蒙古国发展三方合作中期路线图》，三国有关部门签署了《关于编制建设中蒙俄经济走廊规划纲要的谅解备忘录》等重要文件；2016 年 6 月 23 日，中蒙俄三国签署了《建设中蒙俄经济走廊规划纲要》《中华人民共和国海关总署、蒙古国海关与税务总局和俄罗斯联邦海关署关于特定商品海关监管结果互认的协定》等合作文件。

总的来看，尽管东北亚各国经济互补，无论是制度合作还是功能合作，都得到了发展，但总体而言，地区的合作机制较弱，需要在进一步凝聚共生、共利、共识的基础上深化合作。

二 深化东北亚经济合作的基础

东北亚地区作为世界经济的重要引擎和贸易重地，区域 GDP 约占全球的 24%，区域贸易约占全球贸易总额的 20%。东北亚地区已经建立起紧密的经济联系，除朝鲜外其他国家均实行开放发展政策，企业实行国际化经营,由此建立起相互连接的经营网络。中国、日本和韩国是东北亚地区的经济重心,GDP 分别位居世界第二、第三和第十一位,三国之间的紧密联系主要建立在投资—贸易链条基础上,面向东亚、亚太和世界市场。东北亚的价值链分工和经济往来主要以中日韩三国在资源、资金、技术方面的互补性合作为主。

以中日韩合作为基础,推动构建东北亚经济区的建设,是东北亚经济命运共同体构建的一个重要内容。东北亚经济命运共同体的构建,与中日韩三国经济联系的产生和加强、"三条链条"(供应链、产业链、价值链)分工合作关系形成和变化的历史过程以及现实状态是分不开的。

20 世纪五六十年代,日本率先通过实施进口替代战略发展外向型经济实现经济腾飞。1968 年日本经济跃居世界第二位,仅次于美国。随着日本产业的升级,日本开始将产能过剩、处于比较劣势的劳动密集型产业和能源消耗过大的重化工业向东北亚以及其他国家和地区转移。在这一过程中,韩国等先后承接了日本的劳动密集型产业和重化工业,并且随着劳动成本的提高,逐渐将纤维、纺织等劳动密集型产业转移至中国、马来西亚和泰国等国。这一过程持续至 20 世纪 90 年代,东亚国家与地区所形成的这种分工模式被称为"雁行模式"。在"雁行模式"中,日本处于领头雁的位置,带动东亚地区的产业升级和经济发展;韩国处于雁身的位置,一方面承接日本的产业转移,另一方面向中国转移过剩的和失去优势的劳动密集型产业;中国则处于雁尾的位置,承接日本和韩国转移的产业。

20 世纪 90 年代以来,东北亚各国以提升产业功能为动力,以产业升级、技术转移为主要手段,推动各国产业结构的调整和优化。[①]继日本之后,韩国也成为区域内的研发中心,日韩以其技术优势和产品优势获得新的发展空间;中国在承接产业转移的同时,加速以国产化为目标的全面创新过程,逐渐成为区域加工制造业基地乃至"世界

[①] 祝滨滨:《东北亚区域产业分工体系转变的趋势》,《东北亚论坛》2009 年第 5 期。

工厂";俄罗斯一方面以其"能源大国"的天然优势,与中日韩三国合作,加强能源基础设施建设,另一方面通过远东开发计划融入东北亚经济圈。东北亚各国的核心竞争优势日益凸显,以垂直型分工为主的生产体系逐渐转向垂直型分工与水平型分工并存的混合型分工体系。

一方面,东北亚地区仍然存在发达国家与发展中国家(日本—韩国—中国—俄罗斯)之间的线性垂直分工关系。这种垂直分工关系体现在两个层面:一是先进的工业国从事工业制成品的生产,落后的农业国从事农产品或初级产品的生产,从而形成产业间的垂直型国际分工关系。例如中日韩三国对俄罗斯出口工业制成品,同时进口俄罗斯的油气资源,就属于这种形式的分工。二是发达国家主要从事知识、技术和资本密集型产品的生产,而发展中国家主要从事劳动密集型产品的生产,从而形成同一产业内部不同部门间的垂直型国际分工。例如在集成电路产业分工体系中,20世纪八九十年代日本的半导体商业巨头(NEC、东芝、日立等)曾经占据全球芯片产业的半壁江山,它们依靠强大的技术优势牢牢占据产业价值链的高端位置,主要从事核心产品的研发和设计,获取知识密集型环节的高附加值;韩国(三星电子、SK海力士等)和中国台湾地区(台积电、联华电子等)凭借大规模投入、多年坚持自主创新和政府扶持成为存储类芯片的生产基地和上游芯片设计商的代工厂,攀上产业价值链的中端,此环节属于资金和技术密集型;而中国大陆(富士康)依靠劳动力比较优势承接了美国、日本、韩国、中国台湾地区等转移的低技术元件的代工生产和整机的组装封测,位于价值链的低端,属于劳动密集型产业。

另一方面,日本与韩国、中国之间的水平型分工关系也在迅速发展。这种水平型分工既包括不同产业间生产的工业制成品的国际分工和贸易,也包括同一产业内部生产的差异化工业产品的国际分工和贸易。前者是由各国所处的工业发展阶段和侧重的工业部门不同造成的,比如日本和韩国在信息技术、新材料、新能源、循环技术、软件等高新技术领域掌握主导权,而中国在纺织、服装、玩具、皮革、家具等劳动密集型产业仍然具有比较优势。而随着韩国和中国的产业结构升级和技术进步，以及地区国际分工继续向纵深发展，产业零部件和各种加工工艺之间的分工越来越细，产业内的水平型分工逐渐占据了主导地位。这种产业内部的水平型分工也称为"差异产品分工"，是指同一产业内不同厂商生产的产品虽有相同或相近的技术程度，但其外观设计、内在质量、规格、品种、商标、牌号或价格有所差异，从而产生国际分工和相互交换，它反映了寡占企业的竞争和消费者偏好的多样化。例如，在家用电器领域的彩色电视机产业，日本生产的索尼、夏普与韩国生产的 LG、三星以及中国生产的 TCL、创维等主要品牌同场竞技，满足了不同层次消费者的需求。

中日韩三国贸易的一个突出特点是零部件等中间产品在三国间往复流动，以便在每个阶段进行更深入的加工，直到最终产品的出口。位于产业链上游的日韩向中国出口零部件等中间产品，在中国进一步进行加工和组装，制成的最终产品则被出口到欧美西方国家。这种所谓的"新三角贸易"推动了三国产品内分工模式的形成。目前日本是区域内最大的零部件生产国，其次是韩国，中国则是区域内零部件装配的最大经济体。中国凭借廉价的劳动力，在地区零部件贸易中的地位得到了迅速的提升，在组装环节享有"世界工厂"的称号。[1] 产品内分工的发展主要体现在东北亚地区中间产品和零部件贸易规模的迅速增长上，中日韩三国区域内中间产品与最终产品贸易额之比从 1989 年的 1.7 上升至 2010 年的 2.0。[2]

21 世纪以来，东北亚产业分工体系进入调整阶段，开始形成一种垂直型分工与水平型分工交织、产业间分工与产业内分工并存、企业内分工与产品内分工交融的新型网络化价值链分工体系。这种国家间分工模式的转变打破了"雁行模式"对国家间阶梯式产业结构和技术水平分布的要求，对日本领头的"雁行模式"形成了冲击。这

---

① 杨玫研、刘洪钟：《中日韩三国贸易与分工的新趋势》，《亚太经济》2013 年第 4 期。

② 徐世刚、姚秀丽：《"雁行模式"与东亚地区产业分工的新变化》，《东北亚论坛》2005 年第 3 期。

种新型价值链分工体系的特点是：第一，在宏观层面仍然存在着日本—韩国—中国的线性垂直型分工关系以及日本与韩国、中国之间的水平型分工关系；第二，在中观产业层面韩国和中国继续充当资本品、中间产品供给国和消费市场接受国，产业间分工进一步发展，同时，中日韩三国在同一产业中充分发挥各自的比较优势，分别生产不同规格、功能、档次的产品，促进了产业内产品差别化分工，满足了不同层次消费者的需求；第三，在微观层面上则存在着以日本、韩国、中国三国跨国企业为核心的，在东北亚乃至全球建立跨国生产体系，将产品的设计、研发、生产、销售、售后服务配置在成本最低的地点，以实现企业经营活动的最佳区位配置的企业内部的国际分工。从产品的角度出发，产品生产过程中包含的不同工序和区段被拆散分布到不同国家进行，企业内分工同时也促进了以工序、区段、环节为对象的产品内分工的发展。

这种新型网络化价值链分工体系已经取代了过去以垂直分工为主导的国际分工，并在动态发展中不断促进东北亚地区国际分工的重组，使各经济体特别是韩国和中国的产业结构在互补和相互依存中不断实现结构升级。其中，以跨国公司为主导的产品内分工将在这种新型国际分工体系中占据主导地位。

21世纪以来，东北亚原有的地区价值链特征和模式正在发生变化和调整，中日韩三国的经济形势也发生了深刻变化：中国通过实施改革开放政策，加入现行国际经济体系，以和平的方式实现了综合力量的快速提升，超越日本，成为世界第二大经济体；中国在全球价值链和地区价值链中的地位不断向高位攀升；中日韩建立起了紧密的经济产业链和相互依赖的网络，东北亚成为东亚和世界的经济重心。

随着中国产业结构升级和向价值链高端攀升，东北亚产业分工体系和区域价值链也在发生变化和调整。中日韩经济构建了紧密的联系，生成了具有相互依赖特征的利益基础，在很大程度上，中日韩三国是经济上相互依赖的人类命运共同体。中日韩建立了领导人定期会晤机制，设立了合作秘书处，主要议程是推进三国间的经济合作。从未来发展来看，尽管三国间经济链接的结构会发生变化，但是相互依赖与共利发展的基础不会发生根本性改变。以中日韩合作为基础，推动构建东北亚经济区的建设，是东北亚经济命运共同体构建的一个重要内容。如何在更高的层次上整合地区价值链条、寻求各方共赢的价值合作方式，是未来东北亚各国尤其是中日韩三国需要深入探讨和解决的课题。[①]

东北亚经济命运共同体构建的认知基础是共同受益，通过开放与合作，实现共同发展，从而使各方获得好处。东北亚作为一个经济区，相互间的联系与合作是建立在多结构、多层次基础上的，开放合作可以使各自的优势得到释放。各国都在平等的、相互尊重的基础上发展经济合作和贸易投资：中国的巨大生产能力、创新活力和市场潜力，日本、韩国的精工技术，俄罗斯、蒙古国的丰富资源储藏量以及朝鲜待开发的潜能等，构成世界上少有的优势互补经济区特征。显然，东北亚经济命运共同体的构建是建立在多层结构基础上的，开放、竞争与合作是经济区域构建的基本原则，目的是发挥区域构建的潜力和优势，实现各国经济的更好发展。

三　命运共同体视阈下的地区经济合作

中国提出的人类命运共同体所体现的共享历史、平等、相互尊重和共同发展的含义，是一种超越反霸和同盟关系、推动新型伙伴关系建设的话语体系。东北亚命运共同体和东北亚经济命运共同体是在人类命运共同体总体概念基础上提出的，是构建"人类命运共同体"总构想的组成部分。以这样的认知推动东北亚区域经济合作，一是基于现实利益的努力，二是基于理想目标的努力。

从基于现实利益的合作发展看，中日韩之间已经建立起紧密的经济联系，但在产业结构调整、产业转移以及美国竞争和本国安全导向

---

① 王洪章：《价值链视角下东北亚区域经济合作》，《中国金融》2018 年第 12 期。

下，需要在稳定合作的基础上，推动新形势下的共利的合作机制构建。中、蒙、俄三国无论是在地缘上，还是在政治经济上都有着特殊的联系。近年来，三国的合作取得了很大进展，三国构建了经济走廊，建立便利化大通道，融入"一带一路"互联互通网络，形成了相互依托和促进的经济发展新结构。俄罗斯的远东地区是东北亚地缘区域重要的组成部分，自然资源丰富，在俄罗斯远东发展战略导向下，加强了与东北亚国家经济联系与合作，加入 APEC 和东亚峰会合作机制。不过，俄乌冲突的持续、美西方对俄的制裁等，大大限制了俄罗斯对远东地区的投入，与日韩的外交矛盾也阻碍了其经济关系的发展。

推动东北亚命运共同体构建是近代东北亚关系和秩序发展的一个历史性转变，初衷是建设一个面向未来的和平与发展的区域。但是，在构建一个什么样的区域秩序与合作机制上，各方存在差别。比如，日本、韩国曾提出构建东北亚共同体的不同构想，这些构想有两个特性：一是以欧盟一体化为参考系，二是立足美国权力的优势地位。

欧洲的情况与东北亚很不相同，东北亚难以模仿欧洲的区域联合道路。特别是如今，东北亚地区与当年欧洲推动区域合作的环境也不一样。在方式上，欧洲构建具有超国家性质的区域治理制度，这在东北亚难以行得通。至于建立美国主导下的东北亚体系，更是行不通。美国作为超级大国，在东北亚有着很深的介入，在推动构建东北亚命运共同体的建设中，这是一个必须考虑的因素。基于命运共同体理念的东北亚新秩序建设不是要把美国赶走，而是要让美国融入，与东北亚所有国家建立平等、开放与合作的关系，成为东北亚新秩序建设的贡献者。

四 构建多层次的区域经济合作机制

东北亚经济合作已经在各个层次上展开，并且取得很大的成效。推动命运共同体视阈下的经济合作需要加强各方在命运共同体意识上的认知性和共识性。开展经济合作是各国实现经济发展的重要举措，只有开展合作，才可以实现优势互补、共同发展。同时，作为一个地缘共处区域，许多方面的问题只有通过合作的方式才能够解决，比如资源开发和利用、生态保护与环境治理、区域开放市场的规则制定，贸易投资摩擦、争端解决等。合作解决这些属于区域各方共同的问题，方式之一是构建合作机制，可以构建综合性合作机制，也可以建立专门的合作机制。同时，也可以通过制定规划、规则指导未来的合作。比如通过谈判，就市场相互开放与区域市场构建达成自贸区构建协定。在区域整体市场构建难以到位的情况下，积极推动双边、三边合作，签署合作协议。另一种方式是通过协商就解决具体的问题达成共识，设立合作项目、开展共同治理，比如生态、环境合作治理，海洋资源开发、环境保护治理等，通过合作项目，针对现存的问题制定相关共守的规约，实现可持续发展的目标。企业间合作是经济合作的重点，企业间的合作基于利益考虑，主要方式是在研发、制造上进行分工合作，建立产业链，企业合作也具有竞争性，但具有内在的合作与共利性质，是培育命运共同体意识的基础。特别是在转变时期，以命运共同体的认知，维护企业合作，尤其是供应链的稳定与重构，在新的形势下需要做出更大的努力。

东北亚的经济链接不是孤立和封闭的，是与亚太、东亚区域经济合作有着直接的联系的。在很大程度上，由于东北亚是区域经济的重心，亚太、东亚地区的经济合作是由东北亚国家推动的。在亚太地区，区域经济合作起始于20世纪80年代，从非官方（如太平洋盆地经济理事会，PBEC）到官民结合（如太平洋经济合作委员会，PECC），再到官方组织（亚太经济合作组织，APEC），逐步加强经济合作，推动构建开放与合作的区域经济框架，在加强成员间经济技术合作等方面发挥了不可替代的作用。不过，APEC在发展中遇到了困难。最严峻的挑战是美国在2009年发起"跨太平洋伙伴关系"（TPP），此举破坏了以APEC为主渠道的亚太区域经济合作机制构建，尽管后来美国退出TPP，但是由日本接过来推动建立了"进步的跨太平洋伙伴关系"（CPTPP）。2010 年，APEC 领导人会议提出推动构建亚太自贸区（FTAAP），由于存在分歧，特别是美国的政策转向推动 TPP，使得 FTAAP 被搁置。如今，APEC 对话合作机制尚存，但是在美国对中国实施经贸、科技围堵打压的情况下，合作的凝聚力减弱，亚太地区的经济分割性会增强。在此情况下，把 APEC 机制作为加强东北亚区域经济合作的动力也在减退。

在东亚地区，先是东盟成立，构建了自贸区，实现了区域经济一体化。1997 年的亚洲金融危机发端于东盟国家。东盟借机邀请中日韩三国合作应对金融危机，由此创建了"东盟 + 3"（中日韩）合作机制，推动了"东盟 + 1"自贸区构建，又进一步领衔推动了"区域全面经济伙伴关系"（RCEP）。在这些合作机制中，东北亚的中日韩三国不仅各自积极参与，发挥了重要的作用，而且进行了有效的合作。同时，在"东盟 + 3"合作机制下，中日韩三国从开启对话到建立独立的合作机制，深化了东北亚的区域经济合作，这充分体现在成功合力推动 RCEP 谈判上。不过，原来设想在 RCEP 成功之后，抓紧推动中日韩自贸区的构建：第一，可以使得中日韩三国之间的制度性合作提升；第二，可以通过中日韩三国的提升推动 RCEP 的升级。目前看来，这样的构想一时难以实现。

综上所述，东北亚区域经济合作面临许多新的挑战，在此情况下，中国需要通过自身经济的发展为东北亚区域经济提供动力，同时，还需要通过加大开放力度，引领开放合作的进程，这不仅对于东北亚地区，而且对于东亚、亚太，以及世界经济的发展都有着重要的意义。

五 疏通命运共同体构建的障碍

受历史、地缘政治、领土争端、域外大国干预等多重因素影响，东北亚地区经济一体化进程进展缓慢，尤其是中日韩三国之间各种利益矛盾复杂交织，经济关系极易受到各种非经济干扰的冲击。推动构建东北亚经济命运共同体，需要疏通各个方面的障碍。

（一）历史因素与区域认同障碍

历史上，汉、满、达斡尔、鄂伦春、大和、朝鲜以及俄罗斯等十几个民族共同生活在东北亚这片广袤的土地上，千百年来在东北亚大地上共同生存、发展。在漫长的历史长河之中，不同民族或国家彼此之间产生了错综复杂的矛盾和斗争，在彼此民众间造成了心理隔膜。日本发动的一系列对外扩张战争、冷战、朝鲜战争以及一系列边境冲突，更是给区域内国家造成了难以抚平的历史创伤，成为影响东北亚区域合作的重要因素之一。

截至 1945 年第二次世界大战结束时，日本对全部东北亚国家都发动过侵略战争，对这些国家造成了极大的创伤，严重伤害了各国人民的感情。以被日本吞并的朝鲜半岛为例：合国灭种的耻辱始终占据着韩国民众的情绪，朝鲜更是至今未与日本实现关系正常化。上述历史遗留问题和领土争端都是地区的安全隐患，成为东北亚实现区域经济一体化的障碍。

"二战"结束后，东北亚地区形势并未因战争结束走向稳定与合作，反而因冷战、朝鲜战争以及其他地区冲突的爆发再起波澜。冷战期间，东北亚地区成为了东、西方两大阵营对峙、角力的前沿阵地之一。20 世纪 50 年代初，在位于两大阵营交汇处的朝鲜半岛爆发了"二战"后第一场大规模地区战争——朝鲜战争，尚未走出硝烟的中国、日本、朝鲜半岛再次被卷入了战争的漩涡。历时三年的战争使东北亚六国中的日、韩与朝、中站到了对立面，苏联间接支援中、朝，蒙古国严密戒备，进一步增大了各国间的裂痕，加剧了对立。

朝鲜战争对东北亚格局产生了巨大影响。首先，被"三八线"一分为二的朝鲜与韩国，至今未签订和平协议。其次，战争对中韩两国的历史性影响直到今天也没有消除：据盖洛普韩国调查机构 2012 年 7 月 14 日至 29 日对 1500 名韩国成年人所作的调查，对中国持有敌视情绪（最不喜欢的国家）的数值高达 19.1%，仅次于日本。最后，日本在朝鲜战争中隔岸观火，通过为美军提供物资和劳务走出了经济低谷，并以此为契机开始摆脱战败阴影。最重要的影响是：美国借此长期驻扎在韩国，连同"二战"之后驻扎在日本的军队，构成了东北亚地区重要的军事存在。朝鲜则将驻日、驻韩美军视为眼中钉，认为自身安全受到了严重威胁，借此进行核武器研究。

除朝鲜战争外，20世纪六十至八十年代，中国与苏联之间也是猜疑、敌视多过信任、合作。1969年，以边界纠纷为导火索，珍宝岛事件和铁列克提事件发生后，中苏两国边境地区局势紧张。从总体上看，一系列战争、冲突和冷战的爆发，加剧了东北亚各国之间的不信任感和地区紧张局势，使原本"剪不断、理还乱"的地区局势更加错综复杂。

近年来日韩关系因慰安妇协议问题龃龉不断；2018年年底，韩国高等法院在强征劳工诉讼案中判决日本制铁和三菱重工等企业败诉；2019年4月，WTO判定韩国禁止进口日本福岛等八县水产品案合规；2019年7月日本宣布将韩国暂时移出最低贸易限制国家的"白名单"，同时对韩国的三种半导体材料（光刻胶、氟化氢和含氟聚酰亚胺）实施出口管制。由于日本在这三种材料生产上居于垄断地位，韩国一时间找不到替代产品，半导体产业经受重创，一些企业的生产线停摆。韩国被迫采取国产化战略，同时加大对中国相关产业的投资和研发力度，2019年海力士无锡工厂生产的氟化氢已经完全取代了日本产品。由此可见，日本在半导体产业主导了价值链上游的原材料和高端零部件生产，位于下游的韩国主要负责中等技术零部件生产，中国则负责低端零部件生产、加工组装和封装测试环节。日韩贸易争端撕裂了东北亚半导体产业原有的分工体系和价值链，对于三国产业后续发展的影响不可小觑。

（二）把控错综复杂的地缘政治矛盾

冷战结束后东北亚地区的关系发生了许多重要的调整和变化，多数国家的关系走向正常化，形成了以中日韩为重心的经济链接和快速发展，并以此为基础发展了许多对话与合作机制。但是，东北亚作为一个区域而言，并没有真正走出历史，朝鲜半岛的对抗并没有终结，没有建立起一个各国共同参与的区域安全机制。新时代的东北亚无法通过翻转历史解决现存的问题，只能在面向未来的调整和变革中寻求答案。

2012 年 3 月，中日韩自由贸易区可行性联合研究报告发布，三国即将开启中日韩 FTA 谈判，同年 5 月，三国正式签署投资协定；然而同年，日本右翼挑起钓鱼岛问题，引发中日关系恶化，一批日资企业开始从中国撤资，其后数年，日本对华直接投资大幅下降，直接导致相关产业和价值链环节转移，使中日价值链合作出现裂痕。

2016 年 7 月，美国以朝鲜试射导弹为借口，推动在韩国部署"萨德"反导系统，致使中韩关系严重受损。当年中韩贸易总额同比下降 7.0%，2016 年和 2017 年中国对韩国直接投资分别下降 13.3% 和 42.5%；为"萨德"部署提供用地的乐天集团遭到中国民众抵制，乐天超市被迫退出中国；2017 年，中国赴韩游客由 2016 年的 826 万人锐减至 439 万人，近乎腰斩，韩国旅游业遭受重创；中国广电总局发布娱乐"限韩令"，禁令包括禁止韩星在中国演出，停止新的韩国文化产业公司投资等。2016 年正式生效的中韩 FTA 的实施效果也因此大打折扣，中韩经贸合作元气大伤。为了分散对中国市场的过度依赖，韩国政府推出"新南方政策"，尽管其实施效果有待观察。

2018 年下半年至 2019 年以来的日韩贸易摩擦是近年来日韩两国关系持续恶化的结果，两国关系的恶化除了慰安妇、强制征用劳工等历史问题的影响，更是朝核问题出现重大转折、日韩外交博弈、美国调整亚太同盟政策等深层因素交织的结果。自 2018 年年初朝核问题从紧张对峙转向密集对话接触以来，东北亚的地缘政治出现了重大转变。韩国文在寅政府的外交重心从防范朝核问题转变为推动南北接触与和平解决朝核问题，推动朝鲜半岛的繁荣和统一。韩国谋求与日本合作应对朝核问题的愿望大大降低，反而强调韩国要主导朝鲜半岛事务，将日本排除在外，以至于韩国与周边国家的首脑外交非常活跃，唯独孤立了日本。另外，文在寅政府积极发展与中国、东盟、俄罗斯等的关系，推动"外交多边化"，对日关系却不温不火，加剧了韩日之间关系的冷淡。

而日本与俄罗斯两国之间长期以来也饱受领土争端的困扰，难以突破。回顾日俄政治关系发展进程，可以清楚地发现，日俄政治关系自近代以来最大的特点就是：不稳定性、疑虑性、防范性。从地缘政治视角来看，日俄关系是合作与碰撞并存的。日俄两国在"二战"结束后并未签署"和平条约"，关于南千岛群岛（日本称北方四岛）的领土归属问题也久而未决。这些潜在的因素使日俄关系中的不信任和不确定性增加，注定了日俄政治关系在未来的发展中摩擦不断，制约了两国关系的发展。

（三）良性驱动地缘经济竞争

自 20 世纪五六十年代日本经济实现腾飞至 21 世纪初，日本一直占据亚洲经济头号强国的位置，并且通过对外直接投资和边际产业转移建立起了由日本主导的"雁行模式"：由日本充当领头雁，一方面通过科技创新带动自身产业升级，提高产品附加值和利润率；另一方面将失去比较优势的劳动密集型产业等边际产业转移给亚洲四小龙和中国大陆，将这些国家纳入日本主导的产业链，承接日本转移的过剩产业，充当雁身和雁尾的角色。日本还与美国共同主导建立了亚洲开发银行，通过开展政策对话、提供贷款、担保、技术援助和赠款等方式支持其成员在基础设施、能源、环保、教育和卫生等领域的发展。在这一阶段，日本不仅是亚洲经济的领头羊，而且掌握着区域经济发展的主导权。

改革开放后，依靠自身廉价劳动力、土地资源等优势，中国开始接受外国直接投资，承接日本产业转移，在东亚和全球价值链中逐渐找到自己的位置，中国经济开始迅速发展。2010 年，中国经济总量超越日本，成为亚洲第一、世界第二大经济体。面对中国的快速发展，日本的心态并不平衡。凭借多年积累的科技优势和对外直接投资存量，日本在世界经济中仍然占有一席之地，在亚洲特别是东亚地区仍然享有经济方面的话语权。近年来，在美国挑起逆全球化浪潮的背景下，日本更是成为经济全球化、区域一体化、贸易自由化和投资便利化的代表，不仅在美国退出 TPP 后力挽狂澜，促成了 CPTPP，而且积极参与并促成 RCEP 签订。这将使得日本在接下来的中日韩 FTA 谈判中占据优势地位。

韩国作为中日韩三国中经济实力较弱的一国，在中日竞争的夹缝中寻求出路。韩国经济具有比较优势的电子、汽车、钢铁、机械、造船等产业与中国和日本或多或少都存在竞争关系，但由于细分产业所处价值链位置不同，存在互补的可能，合作面仍然较大。然而2018—2019 年以来，日、韩两国之间因劳工索赔案和慰安妇等历史问题发生争端，进而将矛盾引至经贸领域。2019 年 7 月 1 日，日本政府宣布对出口韩国的三种半导体产业原材料加强管制，使得韩国的半导体产业面临严重危机，备受打击，这暴露出韩国产业受制于日本的弱点和矛盾。

东北亚各国目前面临技术创新与产业升级竞争难题。三国中任意两国之间爆发矛盾，不仅会对双边经济产生影响，由于三国在亚洲和全球价值链中的关键地位，更会对地区和全球相关产业造成打击。三国经济关系若持续恶化还会给本已复杂的地区形势增加新的变数，阻碍东亚国家正在积极推动的《区域全面经济伙伴关系协定》、中日韩自贸区等多边机制的建设，对地区和平与发展带来不利影响。

（四）化解美国对华竞争的影响

区域经济合作是一个复杂的博弈过程，地区大国的战略决策会对东北亚经济合作乃至东北亚命运共同体建设带来深远影响。美国极力遏制中国发展，中美战略博弈将对东北亚命运共同体的构建产生不利影响。美国对中国的遏制包括政治、经济、军事等各个层面。在东北亚，美国企图发挥其军事盟友日本和韩国的力量共同围堵中国。美国的干扰使得亚太地区的均衡局面被打破，也使得中日韩自贸区谈判充满变数，对东北亚命运共同体的构建形成挑战。

冷战结束后，美国视中国为潜在的竞争对手，在东北亚区域的政治、经济和安全等方面竭力遏制中国的发展。围绕中国的疆界，美国采取步步为营、四面包围和分化瓦解周边盟友的策略。在中国东面，美国强化与日本、韩国的军事同盟关系，以导弹防御体系（TMD）为核心，构筑牢固的美日韩"亚洲战略联盟"。在中国北边，美国加强对蒙古国的政治、经济、军事渗透。在中国西北边疆，美国通过控制阿富汗和巴基斯坦以及经营中亚的策略构筑西北防线。另外，美国近年来频繁染指南太平洋区域的纷争，拉拢越南、菲律宾等国挑起与中国的事端。再者，美国与印度缔结战略伙伴关系，试图借印度的力量制衡中国。

东北亚地区是中美重点博弈的核心区域，如何克服来自美国的阻力、有效推进中日韩合作，进而推进东北亚区域经济合作和东北亚经济命运共同体构建，是东北亚区内各国面临的最大外部挑战。

六 构建东北亚经济命运共同体的路径

推动构建人类命运共同体面临诸多新问题，这些新问题既是机遇，也是挑战，从生态危机、气候变化到经济发展、总体安全，都需要各国协力应对，通过合作来解决；合作就是大家共同参与、共谋方案、共同出力，应以新的理念和方式应对与处理大变局带来的新挑战、新问题，实现和平相处、合作发展的愿景，共创未来是构建人类命运共同体的核心含义。东北亚经济命运共同体构建的认知基础是共同受益，通过开放与合作，实现共同发展，从而使各方获得好处；以中日韩合作为基础，推动构建东北亚经济区的建设，是东北亚经济命运共同体的一个重要内容；东北亚作为一个经济区，相互间的联系与合作是建立在多结构、多层次基础上的，开放合作可以使各自的优势得到释放。显然，命运共同体构建有两个关键点：一是共同协作，二是共创未来。东北亚经济命运共同体的构建，应该以凝聚形成"区域共生"理念为基础，通过制度合作、功能合作、地方合作、应急合作的多重叠加，打造面向未来的东北亚经济区。

（一）增进东北亚区域共生理念

在东北亚地区，中日韩三国间的贸易投资关系最为紧密。之所以如此，是因为中国在改革开放初期，以劳动力成本优势和对外开放政策积极吸引外资、发展加工贸易，恰逢全球化正经历第二次"拆分"（unbundling），包括日本、韩国等在内的诸多国家，借助其跨国公司在全球的生产布局，渐次将一些低端生产环节转移到中国以及部分东南亚国家。换言之，中国通过承接加工组装任务逐步嵌入全球生产网络，并日益成长为"亚洲工厂"不可或缺的"轴心"，而在此过程中，中日韩三国也自然形成了围绕加工贸易的供应链关系。正是这种紧密的贸易投资关系，使得中日韩在应对中美经贸摩擦时，表现出相对一致的立场和诉求。值得关注的是，21世纪特别是2011年以来，随着中国比较优势的转换和经济转型升级的不断推进，中日韩之间既往形成的以加工贸易为纽带的贸易投资关系，正在悄然发生变化。因此，在新的历史时期，东北亚亟须打造新型经济链接，构建面向未来的新型地区利益共同体。

在新形势下，中国通过"双循环"引领东北亚地区结成新型经济链接。《中共中央关于制定国民经济和社会发展第十四个五年规划和二〇三五年远景目标的建议》指出，中国要"形成强大国内市场，构建新发展格局"，即"坚持扩大内需这个战略基点，加快培育完整内需体系""立足国内大循环，发挥比较优势，协同推进强大国内市场和贸易强国建设，以国内大循环吸引全球资源要素，充分利用国内国际两个市场两种资源，积极促进内需和外需、进口和出口、引进外资和对外投资协调发展"。[①] 东北亚各国经济互补性强，日本、韩国的先进制造水平较高，俄罗斯的石油、天然气、木材资源丰富，蒙古

---

① 《〈中共中央关于制定国民经济和社会发展第十四个五年规划和二〇三五年远景目标的建议〉辅导读本》，人民出版社2020年版，第30—31页。

国农畜产品供应充足，在"双循环"新发展格局下，中国可以充分发挥广阔的国内市场优势，吸引东北亚各国的资源要素，共同将东北亚地区打造成为以中国作为消费中心的"东北亚市场"，进而推动各国凝聚共识，形成"共生的"东北亚命运共同体理念。

（二）夯实东北亚经济区建设的根基

东北亚经济命运共同体具有很强的包容性。东北亚经济命运共同体的构建是建立在多层结构的基础上的，开放、竞争与合作是经济区域构建的基本原则，目的是发挥区域构建的潜力和优势，实现各国经济的更好发展。东北亚各国之间的制度合作、功能合作、地方合作与应急合作，交叠呼应，构成东北亚经济命运共同体不可或缺的"多层结构"基础。

制度合作方面，高标准的中日韩 FTA 是继中韩 FTA 和 RCEP 之后的优先推动事项。中日韩均为其成员的东亚区域贸易协定——《区域全面经济伙伴关系协定》已经生效，而东北亚国家（即中日韩、朝、俄、蒙）之间的制度合作尚未建立。中国应积极推动中日韩自贸区协定的谈判，构建高于 RCEP 开放水平的中日韩自贸区。在加强中、俄、蒙三边合作的同时，推动中俄、中蒙自贸区的谈判，以此为基础，则可以进一步考虑更为长远的东北亚经济一体化机制设计。

功能合作方面，除了传统的农业、金融、电信、物流、海关等合作之外，中国还可以结合自身的创新发展方向，着力推动东北亚各国在人工智能、数字经济、电子商务、量子信息、集成电路、生命健康、生物育种、空天科技、深地深海等前沿领域的广泛合作。针对资源丰富的俄罗斯、蒙古国，还可以充分发挥其优势，与其开展绿色农业、资源开发、低碳环保等各类合作。

地方合作方面，中国可以在大连、青岛、威海等地方城市的既往合作的基础上，鼓励目前已经设立的 21 个自由贸易试验区，特别是中国（上海）、中国（天津）、中国（山东）、中国（黑龙江）、中国（江苏）等自贸试验片区，依据各自的建设总体方案，与相邻的日本、韩国、朝鲜、蒙古国、俄罗斯等东北亚国家，建立城市对城市、园区对园区的"点对点"地方合作，形成东北亚经济区规模效应。

面对新冠疫情的冲击，东北亚各国尤其是中日韩三国之间，已然表现出守望相助、同舟共济的合作精神。在后疫情时代，应进一步加强东北亚各国共同抗疫的"区域共识"，通过地区联防联控，助推"东北亚公共安全命运共同体"建设。具体来说，可以在后疫情时代推动"东北亚公共卫生防疫体系"，大力推动以数字经济为重心的区域合作网络，分别在信息产业、医疗健康、网络配送、节能环保等领域构建政府间和企业间的合作机制。

自 2013 年以来，"一带一路"建设在"五通"（政策沟通、设施联通、贸易畅通、资金融通、民心相通）领域，已经取得了一定成效。中方的"一带一路"倡议，与俄罗斯的"跨欧亚大铁路"倡议、蒙古国的"草原之路"倡议、韩国的"欧亚倡议"等彼此契合，有助于推进东北亚地区的互联互通、共生发展。服务于"一带一路"倡议，中方还分别与日本、韩国签署了关于开展第三方市场合作的谅解备忘录。因此，围绕"一带一路"建设，东北亚地区各方可以进一步推动各自不同方案的对接，打造互联互通、互联互助的合作网络、合作平台，打通区域发展的障碍。

推动与有关各国共建"一带一路"，不是单方面让其他国家理解和接受中国"一带一路"倡议，而是应该将"一带一路"倡议与其他国家的相关方案进行有效对接，使之成为双方以及有关各国的共同行动。中俄地缘连接紧密，双边关系有着坚实的基础，可以深化"一带一路"与"欧亚倡议"的有效对接；中韩隔海相望，经济联系紧密，尽管双方传统的互补型经济关系（韩国技术＋中国成本）正在发生变化，但是新的互补性正在增强（中国规模＋韩国供应），因此，应该在构建新型合作关系上做出新的努力，稳固相互依赖的基础，在经济领域推动基于共生理念的命运共同体构建。面向未来，三方应该共同推动东北亚地区基础设施互联互通，特别是建设贯通朝鲜半岛并经过中国通向俄罗斯的交通设施、能源设施、通信设施。增进三国的发展战略对接，合力推动东北亚区域的经济区建设，扩大在经济领域的共识和共利，培育和增强经济领域的命运共同体意识和行动。[1] 同时，各方在如何把朝鲜的经济发展融入东北亚区域发展上，可以从"小处做起"，比如推动中朝、朝韩、朝俄沿边经济交流和开放的沿边经济区建设，邀请朝鲜参加区域合作论坛，对其农业发展提供技术支持等，为朝鲜参与区域经济合作创造灵活与可行的环境和条件。

---

① 吴昊、李征：《东北亚地区在"一带一路"战略中的地位——应否从边缘区提升为重点合作区？》，《东北亚论坛》2016 年第 2 期。

第七章　中国推动东北亚经济
合作的实践

东北亚地区一直是全球经济发展最具活力的地区之一。中国通过改革开放，迅速提升了综合实力，其在东北亚区域乃至全球的影响力不断增强。中国综合实力的变化以及提出的倡议，有助于推动东北亚向新的地区关系和秩序转变。东北亚各国需要在新的历史起点上，用新的思维来推动东北亚区域经济发展，让命运共同体理念逐渐成为共识。

一　中国推动东北亚经济合作的实践

改革开放后，中国一直致力于加强同东北亚国家之间的经贸关系，不断主动开放国内市场，降低外资进入壁垒，持续提升国内营商环境，并探索更深层次的经贸合作模式。中国推动东北亚经济合作的实践可以分为四个方面，分别是制度建设、功能合作、地方合作和应急合作。这些合作实践都有利于中国与东北亚国家打造更加紧密的东北亚经济命运共同体。

（一）推动自由贸易区建设

以中日韩合作为基础，推动构建东北亚经济区的建设，是东北亚经济命运共同体构建的一个重要内容，自由贸易协定谈判是中国参与和推动区域经济合作的重要方式。中国实施改革开放政策后，中日韩三国的经济关系逐步得到加强，以市场开放为基础，通过贸易和投资，建立起了互补型的供应链。三国的合作始于 20 世纪 90 年代末，最初是在"10＋3"的框架内进行的。2003 年 10 月，中日韩在第五次领导人会晤中共同签署并发表了《中日韩推进三国合作联合宣言》，这是三国领导人首次就三国合作发表共同文件，初步明确了三国合作的原则和领域，标志着三国合作进入新阶段。2008 年，中日韩三国建立单独的合作机制，2011 年在首尔建立合作秘书处。2012 年，中日韩三国在历经 5 年的 13 轮正式谈判和数次非正式磋商后，签署中日韩投资协定。中日韩投资协定对中日韩三国经济合作具有重要意义。该协定不仅为三国投资者提供了更加便捷和透明的投资环境，也为中日韩自由贸易协定的谈判奠定了重要基础。中国还积极推动中韩两国的自由贸易协定谈判，经过两国 10 年 14 轮双边自由贸易谈判之后，2015 年中韩两国共同签署了中韩自由贸易协定，成为中国涉及国别贸易额最大、领域范围最为全面的自由贸易协定。通过该自由贸易协定，中韩两国均实现零关税的产品达到税目的 90% 以上，同时还决定以准入前国民待遇和负面清单模式继续开展服务贸易和投资领域的后续谈判。

中国还与日韩以及东盟国家形成"10＋3"合作机制，构建多层次、宽领域和全方位的合作格局。中国积极推动以东盟与中日韩为框架构建自由贸易区的构想，领导可行性专家组，为区域全面经济伙伴关系（RCEP）的形成奠定了重要基础。在 RCEP 的谈判过程中，中国也一直扮演着最坚定支持者和推动者的角色，在谈判磋商中以实际行动强调和东盟的中心地位，呼吁成员国按照各自经济发展水平，以实事求是的态度，灵活安排贸易规则。中国也不遗余力地协调各成员之间的利益关系，形成各成员方都认可的公平和共赢的规则体系。RCEP 的签署也为中日韩在多边框架下的经贸合作提供了良好的政策基础。通过 RCEP 的框架，中日两国突破性地达成了自由贸易关系，也为中日韩自由贸易协定谈判奠定了重要基础。

在次区域合作方面，图们江区域国际合作是中国主要参与并主导的三个国际次区域合作之一，是促进中国东北地区沿边开放的重要平台。多年来，中国在图们江区域国家开展的"点对点"的外交为图们江区域国际合作奠定了坚实的基础。1995 年，中国、俄罗斯、朝鲜、韩国和蒙古国五国代表在联合国总部举行会议，进一步讨论建立协调机构的事宜，并签署了关于开发图们江地区的 3 项协定。2012年，国务院批准设立《中国图们江区域（珲春）国际合作示范区》，这是中国深入推进图们江区域合作开发、扩大沿边开发开放的重大举措。此外，中国还向俄罗斯与蒙古国提出共建 21 世纪丝绸之路经济带的倡议，推动 21 世纪丝绸之路经济带同俄罗斯跨欧亚大铁路、蒙古国草原之路倡议的对接，共同打造中蒙俄经济走廊。

（二）推动东北亚区域治理

东北亚地区极端气候事件频繁发生，使得气候环境变化进一步成为影响东北亚各国经济社会发展的重大挑战之一。因环境问题具有的长期性和跨国性特征，解决地区内的气候环境问题必须在各国之间进行合作。出于对国家重大利益的考虑，东北亚各国都对气候环境合作表现出较高的合作意愿，并积极通过实际行动推动区域气候环境治理。加强东北亚区域环境合作，既是东北亚区域经济一体化持续发展的结果，也是区域气候环境威胁带来的客观现实需求。一些发达国家认为中国的能源消耗量大、温室气体排放较多，不断质疑中国在减排与环保方面的诚意。事实上，中国已在生态环境的治理上投入大规模资金，并与东北亚地区国家开展密切合作。2000 年中国正式加入东亚酸沉降监测网络，其宗旨是通过东亚地区国家之间的合作，解决酸沉降问题。该网络已经成立 20 余年，促进区域各国大气污染治理经验共享和统筹协调，中国政府屡次表示以开放积极的合作态度和区域各国共同推动网络合作成果造福地区人民。2002 年中日韩建立沙尘暴共同监测网，实现了天气数据的共享，为联合治理沙尘暴提供了有力的数据支持。[①]中日韩还多次举行环境部长会议，在雾霾、沙尘暴、酸雨等大气环境

---

① 周璇、温丽琴、宫贻斌：《东北亚各国大气跨界污染治理的博弈与合作》，《国际经济合作》2018 年第 12 期。

污染领域开展多次合作与对话。在中国的积极推动下，东北亚环境合作会议、东北亚远程大气污染联合研究、东北亚次区域环境合作项目等取得重大进展。中国积极引导应对气候变化的国际合作，不仅成为东北亚区域生态文明建设的重要参与者，也成为区域环境治理的贡献者和引导者。气候环境领域合作的持续发展对东北亚地区的国际关系以及区域经济的整合具有先导性意义。经过数十年的共同努力，东北亚地区的环境合作已经形成多形式、多维度、多层次、多领域的新格局。此外，中日韩还建立了科技、信息通信、财政、人力资源、运输及物流、经贸、文化、卫生、海关、知识产权、旅游、地震、水资源、农业、审计等18个部长级会议机制和60多个工作层交流合作平台。这些合作正逐步开启东北亚国家的共同体意识，为构建东北亚经济共同体提供了现实基础。

（三）推动地方经济合作

在东北亚经济命运共同体的构建过程中，地方政府发挥了重要作用。中国的东北地区处于东北亚核心区域，与俄罗斯、朝鲜、韩国等国家的经贸往来密切，是推动东北亚地方国际合作的重要推动力量。自20世纪80年代以来，中国基于改革开放与国际形势的新判断，施行东北老工业基地振兴战略。在国家政策的大力支持下，东北地区的对外开放进程加快，对东北地区参与东北亚区域合作产生深刻影响。东北振兴战略已经产生巨大投资效应和政策效应，东北地区工业结构得到进一步优化，企业改革与重组步伐加快，为东北亚区域和贸易合作提供了更加有利的合作环境。中国提出"一带一路"倡议后，辽宁、黑龙江和吉林均提出与俄罗斯、蒙古国、韩国等东北亚国家对外经贸政策对接的方案。例如，辽宁省提出对接朝鲜，率先推动与俄罗斯、日本、韩国、朝鲜、蒙古国共建"东北亚经济走廊"，携手推进东北亚命运共同体的倡议。同时，辽宁提出要向北联合吉林、黑龙江、内蒙古，向南协同山东半岛及环渤海地区，共同构筑东北亚经济走廊的中国核心通道。黑龙江则提出建设"龙江丝路带"，确立了以哈尔滨为中心，以大（连）哈（尔滨）佳（木斯）同（江）、绥满、哈黑、沿边铁路四条干线和俄罗斯西伯利亚、贝阿铁路形成的"黑龙江通道"为依托，以铁路为主轴线，以公路、水运、航空、管道、电网为辅助线，以沿线城市进出口产业园区为重要支撑，吸引生产要素向通道沿线集聚，打造以俄罗斯为重点的东北亚经贸合作服务平台，形成集生产、贸易、流通为一体的经济区域。吉林也不断深化开放性国际合作，主动融入共建"一带一路"，连通"冰上丝绸之路"，建设"丝路吉林"大通道。吉林深入实施长吉图开发开放先导区战略，加快推进中韩（长春）国际合作示范区、珲春海洋经济发展示范区、中国（吉林）自贸试验区等建设，完善政策、优化服务、提升功能，构建层级多样、覆盖广泛的开发开放平台体系。此外，山东、浙江、江苏、广东等沿海地区也加强了与日本、韩国等国家企业之间的经贸合作。在 2015 年签署的中韩自由贸易协定中，威海和仁川被确定为地方经济合作示范区，确立了两地间多领域交流平台，共同研究推动了中韩自贸协定框架下的地方合作创新事项并进行先行先试，实现了威海与仁川在贸易、投资、服务、产业合作等更多领域的优化升级，推动了两地协同发展。根据中韩自由贸易协定关于设立中韩产业合作园的内容，中国商务部和韩国产业部签订了关于共同建设中韩产业合作园的谅解备忘录，并积极推动产业园的建设。2017 年中国国务院下发同意设立中韩产业园的批复，着手在中国境内的山东烟台、江苏盐城、广东惠州等城市以及韩国新万金地区建设中韩产业合作园。中韩产业合作园的建设标志着中韩在产业合作方式和内容上进入了新的阶段。图们江次区域经济合作方面，吉林政府图们江地区开发办公室开展了图们江地区国际合作开发有关重大问题的跟踪研究。由于中国地方政府的积极参与和推动，东北亚区域合作领域不断拓宽，出现更多的制度创新。

（四）推动新冠疫情联防联控

新冠疫情暴发后，中日韩三国政府不仅在相关医疗物资方面相互援助，而且在新冠疫情防控方面频繁进行接触与交流。2020 年 3 月

20 日，在中国的倡议下，中日韩三国举行特别外长视频会议，三方就共同应对新冠疫情建立联防联控机制等问题达成了多项共识。5 月 15 日中日韩举办三国卫生部长特别视频会议。中国在会议上介绍了当前的新冠疫情防控举措和经验，并对中日韩三方未来的合作提出倡议，即支持世界卫生组织在抗击疫情中发挥领导作用，积极开展联防联控国际合作，携手帮助卫生体系脆弱的国家提高应对能力。① 中国呼吁各国应继续携手应对新冠疫情，共同维护地区和全球卫生安全，支持构建人类卫生健康共同体。

中韩方面，2020 年 3 月 13 日，两国率先成立了由外交部门牵头、多部门参与的联防联控合作机制，通过视频会议实现政策协调。同年 4 月 29 日，中韩就双方人员往来开设"快捷通道"达成一致，保持经济活动和保障企业人员往来。"快捷通道制度"是中韩两国的一次创举。新冠疫情期间很多国家封锁国界，人员流动受到很多限制，中韩两国不仅没有封锁，反而加强了人员的交流。自中韩联防联控机制成立以来，中韩双方继续在防疫物资供给及援助等方面开展合作。中韩率先控制新冠疫情，率先复工复产，为促进东北亚地区经济复苏提供了重要动力，也为维护全球经济稳定发挥了积极作用。

中日两国围绕抗击新冠疫情始终保持密切沟通，频繁举行高层会议，坚守和落实两国政治共识。在中国抗击新冠疫情之初，日本各界纷纷向中国捐赠口罩和防护服等大量防疫物资。日本政府也多次表态支持中国采取更多措施应对新冠疫情，所赠物资上的"山川异域，风月同天"标语让中国人民感受到同样作为东北亚共同体的温暖。当新冠疫情在日本扩散后，中国也向日本提供援助，体现出两国一衣带水的传统文化纽带与感情。共有深厚历史文化渊源关系的东北亚区域国家在大灾大难的共同威胁面前守望相助，更加坚定了人们对构建东北亚经济命运共同体的信心。

---

① 《中日韩三国卫生部长特别视频会议讨论抗疫合作》，https：//shareapp.cyol.com/cmsfile/News/202005/18/381040.html。

二　理念引领下的经济命运共同体构建

2012 年的党的十八大报告强调，"要倡导人类命运共同体意识，促进各国共同发展，建立更加平等均衡的新型全球发展伙伴关系"。2015 年博鳌亚洲论坛年会上，中国又提出"通过迈向亚洲人类命运共同体，推动建设人类命运共同体"的倡议。2018 年中国将发展同各国的外交关系和经济、文化交流，推动人类命运共同体的倡议写进宪法序言中。人类命运共同体强调了在多样化社会制度的和平共存，每个国家在追求本国利益时兼顾他国合理关切，在谋求本国发展中实现各国共同发展。人类命运共同体以和平、发展、合作、共赢作为其核心理念，目的是增进世界人民共同利益和长远利益。① 中国把人类命运共同体与具体的经济合作领域联系起来，推动基于共商、共建、共享方式的"一带一路"建设。为此，中国投入 400 亿美元成立丝路基金，投资近 300 亿美元组建亚洲基础设施投资银行（亚投行），为发展中国家的发展提供资金支持。

东北亚经济命运共同体作为人类命运共同体构想的一个组成部分，强调东北亚各国通过经贸关系相互联系与依赖，共同合作与共同受益，追求东北亚区域经济繁荣。东北亚需要这种新的理念引领，需要在新的关系和秩序中，化解矛盾和分歧、增进共识、实现共存与共生。东北亚地区要从经济合作出发，逐步走向区域合作与持久和平发展的道路。在此过程中，各国要坚持和解与包容的原则，让不同经济发展水平、政治制度与意识形态的国家参与东北亚命运共同体的建设。东北亚地区要把合作发展放在首位，通过开放与合作推动东北亚地区共生与共存。通过多年的实践，东北亚已经积累了构建东北亚经济命运共同体的现实基础，要在这些现有基础上，吸收其他地区经

---

① 李爱敏：《"人类命运共同体"：理论本质、基本内涵与中国特色》，《中共福建省委党校学报》2016 年第 2 期。

验，并结合本地区特点，探寻符合东北亚自身情况的共同体道路。

中日韩三国基于共同的利益，构建了经济上的紧密联系，形成了基于优势分工基础上的供应链。中日韩经济联系的初始方式是，由日本和韩国生产制造业领域关键零部件或中间投入品后出口至中国，再由中国进行加工、组装、生产后出口至美国或者通过中国香港转往世界各国市场。中日韩三国之中，中国是日本和韩国企业直接投资的重要对象，日本则扮演着三国之中最大投资者的角色。日本和韩国投资中国的资本主要集中在制造业。在这种分工合作体系之中，日本和韩国位于中国产业链上游，在中国加工贸易进口中的比重接近30%。[①]通过这种产业链关系，中国制造业获得快速发展，日韩企业获得中国的巨大市场空间，三国逐渐发展成为东亚生产网络的中心。

随着中日韩竞争力的变化，中国在分工中的角色发生变化，由进口中间投入品的加工出口者的角色，转向技术和制造者合作的角色，三国供应链的水平分工特征凸显。中日韩三国间的这种新经济关系使得相互间的利益更加均衡，更具可持续性，形成的共同利益基础更坚实。在此情况下，日韩的部分劳动密集型企业向外转移，为资本和技术密集型的投资提供了更大的空间。

然而，这种基于市场导向的紧密经济链接容易受到其他因素的干预，其中认知差别和政治环境变化影响最大。就认知差别而言，面对中国竞争力的提升，日韩官方和企业对"中国威胁论"和对中国的"过度依赖"的担心增加，这势必影响其与中国构建更紧密的经济关系的意愿。就政治环境而言，美国推动对华竞争，技术上对中国封堵，市场上与中国脱钩，并且实行"长臂管辖"，阻止其他国家与中国开展经济合作。这对中日韩三国在新的市场环境下深化技术与产业合作形成了障碍。日韩右翼势力执政后，也大幅度调整对华关系，以安全的名义要求企业回归本土，跟随美国限制与中国的技术联系，特

---

① 李志远：《中日韩制造业产业链分工及自由贸易前景》，《人民论坛·学术前沿》2020年第18期。

别是限制在半导体技术和生产上的合作。在此形势下，中国倡导人类命运共同体理念，推动基于合作共赢认知的命运共同体构建，推进与中日韩和其他东北亚国家的经济合作，对于东北亚地区未来的发展具有重要意义。

中国通过自身的实践把人类命运共同体与具体的经济合作领域联系起来。比如，提出基于共商、共建、共享原则的"一带一路"，邀请包括东北亚国家在内的世界所有方参与。中国投入 400 亿美元成立了"丝路基金"，推动组建亚洲基础设施投资银行、"新开发银行"等，推动新型发展合作。这些举措都旨在走出传统的发展援助方式，纠正基于"华盛顿共识"导向的自由主义方式，推动以人类命运共同体为理念的共同发展、合作发展新格局。东北亚经济命运共同体作为人类命运共同体构想的一个有机组成部分，强调东北亚各国通过开放合作，加强经济上的互联互通，实现经济的可持续发展。中国作为东北亚最大的经济体，不仅为地区提供市场、技术和产品，而且在实现地区经济可持续发展、共享发展上发挥着新型大国的引领作用。

三　应对挑战，继续推进命运共同体构建

自朝鲜战争后，尽管东北亚地区总体上保持了和平局面，但也发生过一些局部性碰撞与摩擦，时至今日，东北亚一些国家仍然处在分歧与对抗的状态中。美国的介入使得东北亚地区关系更加紧张。尽管东北亚地区的经济得到快速发展，但是由于缺乏安全合作机制，东北亚地区的对抗、碰撞格局不仅难以破解，而且在美国对华竞争下更加凸显，美国把日本、韩国拉入其对华贸易制裁、技术封堵圈，使得现行的经济合作关系发生逆转，导致不确定性增加。

东北亚地区是复杂的历史遗留问题、领土争端问题和政治安全问题交织的地区。日本发动侵略战争，给东北亚地区的国家和人民带来了巨大伤害和深重的灾难。而日本对待这一段历史的态度暧昧不明，缺乏与错误历史决裂的勇气。由于日本右翼势力不断做出美化侵略历

史的举动，如修改历史教科书、参拜靖国神社等，严重伤害了中国、韩国、朝鲜等国家人民感情，损害了彼此之间的信任。

美国在"二战"后处理日本所占领的诸多领土问题上采取模糊处理办法，导致诸多问题未解决，如南千岛群岛（日本称北方四岛）、钓鱼岛、独（竹）岛等的主权归属问题成为各国争议的内容。在"二战"期间日本涉及的慰安妇问题、征用劳工问题等也成为近些年激化日本与中韩等国家之间矛盾的导火索。此外，朝鲜半岛核问题也是长期以来困扰着东北亚安全局势的重要变数。由于美国拒不签署终战协定、拒不放弃对朝鲜的军事威胁，朝鲜走"拥核化"的道路，这些都让朝鲜半岛的政治安全局势变得紧张。

自改革开放以来，中国经历了高速的经济增长，经济规模在2010年超越了日本，成为全球经济规模第二大国家，制造业竞争力也得到大幅提升。随着中国经济实力的提升，中日韩之间的经济关系发生了变化。中国的中间品国产化速度正在加快，本国生产的中间品投入比重不断上升，而日本和韩国本国生产的中间品比重则呈现下降趋势。中日韩三国在资本密集型产业和技术密集型产业中的竞争性加强。日本不愿意或无法接受这种实力结构的巨大变化。日本希望继续保持主导和话语权，发挥"引领者"和"建设者"的角色。[①] 因此，日本积极加入由美国主导的跨太平洋伙伴关系协议谈判，后来即使在美国退出的情况下，日本也未放弃或退出TPP，坚持主导谈判，最终将TPP更名为CPTPP，对于中国申请加入持消极态度。东北亚区域产业竞争与区域主导权之争，对东北亚经济合作构成不利影响。

美国虽然是东北亚区域外的国家，但长期对东北亚地区具有重大影响力。美国加强与日韩之间的同盟关系，不断干扰东北亚区域经济一体化进程。美国对中国的技术封堵、产业脱钩成为遏制中国发展、牵制中日韩经济合作的重要手段。美国视中国为竞争对手，通过拉拢日韩企业来重建自身制造业产业链，可能会导致东北亚现有的产业链断裂。

---

① 卢昊：《日本对外战略及在东北亚合作中的角色》，《世界知识》2019年第14期。

尽管东北亚地区的经济合作以及安全形势发生了新的变化，面临诸多新的挑战，但是推动命运共同体构建的努力不能减弱。从历史发展的大趋势看，推动命运共同体建设是破解碰撞对抗、使地区走向和平与发展的最好选择。中国推动命运共同体建设不是通过强大的综合实力来取代美国，而是要创建让所有区域国家共同参与和共享持久和平与发展成果的秩序，在区域共生、共存与共赢理念的导向下，共建美好的未来。

（一）推动区域共利认知的认同

东北亚地区通过产业链供应链紧密联系在一起，已形成互为依存的利益共同体关系。东北亚各国要凝聚更多智慧，秉持互信、互利、共赢的原则，妥善管控好各种分歧，在区域共生和区域共利认知的基础上，共同推动东北亚经济区的可持续发展。东北亚问题错综复杂，历史遗留问题与政治因素不断对东北亚地区合作形成各种干扰，要实现和解与合作，需要有区域成员国对本地区的集体认同、有共同的区域观，要超越历史、超越民族、超越意识形态。要把东北亚经济命运共同体建设放在一个较长的历史发展视野中去考虑，不能在短期内急于求成。东北亚经济命运共同体需要每个区域成员国的认知和认同。要让新的共同体理念深入东北亚地区国家。

中国要继续推动本国经济社会的发展，要发挥中国的优势为东北亚区域提供更多公共产品，为更多的国家和社会公众所认同。中国的优势在于具备规模巨大的市场潜力，可以发挥超大规模市场优势为东北亚各国提供发展所需要的市场依托。中国的消费市场还有很大提升空间，这意味着中国可以为东北亚地区经济提供不断增大的驱动力。显然，中国的发展对于东北亚带来的是机遇，而不是威胁。推动命运共同体构建，东北亚国家需要摆脱美国所制造的"中国威胁论"，以新的思维和理念共建未来，避免陷入传统思维和战略设计的陷阱。

（二）凝聚区域气候治理的合力

全球面临气候变化带来的威胁，东北亚作为人口密度大、经济规模巨大的地区，所面临的威胁更甚，因此，各方凝聚共识，走可持续的新发展之路、加强在全球和区域治理上的合作是构建命运共同体的重要内容。中国提出新发展观，走绿色可持续发展的道路，为此制定实施规划，采取行动，对于自身和全球、东北亚产生了重要的影响。中国已经将温室气体减排任务纳入国家五年规划和 2035 年发展目标。中国正在加快产业结构升级与调整，优化能源结构，进一步提升能源效率，推动碳市场建设。2020 年中国碳排放强度比 2015 年降低了 18.8%，比 2005 年降低了 48.4%，超过了向国际社会承诺的 40%—45% 的目标，基本扭转了二氧化碳排放快速增长的局面。[①] 中国已经宣布力争于 2030 年前使二氧化碳排放达到峰值，努力争取 2060 年前实现碳中和，为实现应对气候变化《巴黎协定》确定的目标作出更大努力和贡献。中国积极应对全球气候变化的行动有利于推动东北亚地区加快形成清洁、高效、绿色、安全的现代治理体系。在东北亚地区气候环境合作问题上，通过积极参与和推动区域气候变化与环境治理合作机制构建，中国能够在凝聚区域治理合力、构建区域合作机制等方面发挥推动者和领导者的作用，形成东北亚应对气候变化治理的合力。

（三）创建区域共同发展的新机遇

面对形势的新变化以及产业链供应链重构，中国提出"双循环"新发展政策战略。"双循环"战略旨在统筹国内国际市场，发挥中国内在发展驱动力，构建更加紧密的外部链接，形成内外发展的双驱动。中国的"双循环"新发展战略有助于东北亚地区结成新型的经济关系。中国拥有完整和规模庞大的工业生产体系，拥有联合国产业分类中所有的工业门类。[②] 中国已经成为全球最大的商品消费市场，

---

① 《生态环境部：2020 年中国碳排放强度比 2015 年降低了 18.8%》，http://finance.people.com.cn/n1/2021/1027/c1004-32266432.html。

② 蒲清平、杨聪林：《构建"双循环"新发展格局的现实逻辑、实施路径与时代价值》，《重庆大学学报》（社会科学版）2020 年第 6 期。

具有巨大的消费增长潜力。在当前贸易保护主义上升、全球经济低迷、全球市场萎靡的外部环境下，中国可以为东北亚地区经济增长提供市场，通过加大开放力度、扩大进口，吸引更多的外来投资，共同打造新的增长点，特别是在数字经济、绿色经济等新增长部门加强合作，使之成为东北亚经济区的新增长点。

当然，面对新的变化、新的挑战，中国在经济领域推动东北亚命运共同体的构建并发挥引领作用，需要创新方式、寻求利益和认知的对接，增进共同发展、合作发展、合作共赢的意识和合力共进的共识。

第八章　中日韩经济合作机制的构建

在东北亚地区，中日韩是区域经济重心，以紧密的双边经济关系为基础，逐步发展起了多层次的合作机制。基于市场开放的环境，特别是中国改革开放带来的发展机遇，中日韩三国逐步建立了互补型的紧密经济联系。目前，中国是日、韩两国最大的货物贸易伙伴国。中韩之间签署了自贸协定，中日韩三国签署了投资促进和保护协定，建立了官方合作机制。中日韩三国紧密的经济关系和合作机制构建，不仅有利于三国，也有利于东北亚、东亚和亚太地区。现在东北亚地区面临的新挑战是，如何在新的形势下稳定三国经济合作的基础、克服困难，就构建新的合作发展、共同发展关系达成共识，采取相向而行的行动。

一　中日韩合作机制的建立与发展

1999 年 11 月，在东盟与中日韩（"10＋3"）领导人会议期间，中日韩三国领导人举行早餐会，时任中国总理朱镕基、日本首相小渊惠三和韩国总统金大中正式启动东盟"10＋3"框架内的三国对话进程。此后，中日韩三国领导人每年出席"10＋3"领导人会议时都会举行非正式会晤，就三国合作开展交流。2002 年，三国领导人将早餐会改为正式会晤，时任中国总理朱镕基与日本首相小泉纯一郎和韩国总理金硕洙在金边举行了中日韩领导人第一次正式会晤。日韩、中日、中韩之间先后在"10＋3"框架下于 2001—2002 年签订了货币互换协定，中日两国经济贸易伙伴磋商机制也于 2002 年正式启动。

中日韩领导人会晤的常态化、固定化，推动着三方合作覆盖越来越多的功能性领域。基于中日韩领导人会议上达成的合作计划，各个层级的三方合作逐渐发展起来，中日韩部长级会议逐渐成为三方合作的主导机制。如 1999 年中日韩三国即发起了环境部长级会议（Tripartite Environment Ministers Meeting，TEMM），旨在落实中日韩领导人第一次会晤上提出的关于加强环境合作与对话的倡议，商讨和拟订区域环境保护方案，促进本地区可持续发展。基于 2008 年 12 月中日韩领导人会议发表的《中日韩合作行动计划》，"三国合作网络秘书处（TCCS）""中日韩青少年友好会见""青年领导人论坛"建立并发展起来。

2008 年起中日韩三国领导人开始单独举行会议。早在 2004 年，韩国就提出在东盟峰会之外单独召开三国领导人会议的建议。2008 年该建议正式落地，首次中日韩领导人独立会议在日本福冈举行，并决定将该会议机制化，以后每年在三国轮流召开。2008—2012 年，三国分别在福冈、北京、济州岛、东京、北京举行了 5 次领导人会议。因中日钓鱼岛问题停摆两年之后，2015 年召开了第 6 次领导人会议。受韩国政局变动的影响，连续两年推迟以后，2018—2019 年分别举行了第 7、8 次领导人会议。在中国的倡议下，2020 年举行了中日韩新冠疫情问题特别外长视频会议，谋求新冠疫情的联防联控，维护三方合作。

中日韩三国持续出席东盟与中日韩领导人会晤，截至 2019 年年底已接连举行 22 次，并支持"10 + 3"合作产生更多实质性成果。2020 年 4 月 14 日东盟与中日韩抗击新冠疫情领导人特别会议通过视频方式召开，并通过了《东盟与中日韩抗击新冠肺炎疫情领导人特别会议联合声明》。

中日韩合作的目标明确指向发展伙伴关系。2008 年首次三国领导人会议发表《三国伙伴关系联合声明》，决定建立面向未来的全方位合作。2009 年第二次中日韩领导人会议发表《中日韩合作十周年联合声明》，将目标升级为建立面向未来、全方位合作的伙伴关系。
2010 年、2011 年、2012 年的中日韩领导人会议都致力于巩固和深化
这种全方位合作伙伴关系。

伴随三方合作的推进，中日韩建立了常设合作机制，逐步构建起多
领域的合作框架。自 2007 年起，中日韩三国就开始着手建立外交高官磋
商机制，拉美政策、非洲政策、亚洲政策磋商都被纳入其中。2011 年三
国又在首尔建立合作秘书处，沟通协同日常事务。2015 年中日韩第六次
领导人会议发表了《关于东北亚和平与合作的联合宣言》，重申将进一
步努力加速 FTA 谈判，最终缔结全面、高水平和互惠的自贸协定。在中
日韩合作 20 周年之际，于 2019 年 12 月举行的第八次中日韩领导人会议
上，中日韩三国发布了《中日韩合作未来十年展望》，一致同意在政治、
经济与社会文化的各个领域"共同提升三国合作水平"（见表 8 - 1）。

表 8 - 1　　　　　　　中日韩领导人会议概况（2008—2020）

	时间	地点	领导人	主要成果
第 1 次	2008 年 12 月	日本福冈	中国总理温家宝、日本首相麻生太郎、韩国总统李明博	发表《三国伙伴关系联合声明》，首次明确三国伙伴关系定位，通过《国际金融和经济问题的联合声明》《三国灾害管理联合声明》《推动中日韩三国合作行动计划》
第 2 次	2009 年 10 月	中国北京	中国总理温家宝、日本首相鸠山由纪夫、韩国总统李明博	发表《中日韩合作十周年联合声明》，通过《中日韩可持续发展联合声明》《2020 中日韩合作展望》《中日韩加强科技与创新合作联合声明》《中日韩标准化合作联合声明》
第 3 次	2010 年 5 月	韩国济州岛	中国总理温家宝、日本首相鸠山由纪夫、韩国总统李明博	通过了《2020 中日韩合作展望》。三国同意于 2011 年在韩国建立三国合作秘书处，加强三国合作的机制化建设；在 2012 年之前三国官、产、学人士完成中日韩自贸区联合研究。还发表了《中日韩加强科技创新合作的联合声明》以及《中日韩加强标准化合作的联合声明》

续表

	时间	地点	领导人	主要成果
第4次	2011年5月	日本东京	中国总理温家宝、日本首相菅直人、韩国总统李明博	发表《第四次中日韩领导人会议宣言》，通过灾害管理、核安全、可再生能源和能效合作三个文件
第5次	2012年5月	中国北京	中国总理温家宝、日本首相野田佳彦、韩国总统李明博	发表《关于提升全方位合作伙伴关系的联合宣言》《关于加强农业合作的联合声明》《关于森林可持续经营、荒漠化防治和野生动物保护合作的联合声明》，宣布将于年内启动三国自贸协定谈判，并签署《中日韩关于促进、便利和保护投资的协定》
第6次	2015年11月	韩国首尔	中国总理李克强、日本首相安倍晋三、韩国总统朴槿惠	发表《关于东北亚和平与合作的联合宣言》，对中日韩合作进行了回顾与展望，并就地区和国际问题交换看法
第7次	2018年5月	日本东京	中国总理李克强、日本首相安倍晋三、韩国总统文在寅	发表《第七次中日韩领导人会议联合宣言》，就加强三国合作以及三国共同关心的其他问题深入交换了意见，还发表了《关于2018朝韩领导人会晤的联合声明》
第8次	2019年12月	中国成都	中国总理李克强、日本首相安倍晋三、韩国总统文在寅	发表《中日韩合作未来十年展望》，通过了"中日韩＋X"早期收获项目清单等成果文件

资料来源：笔者根据会议报道整理而成。

　　根据中日韩三国合作秘书处（TCS）的统计，从1999年到2019年的20年间，中日韩合作已建立起较完备的合作体系，形成了以领导人会议为核心，以外交、经贸、科技、文化等21个部长级会议和70多个工作层机制为支撑，全方位、多层次、宽领域的合作格局，进行了21次部长级会谈、13次高官会、19次总干事会议和44个工作层会议。[①]

————————

　　① Trilateral Cooperation Secretariat，" Progress of Trilateral Cooperation"，https：//tcs-asia. org/en/cooperation/dashboard. php.

　　具体而言，中日韩三国领导人 2002 年同意开展三国自贸区民间学术研究，并于 2009 年决定启动官产学联合研究。2010 年 5 月，三国自贸区官产学联合研究正式启动，经过 7 次正式会议和一次特别会议后，在 2011 年 12 月提前完成联合研究。2012 年正式启动了三国自贸协定谈判。2015 年年底中韩自贸区率先建成。在财政金融领域，中日韩三国在"10 + 3"框架下合作建立了地区金融合作机制。2010 年 3 月东盟"10 + 3"财长会议上，为加强东亚地区对抗金融危机的能力，各国决定将清迈倡议进一步升级为清迈倡议多边化协议（CMIM），建立一个资源巨大、多边与统一管理于一体的区域性外汇储备库，通过多边互换协议的统一决策机制，解决区域内国际收支不平衡和短期流动性短缺等问题。最初多边化互换协议总额定为 1200 亿美元，2012 年各国决定将总额度扩大到 2400 亿美元，并于 2014 年 7 月 17 日正式实施。其中中日韩三国的原定出资额达到 80%。[①] 2011 年 4 月，作为东亚区域内独立进行宏观经济监测实体的东盟与中日韩宏观经济研究办公室（AMRO）在新加坡成立，并于 2016 年 2 月正式升级为国际组织。

二　中日韩自贸区的构建

　　2002 年，中日韩三国领导人在"东盟 + 中日韩（10 + 3）"对话合作形势之下实现首次会晤，此后，三国学术机构开启了就中日韩 FTA 的合作研究。2008 年，中日韩三国在日本首次召开了领导人会议，会上达成《中日韩合作行动计划书》。2009 年，中日韩领导人会议在北京举行，三国就启动中日韩 FTA 官产学联合研究达成一致意见。2010 年，中日韩 FTA 联合研究委员会会议召开，就实质性推动中日韩 FTA 达成共识。2012 年就中日韩 FTA 构建的可行性、效益与

---

① 中国驻泰国经商参处：《清迈倡议多边化协议（CMIM）简介》，http：// th. mof-com. gov. cn/article/jmxw/201504/20150400958904. shtml。

方法等达成了重要共识。以此为基础，中日韩学术机构向三国政府提出了推动 FTA 谈判的政策性建议。同年，中日韩三国启动中日韩 FTA 谈判，进入实质性的构建阶段。

2013 年 3 月中日韩 FTA 首轮谈判举行，三方讨论了 FTA 的机制安排、谈判领域及谈判方式等议题。从第二轮谈判到第七轮谈判，三方不断拓宽 FTA 谈判的议题，第二轮增加了知识产权、电子商务议题，第三轮增添了有关环境、政府采购、食品领域的专家对话，第四轮到第八轮主要围绕投资和服务贸易的开放方式、货物贸易的降税模式以及协定的范围与领域等议题讨论，由于分歧比较大，前八轮谈判没有取得实质性进展。

在此期间，美国宣布牵头跨太平洋伙伴关系（TPP）谈判，日本参加，因此，日本把重点转放在 TPP 谈判上。然而中韩于 2012 年启动 FTA 谈判，2015 年 2 月完成谈判，6 月正式签署了自贸协定。中韩 FTA 的签署是一个战略转折点，这在一定程度上触动了日本，因为日本与韩国出口产品具有相似性，中韩 FTA 的签署会给日本的一些传统优势产业带来冲击，因而日本产业界呼吁政府重视中日韩 FTA 的谈判。2015 年 11 月，在首尔召开的中日韩领导人会议发表了《关于东北亚和平与合作宣言》，此次会议重申三国要加速谈判以实现最终缔结全面、互惠和高水平的自贸协定。2016 年 1 月中日韩 FTA 展开第九轮谈判，在服务、投资、货物等贸易领域和议题三方深化交流意见，在同年 6 月的第十轮谈判中，三方虽然在关税领域存在严重分歧，但有重要进展，三国就协定范围的领域达成一致，并将电信、金融服务、自然人移动等 5 个议题升级成工作组。这表明中日韩 FTA 进入服务贸易、金融服务、货物贸易、人员交流谈判的"深水期"。①

2016 年 10 月，在三国经贸部长会议上，各方一致认为在全球贸易保护主义抬头情况下，中日韩 FTA 尤为重要。紧接着在 2017 年展

① 张敬伟：《中日韩自贸区（FTA）只能进不能退》，https：//www.sohu.com/a/108000773_335953。

开的第十一轮谈判中,各方就关税和非关税壁垒原则进行了确认,并商讨了降低贸易壁垒的方案。此外,各方就进口管制、非关税壁垒相关条文交换了意见,金融、通信、自然人移动等领域也在本次会议上首次成为议题。① 在第十二轮、十三轮谈判中,三国就怎样推动服务贸易、货物贸易以及投资等重要议题取得更大进步而进行了意见交换,并举行了各议题的工作会,三国一致认为在东亚地区实现投资贸易自由化和便利化具有重要的意义。

2018 年 5 月在日本东京召开了第七次中日韩领导人会议并发表了联合宣言,再次明确三国对地区和平与合作做出的努力,再一次强调要加速中日韩 FTA 的谈判进程,努力打造一个全面、互惠、高水平的且具有自身价值的自贸协定。2018 年 12 月的第十四轮谈判取得了实质性进展,有助于中日韩 FTA 谈判提速,为此,三国代表讨论了如何合作促使谈判尽早取得进展的具体方案。②

2019 年 4 月,第十五轮 FTA 谈判开启,仍是以服务贸易、投资、货物贸易以及规则等重要议题为核心,三方展开了更深一步的意见交换并取得了积极的进展。③ 此轮谈判是三国达成全面提速 FTA 建设共识之后的首次谈判,由于三方与东盟等国家的《区域全面经济伙伴关系协定》已经取得不错的进展,中日韩决定依托已有的经济合作框架,进一步提高三国的投资与贸易自由化质量,签署《区域全面经济伙伴关系协定》(RECP)。④

2019 年 11 月,第十六轮中日韩 FTA 谈判开启。在贸易保护主义强势抬头、全球经济形势愈加复杂的大背景下,三国领导人共同认为

---

① 《中日韩第 11 轮自贸谈判在京闭幕》,http://www.mofcom.gov.cn/article/i/jyjl/j/201701/20170102500996.shtml。

② 《中日韩自贸协定第 14 轮谈判在京启动》,http://news.cyol.com/yuanchuang/2018-12/06/content_17842399.htm。

③ 《中日韩自贸协定谈判全面提速》,http://fta.mofcom.gov.cn/article/chinarihan/chinarhgfguandian/201904/40318_1.html。

④ 《中日韩自贸区第十六轮谈判在日本举行》,http://fta.mofcom.gov.cn/article/chinarihan/chinarhnews/201904/40290_1.html。

应该加速谈判的进程，积极打造一个高质量、全面、互惠且具有自身价值的自贸协定，从而更深程度地挖掘三国经贸合作的潜力。① 此轮谈判三方依旧围绕货物贸易、服务贸易、投资与规则等重点议题展开磋商，并就此取得积极进展。作为最新一轮谈判，此次谈判最具有意义的就是三国共同强调中日韩积极推动构建 RCEP，这对中日韩 FTA 的未来构建也具有积极作用。从谈判的具体细节来看，中日韩货物贸易中资本品和中间品进出口所占比重大，三国要在 FTA 机制的安排下降低关税以及简化复杂的海关程序，尽可能最大化地降低三国之间的交易成本；在服务贸易方面，要提高三国服务部分的开放程度和合作水平，以服务贸易促进新一轮的产业结构升级，并以服务作为价值链的黏合剂和重要生产投入，将三国贸易深化的收益渗透其他部分，这将意味着三国产业链会随着服务贸易的深入发展而进一步融合，加强三国经济的依赖性。

总的来说，经过十六轮谈判以后，中日韩就 FTA 涉及的大多数问题达成基本共识。虽然中日韩 FTA 在部分敏感领域依旧没有达成全面共识、三国之间的历史与领土争端反复爆发等因素延缓了自贸区谈判的进程，但是多年的谈判使得中日韩之间拥有越来越多的成熟条件，就谈判细节以及认知也达成了广泛共识，为进一步推进奠定了基础。

中日韩是东北亚地区和全球经济的重要经济体，其经济合作具有巨大意义。在当今世界经济形势愈加复杂的大背景下，东亚地区已经成为刺激全球经济复兴的主要增长剂，在体量上中日韩的 GDP 总量已经与美国相当，无论是促进本国经济发展，还是应对全球经济的挑战、创建面向未来的合作，构建新形势下的新发展动力是三国经济增长的必走之路，也是稳定世界经济的重要途径。

中日韩三国之间经贸关系紧密：一是三国之间互为市场，特别是中国是日韩最大的贸易市场和最重要的投资目的地；二是三国构成了

---

① 《中日韩自贸区第十六轮谈判在韩国首尔举行》，http：//fta. mofcom. gov. cn/article/chinarihan/chinarhnews/201912/41938_ 1. html。

东亚生产网络的运行中心。因此，中日韩之间的经济关系无论是内部还是外部，都是举足轻重的，在很大程度上说，是重中之重。

长期以来，中日韩三国的双边贸易合作多集中于制成品领域。从贸易结构看，日本长期处于工业化水平最高的地位，产业结构以资本以及技术密集型为主。韩国在经济腾飞之后开始逐步提高自身的制造业水平，目前在很多领域的制造行业逐渐拉近与日本的差距，总的来说，韩国处于经济结构转型的收尾期，在劳动密集型产业大量转型的背景下，逐渐完成向技术与资本密集型方向的转变。而中国经济正处于经济结构转型阶段的中期，以往劳动和资源密集型产业占比大，近年产业结构发生较大转变。因此，三国的经贸关系一直存在较高的互补性，这种互补性是中日韩 FTA 构建的一个重要基础。①

不过，由于中国的技术升级和外部环境的变化，三国产业链的结构已经且将继续发生变化。首先是中国本身的技术升级，逐渐改变了低成本加工者的地位，在越来越多的领域与日韩的技术差距缩小，呈现越来越强的竞争性；再就是东亚其他地区出现新的低成本加工市场，比如越南、柬埔寨、印度尼西亚，原来依靠中国的日韩的企业开始向低成本市场转移，因此，需要重构三国的经济关系。中国的许多企业也在走出去，把一些劳动密集型、资本密集型生产向外转移，构建新的产业链。一个显著的体现是，近些年特别是 2020 年以来，中国—东盟间的贸易快速增长，东盟成为中国的第一大贸易伙伴，东亚—北美原来的供应链结构因美国的政策改变而发生变化，基于东亚生产、北美消费的结构而建立的中日韩供应链面临新的挑战。因而中日韩之间的经贸联系需要调整与重构，也要在东亚供应链的重构中加强协调与合作。

尽管三国对 FTA 的构建做出了很大的努力，但是，完成最终谈判还存在不少困难。中日韩三国需要解决技术层面的问题，更需要战略

---

① 陈柳钦：《建立中日韩 FTA 的有利条件、制约因素及路径选择》，《日本问题研究》2008 年第 2 期。

共识和政治决心。以往，FTA 的构建把重点放在降低关税上，目标是实现零关税。中日韩之间存在诸多的"敏感产品"，实现零关税难度大。尽管降低关税、实现市场的高度开放非常重要，但高质量 FTA 构建的重点应该是规则制定，即统一或者协调规则。中日韩三国在政策、标准、验证等方面存在很大差别，在投资审查方面也存在很大差别，需要整合和协调，能够统一的尽可能统一，不能统一的，尽可能缩小差距，在存在的差距下，实行相互承认，以便减少交易和投资中的障碍。

在新形势下，需要共同认识到加快中日韩 FTA 构建的迫切性和重要性。日本方面优先发展 CPTPP，而且担心中国的影响力，日韩关系也有很多问题，需要克服障碍，把改善关系、推动区域合作构建放在首位。中国也需要有更大的作为，通过加快结构升级，进一步提升在东北亚的市场吸纳力，增加经济关系重构的驱动力，合作构建面向未来的新科技合作网络。

RCEP 于 2022 年 1 月 1 日正式生效，这为中日韩自贸区谈判进程注入了新动力，对促进三国进一步深化经贸合作创造了新机遇。虽然中日韩三国有较为紧密且稳定的产业链、价值链、供应链联系，但是此前只有中韩达成了自贸协定，中日和日韩都尚未签订自贸协定，RCEP 是第一个涵盖中日韩三国在内的自贸协定，可见其意义非凡。综合性 FTA 框架可以较好地弥补现有双边自贸协定的不足，使中日韩三国在经贸关系不断深化的基础上寻找契合点，这对于加速推进中日韩自贸区谈判有重要作用。

三　巩固和加强中日韩经济合作的基础

中日韩三国的经济发展水平如今已发生了很大变化。距离 2002 年首次提出建设中日韩自贸区构想已经过去近 20 年，如今，中国发展为世界第二大经济体，其全球价值链地位也在向上游攀升，从以往承接贸易产业转移对象国到构建国内产业的海外产业布局，中国已经大大缩小了与日韩的发展差距。

日本作为发达国家，长期代表着东亚工业化的最高水平，产业结构以资本密集型和技术密集型为主，对贸易自由化水平和贸易标准要求较高，此前中韩虽然承担着日本制造业的部分转移，但由于中韩产业结构升级和角色转变，如今，中日韩此前垂直型国际分工模式的互补型经济基础已经被打破，三国在某些领域甚至出现了竞争性特点。随着中国产业结构优化升级的速度不断加快，中日韩三国之间技术差距也在逐渐减小，更多的竞争将在高新科技领域体现。尤其在第三国市场中，将会形成较为激烈的竞争格局。这种竞争性产业格局可能会对中日韩签订 FTA 协议形成一定障碍。

中日韩经济合作的外部环境发生变化。总的来看，以往是在一种比较开放、宽松的国际环境下逐步建立起密切的合作关系的。中美战略博弈给中日韩合作带来了新的影响。在经贸领域，拜登政府继续保持对华惩罚性关税，实质性推动美国在供应链方面减少对华依赖，加紧与盟友研商应对中国"不公平贸易"等问题的共同策略。拜登政府注重修复与美国盟友之间因"关税战"受损的经贸关系，以纠正特朗普政府的"错误"，促使盟友更加紧密地与美国站到一起，采取协调行动，应对所谓"中国挑战"。在科技领域，拜登政府力图通过加大国内研发投入、完善"小院高墙"策略、组建"民主科技联盟"等方式强化与中国的竞争。拜登政府注重利用多边方式对华展开技术竞争，力图构建"民主科技联盟"，推动"技术民主国家"围绕出口管制、投资审查、技术供应链调整等加大协调，在国际技术标准、科研交流规范、新兴技术应用伦理等方面制衡中国的影响力。美国还将推动相关国家展开联合融资与研发，在 5G 等领域提供可以替代中国技术和产品的选择。在地缘政治领域，拜登政府进一步强化"印太战略"，并着力构建压制中国的美欧"跨大西洋阵线"。拜登政府中国政策团队核心成员普遍将印太视为中美地缘政治竞争的首要区域，主张以日韩澳菲泰五个条约盟国为基础、以"美日印澳"四国机制为主体，大力吸收区域内外伙伴国，打造制衡中国的地区架构。

拜登政府的对华新战略，将中国视为主要的竞争对手。与特朗普政府不同，拜登尤其注重发展与盟友的关系，组建遏制中国发展的同盟阵营体系，这将会对中日韩经贸合作带来巨大挑战。日韩作为美国在东亚地区的传统盟友，尽管两国都与中国存在巨大的经贸往来和互惠关系，但是在美国组建"统一阵线"的压力之下，不可避免地会减少与中国发展经济合作的行动，中日韩自贸区的发展可能会受到不利影响。

然而，应该看到，中日韩三国一衣带水，经贸往来具有悠久的历史，经济合作基础深厚，相较区域外国家有天然的地缘优势和经贸条件。即使尚未签署中日韩 FTA，三国也已经形成了紧密的经济伙伴关系。目前中国是日本、韩国最大的贸易伙伴，日本是中国的第四大贸易伙伴，韩国是中国的第六大贸易伙伴。[①] 中国国土面积广阔且人口众多，国民购买力强，消费市场庞大。且中国建立了全世界最完整的现代工业体系，其制造业水平和基础设施条件是其他国家难以取代的。日本作为亚洲的高新科技中心，展现着发达国家的优越性，在全球价值链占据着领先地位。韩国则凭借发达的半导体等电子产业和数字经济产业等保持着先进优势，在全球中间产品供应中扮演着不可或缺的角色。中日韩在消费市场、产业发展程度、资源禀赋方面的差异，展现出三国合作强大的互补性和相互依赖性。

中日韩构建 FTA 的深远意义在于形成基于统一规则的经贸交往。尽管 RCEP 为中日韩三国提供了一个大框架，但是三国应该通过更高水平的 FTA 构建，建立更紧密的经济圈。中日韩 FTA 在经济规模、人口上不输于其他的合作框架，其成员不但是亚洲经济的支柱，而且是全球重要的贸易大国和投资大国。2020 年，中日韩三国的经济总量超过 21 万亿美元，已经超过美国、欧盟的 GDP，占东亚的 90%、亚洲的 70%、全球的 25%。

区域综合经济伙伴关系协定生效后，中日韩 FTA 的构建应该加速

---

① 吴伟波：《中日韩自贸区：机遇、挑战与前景》，《对外经贸》2020 年第 11 期。

推进，除了带来巨大的贸易增长外，还会产生规模经济效应、竞争效应和集聚效应，从而在优化产业结构的同时，释放东北亚巨大的经济潜能。中日韩 FTA 覆盖的总人口超过 15 亿，将形成一个巨大的消费市场，这在欧美最终产品市场贸易保护主义日益严峻的态势下具有特殊意义，可以说是世界经济可持续发展的新动力源。因此，应该抓住 RCEP 生效的重要窗口期加快构建中日韩 FTA。

中日韩三国地缘相近、经济联系紧密，特别是中国的市场对日韩有着不可替代的作用。因此，深化开放与合作的经济关系，形成互联互通的经济发展区，是构建中日韩经济命运共同的基础。

第九章 深化东北亚地方经济合作

东北亚经济命运共同体的构建是多维的。从合作主体来看，不仅包括各国中央政府，还可以包括地方政府，甚至是跨国公司。不仅包括制度性合作与功能性合作，还包括地方合作。其中，东北亚地方经济合作是不可或缺的部分。冷战结束使得东北亚地区的政治关系发生重大变化，推动了地区经济关系的发展。近年来，除了中央政府层面的动力，各国的地方以及重要城市也正在积极推进东北亚的地区合作。①

一 东北亚地方经济合作的基础

东北亚地区的经济圈可分为两个层次：第一层是国家整体层次，即国与国之间的合作；第二层是地方层次，既有地方政府间的合作，也有接壤地区的小区域合作。在东北亚地区经济合作中，地方合作发挥着举足轻重的作用。地方合作务实性强，比较容易克服意识形态、政治制度和经济体制的差异，即便在国家间关系出现问题的时候，合作也往往不会中断。在地方合作中，地方政府既是推动者，也是谋划者，在调动资源、为各界参与提供支持和保障方面起到不可替代的作用。地方政府积极推动东北亚地区国际经济合作，既有发展地方经济的强烈意愿，也有其有利的国际、国内环境。

---

① 钟飞腾：《东北亚命运共同体构建何以成为可能?》，《日本学刊》2020 年第 1 期。

第一，提升地方经济水平是地方政府推动东北亚跨境经济合作的内在动因。"二战"后，东北亚地区长期处于冷战的"前沿地带"，使得该地区未能抓住发展的机遇，成为各国经济比较落后的地区。例如：中国的东北地区出现"东北现象"，GDP增长率处于全国垫底水平；日本西海岸的经济社会发展水平也远不如日本东海岸太平洋沿岸地区；俄罗斯的远东经济远不如西部欧洲部分发达；韩国重工业在西海岸较为集中，东海岸则以农业为主，较为落后；而朝鲜和蒙古国则处于欠发达地区。冷战的结束，为本地区发展带来了机遇。各国为改善东北亚地区相对落后的地方经济，利用地区内各国的技术、资金、资源和劳动力等生产要素的互补性优势，各地方政府根据本国的比较优势，将目光投向了东北亚地区经济合作。例如：对日本西海岸和韩国西部的地方政府来说，利用其技术和资金优势，开拓中国东北地区、俄罗斯远东地区、蒙古国、朝鲜等欠发达地区的劳动力和资源市场，将技术和资金优势转换为市场优势，带动地方产业的OFDI和贸易发展，提高本国产品的竞争力，缩小与欧美的差距；对中国、俄罗斯、朝鲜和蒙古国来说，通过与日韩的经贸合作，利用能源和劳动力优势，吸收先进生产技术与管理方法，带动本国产业技术的发展，促进以图们江为核心的东北亚地区的经济振兴与发展。

第二，在推动东北亚地方经济合作过程中，中央政府对地方政府的行政放权也发挥了重要的保障作用。地方政府参与东北亚区域经济合作必须具备独立开展国际活动的权利。冷战结束后，在中国、俄罗斯与蒙古国等国市场化改革过程中，都实行放权、简政政策，地方政府的经济管理权限与行政"自由度"得到了不断的扩大和充实。① 例如：日本的地方自治水平不断提高；韩国从金大中时期，一直到卢武铉时期地方自治程度明显提高；虽然朝鲜的地方自主权不高，受中央政府的直接控制较多，但罗先作为经济特区也被赋予了一定的自主

---

① 李玉潭、庞德良：《东北亚区域经济合作与地方政府作用》，《东北亚论坛》1998年第4期。

权，与中国吉林省政府构建了"共同管理、共同开发"的新方式。

中央政府力推简政放权、地方自治制度完备，成为东北亚各国由中央集权向地方分权发展的重要倾向。地方政府积极参与东北亚地区区域经济合作进程，主动制定并推行地区开发、开放政策，推动了地方政府开展跨境合作的意愿。另外，东北亚各国实行政府主导型经济发展模式，在复杂的跨国性经济合作中，需要地方政府发挥其在经济管理中的经验，减少东北亚地区在经济振兴和发展过程中的不确定性。

在政治对立缓和、经济扩大开放的背景下，东北亚地区经济合作开始起步。1990 年，在中国长春召开的东北亚地区经济技术发展和区域合作国际学术研讨会上，开始正式讨论关于东北亚跨境地方经济合作的问题，中国作为会议主办方，积极倡议中、朝、俄当事国与日、韩等周边各国共同开发图们江河口的黄金三角区，以图们江开发项目为开端，东北亚地区跨境地方经济合作先行于国家层面的合作，开启了东北亚地方经济合作的新纪元。①

从东北亚地区的区域优势互补条件来看，区内的日本、韩国拥有相对丰富的技术、资本与管理资源优势；俄罗斯、蒙古国、朝鲜和中国东北地区，拥有矿产、林业和能源等丰富的自然资源和人力资源优势，其要素禀赋决定了东北亚经济圈具有巨大的发展潜力，同时该地区具有天然的区位优势。东北亚地区各国的地方政府为实现各国优势互补，积极发挥要素禀赋与区位优势，推动地方合作，努力将合作潜力转变为地区生产力。首先，中国东北老工业基地产业结构的转型升级，需要先进的科学技术水平的支持，而日、韩作为中国的周边国家，具有先进的技术和较多的 OFDI 规模与经验，可以通过推动地区内的技术合作，鼓励中国东北当地企业向日、韩等发达国家学习，带动东北地区产业结构升级。其次，在中国东北老工业基地在产业升级

---

① 全洪镇：《东北亚跨国地方间经济合作研究——以中国吉林省，俄罗斯滨海边疆区，韩国江原道为主》，博士学位论文，吉林大学，2009 年。

改造过程中，面临着严重的资源瓶颈，而恰好区域内俄罗斯远东地区、朝鲜和蒙古国等具有相对丰富的矿产、林业等自然资源。最后，东北老工业基地的工业基础相对雄厚，装备制造业等相对发展较好，可以加大对俄罗斯远东地区、朝鲜和蒙古国的投资力度，将一些农产品、工业品的加工产业向这些地区适度转移。总体而言，东北亚地方经济合作具备良好的条件和基础。

二　东北亚地方经济合作发展

东北亚地方经济合作更多是由区域内各国地方政府推动，而非国家层面引领。从根本上讲，地方政府推动的跨国经济合作与国家中央层面推动的国际经济合作一样，仍然以贸易、投资等形式为主，都依赖于良好的市场运行环境。但因东北亚地区在各国的"边缘性"[①]，市场环境并不完善，制约着企业在区域贸易和投资上的积极性，导致东北亚地区国际合作进程缓慢。因此，作为地方国际合作的推动者与倡导者，东北亚地区的各国地方政府，积极为企业"保驾护航"，创造有利条件，努力让企业开展各类贸易投资活动。东北亚区域内沿边、沿海和沿江地方政府间开展多边经贸、人文、文化及体育等交流的制度性保障机制，以地方常态化机制生成国家间相关机制，最终推动形成东北亚经济圈的广域性制度机制[②]。为东北亚各国地方政府间搭建交流平台，1996 年成立了东北亚地区地方政府联合会，旨在推动经济、文化、旅游、科技等多领域合作，实现共同繁荣。2021 年 8 月，东北亚地区地方政府联合会第十三次全体会议以"同行 25 年，共创东北亚未来"为主题，来自中国、日本、韩国、蒙古国、俄罗斯、越南等 6 个国家的 76 个地方政府及相关国际组织、机构共 200

---

① 张蕴岭主编：《东北亚区域经济合作：进展、成效和未来》，世界知识出版社 2004 年版，第 8 页。
② 笪志刚：《以"一带一路"倡议扩容推动形成东北亚命运共同体》，《东北亚经济研究》2019 年第 2 期。

余名代表线上参会。另外，中国哈尔滨市成立了 20 个国家级国际科技合作基地，其中 15 家为对俄合作基地，成为哈尔滨市对俄科技合作的重要骨干力量。哈尔滨市依托哈工大、哈工程、中船重工 703 所等高校院所，结合高端复合材料、特种焊接、重燃设备、海洋开发等重点领域项目，初步构建了以基地为纽带，以企业为载体，以大学大所为支撑的创新服务体系。[①] 第六届中俄博览会紧紧围绕中俄地方合作积极谋划、精心组织，各项商务活动共达成签约、意向和线索项目 339 项，项目金额达 1201.8 亿元人民币。[②]

（一）加强基础设施互联互通，改善地方投资环境

东北亚区域各地方政府以经济互补关系为基础，建立了一些有利于地区生产要素合理流动与配置的机制。但从市场规律看，技术和资金的流动与配置无法忽略资本原则，大多偏好流向基础设施良好、投资环境优越的地区，以追求利益最大化。[③] 综合来讲，东北亚地区基础设施总体落后、经济发展水平有待提高，对资本的吸引力不足，导致形成"不投资—不发展，不发展—不投资"的恶性循环，即经济基础越落后，资本流入越缓慢、越受阻；国际技术与资本流入越慢，地方经济合作与开发的效果也就越差。

要解决技术与资本流入受阻的问题，首先需要加快区域内铁路、公路、航空、港口以及城市通信等基础设施建设。在操作层面，基础设施建设投资大、周期长，私人资本一般不愿介入。东北亚地区中的俄罗斯远东地区、朝鲜与蒙古国等，受制于对外政策和中央政府的财力制约，难以进行大规模社会融资，在此情况下，地方政府必须承担起改善基础设施的重任，加大基建投资力度、改善

---

① 《哈尔滨对俄科技合作向纵深推进》，https：// www. hlj. gov. cn/n200/2019/0701/c44-10903170. html。

② 《第六届中俄博览会商务活动成果喜人》，https：// m. dbw. cn/heilongjiang/system/2019/06/23/058220734. shtml。

③ 李晓、李俊久：《"一带一路"与中国地缘政治经济战略的重构》，《世界经济与政治》2015 年第 10 期。

投资环境、开拓技术与资本吸纳空间。例如，黑龙江主动对接国家"一带一路"战略规划，抢抓机遇、科学谋划，全面启动和实施"黑龙江陆海丝绸之路经济带"建设。① 作为"中蒙俄经济走廊"的重要支撑，"龙江丝路带"具有全局性、战略性和牵动性，充分释放国家政策红利，丰富和拓展了沿边开发开放的内容。② 黑龙江省作为对俄合作的大省，在中俄地方合作中的作用越发凸显。2019年设立黑龙江自贸区，涵盖哈尔滨、黑河和绥芬河片区，后两个片区都位于中俄边境地区。2019年5月，中俄两国间首座跨黑龙江（阿穆尔河）界河公路桥，即中俄黑河—布拉戈维申斯克界河公路大桥合龙。③ 2021年9月，黑河市贸促会与俄阿穆尔州工商会线上工作会谈，为中俄地方合作搭建好平台，发挥着中俄地方商协会联盟平台作用，保持双方不间断的联络畅通。④ 不仅如此，黑龙江省作为中俄科技创新地方合作中开展活动数量最多、内容最丰富的省份，在新冠疫情暴发后克服不利影响，不断调整创新活动方式，共开展中俄科技交流合作活动81项。⑤

2021年，中俄总理第二十五次定期会晤联合公报指出，共同推动黑河—布拉戈维申斯克公路大桥尽快通车，实施跨黑龙江（阿穆尔河）索道建设项目，跨黑龙江（阿穆尔河）索道建成后，两地民众单程只需6分钟即可到达对岸。⑥ 中俄地方合作展现新活力。

① 张效廉：《贯彻"一带一路"战略 推进"龙江丝路带"建设》，《学习与探索》2015年第11期。

② 《建设国际大通道打造开放大平台》，http：// epaper. hljnews. cn/hljrb/20150414/106346. html。

③ 《中俄地方合作迈向走深走实新时代》，https：// www. hlj. gov. cn/n200/2019/0701/c44-10903169. html。

④ 《中俄地方商会举行线上会谈》，https：// heihe. dbw. cn/system/2021/09/09/058717944. shtml。

⑤ 《中俄地方合作中黑龙江省活动数量最多内容最丰富》，https：// m. dbw. cn/heilongjiang/system/2021/11/29/058771641. shtml。

⑥ 《中俄"东北—远东"合作展现活力》，https：// www. hlj. gov. cn/n200/2021/0108/c604-11013437. html。

（二）发挥地方政府作用，多元化开展跨境地方合作

东北亚地方经济合作是一种跨境经济合作。为消除各国地方之间不同的市场环境、政治制度、法律环境、宗教信仰和民族习性的"排他性"与"碰撞性"，地方政府之间要以开放性和多元化为前提，求同存异，加深理解，营造有利于国际经济合作的包容性发展条件。2021 年 11 月，山东省烟台开发区出台《关于加快提升中韩（烟台）产业园开发区片区发展能级的工作方案》，提出发挥中韩产业园国家级开放平台优势，对标国际一流提升园区平台载体能级，持续深化对韩经贸合作、加强人文交流，打造中韩经济和高端产业合作高地。2017 年中韩（烟台）产业园批复以来，开发区积极与韩国在经济、商贸、文化、产业、技术等方面进行全方位交流合作，建成中韩经济文化交流中心、中韩科创孵化合作基地等国际创新平台载体，并结合自贸区创新引进一批省级"首字头"韩资新兴业态项目。截至 2021 年 11 月，中韩产业园共计引进韩资项目 113 个，其中世界 500 强直接投资项目 2 个，累计实际利用韩资 7630 万美元。[①]

在此过程中，地方政府作为政治、经济、文化等诸多方面的统筹者，可以从文化、教育、体育、海洋保护等多个领域推动跨境交流与合作，从而开展多元、立体的东北亚地方合作。

以辽宁省为例。在对外贸易方面，中国辽宁省凭借与日本、韩国的地缘毗邻优势，分别与两国进行了广泛的经贸合作。2013—2017年，日本与韩国在辽宁省对外贸易国家排名中位居前两名；辽宁省与俄罗斯的双边贸易额逐年递增，双边进出口总额呈现上升趋势，2017年辽宁省与俄罗斯的进出口总额增加到 41.21 亿美元，同比增长 26.64%，占辽宁省进出口总额的 4.15%。

---

① 《中韩（烟台）产业园扩容提质，打造对外开放新高地》，https：//baijiahao.baidu.com/s？id＝1717293315350523156&wfr＝spider&for＝pc。

在投资方面，2017 年中国辽宁省从日本引进外资 2.88 亿美元，占辽宁省利用外资总额的 5.40%，位于辽宁省引进外资的第二位；同年，辽宁省从韩国引进外资 0.62 亿美元。[①]

在港口与物流方面，辽宁省有大连港、营口港、丹东港、锦州港和盘锦港五个主要港口，截至 2020 年 3 月，辽宁省已开通"辽满欧""辽蒙欧""辽海欧"三个陆海联运通道。

在旅游方面，东北亚地区尤其日、韩两国的游客是辽宁省国外游客的主要来源地，其次是来自俄罗斯的游客。[②]

另外，2020 年 9 月，沈抚改革创新示范区将"三园一中心"（即韩国产业园、日本产业园、新加坡产业园及欧洲中小企业科技中心）建设作为促进互联互通、坚持开放包容的具体行动，推动沈抚示范区与韩国企业实现更加全面深入的合作。中国韩国人会总联合会与韩国4 家企业签署了沈抚示范区韩国产业园（总部基地）入驻协议，首批韩国企业正式入驻沈抚示范区韩国产业园。[③] 综上所述，辽宁省与东北亚的地方经济合作具有领域广泛、以双边合作为主、以日韩为主要合作对象、合作区域分布不均等特点。

(三) 积极开展地方合作规划和战略对接

在图们江次区域经济合作的实践过程中，已围绕规划设置跨境贸易区、完善综合投资环境等方面取得了一定的积极进展。例如，吉林省政府图们江地区开发办公室在自主开发，推动双边合作、短期行为与长期利益结合的思想指导下，委托吉林大学东北亚研究院、东北师范大学东北亚研究中心和吉林省工程咨询服务中心等单位，开展了图们江地区国际合作开发有关重大问题的跟踪研究。包括"新世纪初图

[①] 张文锋、翟姝影、裴兆斌：《新时代辽宁与东北亚区域经济合作研究》，《财经问题研究》2020 年第 2 期。

[②] 张文锋、翟姝影、裴兆斌：《新时代辽宁与东北亚区域经济合作研究》，《财经问题研究》2020 年第 2 期。

[③] 《沈抚示范区举行韩国产业园推介会》，http：//www.ln.gov.cn/ywdt/tjdt/202009/t20200921_ 3975784.html。

们江地区周边国家经济发展对策研究""中俄珲春—哈桑边境经济合作区规划研究""图（们）珲（春）长（岭子）至俄扎鲁比诺港间铁路贯通及租用改造扎鲁比诺工程可行性研究""图们江地区周边国家政策环境比较研究""中朝珲春—罗先边境（跨国）经济合作区规划研究""关于朝鲜建立新义州特别行政区及其对我国影响的考察报告""图们江地区国际合作开发通道物流规划研究""珲春市城市功能定位及其规划研究"等重大课题的研究。① 这些研究成果，对推动东北亚地区的地方经济合作起到了重要指导作用。为落实《国家综合立体交通网规划纲要》，长吉珲大通道与中俄、中朝跨境运输通道已形成有效对接，"长珲欧"完成入境测试、启动出境测试，中俄珲马铁路双向常态化运营，中俄国际货物道路运输取消货运线路限制，培育多条由珲春经扎鲁比诺、斯拉夫扬卡、罗津等俄朝港口至韩国、日本等港口的陆海联运航线。② 2021年11月，珲春市第十九届人民代表大会第一次会议指出，充分发挥前沿窗口作用，发挥东北亚多双边协调机制作用，加强与俄、朝、韩、日等国地方政府间经贸、旅游、文体、会展等领域合作，务实推动中俄、中朝跨境经济合作区和图们江三角洲国际旅游合作区建设。③

根据本地区区域一体化水平的不同，在地方政府推动的跨境地方经济合作中，战略侧重点略有差异。近年来，随着地方跨境经济合作的有序推进，地方产业政策的制定与协调、抗疫合作、海洋合作、环境保护合作等议题也逐渐成为地方政府所关注的重要领域。2018年，中、俄两国批准通过《俄中在俄罗斯远东地区合作发展规划（2018—2024年）》和《俄罗斯远东及贝加尔地区和中国东北地区农业发展规划》，为俄罗斯在远东地区深化对华合作提供了新的机遇。

① 江长新：《次国家政府参与国际合作问题研究——以吉林省政府为例》，博士学位论文，吉林大学，2011年。

② 《聚焦我省"双通道"建设》，http：//www.jl.gov.cn/zw/sydtp/202111/t20211104_8273860.html。

③ 《珲春政府工作报告（2021年）》，http：//www.hunchun.gov.cn/zw_1910/gzbg/202111/t20211119_364458.html。

双方建立了"东北—远东""长江—伏尔加河"两大区域性合作机制，成立了中俄友好、和平与发展委员会地方合作理事会，缔结了140对友好省州和城市关系，实现了领域和地域"全覆盖"，两国地方逐步实现深度对接。① 2019 年是中俄地方合作交流的收官之年，第六届中俄博览会以"中俄地方合作：机遇、潜力与未来"为主题，不仅仅局限于经贸合作，还包括"一带一路""东北振兴""粤港澳大湾区"建设同欧亚经济联盟、俄远东跨越式发展区、自由港等中俄国家战略对接内容，涵盖了旅游、卫生、体育、科技、教育等议题。②

三 推进更紧密的地方经济合作

东北亚地方经济合作的制约因素，主要包括合作主体经济发展水平存在差异、市场环境参差不齐、各国之间仍存政治分歧、区内要素流动机制不够完善。因此，需要采取更为有效的措施，推进地方经济合作的深化，构建更为紧密的相邻地区的经济链接，加强共享合作利益的基础。

(一) 发掘地方经济合作的潜力

东北亚地区从地域上看，参与合作的国家与地区主要包括中国（东北地区）、日本、韩国、俄罗斯（远东地区）、朝鲜、蒙古国，这6 个国家与地区的经济发展水平差异较大。中国东北地区位于东北亚腹地，处于区域中心，与各国海陆相连，具有良好的区位优势。实施东北振兴战略以来，该地区确实实现了一定的发展，但经济总体水平与日本、韩国的一些地方相比，仍然存在明显差距。

俄罗斯作为图们江三角的一个成员，区位优势明显，资源丰富，

---

① 《中俄地方合作迈向走深走实新时代》，https：//www.hlj.gov.cn/n200/2019/0701/c44-10903169.html。

② 《第六届中俄博览会商务活动成果喜人》，https：//m.dbw.cn/heilongjiang/system/2019/06/23/058220734.shtml。

经济发展潜力大。远东地区对于俄罗斯来说，具有重要的地缘政治和地缘经济意义，但俄罗斯远东地区经济的发展相对于其西部地区较为落后，该地区与其他地方开展经济合作的基础较薄弱，经济制度也不健全。① 例如，中、俄、朝三国制定的图们江地区口岸通关等法律制度不符合国际惯例，无法实行三方对接，自由与开放度也还有较大改善空间。三边自由口岸制度无法建立，严重制约着图们江区域运输通道的高效畅通，极大地影响了贸易、投资、旅游等活动的便利化与自由化。正因如此，东北亚各地与远东地区相关的经济技术合作迄今仍主要以合作开发资源为主，贸易结构也以初级产品为主。

蒙古国位于东北亚经济圈向西延伸的腹地，国土的大部分是畜牧草地，经济中心在以乌兰巴托为中心的铁路沿线地区，各地经济发展不平衡，经济发展过程中波动较大。朝鲜位于图们江次区域经济圈的南部，是图们江三角的重要成员国，与中国东北地区、俄罗斯相连，北部与中国接壤，东南隔朝鲜海峡与日本相望。进入 21 世纪以后，特别是金正恩执政以来，2012 年金正恩指示内阁成立"经济改革领导小组"，研究经济改革事宜，初步形成"朝鲜式新经济管理体系"，在部分工厂、企业、农场进行试点。2018 年年初，朝鲜劳动党七届三中全会推出"集中一切力量进行经济建设"的新战略路线。② 朝鲜为了重建经济，重视基层经济单位的创造性，扩大与国外的经济交流，积极引进先进技术，为从根本上解决粮食、资源供给不足的问题，一方面明确改革方向，把握好改革力度，促进经济增长。另一方面，积极加大对外开放力度，大力发展出口加工业，增加创汇，增加粮食供给和资源进口量，促使经济增长进入良性循环的轨道。③ 尽管朝鲜在东北亚地方经济合作中不是十分积极主动，但也十分渴望加速推进和参与该区域经济圈的开发。

日、韩两国经济发展水平较高，国际竞争力较强，在东北亚地方

---

① 韩彩珍：《东北亚地区合作的制度分析》，中国经济出版社 2008 年版，第 54 页。
② 王付东：《金正恩时代的朝鲜经济体制转型研究》，《亚太经济》2020 年第 2 期。
③ 王付东：《金正恩时代的朝鲜经济体制转型研究》，《亚太经济》2020 年第 2 期。

合作中具有资金优势和技术优势，但又受地理位置与资源条件所限，两国在发展的过程中严重依赖能源和原材料进口，而大量工业制成品销售又受外部市场的影响，加强与东北亚各国的经济联系、积极参与东北亚地方之间经济合作，成为一种战略上可取的选择。

东北亚各国地方政府之间的跨境经济合作与交流，需要建立在协调畅通的市场机制之上。但东北亚六国的社会制度、体制与经济发展水平不同，使其区域市场机制的建立比较艰难，市场环境短期内不容易畅通。

中国与俄罗斯、蒙古国都是由计划经济向市场经济转轨的经济体，朝鲜国内至今仍在推行高度集中的计划经济体制。现实当中，东北亚地区市场不完善，一直未能建立协调一致的区域通商秩序。例如，在东北亚跨境旅游合作方面，虽然各国有强烈的合作愿望，区域内互为市场、互为目的地的趋势越来越明显，地域优势越来越突出，但东北亚旅游资源的开发利用程度、旅游经济覆盖面和旅游业总体发展水平较低，东北亚区域旅游市场潜力还须进一步挖掘。① 在东北亚地区未能建立完善的跨境通商秩序和跨境交易市场的背景下，东北亚各国地方政府之间的合作很难深化。

虽然东北亚跨境地方经济合作已有较大进展，但合作主体之间的政治分歧并未完全消减。迄今为止，东北亚国家之间尚未实现真正的"政治和解"，也相对缺乏统一的政治认同感。② 尽管对话机制畅通，2018 年朝鲜半岛出现缓和的迹象，但朝鲜半岛分裂与对峙局面并未发生根本性改变。由于各种历史问题与现实问题交织在一起，东北亚各国之间的信任严重缺失。东北亚各国社会制度、经济发展梯度、意识形态等差异较大，尤其是朝鲜半岛局势的变化，逐渐演变成为影响东北亚区域合作的重要因素，而朝鲜半岛问题的解决并非南北两方所能驾驭，还牵涉中、美、日、俄多方的利益与安全。

---

① 李英武：《推进东北亚区域旅游合作的若干思考》，《东北亚论坛》2006 年第 5 期。
② 张蕴岭：《东北亚区域合作与新秩序的构建》，《社会科学战线》2015 年第 3 期。

另外，东北亚各国之间的领土、历史问题等冲突，也成为东北亚地方经济合作的不确定因素。因此，仅仅从经济联系角度来推动东北亚地区合作开发进程，显然远远不够。

东北亚地区基本没有经济活跃度较高、规模较大的城市群，因此也谈不上增长极的辐射效应，导致在东北亚地方合作过程中，市场功能难以充分发挥作用，地方合作主要体现政府行政领导者的意愿，常常以"市长行为"代替"市场行为"，此类缺少市场主导、只靠政府去投资、不以利益驱动的区域经济合作，很难持续化与长期化。[①] 例如，在图们江开发中，市场经济无法配置资源，未能形成经济增长极，主动投资的企业为数不多，获得经济利益的企业更是凤毛麟角。没有企业的区域经济合作，政府成为唯一资金来源，但政府的投资仅限于基础设施，也很难持续。因此，一旦政府停止投资，开发进程便会受阻，当资金耗尽，又要向上一级政府申请投资资金。从大图们江次区域的开发历程看，整个开发过程基本是依赖政府调控在推进，市场机制调节作用缺失。另外，中国东北地区、俄罗斯远东地区和朝鲜的市场经济意识也相对较弱，人们的思想里计划指导思想尚存，创业和民营经济未能深入扎根。在图们江次区域经济开发过程中，政府制定经济计划，划定经济区范围让投资者过来投资、开发，有问题找"市长"，而不是靠市场，遇到困难就向中央要政策，遇到难点就要报上一级政府部门审批。

由于各方利益诉求存在差异，能够协调东北亚地区经济合作的有效机制还未形成，而在各国已有的合作机制中，又不易做到统一的中央政府与地方政府的有效配合。东北亚各国地方政府间的合作进程，目前普遍停留在各国的省级地方政府间进行接触谈判阶段，其深度和广度明显受到局限。目前，东北亚地区各国之间若发生贸易摩擦，似乎还很难指望通过规范性的、制度性的协调机制来帮助解决，更多是

---

① 张杰：《次区域经济合作研究——以图们江次区域经济合作为中心》，博士学位论文，吉林大学，2009 年。

依靠双方反复的讨价还价，最后才能达成暂时的或一次性的妥协，而类似的问题却不会是一次性的，而是持久性的。[①]

在中俄图们江区域的物流合作中，因交通运输资源未能整合及配置好，导致各自为政，难以形成有效合作。中国希望借此打开图们江入海通道，进一步带动东北各地的发展；朝鲜寄希望于通过该地区的开发开放，缓解国内危机；韩国的积极参与，在很大程度上是希望借此更多地与朝鲜接触，从而推动朝鲜半岛统一进程；俄罗斯打算充分发挥远东资源优势，拉动边疆地区经济增长。目标的不一致，导致开发开放行为存在差异，进而影响到该地区合作开发的进程。应该说，图们江区域经济合作是东北亚地方经济合作的典范，但其开发实际呈现软约束、松散、非制度化的特点，尽管合作目标有着宏伟蓝图，但合作进程推进迟缓。

（二）务实灵活推进地方合作

东北亚作为一个经济区，相互间的联系与合作是建立在多结构、多层次基础上的，开放合作可以使各自的优势得到释放。东北亚经济命运共同体构建的认知基础是共同受益，通过开放与合作，实现共同发展，从而使各方获得好处。[②]

地方是东北亚各国经济发展战略的链接点。如中国的"一带一路"倡议、俄罗斯的"东向战略"、韩国的"新北方政策"、蒙古国的"发展之路"倡议等，都离不开地方的参与和对接。根据《东北亚地方合作圆桌会议长春共识》，各方同意着力打造高效的区域交通物流网络，积极构建东北亚区域海陆空大通道，加强技术协作，加快合作进程，实现人畅其行、物畅其流。[③] 不仅如此，自 2019 年始，按照中韩全方位、宽

---

① 莽景石：《东北亚一体化：政治成本与演进路径》，《世界经济与政治》2015 年第 9 期。

② 张蕴岭：《处在历史转变的新起点——基于东北亚命运共同体的思考》，《世界经济与政治》2020 年第 6 期。

③ 《东北亚区域六国地方政府官员长春谋求合作》，https：// baijiahao. baidu. com/s？id = 1642571718124049264&wfr = spider&for = pc。

领域合作的总体要求，中韩（长春）国际合作示范区积极对接韩国地方政府，先后与韩国建立 17 个道及广域市的联系，双方通过互访、视频连线、实地考察等形式开展国际交流活动，视频连线 50 余次。①

因此，东北亚区域内各级政府应在推进国家大战略的基础上，将各地发展规划、跨区域合作计划同本国与其他国家的国家战略进行对接。

2019 年在首届东北亚地方合作圆桌会议上，参会学者表示，为打造共享和谐的东北亚，应致力区域发展、深化战略对接，打造开放共赢的东北亚。抢抓发展机遇，优化空间布局，推动互联互通，铺就共建、共享、共赢之路。② 在对接过程中，应合理确定地方政府定位，将地方政府的发展规划打造为上连国家战略、外接国际市场的桥梁。同时，地方政府的对外合作应注重合作内容的细化与合作方式的协调，实现区域间的互联互通。这种互联互通，有三个含义：一是物理联通，即基础设施相互连接，以便可以顺畅通过；二是法规联通，即有一致的或者相互承认的法律规则，以便跨区、跨境方便快捷；三是人员相通，即便利人员流动。③ 此次会议发布的《长春共识》，从东北亚地区大通道建设、民间交流等方面都进行了详细的规划，④ 让区域合作真正成为联通各国发展战略的纽带。

中国提出的第三方市场合作，是在三方合作理念基础上提出的国际经济合作新模式。第三方市场合作是指中外多国企业共同在第三国市场开展经济合作。第三方市场合作主要通过中国企业与发达国家跨国企业合作，实现"一带一路"高质量发展。⑤ 东北亚区域

---

① 《开辟长春开放发展"新赛道"》，http：// www.jl. gov. cn/zw/ yw/jlyw/202108/t20210804_8166866. html。

② 《深化互动交流增进互信合作 携手开创东北亚美好新未来》，http：//finance. sina. com. cn/world/2019-08-23/doc-ihytcern2916514. shtml。

③ 张蕴岭：《把"在第三方合作"坐实》，《世界知识》2019 年第 6 期。

④ 《东北亚地方合作圆桌会议发布〈长春共识〉呼吁积极构建海陆空大通道》，https：// www. imsilkroad. com/news/p/382263. html。

⑤ 张颖：《中国的国际经济合作新模式：第三方市场合作》，《现代国际关系》2020 年第 4 期。

各国要素禀赋的差异性，为东北亚区域内的第三方市场合作带来了机遇。朝鲜、蒙古国、俄罗斯远东地区拥有丰富的自然资源，中国、韩国、日本三国拥有相对发达的科学技术与丰富的资本，这种天然的互补性可以为区域合作带来新的契机。尤其是在北极航线渐热的当下，通过整合区域内各类要素禀赋优势，东北亚区域可以实现从域内合作转向区域内资源优势加技术优势与域外地区（如东盟、欧盟）的合作，从而进一步激发区域内发展潜力。中国（海南）改革发展研究院院长迟福林建议，东北亚地区应加快打造若干个第三方市场合作示范区，推动中日、中韩与俄罗斯、蒙古国等共建以能源为主题的合作示范区，探索与朝鲜开展能源、农业、制造等方面合作。同时，共同推进亚洲超级电网项目建设，率先在电动汽车、智能电网等领域开展合作，并在环境治理问题上加强合作，共同推动区域环境治理。①

推动东北亚地方经济合作，还应建立区域内"产—学—研—官"四位一体的立体合作框架。在继续推进各级各地政府合作规划的同时，应积极鼓励各国的高校、科研机构、企业开展全方位合作，将东北亚地区打造成对外开放新前沿。② 其中，官方合作应树立大局观，各级政府应建立协调一致的区域统一规划，避免盲目投资和重复建设。此外，可探索建立东北亚区域高校联盟，在人才培养、师生交流等方面提供优质高端的平台；推动东北亚区域内主要科研机构的长效合作，在解决海洋污染、空气污染、交通规划等方面，为地方政府合作提供专业的智力支持；积极促成东北亚区域内的企业合作，鼓励大企业主动与各地中小型企业、地方民办企业合作，实现企业技术资金同劳动力、资源的最优整合与配置。在构建"产—学—研—官"四维合作框架的基础上，应建立东北亚区域内各经济部门、各行业的动态

---

① 《东北亚经贸合作潜力加速释放》，https：//baijiahao. baidu. com/s？id = 164307189553
0718801&wfr = spider&for = pc。

② 《积极打造对外开放新前沿》，http：//theory. people. cn/n1/2020/0507/c40531-3169
9008. html。

信息系统，形成东北亚区域合作信息库，在大数据的支持下，进一步挖掘合作潜能。

2018 年 9 月，习近平主席在符拉迪沃斯托克（海参崴）举办的第四届东方经济论坛的致辞中，提出了凝聚中国智慧和主张的"构建东北亚经济圈"的倡议，其将东北亚区域合作由环日本海圈合作、东北亚区域合作向东北亚经济圈建设推进了一大步。① 作为"东北亚经济圈"建设的重要一环，地方经济合作必不可少。地方经济合作承载着东北亚各国经济社会合作的重任，可以在一定程度上规避国家间关系问题的制约，同时，地方经济合作更能直接惠及基层民众，最能直接体验和体现"经济命运共同体"的内涵。因此，在推进东北亚经济命运共同体的构建过程中，应该对深化地方经济合作给予更多的重视和支持。

---

① 笪志刚：《东北亚区域合作的新机遇与新挑战》，《东北财经大学学报》2019 年第 4 期。

第十章　日本与东北亚经济命运共同体构建

　　东北亚对日本有着地缘和综合利益的特殊重要性。就经济关系而言，日本与东北亚多数国家建立了密切的经济联系，以多种方式参与东北亚地区的合作进程。但是，受历史和现实政治安全因素的影响，日本又难以在地区合作进程中发挥主导作用，其本身也对构建制度化区域合作保持谨慎。

一　日本与东北亚国家的双边经贸关系

　　双边经贸关系是日本在东北亚的利益基础。多年来，日本大力推动与东北亚国家的经贸关系（朝鲜除外），积极构建区域合作网络。

　　中日之间的贸易和投资关系非常紧密。2020 年，中日贸易总额（除去香港）约为 3048 亿美元（比 2019 年增加 0.3%）。中国连续 14 年成为日本最大的贸易伙伴国。① 从进出口结构上看，2020 年日本对华主要出口电气机器以及相关零部件（27.0%），原子炉、锅炉以及机械类（20.8%），铁道用以及轨道用以外的车辆（9.4%），光学机器、相机用机器、电影用机器、测定机器、精密机器以及医疗用机器（9.2%）；日本对华进口的产品为电器机器以及零部件（27.9%），原子炉、锅炉以及机械类（20.0%），衣物类以及相关附属品（4.3%）

---

　　① 外務省.『外交青書 2021 年』. https：//www. mofa. go. jp/mofaj/files/100181433. pdf.

等。[①] 由上述数据可知，日本对华出口或进口占比较高的行业是一致的，比如一般机械类、电器机器类、化学工业类等。这反映出，至少在这三个主要行业，中日价值链融合程度较深，短期内很难改变。经过多年的发展，现有中日间的贸易格局是中日深层次价值链合作的反应，具有内在稳定性。[②]

在投资方面，2019 年日本对华直接投资金额达 37 亿 2 千万美元，日本是中国的第三大投资来源地。[③] 日本贸易振兴机构于 2019 年 8 月 26 日—9 月 24 日对在华 1519 家日企开展了问卷调查，结果表明，在华日企今后 1—2 年内将"扩大投资规模"的占比为 43.2%，"维持现状"的占比为 50.6%，"缩小投资规模"的占比为 5.4%，主张"向第三国或地区转移、撤退"的占比仅为 0.9%。[④] 2020 年后，大部分日企依然看好中国市场。尽管 2020 年 1 月拜登上台后，日本配合美国开展对华竞争战略，加剧了中日两国之间的固有矛盾，但由市场驱动形成的两国互利合作格局没有发生变化，两国经济依然有很强的互补性。在后疫情时代经济形势和数字经济崛起的时代背景下，日本很大可能会继续实施和深化与中国互利合作的经济政策，从而推动中日经贸合作提质升级。[⑤]

日、韩经贸关系密切，尽管不时受到两国政治关系的影响，发生贸易摩擦，但两国的经贸关系大格局没有发生变化。日本依然是韩国的第三大贸易伙伴国，韩国同样也是日本的第三大贸易伙伴国。从进出口结构看，日本对韩国主要出口产品为半导体、半导体制造装置、钢铁板、塑料制品、精密化学原料等。日本对韩国主要

---

①　日本貿易振興機構（JETRO）.「中国」. https：//www. jetro. go. jp/world/asia/cn/basic_ 01. html。

②　许悦雷：《外部冲击下表现较强韧性的中日经贸关系》，《日本研究》2021 年第 2 期。

③　外務省.『外交青書 2021 年』. https：//www. mofa. go. jp/mofaj/files/100181433. pdf.

④　日本貿易振興機構（JETRO）.「投資（進出）に関連した特長、問題点」. https：// www. jetro. go. jp/world/asia/cn/basic_ 01. html。

⑤　崔健、梁栋：《后安倍时代日本经济变化及对外经济政策特点——兼论对华经济政策走向》，《延边大学学报》（社会科学版）2021 年第 3 期。

进口产品为石油制品、钢铁板、半导体、精密化学原料、塑料制品、汽车零部件等。① 从日韩双边投资关系上看，近年来随着韩国大企业的需要，对日本零部件以及原材料企业的投资规模不断扩大。虽然受日韩争端的影响，两国互相直接投资呈现大幅度下滑的趋势。但双方依然是彼此重要的投资伙伴，日本继续为韩国的第五大投资国。② 就未来发展而言，日韩双方经济互补性强，尽管双边自贸协定谈判停滞，在 RCEP 生效的情况下，主要贸易壁垒一旦打破，势必存在深化发展的基础。此外，从中日韩三边关系来看，日本与中韩在推动东北区域经济一体化层面上存在共同利益。虽然日韩贸易摩擦的发生，对中日韩自贸区的建设形成了负面影响，但三国经济结构不同、互补性很强，三国在货物贸易、服务贸易、财政金融、信息科技等方面存在广阔的合作空间，③ 为日本改善日韩经贸关系提供了内生动力。

俄罗斯具有丰富的自然资源，是日本重要的海外能源市场。受新冠疫情的影响，2020 年日俄间的贸易额比 2019 年减少了 24.3%。其中主要的进口产品矿物性燃料（原油、天然气、煤炭等）的交易额比去年减少了 37.7%。2020 年的贸易总额为 17738 亿日元。④ 从进出口的产业结构上看，2020 年日本向俄罗斯主要出口产品为汽车，占对俄总出口产品的 41.9%，而汽车零部件占比为 11.0%，橡胶制品占比为 5.4%。日本主要向俄罗斯进口液化天然气（21.9%），非铁质金属（21.2%）、煤炭（17.0%）、原油等（16.8%）。由此可见，俄罗斯既是日本主要的汽车出口国，也是日本重要的资源或能源进口国。⑤ 从投

---

① 日本贸易振興機構（JETRO）.「韓国」. https：//www. jetro. go. jp/world/asia/kr/basic_ 01. html.

② 外務省 .『外交青書 2021 年』. https：//www. mofa. go. jp/mofaj/files/100181433. pdf.

③ 田正：《日韩贸易摩擦对日韩两国经济影响分析》，《东北亚学刊》2021 年第 1 期。

④ 外務省 .『外交青書 2021 年』. https：//www. mofa. go. jp/mofaj/files/100181433. pdf.

⑤ 日本貿易振興機構（JETRO）.「ロシア概况」. https：//www. jetro. go. jp/world/russia_ cis/ru/basic_ 01. html.

资上看，日企对俄的投资额有逐年上升的趋势，2016 年直接投资额为
109 万美元，2017 年为 242 万美元，2018 年为 478 万美元，2019 年为
419 万美元，2020 年为 488 万美元。① 这说明，俄罗斯市场对日企仍具
有极强的吸引力。日俄经贸关系从整体上看，两国存在结构互补性。
俄罗斯和独联体地区具有丰富的石油、煤炭、天然气、铀、稀有金属
和稀土，加强日俄经贸关系的发展符合日本开展资源进口多元化的战
略目标，并且有利于保障稳定的能源进口渠道。另外，苏联时期建造
的基础设施持续老化，存在诸多基础设施设备新建和项目更新的问题，
这与日企要求改善投资环境的需求不谋而合，为日本加快推进日俄经
贸关系的发展提供了条件。

　　蒙古国资源储量丰富，日本高度重视发展与蒙古国的关系。尽
管与其他主要大国间经贸关系相比，日蒙之间的经贸总量较小，但
对日本而言具有特殊的意义。2015 年日、蒙签署经济合作协定
（EPA）。根据该协定，日本汽车对蒙出口关税将分阶段取消。同时，
日本将在 10 年内取消所有对蒙进口关税。届时，蒙古国将向日大量
出口煤矿和稀有金属等矿产品。② 2020 年日本对蒙古国出口额为
364 亿日元，进口额为 15.5 亿日元，日本的出口贸易额远超进口
额，表现出蒙古国对日本产品的需求性。从进出口的产业结构上看，
日本主要从蒙古国进口矿产资源（煤炭、萤石）、纤维制品、一般
机械，而日本向蒙古国出口汽车、一般机械等。日本对蒙古国的投
资主要在资源开发领域，截至 2020 年 9 月，日本向蒙古国的直接投
资约 9.7 亿美元。总体而言，日本需要蒙古国的煤炭、铁、稀土等
矿产资源和能源，蒙古国则需要日本在资金和技术方面给予支持，
双方在经济结果上存在互补性。对日本来说，加强日蒙经贸关系不
仅有利于其实现能源进口多元化战略、保障资源能源稳定的运输渠

---

　　①　日本貿易振興機構（JETRO）.「ロシア概況」. https：//www. jetro. go. jp/world/
russia_ cis/ru/basic_ 01. html.
　　②　《日蒙签署经济合作协定　日本 10 年内取消对蒙进口关税》，http：// world. peo-
ple. com. cn/n/2015/0227/c157278-26605411. html.

道，而且对于其在东北亚区域经济合作中把握主导权等方面具有现实意义。

总之，虽然东北亚各国经济发展水平参差不齐，日本对域内各国经贸合作的规模和水平存在差异，但也存在着互补的潜在空间。中国具有巨大的生产能力、创新活力和市场潜力，日本、韩国拥有精湛的精工技术，俄罗斯、蒙古国蕴含丰富的资源以及朝鲜还有待开发的潜能等，构成世界上少有的优势互补经济区特征。东北亚是一个经济区，相互间的联系与合作建立在多结构、多层次的基础上，开放合作可以使各自的优势得以释放。① 日本与域内各国的双边经贸关系是其参与东北亚区域经济合作的基础，在共同构建东北亚经济命运共同体中具有天然的内在联系。

二 日本多层次参与东北亚经济

由于复杂的历史及地缘政治因素，东北亚至今尚未建立可覆盖六国的区域合作机制，缺乏统一的机制化合作框架。目前，日本参与东北亚区域经济合作的机制主要以区域内的小多边机制为主，参与主体涉及中央政府、地方政府、非政府组织等，具有灵活性特征。

（一）中日韩合作机制的发展

中日韩合作机制主要包括三个平台：一是中日韩领导人会晤机制。2008 年 12 月 13 日，中日韩三国首次在"10 + 3"框架外举行中日韩领导人会议，并同意将其机制化。目前，中日韩三国已建立以领导人会议为核心，以部长级会议、高官会和 70 多个工作层机制为支撑的合作体系。领导人会议是最高层级机制，对中日韩合作发展做出战略规划和指导，迄今已举行八次领导人会议。三国还在外交、科

---

① 张蕴岭：《处在历史转变的新起点——基于东北亚命运共同体的思考》，《世界经济与政治》2020 年第 6 期。

技、信息通信、财政、人力资源、环保、运输及物流、经贸、文化等领域建立起 21 个部长级会议机制，负责相关政策的规划和协调。①

二是《中日韩关于促进、便利和保护投资的协定》的签署。中日韩投资协定谈判于 2007 年启动，三国先后进行了 13 轮正式谈判和数次非正式磋商。2014 年 5 月，中日韩投资协定正式生效。② 该协定囊括了国际投资协定通常包含的重要内容，包括投资定义、适用范围、最惠国待遇、国民待遇、征收、转移、代位、税收、一般例外、争议解决等条款。③ 这是第一个促进和保护三国间投资行为的法律文件，为中日韩自贸区建设提供了重要的法律基础。在经济意义方面，中日韩投资协定的签署不仅为三国投资者提供了更为稳定和透明的投资环境，而且为进一步推进中日韩 FTA 谈判创造了条件。

三是中日韩自贸区（FTA）的建设。2012 年 11 月，中日韩经贸部长级会议召开，共同发布了"中日韩自由贸易协定交涉开始"的宣言，④ 先后召开了 16 次商榷谈判。由于 2022 年 1 月 1 日 RCEP 正式生效，中日韩自贸协定如何定位，能否就达成高于 RCEP 的协定达成共识还需要做很多工作。

（二）积极推动地方的次区域合作

日本参与的地方合作主要包括三个机制：

一是"东北亚地区地方政府联合会"（简称"NEAR"，以下简称"联合会"），它是由东北亚 6 国的州、省、道、县、广域市等共同构成的东北亚区域地方政府合作机构，致力于促进东北亚地区间交流合作与共同发展。联合会自 1996 年成立以来，至今已有来自中、日、

---

① 外交部：《中日韩合作》，https：//www.fmprc.gov.cn/web/gjhdq_ 676201/gjhdqzz_ 681964/zrhhz_ 682590/jbqk_ 682592/。

② 外务省．「日中韓投資協定」．https：//www.mofa.go.jp/mofaj/files/000018458.pdf.

③ 中华人民共和国商务部：《中日韩三国正式签署投资协定》，http：//www.mofcom.gov.cn/article/ae/ai/201205/20120508120383.shtml.

④ 外务省．「日中韓自由貿易協定（FTA）交渉開始に関するプレスリリース」．https：//www.mofa.go.jp/mofaj/press/release/24/11/pdfs/20121120_ 02_ 02.pdf.

韩、蒙、朝、俄六国 76 个地方政府会员。其中,日本有 11 个地方政
府是该联合会的成员。①

二是"东北亚地区国际交流与地方政府合作峰会",其创立于
1994 年,意在加深相关国家间的友好关系,在经济、旅游、文化、
环境等领域实现地方政府间共同发展。会议每年由中国吉林省、俄罗
斯滨海边疆区、韩国江原道、日本鸟取县、蒙古国中央省轮流举办。②
截至 2019 年,该会议已举办了 24 届,为实现东北亚地区的区域间高
水平、深层次合作奠定了基础。③

三是"大图们倡议"(GTI)框架下的合作。日本虽然不是"大
图们倡议"(GTI)的成员国,但其地方政府在大图们倡议框架下多
领域的会议论坛中十分活跃。例如,"大图们倡议东北亚地方政府合
作委员会"(LCC),是旨在促进东北亚地方政府交流与合作的国际性
区域组织。自 2013 年首次举行会议以来至今已举办 8 次。2020 年,
LCC 第八次会议、物流分委会(LSC)第六次会议及海洋合作分委会
(MCSC)成立仪式暨第一次会议在线上举办,中、俄、蒙、日、韩
地方政府、物流领域私营企业和国际组织代表出席,主要探讨了地方
合作以及物流领域所取得的进展,并就新冠疫情形势下所面临的挑战
提出意见和建议。④ 再如,日本地方政府积极参加由吉林省旅游发展
委员会和大图们倡议秘书处(GTI)联合发起的国际性旅游学术交流
会"大图们倡议"东北亚旅游论坛,该会议以中、韩、蒙、俄 4 个成
员国为主体,日本、朝鲜参与的形式运行,旨在推动图们江次区域的
旅游合作,打造东北亚区域无障碍的跨境旅游合作圈。2020 年 11

---

① 参与其中的日本地方政府包括:青森县、山形县、新潟县、富山县、石川县、福井
县、京都府、兵库县、鸟取县、岛根县。参照"东北亚地区地方政府联合会",http://
www. neargov. org/cn/page. jsp? mnu_ uid =2689&。
② 新华社:《东北亚地区地方政府首脑会议呼吁深化合作关系》,http://world. peo-
ple. com. cn/n1/2017/0410/c1002-29200536. html。
③ 《第二十四届东北亚地区地方政府首脑会议举行》,http://gxt. jl. gov. cn/jlqlh/jjxx/
201907/t20190730_ 6016572. html。
④ 黑龙江省人民政府:《大图们倡议东北亚地方合作第八次会议举办 邢爱国代表黑
龙江省政府参会》,https://www. hlj. gov. cn/n200/2020/1013/c35-11008693. html。

月，"大图们倡议"第九届东北亚旅游论坛在吉林省珲春市举行，各方代表在探讨新冠疫情后的旅游趋势及应对政策等方面达成多项共识。① 此外，日本地方政府还参加了"GTI 国际贸易投资博览会"（以下简称"博览会"）。首次博览会于 2013 年 6 月举行，旨在促进韩国、中国、俄罗斯、蒙古国等 GTI 会员国以及包含日本在内的东北亚地区间贸易、投资、交通基础设施建设。2020 年 10 月，"第八届GTI 国际贸易投资博览会"结束，共计成交 489 份出口海外合同，总交易额高达 2 亿 5731 万美金。②

总之，日本积极参与东北亚地方层面的多边论坛和会议，在旅游、贸易、投资、物流、文化、环境、海洋合作和基础设施建设等多领域中加强融合，间接推动了东北亚区域经济合作的进程。

（三）拓宽功能性合作的领域

除了政府层面的合作以外，在非政府层面，日本也积极通过各类行业协会、学术会议、智库合作等形式加强与东北亚地区各国在社会领域的合作。

首先是中日韩三国食品行业协会的合作，中国食品添加剂和配料协会先后与日本食品添加物协会、日本食品化学新闻社、韩国食品产业协会建立并发展为常态化的沟通和联络机制；③ 其次是中日韩民间权威智库在海洋方面的合作，三方共同成立黄海研究智库联盟，围绕着全球海洋治理、区域海洋治理与东亚海洋合作等话题展开学术交流与政策探讨；④ 最后是东北亚天然气和管道国际大会

---

① 中华人民共和国文化和旅游部：《"大图们倡议"第九届东北旅游论坛举行》，https：//www. mct. gov. cn/whzx/qgwhxxlb/jl/202011/t20201117_ 902764. htm。

② 《第八届 GTI 国际贸易投资博览会顺利闭幕 400 万人线上浏览盛况空前》，https：//www. sohu. com/a/427863890_ 100179405。

③ 《中日韩三国行业组织继续保持密切合作 共同推动行业发展》，《中国食品添加剂》2015 年第 6 期。

④ 《中日韩智库联手打造东亚海洋研究合作平台》，https：//baijiahao. baidu. com/s？ id = 1620524173308323047&wfr = spider&for = pcji。

（NAGPF）①，其成员国包括中国、日本、蒙古国、韩国、俄罗斯，是由天然气管道线专家进行的共同研究以及政策提议的机构平台，②至今已举办 13 届。

在智库建设层面，日本国内还存在一些专门从事东北亚区域经济合作的学术研究智库。目前主要有 4 个机构：第一个是综合政策研究机构（NIRA），成立于 1960 年，为东北亚区域经济合作建设提供了大量政策建议。③ 第二个是 1993 年成立的"环日本海经济研究所"（ERINA），旨在促进日本与不同地区的经济交流、推进东北亚经济圈的形成与发展。④ 第三个是 2004 年 12 月成立的"东北亚运输走廊网络"（NEANET），其主要任务为在相关国家间进行"图们江运输走廊"的活性化调查、研究和意见协调活动，支持跨日本海上航线开放项目和能源资源相关港口改善项目，以推动日本海域内人员和物资的流动。⑤ 第四个是"北陆环日本海经济交流促进协议会"（北陆AJEC）⑥，成立于 1992 年。该智库主要通过向东北亚诸国派遣调查团、参加国际会议等方式，促进环日本海经济的交流。⑦ 日本各社会团体和研究智库重视功能性合作，为加强东北亚地区的社会交流、学术合作，以及为相关企业提供智力支持等发挥重要作用。

---

① 东北亚天然气和管道论坛是 1997 年由中、日、韩、俄、蒙相关机构联合发起成立的非营利、非政府的学术组织，旨在通过成员组织间的信息交流、相互理解与合作，促进东北亚地区的天然气利用。论坛的中方成员组织是中国亚洲天然气和管道合作研究中心。参见《第十三届东北亚天然气和管道国际大会举行》，http：// world. xinhua08. com/a/ 20130904/1242411. shtml。

② 新井洋史．「北東アジアの現状と開発戦略」．http：//www2. jiia. or. jp/pdf/asia_ cen-tre/h14_ ne_ asia/3_ arai. pdf.

③ 総合研究開発機構（NIRA）．https：//www. nira. or. jp/about/outline/history/index. html.

④ 環日本海経済研究所．「ERINA 概要」．https：//www. erina. or. jp/about/profile/.

⑤ 北東アジア輸送回廊ネットワーク．「NEANET 紹介」．http：// neanet. jp/ about. html.

⑥ 日本的北陆地区主要包括富山县、石川县、福井县，该地区位于日本海沿岸的中心位置，接近关西、中部和关东各经济圈。北陆 AJEC 试图通过构筑相关经济圈和综合性交通网络，将北陆地区塑造为面向环日本海经济圈的门户代表。

⑦ 北陸 AJEC．「事業内容と主な事業活動」．http：// www. hokkeiren. gr. jp/ajec/top/ topset. html.

三 日本参与东北亚区域经济的特点

进入 21 世纪，日本的区域合作战略得到快速发展，由过去秩序的被动接受者向积极的塑造者身份转变，力图塑造以日本为枢纽的自由经济圈。其中，日本在东北亚区域经济合作政策方面出现了新动向，具体表现在以下几个方面。

(一) 重视小多边和双边经贸合作，灵活参与区域合作

由于东北亚地区并未出现覆盖全区域的机制化合作框架。因此，日本目前主要通过中日韩三边关系，以及与域内主要大国之间的双边经贸关系来深度参与东北亚的区域合作进程。

第一，从中日韩三边关系上看，三国合作为促进地区和世界经济增长、引领区域一体化进程发挥了重要作用。在很大程度上，中日韩三国是经济上相互依赖的人类命运共同体。尽管未来三国经济链接的结构会发生变化，但是相互依赖和共利发展的基础不会发生根本性改变。以中日韩合作为基础，推动构建东北亚经济区的建设，是东北亚经济命运共同体构建的一个重要内容。[①]

第二，从双边关系上看，在中日关系方面，虽然近年来日本对华态度开始趋于强硬，但日本学者指出，后疫情时代的经济复苏将大部分依赖于中国。[②] 在当前全球化遭遇阻力，单边主义、贸易保护主义等思潮愈演愈烈的形势下，中日在维护以世界贸易组织为核心的多边贸易体制，坚持自由贸易理念等方面存在基本共识。在东亚地区合作方面，日本学者认为，"RCEP 的生效在推动该地区经济统合层面具

---

① 张蕴岭：《处在历史转变的新起点——基于东北亚命运共同体的思考》，《世界经济与政治》2020 年第 6 期。

② 日本国際問題研究所．「戦略年次報告 2020 インド太平洋の今日と明日：戦略環境の変容と国際社会の対応」．https：//www. jiia. or. jp/strategic_ comment/pdf/StrategicAnnual-Report2020jp. pdf.

有重要的意义"①。目前日韩双方也在积极寻求关系改善的可能性。同时,
RCEP 的成功签署也意味着在地区框架下,日韩首次达成了经济合作协
定,② 对于缓和双边经济矛盾,加强沟通交流具有重要的作用。2012 年
安倍晋三第二次上台以来,积极推动日俄关系的改善。2016 年 5 月,安
倍晋三访俄期间,向普京提出了"8 项合作方案"③。2019 年 12 月,日俄贸易
经济政府间委员会召开,日方表示应推进包括能源或非能源领域在内的日
俄贸易关系全面发展,为实现一体化经济圈加强合作。④ 日蒙两国不断推
动战略伙伴关系的发展。特别是 2016 年 6 月《日蒙经济合作协定》
(EPA) 的生效,标志着日本与蒙古国的战略伙伴关系上升到新的阶
段。在日朝关系方面,近年来日本对朝鲜的态度出现了"新转向",由
过去的"抨击、打击"向寻求"对话和无条件谈判"转变。

(二) 地方政府积极推进海外合作,实现地方经济振兴

"环日本海经济圈"中的日本部分,是指面向日本海的地方政府,包
括 9 个都道府县:秋田县、山形县、新潟县、富山县、石川县、福井县、
京都府、鸟取县、鸟根县,它们整体经济规模较小,且经济发展水平参
差不齐。在日本政府"振兴地方"⑤ 的策略下,地方政府不仅在国际合作
领域获得了更大的自主权,而且有着极强的国际合作动力。

推动海、陆、空交通基础设施的完善,构建东北亚域内交通网络。
2018 年日本鸟取县副知事野川聪 (Nogawa Satoshi) 在第 23 届东北亚地
区地方政府首脑会议中表示,当前鸟取县的主要任务是建立新交通走廊,

---

① 大庭三枝.『RCEP 合意:日中韩貿易の利点を生かせ、「インド不参加」のデメ
リットは誇張』. https://www. nippon. com/ja/in-depth/d00677/.

② 外務省.『外交青書 2021 年』. https://www. mofa. go. jp/mofaj/files/100181433. pdf.

③ "8 项合作计划"包括:"健康寿命的延长;建立舒适、清洁、便利的城市;中小企业交流
与合作全面扩大;能源开发;提升俄罗斯产业多样化与生产力;远东地区产业振兴与出口基地化;
先进技术合作;加强人文交流。"

④ 外務省.「貿易経済に関する日露政府間委員会第 15 回会合」. https://www. mo-
fa. go. jp/mofaj/erp/jrea/page6_ 000461. html.

⑤ 日本的"地方振兴战略"以"地方创生"与"国际合作"为两大实现途径,在激发地
方经济发展活力的同时,积极推动地方发展参与海外合作。

关键在于把中国吉林省纳入 DBS 轮渡航线（东海上运营轮渡航线）①，之后向其他地区延伸。② 新潟县利用优越的地理位置，积极构建国际据点港口和国际机场、新干线、高速公路等交通网络，加强与东北亚地区国家的联系。2017 年 12 月，新潟县政府发布了《新潟机场路线网络战略 2017》报告，其中战略之一即为 "要确立新潟县成为面向东北亚的环日本海空中门户的地位"。为此，通往哈尔滨的航班由一周两班增加为 4 班，俄罗斯远东的航班由 11 班增加到 24 班，并探讨开通北京线与大连线。强调 "要充分利用东北亚地区地理和时间的优越性，推动新潟县成为商业和观光据点，确立其成为环日本海的门户地位。"③

积极发挥地方优势，推动东北亚旅游业的发展。日本地方政府还积极参与东北亚地区旅游圈的构建与打造，利用多种机制平台发声，加强与其他区域之间的合作。例如，在第 24 次东北亚地区国际交流与地方政府首脑峰会中，鸟取县提议，要加强各地区之间的观光交流与合作，通过举办各类国际体育赛事、国际会议等来吸引游客，实现地方经济的活性化，加强地区之间持续性交流。④

利用友好城市，加强地方之间的人文交流。例如，富山县政府积极倡导推进与各国各地区的国际交流和国际合作，通过 "东北亚地区自治体联合"（NEAR）⑤ 活动，构建和发展地区间交流网络化。2004

---

① DBS Cruise Ferry 在日本海，又称 "东海" 上运营轮渡航线，在俄罗斯符拉迪沃斯托克（海参崴）、韩国东海市及日本境港市运营。

② 俄罗斯卫星通讯社：《日本计划利用西伯利亚大铁路和俄日韩轮渡航线进行物流实验》，https：//sputniknews. cn/economics/201810301026698628/。

③ 新潟県．「新潟空港の路線ネットワーク戦略 2017 の概要」. https：// www. pref. niigata. lg. jp/uploaded/attachment/183677. pdf.

④ 鳥取県．『「第 24 回北東アジア地域国際交流・協力地方政府サミット」の結果について』. http:// db. pref. tottori. jp/pressrelease. nsf/5725f7416e09e6da492573cb 001f7512/EFCDDE80AD25ADED4925844700197CB9？OpenDocument.

⑤ 东北亚地区自治体联合（NEAR）成立于 1996 年，是由地方政府构成的国际组织，成立宗旨是推动东北亚地区的交流与合作，实现共同发展和世界和平。截至 2020 年 1 月，日本、中国、韩国、朝鲜、蒙古国和俄罗斯 6 个国家的 78 个地方政府均是 NEAR 的成员。参见富山県ホームページ．「北東アジア地域自治体連合」. http：//www. pref. toyama. jp/cms_ sec/1018/kj00007642. html.

年，富山市建立了"西北太平洋地域海行动计划"（NOWPAP）[①] 机构，主要负责推进环境合作等方面的支援活动。此外，富山县与中国辽宁省缔结友好关系，双方在经济合作、人员交流、环境保护等多个领域开展丰富的交流活动。[②]

总之，环日本海的地方政府为提高地方经济发展活力，利用优越的地理位置积极优化东北亚地区的域内交通网络，加强各国地方之间的交流与合作。

（三）鼓励企业积极拓展东北亚海外市场

在市场利益的驱动下，日企深度参与东北亚区域经济合作，其背后是日本政府部门与民间部门联合推动的海外拓展战略。

2018 年 6 月内阁决议通过《未来投资战略 2018》，该报告指出，政府对民间企业的具体支援包括：扩大基础设施出口，将重点政策通过官民一体化的方式进行推进；与外交战略相结合，通过主导"高质量基础设施的国际标准化"提高日本的国际存在；通过改善日元借款制度、手续迅速化、活用当地信息网络、与当地政府与企业合作等方式，提升官民一体化的竞争力；通过了解对象国的法律制度、投资环境整备以及提升日企应对能力等，完善基础设施投资的"软"环境。[③] 2021 年 6 月日本政府发布新版成长战略报告，明确强调要支持日本企业的国际事业开展，例如推动基础设施的建设；积极助力日企海外事业的开展，进而实现印太战略"强化

---

① 西北太平洋地域海洋行动计划（NOWPAP）是由联合国环境计划（UNEP）倡导的地区海洋行动计划之一，是以有效利用、开发、管理日本海、黄海的海洋与沿岸环境为目的的组织。中国、日本、韩国、俄罗斯共同参加，在 1994 年 9 月举行的第一次政府间会议中正式决定加入。富山県ホームページ.「北西太平洋地域海行動計画（NOWPAP）」. http：//www. pref. toyama. jp/cms_ sec/1018/kj00000787-001-01. html.

② 富山県ホームページ. http：//www. pref. toyama. jp/cms_ sec/1018/kj00001008-002-01. html.

③「未来投資戦略 2018」. https：//www. kantei. go. jp/jp/singi/keizaisaisei/pdf/miraitousi2018_ d2. pdf.

区域连结性"的目标。①

在宏观经济战略文件的指导下，日本其他政府部门和民间机构也纷纷出台各项政策。日本经济产业省为扶持中小企业走出去，特别推出了"推动中坚、中小企业海外拓展事业/农林水产、食品出口的支援政策"，为中小企业走向海外提供免费专家咨询、资金补助、跨境电子网站、国外人才活用、品牌化育成等支援政策。② 还有民间部门主导的诸多扶持计划，比如国际合作机构（JICA）③ 的民间联合事业，即 JICA 负责与官方机构的合作、构建信赖关系网络、提供开发发展中国家的信息、培养外国人才；日本企业负责提供技术、商业理念、具体规划和资金；通过官方与企业的合作以及其他商业途径为发展中国家解决各项课题。④ 由日本贸易振兴机构（JETRO）主导的"新出口大国联盟"（由 JETRO、中小机构、金融机构、工商会等组成）计划，为试图开展海外事业的中坚或中小企业提供支援，从事业计划的商策到商谈成立的每个阶段都配备专家进行全程支援。2016年 2 月至 2021 年 1 月 12 日，该计划共支援 9050 家企业，涉及农产品、水产品、工业品、零售、物流等多个行业领域。⑤

实际上，日企通过官民合作机制积极拓展海外市场，深度参与东北亚区域经济合作。据统计，截至 2020 年 10 月 1 日，日企在华数量达到 33000 余家。⑥ 据日本贸易振兴机构在 2019 年 8—9 月对在华日企的调查结果可知，有 36.6% 的日企表示将在今后 1—2 年内继续扩

---

① 内閣府.「成長戦略フォローアップ」. https://www.cas.go.jp/jp/seisaku/seicho/pdf/fu2021.pdf.

② 経済産業省ホームページ.「経済産業省の農林水産物・食品輸出支援策一覧」. https://www.meti.go.jp/policy/external_economy/smes/210120_shiensaku.pdf.

③ JICA（Japan International Cooperation Agency）为日本独立行政法人国际合作机构，其作为日本政府开发援助（ODA）一元化的实施机构，进行针对发展中国家的国际合作。

④ 国際協力機構民間連携事業部.「中小企業・SDGsビジネス支援事業」. https://www.jica.go.jp/priv_partner/case/ku57pq00002avzny-att/ind_summary_ja_202008.pdf.

⑤ 「新輸出大国コンソーシアム」. https://www.meti.go.jp/policy/external_economy/smes/210120_shiensaku.pdf.

⑥ 外務省ホームページ.「海外進出日系企業用点数調査」. https://www.mofa.go.jp/mofaj/ecm/ec/page22_003410.html.

大对华业务，有 55.6% 的日企表示会维持现状。① 韩国方面，截至 2020 年 10 月 1 日，日企在韩数量为 931 家。② 有 26.8% 的日企表示将在今后 1—2 年内继续扩大对韩业务，有 63.0% 的日企表示会维持现状。③ 截至 2020 年 10 月 1 日，日企在蒙古国数量为 519 家，在俄罗斯数量为 421 家。④ 日企在市场利益的驱动下，依赖政府和民间部门等相关政策支持，在参与编织东北亚区域经济合作网络中发挥重要作用。

概言之，日本的东北亚区域经济合作政策有重双边或小多边、轻东亚的特征，今后可通过中日韩三边关系，构建域内双边经贸关系网，并推动地方政府和企业深度融合到东北亚区域经济合作的进程中。

四 日本与东北亚经济命运共同体构建

东北亚各国的经济构成多层次的相互连接，在开放经济政策导向下，构成紧密的经济利益区，这是经济命运共同体构建的基础。日本具有二元特征：一是唯一的经济发达国家，为地区提供投资、技术和管理经验；二是自然资源缺乏、国内市场扩展能力弱的国家，需要外部资源和市场。因此，对于日本来说，东北亚地区对其国家生存利益和发展利益都有着非常重要、不可替代的作用。

"二战"后，日本经济快速复苏，日本开始重视区域合作。20 世

---

① 日本貿易振興機構（JETRO）.「2020 年度海外進出日系企業実態調査（アジア・オセアニア編）」. https：//www. jetro. go. jp/ext_ images/_ Reports/01/b5dea9948c30e474/ 20200017. pdf.

② 外務省ホームページ.「海外進出日系企業用点数調査」. https：// www. mo- fa. go. jp/mofaj/ecm/ec/page22_ 003410. html.

③ 日本貿易振興機構（JETRO）.「2020 年度海外進出日系企業実態調査（アジア・オセアニア編）」. https：//www. jetro. go. jp/ext_ images/_ Reports/01/b5dea9948c30e474/ 20200017. pdf.

④ 外務省ホームページ.「海外進出日系企業用点数調査」. https：// www. mofa. go. jp/ mofaj/ecm/ec/page22_ 003410. html.

纪 60 年代日本就提出了"环日本海经济圈"的地区构想。随着朝鲜
半岛地区局势的缓和，20 世纪 80 年代末 90 年代初，日本国内掀起了
关于构建环日本海经济圈的讨论热潮，认为东北亚地区各国之间可以
实现优势互补与分工合作，而日本则在其中发挥主导作用。例如，金
森久雄的《"环日本海经济圈"的发展应引起重视》(1989)①，小川
和男的《环日本海经济圈与日本》(1992)②，恩田久雄的《环日本海
经济圈构想与日本的作用》(1993)③ 等。

随着冷战后朝鲜半岛局势愈演愈烈，日本的环日本海经济圈构想
开始淡化，逐渐转向东亚共同体建设。小泉纯一郎当政时期正是东亚
共同体建设的热潮阶段。2001 年，东亚展望小组（EAVG）提交了
《迈向东亚共同体》的报告，首次提出以东亚共同体为愿景目标的地
区合作设想。④ 日本虽然基本坚持开放的东亚区域主义原则，坚持
"大东亚"的立场，接纳更多域外国家进行力量平衡，但日本经济的
振兴以及战略空间的拓展都离不开东亚。东亚地区依然是日本实施区
域合作战略的基本地缘依托。

东北亚区域合作是日本参与东亚区域合作的重要组成部分。从重视
多元主体参与到多领域合作，到由中央政府推进的中日韩合作机制，日
本对东北亚区域经济合作的参与经历了由谨慎到积极的漫长转变。

东北亚地区各国，除朝鲜外其他国家均实行开放发展的基本政
策，逐渐建立起相互连接的经营网络。中、日、韩三国已形成了阶梯
式和互补型的紧密经济关系，成为在经济上相互依赖的人类命运共同
体。在后疫情时代，参与东北亚区域经济一体化的构建符合日本维护
自由贸易体系的国家核心利益。为此，日本还在有序地推进其国际区
域合作战略的发展，例如积极推动《区域全面经济伙伴关系协定》

---

① ［日］金森久雄：《"环日本海经济圈"的发展应引起重视》，李玉新译，《中共中
央党校学报》1989 年第 10 期。
② ［日］小川和男：《环日本海经济圈与日本》，胡天民译，《世界经济与政治论坛》
1992 年第 1 期。
③ 恩田久雄.「環日本海経済構想と日本の役割」.『国際経済』1993 巻 44 号.
④ 张蕴岭：《日本的亚太与东亚区域经济战略解析》，《日本学刊》2017 年第 3 期。

的签署，在中日韩自贸区构建缓慢的情况下打通三国的市场。此外，东北亚地区蕴含丰富的能源、资源，是日本重要的资源进口市场，有利于推动日本能源进口多元化发展。日本通过推动东北亚地区多层次的经贸关系与合作机制保障，为其提供稳定的能源供给。

日本希望通过刺激环日本海地区的经济发展，借此拓展东北亚地区市场，实现地方振兴。同时，日本地方政府和企业也同样迫切期望通过拓展东北亚市场，加强海外合作，摆脱"地方萎缩"的顽疾，这就促进形成了日本地方政府推动东北亚次区域合作的难得机遇。

因此，日本作为地缘上的东北亚国家，从其根深蒂固的东亚情结、国家核心利益的建构、国内地方经济振兴的发展需求以及东北亚区域发展的现实利益链接等层面着眼，都可以发现其与东北亚经济命运共同体的构建存在着深刻的内在联系。

日本虽然在各个层面都积极参与东北亚区域经济合作进程，但由于东北亚地区特殊的地缘位置、历史遗留问题以及后疫情时代的经济环境恶化，日本在参与过程中也不可避免地会遇到相应的阻力与挑战。

东北亚地区作为一个地理概念，其覆盖范围涉及中国、日本、朝鲜、韩国、蒙古国以及俄罗斯的远东地区，由于特殊的地理位置以及历史因素，使得该地区不论内部还是外部，都处于大国林立、地缘政治因素突出的境地。此外，东北亚地区经济发展水平参差不齐、地缘政治局面充满变数、各国文化与价值观念不同，各国对合作议题偏好各异，这都极大地提升了区域合作的难度系数。特别是在后疫情时代，东北亚地区的地缘政治博弈与经济博弈并存，日本很难在构建区域合作框架中发挥主导作用，更难以协调与域内其他大国的利益关系。

由于东北亚地区的历史遗留问题和地缘政治博弈等因素，日本往往会优先考虑该地区的安全保障议题，即便是其积极推动与该地区国家的经贸合作，也会带有明显的政治意图。例如在日朝关系中，日本主要关注的是尽快解决核导问题以及绑架问题，而不是加强经贸合作；在日俄关系方面，日本"希望通过加强经济合作，推动双方在领土争议谈判中出现新进展，结束日俄两国持续 70 年的'异常状态'，进入新时代"①；在日蒙关系中，日本在对蒙古国 ODA 开发援助计划中强调："蒙古国是夹在中国与俄罗斯中间的民主主义国家，并且是一个非常亲日的国家。蒙古国稳定地成长与发展不仅有利于推动地区稳定与繁荣，对与我国（日本）的关系也有重要作用。"② 在这样的基本认识下，日本对蒙古国的援助不可避免地会带有政治目的；对于中日韩三边关系而言也存在诸多非经济因素的问题，例如中日领土争端依然悬而未决，同时随着中国的快速发展，日本将中国视为东亚地区秩序主导权的竞争者，而日韩关系也由于历史上劳工诉讼案问题而雪上加霜。

　　日本在自身定位上存在东北亚国家身份认同困境。日本不仅对自己的地缘属性，而且对世界地缘板块的认知也在不断变化。1997 年亚洲金融危机后，"10＋3"以及"10＋6"合作机制的构建，有利于日本东亚身份的塑造。但在整个后冷战时代，日本对东亚或亚洲甚至是东北亚区域主义的看法依然是复杂和充满分歧的。日本总是在如何拥抱与选择东西方政策之间摇摆不定，它不像亚洲绝大多数国家一样，对一套特定的亚洲价值观及身份进行坚守和拥护。③

　　身份归属和共同体意识是巩固区域主义和集体认同的重要标志及载体，除了客观地缘位置的空间性存在之外，更多的是基于从民众、社会到国家层面的身份认同，并以此带来的作为共同体的归属感，而经济命运共同体的构建只是其组成部分之一。在东北亚经济命运共同体构建中，除了密不可分的经济联系外，日本还缺失一个

---

　　① 首相官邸.「東方経済フォーラム全体会合 安倍総理スピーチ」. http：//www. kantei. go. jp/jp/97_ abe/statement/2016/0903eef. html.

　　② 「対モンゴル国 国別開発協力方針」. https：//www. mofa. go. jp/mofaj/gaiko/oda/files/000072254. pdf.

　　③ 吴怀中：《冷战后日本区域主义战略与亚洲合作进程——兼论区域共同体构建中的日本位相与趋向》，《日本学刊》2020 年第 3 期。

重要的身份认同。对日本而言，亚太或环太平洋地区或许是一个更为便利的区域概念，①开放的东亚区域主义才是一个可包容东西方的、可以给予日本活动空间的制度性框架。例如，星山隆认为，日本应推动亚洲地区建立一个包括美国、印度、澳大利亚在内的"大亚洲"，以此为基础构建经济合作机构，最终建立东亚共同体。②但日本的身份认同也会随着周边形势的变化而变化。身份的不确定性反而成为日本可以随意变换位置的"利器"。在新形势下，经济上的紧密相连、命运与共是否可以成为日本转换其身份的战略考量，还需要我们进一步观察。

深度融合东北亚区域经济合作，特别是构建东北亚经济命运共同体符合包括日本在内的域内各国的根本利益。如何结合东北亚地区的特殊性而对症下药，找到适合推动东北亚区域经济合作的突破口与着力点是值得思考的问题。推动日本参与东北亚经济命运共同体的构建可从数字经济、绿色经济两大新型经济发展形式入手。

目前，以数字技术为核心的新一轮全球经济分工在后疫情时代进入加速期。③《世界互联网发展报告2021》指出，数字经济成为世界各国加快经济社会转型的重要选择。世界各国加快新型基础设施布局，以5G、人工智能、物联网、工业互联网、卫星互联网为代表的新型信息基础设施逐步成为全球经济增长的新动能。④东北亚各国也纷纷推出本国的数字经济发展政策与规划。

日本对数字经济一直保持高度关注。2019年安倍晋三在G20大阪峰会上力推数字经济国际规则指定的"大阪轨道"，强调有必要确

---

① 吴怀中：《冷战后日本区域主义战略与亚洲合作进程——兼论区域共同体构建中的日本位相与趋向》，《日本学刊》2020年第3期。

② 星山隆.「日本のアジア外交—21世紀の日本の国家像を求めて—」.世界平和研究所レポート.

③ 孙志燕、郑江淮：《从"低成本"优势向数字经济大国优势转变的政策选择》，《改革》2021年第12期。

④ 新华社：《中国数字经济规模达39.2万亿元》，https://baijiahao.baidu.com/s?id=1711967194684324091&wfr=spider&for=pc。

立可信赖的国家和地区间的数据自由流通。2020 年 9 月，菅义伟政府推动数字厅成立，把分散在各部门的数字政策集中起来。2021 年11 月，岸田文雄上台后推出"新兴资本主义"口号，"数字田园都市国家构想"是其重要内容之一。^① 中国的数字经济也得到蓬勃发展。《中国互联网发展报告 2021》指出，2020 年中国数字经济规模达到39.2 万亿元，占 GDP 比重达 38.6%，保持 9.7% 的高位增长速度，成为稳定经济增长的关键动力。产业数字化进程持续加快，规模达到31.7 万亿元，工业、农业、服务业数字化水平不断提升。在新冠疫情的影响下，俄罗斯的数字经济也得到一定发展。2020 年 7 月，普京提出了未来俄罗斯十年数字化转型任务。新冠疫情的暴发提振了俄企业对远程办公、视频会议工具等数字化技术的需求；同时也催发了社会领域对数字解决方案的需求，刺激了电子商务的增长，推动了无现金支付的发展。^② 韩国政府也试图将发展数字经济作为后疫情时代经济发展新引擎的基础。2020 年 7 月，韩国政府发布"数字新政"。2021 年 9 月，韩国再次推出金额巨大的"超级预算"。用于"数字新政"的预算额度高达 1.7018 万亿韩元，同比增长 56.2%。韩国计划将重点打造"数据大坝"项目，加强大数据基础设施和建设。并到2025 年前，要在"数据大坝"中打造 1300 余个支持人工智能学习功能的数据库以及 31 个不同种类的大数据平台。^③ 蒙古国数字经济尚在发展中，据中国 2020 年发布的《"一带一路"数字贸易指数发展报告》可知，蒙古国的数字经济基础较为薄弱，与中国的合作相对较少，有极大的发展和开拓空间。^④

---

① 首相官邸.「二百五回国会における岸田内閣総理大臣所信表明演説」. https：//www. kantei. go. jp/jp/100_ kishida/statement/2021/1008shoshinhyomei. html.

② 《俄罗斯积极推动数字经济发展和数字化转型》，https：//www. 163. com/dy/article/GFUBFN8T0512D71I. html。

③ 《韩国建设"数据大坝"》，https：//baijiahao. baidu. com/s？id = 1711554141857165421&wfr = spider&for = pc。

④ 《数字经济"一带一路"数字贸易，哪些国家最亮眼？》，https：//www. sohu. com/a/417797537_ 771920。

在后疫情时代，数字经济已经成为引领全球社会变革、推动经济高质量发展的重要引擎。中日韩作为东北亚地区数字经济发展的先行者，应在推动东北亚数字经济命运共同体打造中发挥积极的引领作用。2021年8月，韩国完成加入《数字经济伙伴关系协定》①的国内程序，9月正式通报加入DEPA意向。韩方表示，DEPA很可能发展成为新的全球数字体系，将成为更多国家官方参与的平台。2021年11月，中国商务部也正式向新西兰提出申请加入DEPA。专家认为，这有利于提升中国在数字贸易发展方面与国际的对接效率，扩大高水平对外开放的方向。② 数字经济的蓬勃发展为联合日本共同参与东北亚数字基础设施建设，深化对蒙古国、俄罗斯等国的数字经济合作带来新的发力点。

中日韩三个亚洲大型经济体均已公开各自的碳中和目标，为东亚经济命运共同体带来"绿色复苏"。2020年9月在联合国大会上，国家主席习近平指出："这场疫情启示我们，人类需要一场自我革命，加快形成绿色发展方式和生活方式，建设生态文明和美丽地球。""中国将提高国家自主贡献力度，采取更加有力的政策和措施，二氧化碳排放力争于2030年前达到峰值，努力争取2060年前实现碳中和。各国要树立创新、协调、绿色、开放、共享的新发展理念，抓住新一轮科技革命和产业变革的历史性机遇，推动疫情后世界经济'绿色复苏'，汇聚起可持续发展的强大合力。"随后，日、韩两国相继承诺"碳中和"，时任日本首相菅义伟在国会发表首次施政演说时表示，日本将在2050年前实现碳中和。同年10月，韩国时任总统文在寅在国会发表演说时宣布，韩国将在2050年前实现碳中和。东亚三国经济合作和人员往来密切，在面临经济复苏和气候风险的多重压力下，联手展现气候"雄心"无疑将对东北亚绿色经济合作，为带动

①　2020年6月《数字经济伙伴关系协定》（Digital Economy Partnership Agreement，DE-PA）由新加坡、智利、新西兰三国于线上签署，旨在加强三国间数字贸易合作并建立相关规范的数字贸易协定。

②　《中国申请"入群"数字经济接轨国际》，《中国青年报》2021年11月2日，https：//baijiahao.baidu.com/s？id=1715282171308332595&wfr=spider&for=pc。

东北亚地区各国气候行动、达成气候目标、协力促进区域绿色复苏产生深远影响。

根据中国国家能源局的数据，截至 2020 年年底，中国风电、太阳能发电累计装机容量分别为 281.5GW 和 253.4GW。去年 12 月，中国承诺到 2030 年将非化石燃料在一次能源消费中的比重提高到 25%，并在同期使风电、太阳能发电总装机容量达到 1200GW。中国的这些切实措施为逐步从整体依赖化石燃料转向碳中和，并在同时为进一步经济繁荣铺平道路提供了路线图。[①] 以中日韩为首的东北亚地区各国应抓住变局，大力发展绿色经济，共同致力于气候变化和实现碳中和目标，促进社会经济系统和自然生态良性循环，为实现可持续发展作出积极贡献，共同构建东北亚绿色经济命运共同体。

五　结语

日本曾是世界第二大经济体，在技术研发、企业经营等方面拥有领先优势。基于互补利益上的驱动，日本与中国和韩国之间构建了紧密的产业链接，在这种链接中，日本无论在技术上还是在产品生产上，都拥有很大的优势。但是，日本一直有两个战略性担心：一是怕失去技术优势，让中国赶超；二是怕在区域合作机制构建中让中国主导。因此，日本企业在对华投资上，特别是在先进制造方面一直比较谨慎，在投资方向和投资规模上都避免过集中和过大。在构建区域性合作机制方面尽可能不参与中国倡导和推动的方案，比如，中日自贸区、中日韩自贸区、"东盟 + 3"自贸区，"一带一路"倡议、亚投行等，在中国申请加入"进步的跨太平洋伙伴关系"协定上也不给予支持。对于中国倡导的人类命运共同体构建，日本官方从未表态给予支持。

日本作为美国的盟国，对于美国实施的对华竞争是给予配合的，

---

① 《实现碳中和，中国是认真的（国际论道）》，https：//baijiahao. baidu. com/s？id = 1695517059654002520&wfr = spider&for = pc。

因为这也符合日本制约中国发展的总体战略。在此情况下，期待日本官方对于东北亚命运共同体的构建给予明确的支持是不可能的。因此，需要在经济领域通过推动双边和地区的开放，维护地区现行合作机制，以项目对项目、地方对地方和企业对企业的方式，务实地打造经济互联互通与合作共利的基础，增进共同发展、合作发展的意识。

第十一章 韩国与东北亚经济命运共同体构建

韩国位于东北亚核心地带，地区复杂的大国关系以及地缘经济、政治因素对其国家发展带来持续的影响。自卢泰愚政府"北方政策"出台以来，韩国历届政府都将东北亚地区视为对外政策中的最重要板块，提出致力于推动东北亚和平合作的诸多构想，对东北亚地区的经济合作有着积极而有为的政策。这不仅是出于营造经济发展的有利外部环境的需要，韩国更将东北亚区域合作视为实现国家统一、提升国际地位的重要依托。在区域要素禀赋与产业结构互补的有利条件下，韩国通过加强东北亚地区合作获得了经济增长的重要驱动力，与地区各国形成了利益关联、相互依存的人类命运共同体。

当今世界面临百年未有之大变局，大国力量格局调整、新一轮技术革新与产业发展使得国际经济合作环境发生重大变化，对韩国经济发展带来挑战与机遇。对韩国而言，增进构建"东北亚经济命运共同体"的区域共识，与地区各国团结互助、共同应对外部环境的不利冲击，全面激发地区经济发展活力，对实现经济复苏与增长具有重要意义，更能够为其推动朝鲜半岛和平繁荣营造有利环境。

一 韩国对东北亚的定位和认知

20世纪90年代，冷战格局瓦解对国际政治经济格局带来重大影响，东西阵营间合作交流开始加强，"东北亚""东亚"等地区概念

日益在韩国的对外政策中受到重视。特别是中国的快速发展与 1997
年亚洲金融危机爆发进一步促进了韩国与东北亚地区国家的经济合
作。自卢泰愚政府提出"北方政策"以来，韩国历届政府都提出了
致力于加强东北亚区域合作的地区构想，其基本逻辑在于开拓资源与
市场助力自身经济发展，不断提高自身对地区议题的影响力，乃至协
调大国关系为朝鲜半岛最终统一创造条件。

　　韩国东北亚区域经济合作政策形成于 20 世纪 80 年代，20 世纪
90 年代以来其政策内容不断丰富，推动了区域经济合作的加速发展。
从全球层面审视，冷战期间美苏对峙的两极格局瓦解，国际环境总体
趋向缓和，主要经济体间合作意愿增强，为韩国开展与北方国家合作
带来机遇。与此同时，经济全球化、区域经济一体化蓬勃发展，各国
纷纷根据国际经济形势的新变化调整发展战略，经济利益最大化逐渐
成为各国对外战略的根本选择。① 这种转变对于地处两大阵营对峙前
沿、领土与市场狭小的韩国而言，意味着各种经济资源要素禀赋流动
性显著加强，也使得韩国合作伙伴选择的空间得以拓展。以此为背
景，卢泰愚总统将"北方外交"作为其执政重点，积极谋求与苏联、
中国等社会主义国家的关系正常化。同时期，朝鲜半岛南北经济实力
逆转且差距不断拉大，韩国对朝鲜开放的信心加强，逐渐开始以经贸
为先导、"政经分离"的方式推动朝韩经济合作。由此，后冷战时代
韩国与东北亚各国经济合作全面启动并得到快速发展，在其对外经济
合作中逐渐占据首要地位。

　　朝鲜半岛位于东北亚核心地带，大国利益复杂交织，地缘政治、
经济因素相互作用对韩国国家发展形成多重影响。因此，韩国对参与
东北亚区域经济合作始终抱以积极态度，不仅是出于营造经济发展的
有利外部环境的需要，更将其视为实现国家统一、提升国际地位的重
要依托。

　　韩国自身要素禀赋有限，国内消费市场相对狭小，经济发展呈鲜

---

① 刘中民：《冷战后国际政治形势的特点》，《现代国际关系》1996 年第 5 期。

明的外向型特征。因此，保障稳定的原材料进口市场、不断开拓出口及消费市场对其经济增长至关重要。东北亚区域集中了中、日、俄等全球主要经济体，地区丰富的资源、能源、劳动力与消费市场为韩国经济再次腾飞带来广阔机遇。就要素禀赋而言，日本、韩国作为域内发达经济体资本和技术要素充裕，中国拥有庞大的消费市场与劳动力资源，俄罗斯、朝鲜、蒙古国自然资源丰富，要素禀赋与技术层次差异为域内国家开展垂直型产业分工为主的互补性合作创造了有利条件。特别是步入21世纪以来，伴随着中国经济快速发展，东北亚日渐成为全球最具发展潜力的区域，为韩国产业转型升级与经济增长注入了强劲动力。作为中等规模经济体，韩国夯实经济实力与谋求国际地位很大程度上依托于东北亚地区和平繁荣与广阔的市场，而地区紧密的相互依赖关系也促使韩国在历次经济危机时期通过加强区域合作加速其经济复苏进程。因此，创造经济收益、助力自身经济增长也被视为韩国对东北亚区域经济合作的首要定位。

东北亚区域安全环境复杂多变，长期以来大国竞争和朝鲜半岛紧张局势对韩国的对外战略空间形成制约，东北亚局势的总体稳定对半岛的和平繁荣具有重要意义。新功能主义认为，经济领域的有效合作对政治安全领域产生"溢出"效应，从而促进经济一体化向政治一体化的发展。这一思想在韩国的东北亚区域经济合作中亦有所体现，并且在中韩关系、朝韩关系上表现得尤为明显。韩国希望通过加强经济相互依赖，降低地区政治分歧与安全风险，推进双边外交合作，平衡大国关系，为改善南北关系创造条件。基于这一目标，韩国积极开展与东北亚地区各国的贸易、投资、金融、能源合作，推进与中、日、俄等国的自由贸易协定，并在《区域全面经济伙伴关系协定》与中日韩自由贸易协定等区域经济一体化协定谈判中发挥积极作用，努力为扩大经济合作营造良好的政治外交环境。

朝鲜半岛分裂七十余年，实现统一不仅是政治精英与民众的夙愿，也是历届政府致力于解决的议题。然而，朝核问题以来，朝鲜半岛无核化与停和机制转换进程缓慢艰难，南北关系屡次陷入紧张局面，并且双方日益扩大的经济差距也产生了极大的统一成本。因此，实现东北亚区域经济合作与半岛的统一相互促进，引导朝鲜融入东北亚经济合作进程，通过激活区域经济合作寻找朝韩与东北亚周边国家的共生方案也成为韩国东北亚区域合作政策致力于解决的重要课题。卢泰愚曾在其就职演说中表示"北方外交能够开启统一之路"①、卢武铉政府提出的"东北亚和平繁荣政策"、文在寅政府的"东北亚责任共同体"等政策主张无一例外地将促进南北和解作为其东北亚区域经济合作政策的目标，致力于引导朝鲜参与国际经济合作，加速其经济结构调整，进而逐渐降低统一成本，为半岛统一创造条件。

二 韩国的东北亚区域经济合作政策

冷战后韩国东北亚区域合作政策大体经历了起步、加速发展、延伸拓展等发展阶段。不同时期东北亚地区局势与国内政党政治对韩国参与东北亚区域经济合作产生不同影响，但总体上各届政府均将东北亚区域作为对外经济合作的重要方向，根据不同时期国家经济发展战略需求对相关政策进行调整。

（一）把东北亚作为对外经济关系的重点

1988 年 2 月，时任总统卢泰愚在其就职演说中强调，"韩国将努力与全球所有国家开展致力于和平合作的外交，改善与不同理念、体制国家间的关系，为东亚稳定和平、共同繁荣作出贡献……北方外交将开启半岛统一之路"，由此提出了"北方政策"的主要思想。② "北方政策"旨在通过改善与中、苏等社会主义国家的关系，促进南北交流与合作，维护朝鲜半岛的和平稳定，最终实现与社会主义国家的外

---

① 노태우："제 13 대 대통령 취임사"，https：//www. pa. go. kr/research/contents/speech/index. jsp.

② 노태우："제 13 대 대통령 취임사"，https：//www. pa. go. kr/research/contents/speech/index. jsp.

交正常化与半岛统一。在这一政策的推动下，1990 年、1992 年韩国先后与苏联、中国建交，1991 年 12 月，朝、韩缔结《关于北南和解、互不侵犯与合作交流协议书》，明确了实现多方面合作与交流，谋求民族共同利益和繁荣的立场，提出要开展资源共同开发，连接切断的铁路和公路，开设海上和空中航线，促进经济文化领域交流与人员往来的具体合作领域。① 卢泰愚政府提出的"北方政策"为韩国全面开展与东北亚地区国家的合作交流创造了环境。

金泳三政府致力于创造新一轮经济腾飞，提出"世界化"战略，对内加强了政治、经济改革，对外主张拓展国际市场，加强国际经济合作，致力于进一步增强韩国国际竞争力。在相关战略主导下，韩国重新将"恢复出口竞争力"作为发展的首要目标，东北亚区域合作潜力对韩国形成了巨大吸引力。在东北亚区域，金泳三政府延续了"北方政策"的基本思路，着重发展韩国与美、俄、中、日四强关系，为韩国扩大区域经贸合作创造条件。

在卢泰愚、金泳三政府时期韩国致力于改善与苏联、中国、朝鲜等东北亚区域国家的双边关系，经贸人文交流逐渐开启，韩国的东北亚区域经济合作逐渐进入早期发展阶段。这一时期，国际政治经济环境变化也进一步为韩国东北亚区域合作政策的形成产生了促进作用。一方面，20 世纪 80 年代末至 90 年代，韩国经济增速逐渐趋缓，发达经济体保护主义抬头，韩国与美、日等主要贸易伙伴摩擦加剧，实现贸易多元化的需求增加，东北亚政治安全局势缓和与新兴市场的兴起为韩国的政策调整带来机遇。同时，区域经济一体化加速发展，中国、东盟等经济体开始参与国际分工，新兴市场的快速发展为韩国产业转移与转型升级带来机遇。另一方面，冷战坚冰消融使得东北亚区域经济合作逐渐活跃起来，1991 年联合国开发计划署决定将图们江流域开发作为第五次联合国开发计划，推动在中、俄、朝交界的图们

---

① ［朝］延亨默、［韩］郑元植：《关于北南和解、互不侵犯与合作交流协议书》，《国际问题研究》1992 年第 1 期。

江三角洲建立经济开发区，国际铁路与陆海联运体系建设等区域合作构想纷纷提出，为韩国参与东北亚区域经济合作营造了有利环境。①然而，这一时期正值大国在后冷战时代的政策调整期，尽管在政治领域韩国大幅改善了与东北亚各国的关系，经济领域的合作却未得到快速发展。

韩国的东北亚区域经济合作政策在金大中、卢武铉政府时期进一步调整。这一时期，韩国将"东北亚"作为地区概念进行探索，并将其视为对外关系的重点，"东北亚"也逐渐从政治安全领域概念延伸到经济合作范畴。1997年亚洲金融危机爆发，韩国经济遭受重创，更为严峻的是韩国日益陷入在高精尖资本技术领域落后于日本、在劳动密集型行业被中国赶超的窘境当中，韩国经济亟待转型升级。金大中执政后将强化竞争力作为经济政策重点，以中国为代表的东北亚区域市场成为韩国摆脱危机、重振经济的首要方向。金大中强调"一定要创造一个我们在东北亚发挥主导权的时代""要改变东北亚四国的局面，要以东北亚五大国之一的姿态进入大国的行列，去创造我们民族主导历史的光辉明天，这应该是我们的历史使命"②。2002年，金大中发表"东北亚商业中心国家基本构想"，并于同年4月发布"东北亚商业中心国家实现方案"政策报告，提出将韩国打造为东北亚物流中心与东北亚企业、金融桥头堡为两大核心的政策措施。③韩国旨在成为东北亚中心国家的构想初见雏形。

卢武铉总统执政伊始就提出打造"东北亚中心国家"的宏伟目标，并将构建"和平与繁荣的东北亚"作为国政三大目标之一。卢

---

① 1992年5月，中国将黑河、满洲里、绥芬河、珲春确定为边境开放城市，加速改善相关地区铁路、公路、通信等基础设施。1990年至1992年俄罗斯出台一系列远东地区开发政策，设立符拉迪沃斯托克（海参崴）港、纳霍德卡港、东方港、扎鲁比诺港、波谢特港等自由港，1993年又建立了哈桑图们江自由经济区。1991年朝鲜设立了罗津—先锋自由贸易区，1993年将罗津港和先锋港确定为自由贸易港。
② ［韩］金大中：《21世纪的亚洲及其和平》，北京大学出版社1994年版，第267页。
③ 吴日焕、田炳坤：《韩国的东北亚经济中心建设构想及难题》，《中国流通经济》2005年第2期。

武铉指出："21 世纪将迎来东北亚时代……朝鲜半岛位于东北亚中心，是连接中国与日本、大陆与海洋的'桥梁'，这一地缘优势为韩国成为东北亚中心创造了机遇。韩国应积极发挥地区经济与物流中心的作用，并在缓解地区紧张局势中扮演'平衡者'角色，在东北亚地区打造'繁荣的共同体'。"① 为此，卢武铉政府将"构建朝鲜半岛和平体制"与"建设东北亚经济中心国家"（特别是物流、金融中心）作为两大政策课题，并于 2004 年成立"东北亚时代委员会"，大力促进东北亚区域经济合作。同时，在对朝关系上，卢武铉政府延续了金大中政府的"阳光政策"，致力于为东北亚区域经济合作营造稳定的地区安全环境。这一时期，东北亚地区成为韩国区域经济合作的重点，并且韩国日益追求地区影响力，旨在发挥核心作用。因此，韩国积极主导与东北亚国家间合作，希望抓住东北亚"崛起"的时代机遇，实现自身经济转型升级，同时也寄希望于通过东北亚地区发展实现朝鲜半岛的和平与繁荣。在成为东北亚中心国家的目标下，韩国对"10 + 3"合作机制、中日韩自贸区建设等东北亚地区主义的发展秉持积极态度，力图发挥更大作用。相关政策构想促使韩国与地区国家的双边经贸关系得到快速发展，2003 年中国超越美国成为韩国最大贸易伙伴，日韩经贸合作得到进一步深化，韩国与东北亚地区的经济相互依赖日益增强。此外，在以和解与合作为主导的对朝政策下，朝韩合作也取得显著进展，开城工业园区、金刚山旅游标志性合作项目相继落地。

　　进入 21 世纪后，东北亚地区在经济体量上迅速接近北美、欧洲。2010 年，中国跻身世界第二大经济体，日本位列世界第三大经济体，韩国成为世界第十一大经济体，以中日韩为核心的东北亚区域经济合作得到快速发展。随着东北亚区域合作深化，各国市场相互融合，韩国对域内各国的经济依赖亦持续加强。与此同时，随着

---

　　① 魏志江：《论韩国卢武铉的"和平繁荣"政策及其对东北亚战略格局的影响》，《当代韩国》2006 年第 3 期。

中国经济快速发展，在部分领域，中国加速赶超韩、日等地区发达经济体，以互补性为主导的传统经贸合作结构日渐演变为互补与竞争共存的新局面。以此为背景，自李明博政府以来，韩国努力将合作领域从经贸范畴向包含基础设施、金融、能源、环保等更宽领域拓展。朴槿惠政府时期，韩国提出"东北亚和平合作构想"，旨在扩大气候变化、反恐、核能等非政治领域议题的多边、相互合作，逐渐构筑东北亚区域国家之间的信任，从而缓和矛盾分歧，为地区和平稳定与发展创造条件。① 文在寅执政后提出东北亚铁路共同体构想，旨在以东北亚铁路共同体为开端，打造能源共同体、经济共同体、和平与安全机制，进而创造东北亚地区新商机。基于此，韩国积极对接中国"一带一路"倡议、蒙古国"草原之路"倡议、俄罗斯跨欧亚运输大通道倡议等，加强了与东北亚各国在基础设施、能源、气候治理方面的合作。

（二）构建更为紧密的经贸关系网络

韩国国内市场规模有限，相对匮乏的要素禀赋使得其经济发展具有鲜明的外向型特征，保障原材料进口和开拓出口市场是其对外经济合作的重要利益诉求。东北亚区域各国经济发展阶段不同、产业结构互补，基于这一有利条件，韩国与东北亚区域各国贸易额迅速增长。根据韩国关税厅进出口贸易统计数据，2020 年韩国对东北亚地区贸易额达到 3303.9 亿美元，较 2000 年的 864.6 亿美元增长近 3 倍。在东北亚地区双边贸易关系中，中韩贸易发展最为迅猛，2020 年贸易额达到 2414.5 亿美元，较 2000 年的 312.5 亿美元增长了近 6 倍，占据韩国对东北亚地区贸易额的 70% 以上。在全球价值链分工体系中，生产碎片化使得各国出口的产品中，隐含着相当数量其他国家制造的中间产品，这使得上下游跨国企业之间的相互联系与利益关联尤为紧

---

① ［韩］朴柄奭：《朴槿惠政府东北亚和平合作构想的具体化和改进方向》，《当代韩国》2014 年第 1 期。

密。韩国与中、日等东北亚经济体的贸易发展相互依存、互为补充，紧密的生产联系使得各国利益相互交织，产业链日益深度融合。而韩国与中、日等东北亚经济体的产业结构亦在互补和相互依赖中不断实现结构升级。

发展对朝贸易合作亦是韩国东北亚区域贸易合作政策的重要组成部分。韩国希望通过吸引朝鲜加入国际合作，帮助其经济开放，逐渐缩小二者经济差距。"北方政策"出台后，韩国积极发展与朝鲜的经贸合作，朝韩于1998年、2000年先后就金刚山旅游合作与开城工业园区达成合作意向，打造了双边合作的样板。基于这种合作渠道的延续发展，2002年韩国取代日本成为朝鲜第二大贸易伙伴和第一大出口市场。至李明博执政的2008年，韩国在朝鲜对外贸易中所占份额已达到26%。而随着2010年天安舰事件爆发，韩国实施"5·24"对朝制裁措施，中断对朝经贸合作，加之朝鲜核试验升级与半岛局势的动荡，国际对朝制裁进一步加强，韩国对朝贸易合作几乎中断。此后，随着朝韩关系缓和，双方在开城工业园区的贸易往来继续保持，但仍会因受到政治关系的影响而时好时坏。尤其是2016—2017年联合国安理会密集出台的对朝制裁案严重打击了韩国对朝鲜贸易往来。尽管如此，文在寅政府执政后韩国积极推进美朝对话，提出朝鲜半岛新经济地图等南北合作构想，希望推动半岛局势缓和，重启朝韩合作，引导朝鲜参与东北亚区域经贸合作，实现其促进半岛和平繁荣的发展目标。

韩国的东北亚贸易合作以扩大出口为主要方向，通过缔结贸易、投资协定等方式削减关税和非关税壁垒，着力构建自身在东北亚区域的贸易合作网络。2015年中韩自由贸易协定生效，90%以上产品立即或阶段性削减关税，为快速增长的中韩贸易提供了制度保障。2020年伴随着全球贸易保护主义兴起与全球卫生危机的爆发，韩国积极参与并签署《区域全面经济伙伴关系协定》，巩固其在东亚的生产链，不仅进一步加强了以中日韩为核心的东北亚区域合作基础，同时为其开拓新南方市场创造了机遇。此外，韩国也在持续推进中日韩自由贸易协定与韩俄服务和投资项目自贸协定谈判，旨在深入开拓东北亚市场、扩大市场份额。

　　韩国在东北亚区域的贸易合作注重产业升级，致力于强化主导产业竞争优势，加速提升弱势行业竞争力。韩国通过扩大进出口贸易促使国内产业不仅在国际市场上参与竞争，而且在国内市场上与国外产业竞争，进而倒逼弱势产业加速转型升级，优势产业扩大市场份额。在促进出口方面，韩国政府致力于提高中小企业出口能力，为技术研发提供融资便利，同时为大企业持续加强竞争优势提升产品附加值提供政策倾斜。随着新一轮技术革命兴起，文在寅政府进一步加强了对核心技术的研发支持，着力开拓新能源汽车、生物医药、智能机器人、制药等新兴产业市场，创造出口新动力。

　　"北方政策"出台后，韩国与东北亚区域合作交流逐渐加强，这为韩国企业打开新的对外投资市场创造了机遇。20世纪80年代，随着韩国经济快速发展，工资成本逐渐上升，加之西方国家保护主义加强，韩国亟待开拓新的市场为经济增长注入动力。20世纪90年代，全球化迎来新一轮发展浪潮，全球国际投资快速增长，各国纷纷将本国竞争劣势、粗放型发展产业转移到发展中经济体，利用其低廉的劳动与土地成本保障产品的竞争优势，中国等东北亚区域市场成为国际投资与产业转移的主要合作对象。以此为背景，韩国重点围绕制造业、矿产业、科学技术服务等领域扩大了对东北亚区域直接投资。2020年韩国对东北亚地区直接投资约62.5亿美元，尽管增幅有所减少，但总体呈现增长的态势，占其对外直接投资总额的11%，中、日依然是韩国在东北亚地区直接投资的主要对象国。

　　韩国对东北亚区域的直接投资主要聚焦于制造业、矿产业、传统服务业等领域，旨在充分利用东北亚各国劳动力红利，规避贸易壁垒促进出口，确保原材料进口。韩国对华投资以制造业为主，2018年制造业部门投资占总投资流量的91.7%，且近五年韩国对华制造业投资年均占总投资额的80%。[①] 从具体投资制造业细分行业上来看，

――――――――――

① 韩国对华投资分布数据主要源于韩国进出口银行。

电子零部件与通信设备、电气设备占据主导地位，占制造业投资的57.7%，且近年来投资规模稳定增长。服务业投资规模较小，主要集中于住宿餐饮、金融保险等部门，但金融保险等服务业领域投资呈现增长态势。① 韩国对日本投资以服务业为主，通信业、金融保险、房地产投资分别占对日投资总额的 23%、15%、38%。制造业投资主要集中在食品制造、汽车制造、电子零部件与通信设备等方面。韩国对俄投资以远东和莫斯科为主，资源开发、水产业、通信行业等占据主导。

随着地区生产网络的发展，韩国对东北亚区域的投资逐渐从低端加工组装环节转向电子、汽车零部件与中间产品等中高端技术密集型生产环节，投资结构日渐升级。并且，在中国内需市场快速增长的态势下，韩国加速了以开拓东北亚区域消费市场为目的的生产、服务投资。韩国对东北亚区域直接投资逐渐从早期的资源开发、利用低廉的生产要素以及面向第三国出口的组装加工，演变为旨在开拓本地消费市场的生产制造、服务业的投资。

1997 年亚洲金融危机以后，韩国对区域金融合作的关注加强，打造"东北亚区域金融中心"也成为韩国东北亚区域经济合作政策的重要内容。早在卢武铉政府时期韩国就提出"建设东北亚经济中心国家"的宏大构想，并将打造东北亚区域金融中心作为其重要政策课题。2003 年 12 月，韩国出台"东北亚金融中心路线图"，正式将相关构想落实到具体政策当中，明确了培育资产管理业、金融市场现代化、开发地区特色金融、强化全球金融网络建设、设立韩国投资公社、金融规制与监管体系改革、改善营商生活环境七大课题，并提出 2007 年奠定构筑金融中心的坚实基础，2012 年实现特色金融中心目标，2020 年成为亚洲区域三大金融中心的具体阶段性目标。为此，韩国进行了一系列金融改革，开放金融市场积极引进外资机构，并加强了与东北亚各国的货币互换、政策协调、稳定币

---

① 数据来源：笔者依据韩国进出口银行数据计算后得出。

值等合作。① 近年来，韩国进一步将首尔与釜山作为金融中心的主要依托，持续加强与地区各国的宏观经济金融政策协调，着力防范经济风险，提升抵御危机的能力。而随着数字经济与金融创新的快速发展，韩国亦积极倡导加强东北亚数字经济领域合作。

在货币互换方面，韩国早在 2001 年及 2008 年就分别与日本、美国签署规模为 130 亿美元、300 亿美元的货币互换协议，期限分别为 10 年、1 年。2011 年，为应对欧债危机对各方金融市场的潜在冲击，韩日货币互换规模短期扩大至 700 亿美元，而因两国在一些核心利益问题上的分歧，最终导致双边货币协议于 2015 年终结。中韩货币互换协议自 2009 年 4 月签署以来，一直续签，规模不断扩大，2020 年双方将货币互换期限延长至 2025 年 10 月 10 日，规模从既有的 560 亿美元扩大到 590 亿美元（约 4000 亿元人民币）。② 中韩货币互换协议是韩国所签订的协议中规模仅次于美国的协议，项下资金被广泛应用于双边贸易结算及对外投资方面，对韩国规避汇率风险，降低汇兑成本发挥了稳定器作用。

在基础设施领域金融合作上，韩国积极参与多边开发机构。2015 年韩国作为创始成员国身份加入中国主导的亚洲基础设施开发银行（AIIB），旨在扩大其地区金融影响力，在东北亚基础设施建设中发挥更大作用。同时，韩国积极倡议建设东北亚开发银行，致力于东北亚基础设施的开发。当然，上述构想能否实现依然有赖于区域总体局势的持续改善。

能源与基础设施合作长期被韩国视为东北亚区域经济合作的重要内容，但受朝核问题、朝鲜半岛安全局势等影响，合作项目屡次被搁置，合作进程缓慢。朴槿惠政府时期提出"欧亚倡议"，韩国与东北

---

① 如 2005 年推进了投资信托公司的结构调整，2004 年 12 月推行退休年金制度，2005 年合并证券交易所，2005 年设立韩国投资公社，2004 年针对外国职工进行税收调整，2007 年 12 月出台"金融中心形成与发展的法律"等。

② 商务部：《中韩货币互换协议延长至 5 年期总额达 590 亿美元》，http://www.mofcom.gov.cn/article/i/jyjl/j/202010/20201003009971.shtml。

亚区域能源与基础设施合作政策进一步具体化。"欧亚倡议"旨在加强与俄罗斯、中国、朝鲜、蒙古国等欧亚大陆的合作，核心内容包括四方面：第一，建立"丝绸之路快速通道"，打造欧亚陆路交通捷径。将朝鲜半岛铁路、西伯利亚铁路、蒙古国大陆桥、欧亚大陆桥、横跨东北铁路连接起来，建立从韩国釜山出发，贯通朝鲜半岛、俄罗斯、中国、中亚直达欧洲的物流网络。第二，探索北极航道利用方案，利用全球气候变暖影响，拓展韩国通过北冰洋到达欧美的可能性。第三，通过推动欧亚大陆经济合作，带动朝鲜开放门户，实现朝鲜半岛和平。第四，积极参与大图们倡议等韩、中、俄、蒙多边合作。①

　　韩国认为，韩朝铁路连接对东北亚区域以及欧亚大陆互联互通具有重要意义，将成为联通东北亚经济圈及欧洲经济圈的国际货物运输走廊重要组成部分。对于韩朝铁路对接韩国提出两大线路：一方面，连接韩朝京义线铁路，经朝鲜新义州通往中国丹东、沈阳、北京；另一方面连接东海线经由"罗津—哈桑"铁路对接西伯利亚铁路直通欧洲。在构建东北亚物流网络过程中韩国希望加强中韩朝、俄韩朝多边合作，认为这既有助于推动跨境基础设施建设进程，又能够保障物流需求量。作为基础设施领域区域合作的重要成果，2014 年 11 月韩俄朝合作项目"罗津—哈桑"铁路货物试运取得重要成果，4 万吨俄罗斯煤炭经过"罗津—哈桑"铁路，中转罗津港运往韩国，三国合作取得了重要突破。

　　文在寅执政时期提出"新北方政策"，进一步明确了新时期韩国与东北亚区域能源、基础设施领域合作方向。对朝合作上，文在寅政府提出"朝鲜半岛新经济地图"，旨在打造朝鲜半岛三大经济带，即连接首尔、开城、平壤、南浦、新义州的西海岸产业物流交通经济带和连接金刚山、元山、端川、清津、罗津乃至俄罗斯的东海岸能源、

---

　　①　金香丹、张慧智：《中韩面向欧亚大陆腹地的合作——基于"一带一路"与"欧亚倡议"对接视角》，《黑龙江社会科学》2017 年第 2 期。

资源经济带，以及非军事区旅游经济带。对俄合作上，韩国提出九桥战略，旨在加强韩俄在造船、港湾、北极航道、天然气、铁路、电力、就业、农业、水产九大领域的合作。具体包括：韩国追加引进俄罗斯液化天然气，完成天然气进口多元化，并在未来构筑连接韩、朝、俄的输气管道；借助西伯利亚大铁路节约物流成本，并将其与朝鲜半岛铁路网连接起来；对俄罗斯远东港口进行现代化改造；在中、韩、俄、日、蒙等国间构建同享电力的广域电网；将北极航线打造成新物流通道；建造破冰液化天然气运送船厂；展开种子研制、栽培研究等农业协作；双方合作有序开发海产品资源；打造韩朝俄共同参与的沿海工业园区等。

总体而言，韩国的东北亚经济合作政策成效斐然，有效实现了搭乘区域经济腾飞快车的基本构想，扭转了在全球经济竞争中资源匮乏、腹地稀缺的劣势，奠定了在全球产业竞争格局中的优势地位。韩国已在东北亚地区形成庞大而重要的经济利益，这也成为韩国持续致力于深化发展东北亚区域经济合作的动力。近年来，韩国积极探索与中国"一带一路"倡议、蒙古国"草原之路"倡议、俄罗斯跨欧亚运输大通道等地区倡议对接，参与亚投行、图们江开发和与中蒙俄经济走廊等相关项目，在东北亚区域合作进程中发挥了积极作用。

三　韩国与东北亚经济命运共同体构建

韩国已经成长为东北亚地区最重要的经济体，对东北亚地区的经济合作积极出台了相关政策，企业参与程度很深，特别是与中国的经济有着紧密的联系，形成难以分割的内在运行和利益创造机制，与中国构成了相互依赖、相互支持的命运共同体。尽管与日本有着历史上的深刻矛盾，导致政治关系不时发生问题，但是经济上的联系非常紧密，特别是在技术密集型产品供应链方面，韩日之间有着内在的经营网络，同时与俄罗斯、蒙古国也有着密切的经贸联系。只是由于朝鲜半岛南北关系尚未恢复正常，处于紧张的对峙状态，经济联系很少。但是，基于民族的感情，在政治安全形势改善的情况下，南北经济联系也会得到发展。因此，对于韩国来说，东北亚对其有着特别重要的利益。正因如此，韩国政治家、企业家、专家学者对于推动东北亚区域的经济合作有着很高的热情，先后提出了不少倡议，如建设东北亚经济共同体、东北亚开发银行、东北亚能源组织等。文在寅总统曾提议构建东亚铁路共同体，同时也积极推动东北亚中日韩三国的对话与合作。当然，由于东亚地区、东北亚地区的政治关系复杂，推动构建具有实体功能的区域组织存在诸多困难，然而，经济上的紧密连接、形成基于共同利益的命运共同体，使得各方尽力在经济领域构建合作机制，如"东盟＋1"自贸区、RCEP，以及中日韩自贸区的谈判。在这些努力中，韩国一直发挥着积极的作用。

受美国对华竞争的影响，保护主义、单边主义与技术封锁使得供应链的不确定持续加大，政治、安全考量在经济合作进程中的影响持续上升。在此情况下，需要增进命运共同体的共识，协力推进地区各国之间的合作、加强互联互通，作为对外部市场有着高度依赖的韩国，对加强区域合作、对经济稳定关系和秩序有着基本的认可。

东北亚已经从承接欧美产业转移的从属地位转变为与之在高技术产业一较高下的核心区域，甚至在通信及芯片、造船等核心产业超越欧美，引领全球产业发展趋势。韩国加强与东北亚区域各国紧密的生产分工合作，能够最大限度地利用地区研发、制造的规模优势，强化本国产品的成本优势与竞争力，实现向价值链上游攀升的目标。受到多种因素的影响，价值链构建出现了从效率导向转向以安全为目标的趋势。① 这种转向与新保护主义思潮合流，加速了欧美等发达经济体贸易投资壁垒形成，进一步影响全球供应链的稳定。如何构建兼顾效率与安全的供应链体系成为各国维护产业竞争力的重点，在新的形势

---

① 葛琛、葛顺奇、陈江滢：《疫情事件：从跨国公司全球价值链效率转向国家供应链安全》，《国际经济评论》2020 年第 4 期。

下维护合作发展的大局非常重要。中日韩产业相互关联，任何一国的出口产品中都隐含着相当数量的其他两国中间产品，紧密的生产联系使得三国利益相互交织，促使中日韩在维护供应链安全上有很大的共同利益。特别是在计算机、电子、光学设备，机械设备，汽车等高附加值、复杂生产工序的产品上，三国生产联系尤为紧密，在部分矿物燃料、化学制品、关键材料上中日韩也相互形成了较高的进口依赖。脱钩或者退回本土生产，不仅会损害现有的供应链，而且会对未来韩国经济造成严重的影响。

中韩关系的发展和在合作推动东北亚命运共同体构建方面也存在许多障碍，特别是在新的形势下，面临诸多新的挑战。

其一，韩国国内政治和政策的变动性。韩国国内政治、社会认知存在很大的分歧，分为"保守势力"与"进步势力"，总的来说，前者与美国的政治、政策、战略协同性强，因此，在对朝关系、对华关系上与美国相向而行；后者更强调自主性，积极推动南北关系改善，重视与中国的关系。因此，随着政党执政轮替，韩国的政策就会发生重大的转变。代表"保守势力"的尹锡悦执政后，政策进行了大幅度调整，与美国的政策、战略协同性加强，对华关系、对东北亚区域合作政策发生转变。从以往韩国对华关系波动的历史来看，即便在"保守势力"当政的情况下，中韩两国缩小分歧、增进共识和发展合作的空间还是很大的，因为中国只对于韩国的重要性和稳定韩中关系的重要性一直在那里。因此，在新形势下，需要花更大的力气稳固中韩战略合作伙伴关系的基础，共同推动两国关系的发展，稳定朝鲜南北关系，防止发生碰撞，以及基于和平发展、合作共赢的理念构建东北亚地区命运共同体。

其二，由于韩国的政治变动与政策转向，社会舆论也发生很大变化。其中，一个重要转变是社会对华友好度大幅度下降，把中国视为威胁的比例大幅度上升。究其原因，固然有媒体舆论负面引导的作用，也有在社会制度、朝鲜半岛南北关系认知存在巨大差别的情况下，随着中国综合实力上升，对中国的不信任感增大的影响。命运共同体构建的基础在民，为此，需要把基础打好，通过多方面的努力，包括能够促进经济的、政治的、社会的、文化交流的措施，改善民意认知，让两国人民走得更近，提升命运共同体的意识。

其三，中韩经济关系发生结构性转变，两国的产业和技术竞争力发生转变，大批韩国在华投资企业向外转移，同时，基于利益差别和政治安全考虑，韩国推动中日韩自贸区的动力变弱。因此，原来通过构建高水平的中日韩自贸区来加强东北亚开放市场的建设、推动RCEP升级的构想，难度增大。如果没有韩国的积极参与和推动，基于合作发展、共同发展的东北亚经济区建设就难以成行。

从未来发展趋势来看，韩国与中国的经济合作、韩国参与和推动中日韩以及各方共同参与的东北亚经济区构建，重点可以放在服务业、数字经济、智能制造、第三方市场等新增长动力较强的领域。中韩两国都是数字经济的领先者，应加强在数字经济规则和标准上的协商与合作，在新规则构建上发挥引领作用。

第十二章 俄罗斯、蒙古国与东北亚经济命运共同体构建

21世纪以来，俄罗斯开始确立其东北亚方略，在对外战略上"向东看"，政治上不断巩固与东北亚国家的双边关系，经济上实施远东开发计划，持续推进与东北亚国家的经济合作，与此同时，继续强化与东北亚国家的安全合作。蒙古国提出"发展之路"的发展理念，积极参与东北亚地区的双边、多边合作，一方面积极与中、俄两大邻国实现发展规划对接，推动"中蒙俄经济走廊"建设，另一方面加强与日、韩等"第三邻国"的合作关系。俄罗斯与蒙古国对于东北亚经济命运共同体具有特殊的战略价值，"中蒙俄经济走廊"在"一带一路"六大走廊中具有重要的地缘战略意义。中国与俄、蒙一道，在命运共同体理念下加快"五通"建设，促进经济走廊向好发展。

一 俄、蒙对东北亚的经济政策

（一）俄罗斯的东北亚战略和政策

作为一个地跨欧亚的大国，俄罗斯三分之二的领土集中在亚洲，其经济、政治、文化中心却在欧洲。俄罗斯特殊的地缘环境和历史背景决定了其在西方和东方都有重要的国家利益和战略目标，这既赋予了俄罗斯外交灵活发挥的空间，也带来了腹背受敌的战略风险。因此，俄罗斯外交的核心问题之一是如何协调、平衡东西方战略，使其

在欧洲和亚太地区的经济利益和安全空间得到最大化。纵观俄罗斯历史上的外交政策，总体基调是以西为主，以东为辅。俄罗斯民族文化心理中存在根深蒂固的"西方"身份认同，将自己视为欧洲大国的一员。欧盟既是俄罗斯的主要贸易伙伴，也是其地缘安全重心所在。①

20 世纪 90 年代初苏联解体后，俄罗斯在东北亚的影响力不断削弱。而普京担任总统后，明确表示只有欧亚两翼同时强劲，俄罗斯才能展翅高飞。② 普京试图利用远东的地缘和资源优势，吸引中日韩等东亚经济强国的投资，重建俄罗斯在亚太新秩序中的重要地位。远东开发的背后有深刻的战略布局烙印，蕴含着化解美国"重返亚太"的压力、加大对日本的威慑和应对中国地区影响力膨胀的三重意义。因此，近年来俄罗斯对外战略呈现"向东看"的趋势，日益重视与东北亚各国的经济合作，一方面是为了开拓亚太地区这片充满机遇的市场，重振俄罗斯本土经济；另一方面是为了在西面受到欧美大国的战略挤压的背景下，向东扩展自身战略空间。普京上任后，"向东看"的趋势逐渐得到强化，亚太战略被提到一个更高的位置。《2016年俄罗斯联邦对外政策构想》中提出："俄罗斯联邦将'巩固其在亚太地区的地位、加强其与该地区国家的关系'视为对外政策的重要战略方向""俄罗斯联邦将继续为建立维护东北亚的和平与安全机制付出努力，并将采取措施扩大在该地区的经济合作"。③

21 世纪以来，俄罗斯东北亚政策包括重视发展与东北亚国家的双边关系、加强与东北亚国家的经济合作、积极参与东北亚地区安全事务、积极发展与东北亚国家的非传统安全领域合作等内容。④ 归纳起来，俄罗斯的东北亚政策要点主要有以下几个方面：

---

① 彭书涵：《俄罗斯参与东北亚区域经济合作的机遇与挑战》，《对外经贸》2021 年第 5 期。

② 马建光、兰舟达：《俄罗斯远东方向军事安全建设探析》，《太平洋学报》2015 年第 7 期。

③ 俄罗斯联邦外交部官网，http：//cn. mid. ru/foreign_ policy/founding_ document/302。

④ 曹英伟、郎幸：《俄罗斯的东北亚政策及其对中俄关系的影响》，《西伯利亚研究》2018 年第 6 期。

外交政策方面，确立自身是东北亚地区重要成员的身份，表明东北亚地区的事务与俄罗斯的国家利益息息相关，因此有必要发挥自身地缘优势，积极参与该地区的所有事务。积极发展与东北亚国家的双边关系，其中发展与中国的双边关系是重中之重。

经济合作方面，充分发挥俄罗斯东西伯利亚和远东地区的某些经济优势，积极参与东北亚经济一体化进程，加入并参与区域组织的工作（亚太经济合作组织和上海合作组织等），从而带动其东西伯利亚和远东地区的经济发展。进入东北亚能源市场。这个趋势或许是最具成果的：对亚太经济合作组织国家的贸易额占俄罗斯的外贸份额由2007年的17.1%上升为2012年的24%。能源路线是俄罗斯今天实现与亚太地区一体化进程最为现实的可能性。

安全政策方面通过发展双边或多边关系，保证俄罗斯东部边境地区的安全与稳定，同时积极参与该地区的各种安全对话与合作，保证东北亚局势的稳定，保证俄罗斯不被排斥在地区安全事务之外。同时构建新的区域安全。以2010年所提出的"上海精神"为原则，俄中发起的构建亚太安全与合作体系的倡议就是其中之一。

非传统安全领域，积极参与朝核问题六方会谈、东北亚区域环境保护（包括海洋环境保护）、打击非军事安全威胁、消除自然和技术灾害的影响等非传统安全问题的区域合作。

（二）蒙古国的东北亚战略和政策

蒙古国的东北亚政策是其国内政策在东北亚区域的对外延伸。2017年5月，蒙古国总理 J. 额尔登巴特提出"发展之路"的经济发展理念，蒙古国政府召开专题会议讨论通过了"发展之路"国家战略规划，其宗旨是加强交通运输、电力能源、通信联络、矿产开发、观光旅游业基础设施建设等。其主要发展思路、方向以及预期达到的目标，即借助地缘优势发挥"欧亚大陆桥"作用，寻找"出海口"，这是蒙古国战略关注点；参与东北亚区域合作是对外经济发展的主要方向，加入亚太经合组织等区域一体化组织则是发展目标之一。因此，借助外资摆脱经济危机①、参与东北亚区域合作，成为 J. 额尔登巴特政府发展经济的重要思路。

首先，争取经济援助，摆脱危机。2016 年 7 月选举产生的新一届议会、政府总理上任后除了与中俄两个邻国保持友好发展方向以外，积极走向国际舞台，与日本、韩国等东北亚国家以及国际货币基金组织、亚洲开发银行等国际组织密切联系，招商引资，争取援助，努力在最短时间内摆脱危机。

其次，推动与东北亚国家的双边、多边经济合作。中、俄两国对蒙古国的影响很大，也是蒙古国开展全面合作的首选国家，保持与两大邻国的睦邻友好与互利共赢关系是其无法忽视的战略要点。与日、韩等"第三邻国"的经济合作也不容忽视。蒙古国与日韩都签订了经济伙伴协定（EPA），与日韩的经贸合作迎来高速增长。

最后，借助"中蒙俄经济走廊"建设平台推动三边合作，与中、俄两国的发展规划对接，这是实现蒙古国"发展之路"的现实选择。从地缘布局来看，东北亚是蒙古国推动"发展之路"、实现本国经济发展、开展对外经济合作的首选地区。"中蒙俄经济走廊"建设是中日韩经济合作构想之后东北亚地区的又一个三方经济合作模式。蒙古国正在积极对接"中蒙俄经济走廊"，与中俄携手共建国际区域经济合作模式是蒙古国经济走向繁荣发展的路径之一。"中蒙俄经济走廊"建设开启的三方区域合作，在中俄两大经济体的协助下，有利于健全蒙古国产业部门改善经济结构，将国内国际市场统筹起来发展，推动产业多元化发展。

近些年蒙古国在坚持"多支点"平衡外交政策不变的前提下，开始注重谋求在东北亚舞台上的影响力。2013 年 4 月，时任蒙古国总

---

① 2014 年起由于世界能源价格发生断崖式滑坡，以及中国因产业转型对蒙古国能源需求量减少，蒙古国以煤炭、石油等能源为主的出口量开始减少，外汇储备开始缩水。蒙古国政府实行扩张性经济政策，导致 2016 年政府债务总额、财政赤字激增，加剧了政府的财政负担，本币（图格里克）贬值幅度进一步扩大，外商投资总额从 2011 年的 45 亿美元降到 3500 万美元，银行主权信用评级地位受到威胁，融资环境进一步恶化。

统额勒贝格道尔吉效仿"赫尔辛基进程"提出"乌兰巴托对话"倡议，旨在建立一个加强东北亚地区安全、增进区域国家互信的对话交流机制，以发挥蒙古国在东北亚地区安全事务中的积极作用，扩大蒙古国在国际和地区的影响力。自 2014 年 6 月首届"乌兰巴托对话"国际会议在蒙古国外交部成功举办以来，至 2019 年 6 月已经连续举办了六届，"乌兰巴托对话"机制成为东北亚和平与安全发挥重要作用的地区性机制，蒙古国一直努力成为东北亚地区国家之间和平的桥梁，今后在东北亚政治舞台上将有更大发展空间，蒙古国将更多地走到东北亚政治的前台。

二　俄、蒙参与东北亚区域合作分析

（一）俄罗斯对东北亚区域合作的参与

冷战结束后，俄罗斯与东北亚域内所有国家都建立起了较为密切的合作关系，并且通过参加"六方会谈"、APEC、东亚峰会、东盟地区论坛等几乎所有与东北亚主要国家相关的多边机制，形成了灵活的网状外交态势。与此同时，重点经营与中国和日本两个大国之间的合作关系。为应对新形势，近年来俄罗斯不断加大对远东地区发展的关注。2012 年后，俄罗斯对外战略大张旗鼓"向东看"，在东北亚合作的政策内涵和参与形式等方面有了新的特征。

近年来，俄罗斯与东北亚国家密切互动，与所有东北亚国家保持了稳定的政治往来。中国和俄罗斯是全面战略协作伙伴，政治关系是中俄关系的重要基础。近年来中俄政治关系在原有基础上得到进一步深化。2016 年 12 月，《俄罗斯联邦对外政策构想》指出，作为俄全面战略协作伙伴，俄未来将继续积极与中国发展各领域合作，共同应对全新威胁与挑战，在国际组织和多边机构中开展合作，解决全球和地区问题。2017 年 5 月，俄罗斯总统普京参加了中国召开的"一带一路"国际合作高峰论坛。2017 年 7 月，中、俄两国元首批准了《〈中华人民共和国和俄罗斯联邦睦邻友好合作条约〉实施纲要

（2017 年至 2020 年）》，见证了《中华人民共和国外交部和俄罗斯联邦外交部关于朝鲜半岛问题的联合声明》以及经贸、农业、能源、基础设施建设、金融、文化、创新、媒体、信息网络、检验检疫等领域多项双边合作文件的交换。2019 年 6 月 5 日，中、俄元首决定将两国关系提升为"新时代中俄全面战略协作伙伴关系"。2021 年 7 月，俄罗斯总统普京批准新版《俄罗斯联邦国家安全战略》，新版战略指出俄罗斯将继续与中国发展"全面战略协作伙伴关系"。俄罗斯《独立报》针对"新版战略"发表文章称，中国与俄罗斯在很多问题上观点一致，中国重视俄罗斯，而俄罗斯也十分珍视中国。

近年来，俄、日在推进双边关系方面取得了一定进展，双方确认追求构建战略伙伴关系并致力于发展全领域的双边合作。2013 年 4 月，安倍晋三成为 10 年来首次访俄的日本首相，日俄关系由此逐渐"解冻"。2016 年普京时隔 11 年访问日本，日本成为乌克兰危机后普京访问的首个 G7 成员国。据不完全统计，安倍晋三在 2012 年再次出任日本首相后与普京会晤达 27 次之多，俄、日利用"首脑外交"推动双边关系取得了一定进展。在频繁的高层会晤中，俄、日双方均确认"追求建立战略伙伴关系"。在这一总的战略目标指引下，俄、日两国开始积极推进各领域的交流、互动与合作，使双边关系呈现较之以往更加"活跃""密切"的"崭新"气象。[1] 在领土问题上，俄方主张"应首先构建友好互信关系，在此基础上，作为外溢效应和结果，逐渐过渡到领土问题的解决"。日本基本放弃了此前长期固守的首先解决领土问题才能发展日俄全面合作的政经不可分离的立场，转而采取经济合作与领土谈判平行推进的方针，并最终导向和平条约的签署。2020 年 9 月 29 日，时任日本首相菅义伟与俄罗斯总统普京进行首次电话会谈，双方确认将"为了两国人民以及整个亚太地区，继续努力全面推进俄日关系"。

俄韩政治关系也在不断发展。政治需求是推动俄韩关系发展的主

---

① 王海滨：《俄日关系的进展与限度》，《国际问题研究》2020 年第 6 期。

要动因。寻求与韩国的政治接触是俄罗斯"向东看"战略的重要部分，而加强与俄罗斯的政治沟通则是韩国"均衡"外交的关键环节。① 进入21世纪以来，俄韩加快推动全方位合作关系建设，从建设性互补伙伴关系到全面伙伴关系，再到战略合作伙伴关系的发展，表明俄、韩两国均把对方视为重要的合作伙伴。2000年以来，俄韩高层保持着高频率的互动态势，俄韩关系总体呈现上升态势，两国政治互信加强。与俄韩高层互动频繁相伴随，双方逐渐建立了机制化沟通渠道。通过高层联络热线，俄、韩两国在加强经贸联系、维护半岛稳定、声援彼此立场等方面的合作愈发频繁。目前，俄、韩已建立首脑会谈、副部长级等各级领导人互访对话机制，双方在东北亚地区安全与稳定、朝核问题等方面不断加强合作，推动了俄韩政治互信的确立及战略合作伙伴关系的发展。时任韩国总统文在寅上台后，俄罗斯邀请文在寅访俄并出席东方经济论坛，俄罗斯也成为文在寅上任后访问的第2个国家，仅次于美国，打破了韩外交惯例。文在寅向普京介绍了韩方正在推进的"新北方政策"，认为俄"新东方政策"和"新北方政策"有相似之处，俄韩合作能将远东地区打造为推动地区繁荣与和平的前沿。②

俄蒙关系是苏蒙双边关系的延续和发展，然而从苏联解体到20世纪末的最后10年，俄罗斯外交关注的重点并不在蒙古国。直到2010年年底，蒙古国和俄罗斯才恢复了苏联时期建立起来的几乎所有合作关系，③ 政治关系上升为"发展战略伙伴关系"。2006年普京当选俄罗斯总统以后，俄蒙双边关系开始真正得到改善。2006年12月，蒙古国总统恩赫巴亚尔访俄，双方签署了包括《莫斯科宣言》在内的一系列文件，标志着两国关系全面恢复。2009年8月时任俄罗斯总统梅德韦杰夫访问蒙古国，双方签署《发展战略伙伴关系联合

---

① 郭锐、赵俊良：《新世纪以来俄韩关系发展：轨迹、指向与前景》，《韩国研究论丛》2017年第1期。

② 曹志宏：《新时期俄罗斯参与东北亚区域合作研究》，《商业经济》2018年第10期。

③ 范丽君：《蒙古与俄罗斯双边关系综述》，《内蒙古财经学院学报》2011年第6期。

声明》，开启了俄蒙关系的新篇章。2014 年 9 月，普京访蒙时双方签署免签证协议，开通双边人员往来的"绿色通道"。2017 年 7 月时任蒙古国总统巴特图勒嘎上任后，俄蒙关系发展迎来新的契机。2017 年 9 月，巴特图勒嘎参加东方经济论坛，这是其上任以来首次出访国外，显示出其对俄蒙关系的重视。① 俄罗斯清楚地意识到，蒙古国的政治地缘、资源以及地理优势是俄罗斯远东发展战略、亚洲发展战略中不可忽视的重要因素，蒙古国是其"欧亚经济联盟"乃至"欧亚联盟"在远东的重要伙伴和盟友，吸引蒙古国成为"欧亚经济联盟"成员国成为俄罗斯对蒙古国政治、经济外交的终极目标。

当前，俄罗斯在内政和外交两个方向上同时转向东方，旨在缩小国家东西部发展差距，推进与亚太地区的经贸合作。对内，俄罗斯政府推出超前发展区、符拉迪沃斯托克自由港等新机制，大力加强基础设施建设和深加工产业，促进远东地区经济社会发展；对外，俄罗斯努力平衡与东北亚国家关系，积极推动与中国、日本和韩国的经济联系，并以此带动远东发展。② 近年来俄罗斯日益重视与东北亚各国的经济合作，一方面是为了开拓亚太地区这片充满机遇的市场，重振俄罗斯本土经济；另一方面是为了在西面受到欧美大国的战略挤压的背景下，向东扩展自身战略空间。

从扩展市场的角度来看，俄罗斯与东北亚各国有较强的贸易互补性，俄罗斯参与东北亚区域经济合作必将取得双赢。俄罗斯具有得天独厚的能源、资源禀赋，但地广人稀、工业结构相对落后，而日韩有先进的技术和充足的资金，中国有大量劳动力和发达的轻工业，各国互补性较强，合作前景相当广阔。俄罗斯如果能发挥地缘条件优势，积极促进与东北亚各国的要素流动，搭上东北亚区域一体化的顺风车，将对俄罗斯经济振兴起到至关重要的作用。

从国家战略层面来看，俄罗斯"向东看"政策的一大动因是对冲

---

① 曹志宏：《新时期俄罗斯参与东北亚区域合作研究》，《商业经济》2018 年第 10 期。

② ［俄］A. Г. 布雷、［俄］C. B. 格赖济科、钟建平：《俄罗斯远东开发新政策及其与东北亚国家的经贸合作》，《西伯利亚研究》2019 年第 2 期。

来自西方的制裁压力。乌克兰危机发生后，美国联合欧洲国家对俄罗斯的能源产业和金融机构发动数轮制裁。西方制裁导致俄罗斯经济大幅衰退。面对西方的严厉制裁，俄罗斯加快战略东移的步伐，加强与亚太地区尤其是东北亚大国的经济合作，降低对欧洲市场的依赖性，从而减轻西方制裁对俄罗斯经济利益的损害。

从宏观战略的角度来看，为了对冲来自西面的美欧的压力，俄罗斯势必要向东寻求出路，推行"西稳东进"的对外战略，积极参与东北亚区域经济合作。因此，俄罗斯"向东看"既是出于经济上开拓市场、吸引投资的客观需要，也是为了在政治上维持东西方战略平衡、拓展自身生存空间。

能源合作仍然是俄罗斯参与东北亚区域经济合作的传统优势领域和重头内容。俄罗斯与东北亚国家之间的供需互补性为能源合作奠定了坚实基础：俄罗斯希望通过开拓亚太市场促进能源出口市场多元化，降低对欧洲市场的依赖性，同时使区域石油市场价格能保持稳定的或可预测的状态，从而保障俄罗斯经济稳定；而东北亚地区的中日韩等国均是能源进口大国，尤其中国是全球经济发展活跃、对能源需求增长非常快的国家，保障能源供应安全是维持经济稳定增长的重要前提。长期来看，建立东北亚共同能源市场有助于提升东北亚能源定价权、缓解"亚洲溢价"给中日韩等能源进口国带来的困扰，同时减轻原油价格波动对俄罗斯经济的影响。为了扩大对东北亚的能源出口，俄罗斯修建了通向太平洋的石油管道，并已经开始向中国输油。随着油气开发，"对现有管道进行扩能或增设新管道、拓宽出口方式将是俄罗斯发展亚太地区原油出口的主要任务"[①]。尽管中日韩在与俄罗斯的能源合作方面存在竞争关系，但是从整体利益出发，东北亚各国在能源领域开展区域合作无疑是互利共赢的选择。目前，俄罗斯与东北亚各国正在推进的能源合作包括中俄东线供气购销合同、俄朝韩天然气管道、俄日北极 LNG 项目等。

---

① 梁萌等：《俄罗斯石油管道体系及出口现状》，《油气储运》2017 年第 10 期。

远东开发是俄罗斯参与东北亚区域经济合作的主要考虑之一。俄罗斯远东地区占国土面积的近五分之二，但人口仅占 7%，是俄罗斯经济最不发达的地区。俄罗斯为振兴远东经济做出了种种努力，其中一项重要举措是利用远东地区的地理位置条件扩大与东北亚各国的经济合作。如出台一系列措施吸引东北亚国家参与俄远东大开发，2015年开始连续多年在远东举办东方经济论坛，邀请东北亚以及亚太国家政、商界人士与会，陆续在远东地区建立数个"超前经济发展区"和自由港，希望以优惠的政策吸引亚太国家投资，加速远东地区的社会和经济发展。2009年俄罗斯出台《2025年前远东和贝加尔地区社会经济发展战略》，强调"远东和贝加尔湖地区应首先着眼于与东北亚国家的合作"，希望将远东与东北亚经济增长的火车头连接在一起，从而扩大市场、增加投资、引进劳动力，带动远东地区经济复苏。俄罗斯远东开发战略为东北亚区域经济合作提供了广阔的空间，并有可能成为东北亚地区秩序重构的重要机遇之一。

1992年，中、俄两国签署《中俄关于经济贸易关系的协定》，中俄经贸关系步入正轨。近30年来，经过低迷、徘徊和高速发展的时期，两国经济合作逐渐向多元化方向发展。两国独特的地缘优势、能源供需结构性互补以及两国逐渐形成的"新时代中俄全面战略协作伙伴关系"为中俄经贸合作的发展提供了自然条件、经济基础和政治保障。中俄双边贸易额从1992年的58.6亿美元上升到2020年的1077.7亿美元，增长超过17倍。自2010年以来，中国已经连续11年稳居俄第一大贸易伙伴国地位，俄罗斯则是中国第十大贸易伙伴，两国保持了互为重要贸易伙伴的格局。

2015年国家主席习近平与俄罗斯总统普京签署《关于丝绸之路经济带建设与欧亚经济联盟建设对接合作的联合声明》后，欧亚经济联盟内国家在基础设施、金融合作等方面积极与"一带一路"进行对接，成效显著。在合作的平台与机制建设方面，上海合作组织成为对接的重要平台之一后，中、俄两国进一步提出了更宏大的欧亚全面伙伴关系计划，为"一带一盟"对接合作提供了更为广阔的空间，对中、俄两国都有特殊的重要意义。

中俄跨境经济带也是提升中俄战略协作关系的新平台。俄罗斯政府推出超前发展区、符拉迪沃斯托克自由港等新机制，大力加强基础设施建设和深加工产业；中国则成立了中国（黑龙江）自由贸易试验区，提出了加快实体经济转型升级和建设面向俄罗斯及东北亚的交通物流枢纽等方面的具体举措。中国已连续多年保持俄远东地区第一大贸易伙伴和第一大外资来源国地位。投资涵盖农业、旅游、林业、商贸等诸多领域，总额约40亿美元。中俄跨境运输基础设施建设领域的合作成果颇丰。渝新欧、汉新欧、蓉欧、郑新欧、西新欧、合新欧、义新欧等中欧班列相继开通，它们不仅在"一带一路"建设中发挥着重要作用，而且也为"一带一盟"对接合作提供了有力支撑。被誉为"中俄友谊之桥"的同江—下列宁斯阔耶铁路桥、黑河—布拉戈维申斯克公路桥在2019年正式投入运行。"滨海1号""滨海2号"国际交通运输走廊、中蒙俄经济走廊等多条国际交通运输走廊陆续建成，它们进一步提升了对俄口岸通道、通关和跨境运输货物便利化水平，正在为中国与俄罗斯的对接合作发挥极具建设性的作用。

中俄产能合作收效显著。中国早已与俄罗斯签署了加强产能与投资合作的谅解备忘录，近年来，中俄产能合作取得了举世瞩目的成就。在钢铁产能合作领域，据2017年12月俄媒报道，中国德邦广东公司计划在滨海边疆区投资50亿美元建设钢材深加工产业集聚区。在高科技产能合作领域，中俄航空航天合作发展前景良好。近年来，随着中、俄两国航空航天技术的进步，两国在这一领域的合作进展迅速。中俄在生物制药领域的合作虽起步较晚，但双边合作起点较高，合作潜力较大。

中俄金融合作快速发展。2014年10月，中俄签署了价值1500亿元人民币的本币互换协议，并在2016年3月执行完毕。2017年11月22日，中国人民银行与俄央行续签了双边本币互换协议，2018年以来，中俄货币互换额快速增长。2015年11月俄央行宣布将人民币纳入国家外汇储备，2016年9月中国人民银行宣布授权中国工商银行

（莫斯科）股份公司担任俄罗斯人民币业务清算行，这有利于中俄贸易、投资及金融合作的密切发展。2016 年 11 月李克强总理访俄期间，中俄又签署了多份协议，同意开展共同融资，成立风险投资基金。2017 年 3 月，中国工商银行在莫斯科宣布正式启动人民币清算行服务。

中俄能源合作稳步推进。2014 年 5 月中俄两国达成了关于俄罗斯通过中俄东线天然气管道向中国供气的巨额能源协议，2017 年 12 月中俄东线天然气管道工程进入加速建设阶段，2019 年 12 月正式开始供气。2016 年 1 月俄联邦委员会批准了俄中两国政府关于实施亚马尔液化天然气项目的合作协议，中国丝路基金将从俄诺瓦泰克公司手中收购亚马尔液化天然气项目 9.9% 的股份，加上中国石油天然气集团获得的该项目 20% 的股份，中国在该项目中的持股比例将达到 29.9%，而之前此类允许外国持有俄战略企业 25% 以上股份的情况从未出现过。同年 4 月，中国国家开发银行和进出口银行联合为该项目提供了约 120 亿美元的贷款。中俄亚马尔液化天然气项目是中国"一带一路"倡议实施后的首个特大型项目，也是全球最大的北极 LNG 项目。中俄合资建设的华电捷宁斯卡娅燃气蒸汽联合循环供热电站项目是目前中国在俄最大的电力能源类投资项目，俄国内认为该项目将会开启中俄电力全面合作的新局面，造福两国人民，成为互利共赢的合作典范。

对于中、俄两国来说，北极具有重要的经济和战略价值，北方海航道是中俄北极合作中的一个重要组成部分。俄罗斯一直希望中国参与北极航道的开发，俄总统普京指出，"希望中国能把北极航道同'一带一路'连接起来"。2017 年 7 月 4 日，习近平总书记明确提出要与俄开展北极航道合作，共同打造"冰上丝绸之路"。两国计划联合打造的冰上丝绸之路是对共建"一带一盟"的重要补充，不仅对两国经济发展具有重要意义，也将成为两国合作发展的新亮点。2017 年 12 月 8 日，中俄共建冰上丝绸之路的首个建设成果——两国共建的亚马尔液化天然气项目开始投产。苏伊士运河堵塞事件再一次增加了国际贸易运输选择北方海航道的机会，突出了北方海航道的竞争优势。随着航线沿途港口等基础设施的修建和完善，俄罗斯利用北方海航道可以实现能源出口的多元化；对于中国来说，经过北方海航道的货物运输和围绕北方海航道的各产业链合作都是重要的合作内容。除此之外，北极基础设施的建设、科考、生态环保等方面都是中俄合作的重要内容。

中俄两国在东北亚地区的对接合作是顺应时代潮流的重要战略选择，可以促进中俄各自国家发展战略目标的实现。中、俄两国的对接合作为两国提供了更多的发展机遇，使各自的经济潜力得到充分发挥，进一步实现了双方的国家安全。"一带一盟"对接在未来的发展中具有十分光明的前景，并且将会实现双赢和共同发展。

21 世纪初俄日贸易呈良好发展态势。俄日在远东联合实施了大量项目，其中包括木材、煤炭补偿贸易协定、东方港建设、萨哈林 1 号和萨哈林 2 号石油天然气项目、普里戈罗德诺耶液化天然气工厂等。日本时任首相安倍晋三推进日俄合作的计划和 2016 年 12 月普京访问东京时俄方提出的建议，为发展俄日经济联系创造了新机遇。一系列政府文件、跨部门文件成为扩大俄日经贸合作的基础。近年来，俄、日两国持续推进在农林水产业合作、西伯利亚铁路使用、堪察加半岛液化天然气储存基地建设等具体措施的落实，并将这些项目有机结合起来，加强俄罗斯远东地区与北海道、日本海沿岸地区的互联互通，以便将其作为一个经济圈加以开发。

2013 年，俄日双边贸易总值超过 300 亿美元。但是，乌克兰危机发生后，2014—2015 年，西方国家的制裁、油价和卢布汇率的下跌对俄日贸易产生了消极影响。2016 年，两国贸易总值降至 160 亿美元，2018 年恢复至 213 亿美元。2019 年 1—9 月，两国贸易总额为 154.2 亿美元，双边贸易仍然很难恢复到危机之前。

近 10 年来，远东和日本企业之间形成了基于根本经济利益的行业合作结构：木材、煤炭、石油、天然气和海产品。汽车和能源是俄日合作的标志。目前，俄罗斯共有 900 多万辆日本生产的汽车，约占外国汽车总量的 35%。俄日能源合作也得到有力推动。俄罗斯向日本供应的液化天然气约占日本液化天然气进口量的 10%，俄罗斯向日本出口的石油约占日本石油进口量的 6%。依靠日本投资，2009 年萨哈林石油天然气项目投产。这些项目奠定了远东经济新专门化的基础。石油和液化天然气主要供应东北亚国家。远东港口现代化改造、城市环境改善、市政公用事业建设、固体废物利用和报废汽车处理、建筑材料生产等是俄日经贸合作的优先领域，这些合作将逐步使俄日关系提升到新的层次。

现阶段，拉近俄、日两国关系的主要因素是俄日经济具有互补性：俄罗斯自然资源丰富，日本拥有先进的技术和雄厚的资金。这一事实促使两国政府和企业界积极寻求解决问题的方案。

俄罗斯与韩国、朝鲜都有着紧密的经济关系。经贸合作是俄韩取得成就最显著的领域之一，尤其在双边贸易及能源领域。1994 年，在俄韩宣布建立建设性互补伙伴关系时，双方贸易额仅为 21.9 亿美元。2018 年俄韩双边贸易总额为 248.2 亿美元，比 1994 年增长了 10 倍。2019 年 1—9 月双边贸易总额为 189.3 亿美元。

2013 年时任韩国总统朴槿惠曾提出"欧亚倡议"，旨在提升跟俄罗斯的关系，但成效不明显。2017 年时任韩国总统文在寅访问俄罗斯，在第三届"东方经济论坛"上提出了"新北方政策"，旨在发展与俄远东的合作，还为此设立了直属总统的"北方经济合作委员会"，负责强化韩国与东北亚和欧亚地区国家的合作。文在寅建议通过发展俄罗斯和韩国"九桥战略"，促进两国在北极航线、造船和液化天然气等领域的合作。韩国是俄罗斯石油和天然气的最大进口国之一。韩国获得为俄罗斯建造 15 艘破冰液化天然气运输船的订单绝非偶然。韩国和俄罗斯实行互免签证制度，促进了旅游业包括医疗旅游和教育文化领域人文交流的发展。目前，双方正在探讨建立俄韩自贸区的可能性。但是，朝鲜核计划和美国在韩国部署"萨德"反导系统造成朝鲜半岛局势紧张，使韩俄铁路项目、天然气管道工程和东北亚能源圈建设受阻。由于美国制裁的压力，韩国暂未参与俄罗斯大型项目的建设。

　　冷战结束后，俄罗斯、韩国和朝鲜三国在跨国铁路修复、电力合作、油气管道的建设以及物流转运项目四大领域进行了部分合作。首先，铁路连接工程主要包括 TKR（朝鲜半岛铁路）的修复与 TKR-TSR（西伯利亚铁路）的连接，然而受朝鲜核试验、南北关系僵持和资金问题的影响，铁路建设事业几度中断，进展困难。其次，电力合作项目主要涉及跨国输电网络的建设。俄韩双方从 2009 年开始共同研究电力系统连接的可行性问题，韩国主张，即使在现阶段实现俄韩朝三国电网相连仍困难重重，但韩国企业应积极参与俄罗斯远东电力设备的维修与更新，并向远东城市输出韩国的智能电网（Smart-Grid）技术。不过，俄韩电力合作多带有"纸上谈兵"的意味。再次，油气管建设工程旨在将俄罗斯远东丰富的油气资源输往朝韩两国。韩国倾向于修建通过朝鲜的跨国油气管道，然而由于核危机和南北关系长期比较紧张，短期内难以实现。最后，俄韩朝之间的物流转运项目即所谓的"罗津—哈桑物流项目"因受到 2016 年朝鲜第四次核试验的影响而停止，标志着俄韩朝之间仅存的经济合作项目断绝。之后，韩国国内实际上已经在探讨绕过朝鲜的韩俄合作新路径。①

　　俄、蒙两国有着密切的关系。由于蒙古国经济体量较小且经济结构单一，主要出口矿产品和农牧业产品，俄、蒙两国同为资源输出国，因此两国贸易体量有限。2006 年以来，俄蒙双边贸易朝着良好的方向发展，2019 年两国的双边贸易额约为 18 亿美元，2020 年受新冠疫情影响双边贸易额下降至 14.6 亿美元。目前俄罗斯是蒙古国的第二大贸易伙伴。此外，俄罗斯还加大了对蒙古国的投资力度和领域，俄罗斯的投资领域涉及蒙古国国民经济发展的支柱性产业和核心部门，对蒙古国经济有很大的隐性制约。这不仅是俄罗斯在蒙古国投资的战略性特点，也是俄罗斯在蒙古国政治、经济地位不可撼动的一个重要因素。

---

　　① ［韩］玄升洙：《韩俄首脑会谈与俄罗斯远东开发合作的意义》，http：// lib. kinu. or. kr//wonmun/007/0001476776. pdf.

　　俄罗斯在蒙古国传统产业，尤其是铁路、公路等基础设施建设领域合作的宽松政策，也是双方务实合作、理性对待双边关系的体现。过去俄罗斯对俄蒙合资传统基础产业的把控非常严格，绝对不允许第三方进入。"中蒙俄经济走廊"提出后，俄罗斯在铁路轨距、资金来源方面的政策略有放松，允许第三方（主要指中国）有条件进入俄蒙合资的铁路运输领域。2015 年 9 月，蒙古国议长和外长访问俄罗斯时，特别提到俄罗斯与蒙古国合资的乌兰巴托铁路的改造问题。受限于资金困扰，俄罗斯接受蒙方建议，同意部分通往中国的铁路线路使用窄轨（即标轨），开启了蒙俄合资三大支柱性产业吸引"外资"的新突破，也是推进"中蒙俄经济走廊"建设中的基础设施的"互联互通"的突破口。

　　总结俄罗斯为平衡发展与东北亚国家关系做出的努力，应当指出，这一过程非常活跃，但从东北亚国家角度看，这些努力带有多向性。无论是与中国共同推进的"一带一盟"对接，还是落实安倍晋三推进俄日远东合作的计划和 2016 年 12 月普京在东京提出的建议，抑或回应时任韩国总统文在寅提出的"新北方政策"和发展俄韩合作的"九桥战略"，都表明了俄罗斯平衡与东北亚国家经贸合作的努力。同时，俄罗斯与东北亚国家间关系的发展将受到东北亚国家经济增速放缓、朝鲜半岛局势紧张和千岛群岛归属问题引发的俄日领土争端等问题的制约。

　　在可预见的未来，俄罗斯与东北亚各国的经济合作将更多地以双边形式而非多边机制开展，并主要聚焦俄罗斯所关切的能源、投资、基础设施等领域。随着东北亚区域一体化的不断深入，俄罗斯只有与中日韩等国携手并进，才有望开创和谐共荣的东北亚新局面。

　　一直以来，俄罗斯的安全注意力主要集中在其西部，东北亚地区在其安全结构中处于相对次要地位。乌克兰危机后，北约在西部对俄罗斯步步紧逼，迫使俄必须提升其在东方的安全影响力，以平衡来自西线的压力。另外，近年来东北亚地区主要大国力量消长，战略互动频繁。美国不断强化其美日韩同盟，在盟国进行前沿部署以增强机动能力，维护其在亚太地区的安全主导地位，对俄罗斯远东地区也存在潜在的军事威胁。

发展与中国的关系是俄罗斯在东北亚地区的安全重点，中俄在东北亚地区的安全合作有利于维护亚太地区的和平与稳定。中俄在东北亚的安全合作主要包括三方面内容：一是对冲来自美国同盟的安全压力。中俄除了加深双边军事合作，包括预警和进攻性装备的合作外，中国还应该继续与俄定期在东北亚海上和陆上联合军演，以及在防空识别区空中巡航。二是以开放对话促安全合作。在中俄战略协作的基础上与美国及日韩进行战略安全对话，确保东北亚战略稳定和平衡，议题包括朝鲜半岛核问题、核不扩散、军控、和平利用核能以及亚太地区的安全机制构建。三是分化美韩同盟。俄罗斯对分化美欧同盟具有丰富的经验，在解决朝鲜半岛核问题上，韩国看重中俄的作用，中俄在此问题上的作用也受到朝鲜的重视。

俄日重视并积极推动军事安全关系与其他领域关系的协同发展。为加强双边战略关系及军事安全合作，2013年4月俄日设立由外长与防长参加的"2＋2"会晤机制，并于2013年11月举行了首届俄日"2＋2"会谈。其虽受乌克兰危机影响一度中断，但于2017年再次重启。俄罗斯是日本与之设立该机制的第三个国家，而日本成为俄罗斯第五个建设此类机制的对话国，体现了双方对深化战略关系及军事安全合作的共同意愿。在军事安全合作实践中，俄日开展了军舰互访、海上搜救联合演习、海军联谊表演、边防部队联合演习等活动，以逐渐培养和积累互信。此外，俄日联合军事演习也在不断拓展演练海域。2020年1月俄日首次在阿拉伯海开展了联合反海盗及海上救援演习。此外，俄日还致力于在应对毒品犯罪、网络盗窃和洗钱等非传统安全领域开展合作。

安全领域是俄韩最关心的领域之一。朝核问题是关系俄韩切身利益的重大问题，也是双方相互支持、互相声援的核心领域。另外，军事交流与合作贯穿俄韩伙伴关系发展的整个进程，是两国安全领域合作的重点内容。一方面俄韩军事合作关系密切，表现为俄韩在军火贸易领域关系密切和军事交流较为频繁，俄韩联合军演是两国军事交流的重要内容。另一方面，俄韩在朝核问题上相互支持。对俄罗斯而言，朝核问题既是威胁其国家安全的隐患，又是制约俄罗斯远东地区开发的障碍。对韩国而言，朝核问题是关乎国家统一和存亡的重大问题。2016年朝鲜进行第四次核试验后，遭到包括俄韩在内的世界各国的反对，俄韩在联合国对朝鲜制裁决议上投了赞成票，表明了两国坚持朝鲜半岛无核化、捍卫东北亚地区安全与稳定的决心。

美国及其美日韩同盟的战略进逼、朝核问题以及俄日领土问题仍然是俄罗斯在东北亚地区面临的长期安全威胁。特别是以"萨德"为代表的反导系统的布置打破了过去美俄间的战略平衡，给俄罗斯带来极大的战略威胁，也是导致朝鲜半岛局势动荡的主要原因。因此，俄罗斯很大可能会加强与中国的军事合作和战略协调，推动中俄安全合作向纵深发展。

俄罗斯参与和推进东北亚战略的制约主要还是其经济政治中心不在远东地区，尽管制订了远东开发计划，但是，整体发展难以取得大的突破。俄罗斯与东北亚国家的关系总体不错，但俄日关系受制于北方领土问题难有大的改善，俄朝关系受到朝鲜本身发展的制约，俄韩关系虽然有较大的改善，但受到韩国国内政治和南北关系的影响。从命运共同构建的视角分析，重要的还是俄罗斯如何更深入地融入东北亚经济区网络，稳固共同发展、合作发展的基础。

（二）蒙古国对东北亚区域合作的参与

长期以来，蒙古国的优势产业是采矿、畜牧以及与之相关的附属产业，但缺乏手机、洗衣机、电视机、汽车、化工、机械等现代化工业，其产业链不完整。为了维持国民经济运转和人民正常生活，经济上高度依赖全方位的对外贸易。20世纪90年代以来，蒙古国实行对外开放和市场经济转轨，特别是1997年加入世界贸易组织后，经济和外贸结构上有了很大的变化，对外贸易总量从2000年的11.5亿美元增加到2020年的128.7亿美元，20年间增长了10倍多。

　　2017 年 5 月，时任蒙古国总理 J. 额尔登巴特访问中国参加"一带一路"国际合作高峰论坛时，中、蒙两国签署了《关于蒙古国"发展之路"规划纲要与中国"一带一路"倡议对接联合声明》以及 20 多份合作文件。两国发展规划的顺利对接，不仅丰富和发展了双边经济贸易合作的内涵和形式，也为国际投资者开辟了更广阔的空间。2018 年 4 月在时任总理 W. 呼日勒苏赫参加海南"博鳌亚洲论坛"期间，中蒙两国签署了涉及经贸、人文、环保等领域的 11 份合作文件，中、蒙两国工商界人士签署了总价值 46 亿美元的 36 项合作协议。截至 2020 年年底，中国已经连续 10 年成为蒙古国最大的贸易伙伴。2020 年双边贸易额约为 66.3 亿美元，占蒙古国对外贸易总额的 51.3%。其中，蒙古国自中国进口 50.1 亿美元，向中国出口 16.2 亿美元，对华贸易逆差达 33.9 亿美元。从双边贸易结构即进出口产品类型来看，蒙古国主要向中国出口矿产品和农产品，其中煤炭（39.9%）、铜（35.7%）、铁（9.0%）、农畜产品（6.6%）；从中国进口机电产品（汽车及零配件、电工器材等，占比 48.8%）、钢材（9.9%）、农产品（稻米、肉类、面食、蔬菜等，占比 7.4%）、电力（7.4%）。蒙古国 99% 的煤炭、66% 的锌精矿和 89% 的钼精矿出口到中国。中国一直是蒙古国主要的投资来源地。据蒙方统计，1990—2019 年，中国对蒙古国直接投资总额达 54 亿美元，占蒙古国吸引外资总额的 30%，为当地创造了约 17000 个工作岗位。2019 年，中国对蒙投资 2.7 亿美元，同比增长 132%。除此之外，中国还向蒙古国提供了大量软贷款和技术援助。蒙古国现有来自 113 个国家的 14932 家外资企业，其中 50% 是中国企业。蒙古国正致力于加快推进"草原之路"计划与"一带一路"倡议对接，并且已经和中国签署了战略对接谅解备忘录，制订并实施了统一规划的同时，正在积极推进"中蒙俄经济走廊"建设。蒙古国扎门乌德自贸区已于 2021 年 8 月 14 日正式开启常态化运营模式，蒙古国正在努力将其与中国二连浩特自贸区有效连接，并在不久的将来发展成为经济合作区。

　　俄罗斯则是蒙古国的第二大贸易伙伴，2020 年双边贸易额约为

14.6 亿美元，占比 11.3%。2020 年上半年，蒙古国的贸易总额中有 13%（6.99 亿美元）是与俄罗斯进行的贸易。蒙古国对俄罗斯的出口额非常小，说明与俄罗斯产品互补性低；蒙古国从俄罗斯进口额远高于出口额。蒙古国与俄罗斯的进出口贸易额远低于与中国的进出口贸易额，说明蒙古国更依赖与中国的贸易合作。蒙古国是俄罗斯"欧亚经济联盟"的亚洲重要伙伴，如果蒙古国加入"欧亚经济联盟"，进入俄罗斯主导的"统一经济空间"，享受关税、物流、海关等方面优惠，蒙俄经贸关系将进一步发展。

近年来，蒙古国也在致力于改善与日本、韩国等"第三邻国"的关系。2016 年 6 月《蒙日经济协定》生效后，蒙日经贸合作环境明显改善，蒙古国增加了对日出口产品的数量和种类。2016 年 10 月，J. 额尔登巴特总理任职后将日本作为首访国家，意在通过推进与日本的经济合作实现产业多元化。J. 额尔登巴特访日期间，两国签署了《2017—2021 年蒙日两国发展战略伙伴关系中期纲要》，为两国未来 4 年的经济合作指明了方向并做出具体规划。2017 年 3 月，两国签署《蒙日关系中期规划》。协议签署后，日本对蒙古国出口免税比例从目前的未满 1% 扩大到 50% 左右，此后 10 年间将增至 96% 左右。[1] 这将大大改善日本对蒙古国市场的准入环境。另外，日本对蒙援助值得一提。自蒙古国政治经济体制转型以来，日本一直是蒙古国的最大援助国，援助领域涉及经济、社会、教育等各方面。日本有目的、有计划的援助项目不仅收到良好的经济效益，更为重要的是扩大了日本在蒙古国的影响力，树立了良好声誉，当然蒙古国也受益颇多。

J. 额尔登巴特政府为推动蒙韩关系发展不遗余力，主要是落实蒙韩签署的一系列合作项目，尤其是在人文、旅游业方面的合作项目进展较快。在 J. 额尔登巴特政府的推动下，乌兰巴托和釜山间的航线开通，缓解了每年 7—8 月旅游旺季首尔和乌兰巴托之间航线的航运

---

① 范丽君：《蒙古国"发展之路"与东北亚区域经济合作探析》，《东北亚学刊》2018 年第 4 期。

压力。2018 年新年伊始，时任蒙古国总理 W. 呼日勒苏赫访问韩国，将两国关系由"全面伙伴关系"提升为"战略伙伴关系"，而且还从韩国得到了为期 30 年的 7 亿美元优惠贷款，用于蒙古国空气和环境污染治理。韩国对蒙古国的经济支持亦显成效，换来了蒙韩之间的信任，推动了双边合作的发展。

蒙古国地广人稀，自身市场规模有限，但该国拥有丰富的自然资源，是资源供给的大市场，对东北亚的经济发展有着重要的意义。蒙古国与东北亚地区所有的国家都保持良好的关系，因此，蒙古国可以在沟通关系、化解分歧上起调节作用，继而可以在推动东北亚命运共同体构建中发挥特殊作用。

三 构建更加紧密的中蒙俄经济合作关系

（一）推进对接，打造中蒙俄经济走廊

2013 年"一带一路"倡议提出后，习近平主席于 2014 年 9 月向俄蒙两国总统提议，对接"丝绸之路经济带"、俄罗斯主导的"欧亚经济联盟"、蒙古国"草原之路"倡议，[①] 打造"中蒙俄经济走廊"，并就此与俄、蒙两国总统达成共识。这集中体现了中国政府极为重视"中蒙俄经济走廊"在"一带一路"中的特殊地位和作用，因而也是"中蒙俄经济走廊"建设有别于"一带一路"其他五大经济走廊的首要特点。"中蒙俄经济走廊"是支撑"一带一路"倡议的六大通道之一，是中国面向东北亚的国际发展通道，其经济发展潜力巨大。

2015 年 5 月，中、俄元首签署了《中华人民共和国与俄罗斯联邦关于丝绸之路经济带建设和欧亚经济联盟建设对接合作的联合声明》。同年 7 月，以中、俄、蒙元首签署《中华人民共和国、俄罗斯

---

① 2014 年 9 月，蒙古国提出准备实施"草原之路"的发展战略，通过运输和贸易振兴蒙古国经济，总投资需求约 500 亿美元，由 5 个项目组成，包括蒙古国连接中国和俄罗斯的 997 公里高速公路和 1100 公里电气化铁路、扩展跨蒙古国的铁路以及建设天然气、石油管道等。

联邦、蒙古国发展三方合作中期路线图》为契机，三国政府签署了
《关于编制建设中蒙俄经济走廊规划纲要的谅解备忘录》。在此基础
上，2016 年 6 月，三国政府签署了《建设中蒙俄经济走廊规划纲
要》，这标志着"中蒙俄经济走廊"建设正式全面启动。在"一带一
路"的"六大经济走廊"中，"中蒙俄经济走廊"的国际规范化制度
性保障措施非常突出，这也是"中蒙俄经济走廊"建设的主要特点
之一。

　　"中蒙俄经济走廊"建设主要集中在两条通道上。其一是华北通
道，即以京津冀地区为起点，沿着北京—乌兰巴托—莫斯科国际铁路
线北上，经内蒙古自治区首府呼和浩特、蒙古国首都乌兰巴托，抵达
俄罗斯布里亚特共和国首府乌兰乌德，并在此通过西伯利亚大铁路，
向西抵至俄罗斯首都莫斯科。其二是东北通道，即以辽宁大连为起
点，沿着老中东铁路，经辽宁省省会沈阳、吉林省省会长春、黑龙江
省省会哈尔滨、内蒙古自治区对俄边境口岸城市满洲里，抵达俄罗斯
后贝加尔边疆区首府赤塔，并在此与西伯利亚大铁路并轨，向西经乌
兰乌德抵达俄罗斯首都莫斯科。①

　　与蒙俄毗邻的中国北方五省区即黑龙江省、内蒙古自治区、新疆
维吾尔自治区、辽宁省、吉林省各自出台了参与"中蒙俄经济走廊"
建设、对接东北亚各国和地区的规划和方案。如黑龙江省提出打造
"中国向北开放的重要窗口"，建设"中国（黑龙江）自由贸易试验
区、沿边重点开发开放试验区、跨境经济合作示范区、面向欧亚物流
枢纽区"的"一个窗口、四个区"发展战略方向；内蒙古自治区提
出打造沿边经济带，打通阿尔山—乔巴山铁路，形成内联东北、外接
蒙古国和俄罗斯远东地区的"新亚欧大陆桥"；辽宁省提出了向北融
入"中蒙俄经济走廊"，向东构建以中、俄、日、韩、朝为主体的
"东北亚经济走廊"，建设"辽宁沿海经济带""东部沿边开发开放

---

　　① 朴键一：《"中蒙俄经济走廊"建设的主要特点和存在问题分析》，《东北亚学刊》
2020 年第 6 期。

带"的"两廊两沿"构想；吉林省提出以长春城市群为支撑，建设以珲春—乌兰浩特交通线为主轴，包括延边、吉林、长春等州市的"沿中蒙俄通道开发开放经济带"；新疆维吾尔自治区的建设构想使该走廊建设的空间布局从华北和东北扩展到西北地区，为将来通过构建贯穿蒙古国东西的"中蒙俄经济走廊"新通道埋下伏笔。

2019年10月，人民智库以"政府能力与政策环境""海关与边境管理""物流与基础设施""金融与通讯能力"为测评分项指标，发表了《"一带一路"六大经济走廊贸易便利化测评报告（2013—2018）》。测评结果表明，在"六大经济走廊"中，与2013年相比，2018年"中蒙俄经济走廊"贸易便利化测评排位从末位升至第四位，测评值升幅最大。其中"政府能力与政策环境"分项测评值依旧排在末位，但测评值升幅为第二；"海关与边境管理"分项测评值排位从末位升至第四位，测评值升幅为最大；"物流与基础设施"分项测评值仍排在末位，但测评值升幅为第二；"金融与通讯能力"分项测评值排位从第二位升至首位，测评值升幅为其他五个经济走廊之和的2.7倍。①

"中蒙俄经济走廊"在基础设施方面的互联互通进程持续加快。一是铁路建设项目不断完善。中蒙白阿铁路、长白铁路等如期建成，中俄滨洲铁路于2017年年底全线实现电气化运营，提高了运输能力，加快了中俄"设施联通"；2019年3月中俄首座跨界河铁大桥同江跨江铁路大桥全部贯通。俄罗斯莫斯科—喀山高铁项目获得政府2000亿卢布拨款，有望成为俄罗斯第一条高铁，这些项目的建设进一步加快了中蒙俄基础设施互联互通。二是公路桥梁建设取得突破。2017年中方支持巴彦洪格尔省、扎布汗省等多条蒙古国西部省际公路建设，2019年乌兰巴托新机场高速公路移交蒙方使用。2019年中俄黑龙江大桥合龙标志着中俄双方第一座跨江公路大桥建成，进一步缩短

---

① 《"一带一路"六大经济走廊贸易便利化测评报告（2013—2018）》，http://www.rmlt.com.cn/2019/1230/565251.shtml。

了中俄贸易距离，有助于加快双方贸易合作。三是口岸项目建设成果显著。中蒙有 13 个陆路边境口岸，其中 9 个口岸承担 95% 的中蒙货运贸易，是中蒙经贸合作的重要经济通道和物流通道。中俄已经开通了 22 个口岸，主要分布在吉林、内蒙古、黑龙江三个省区。这些口岸的开通有效提升了中蒙俄三国贸易合作质量和效率。四是管道建设项目成效突出。中俄原油管道和天然气管道均已投入运行，新管道建设也在计划中。阿穆尔气体处理场的建成也为保障中俄天然气合作提供了有力支持。2017 年 4 月 24 日，阿穆尔气体处理厂项目第二标段正式启动，项目建成后，天然气年处理量将提升至 420 亿立方米。2019 年中俄东线天然气管道正式投产通气，蒙方也在积极争取该管道过境蒙古国。①

　　"中蒙俄经济走廊"建设已进行 8 年，中蒙俄三方各级政府的合作机制已经建立，三方在贸易便利化、投资自由化、制度规范化、基础设施建设等方面取得了不同程度的进展，目前走廊建设仍处于方兴未艾阶段。连接三国的主要交通运输通道、"三北"地区的沿边开发开放带和跨境合作区还在规划和建设之中。三方应进一步提升中蒙俄经济合作质量，在农业、装备制造、新能源、数字经济等领域展开新一轮合作，进一步推进了中蒙俄经济贸易合作，打通三方区域合作大通道。

　　"中蒙俄经济走廊"建设是中蒙俄三国发展的共同选择，是东北亚地区构建多边经济合作模式的一次新的尝试和探索，需要三方立足于本国实际发展需要，对区域经济合作有"共识""共建"的信心。"中蒙俄经济走廊"建设具备三边区域经济合作的经济要素，包括：比邻而居的地缘优势；资源禀赋合理的资源优势；资金、技术、人力资源互补的有利条件；互为战略伙伴关系的政治保障；等等。作为中蒙俄经济走廊的发起国，中国应该在政策沟通对接、互联互通提升以

---

① 《中俄东线天然气管道正式投产通气 每年向我国提供天然气 380 亿立方》，https：//3w. huanqiu. com/a/24d596/9CaKrnKo7mh。

及促进区域和次区域跨境合作上发挥重要作用。

（二）俄蒙与东北亚经济命运共同体建设

俄罗斯官方对中国倡议的东北亚经济命运体认知整体上较为积极。2015 年 5 月 8 日，俄、中两国签署了《俄罗斯联邦与中华人民共和国关于欧亚经济联盟建设与丝绸之路经济带建设对接合作的联合声明》，联合声明指出，俄方支持中方提出的丝绸之路经济带建设倡议，愿与中方展开密切合作，推动落实该倡议。2019 年 6 月，俄中元首共同将两国关系提升为"新时代俄中全面战略协作伙伴关系"。

俄罗斯学界对"东北亚经济命运共同体"特别是"人类命运共同体"概念普遍持积极态度。俄罗斯对内、对外政策和国防安全领域专家特罗菲姆丘克认为，人类的发展需要一个稳定环境，构建人类命运共同体的理念是全球政治、经济互信与合作消除隔阂的重要方法，是保障全球化、和平发展的重要途径。他同时指出，俄罗斯是全球政治和经济进程的重要参与国，支持中国提出的全球化倡议，"欧亚经济联盟和丝绸之路经济带的对接就是最有力的证明"[①]。莫斯科国立大学经济系副教授 T. H. 尤金娜认为，"人类命运共同体意识超越种族、文化、国家与意识形态的界限，为思考人类未来提供了全新的视角，为推动世界和平发展给出了一个理性可行的行动方案"[②]，"俄中两国作为东北亚地区的大国，需要在该地区营造和平稳定的发展环境"，"国家间的安全合作能够为经济合作营造稳定的外部环境，东北亚命运共同体应该是基于平等、互利共赢和共同发展的。东北亚地区的和平稳定必定会给各国创造更加安全的合作环境"[③] 俄罗斯远

[①] 《俄罗斯对内、对外政策和国防安全领域专家：构建人类命运共同体是全球消除隔阂的重要方法》，http：//world. people. com. cn/n1/2018/0207/c1002-29811556. html。

[②] ［俄］T. H. 尤金娜、杨俊东：《俄中经贸合作兼议构建东北亚命运共同体》，《东北亚学刊》2021 年第 2 期。

[③] ［俄］T. H. 尤金娜、杨俊东：《俄中经贸合作兼议构建东北亚命运共同体》，《东北亚学刊》2021 年第 2 期。

东联邦大学东方学院副教授安娜·博雅尔金娜认为，构建人类命运共同体理念具有深刻的现实意义。这是中国为推动构建新型国际关系和促进世界秩序稳定作出的重要贡献。① 俄罗斯中国分析中心主任谢尔盖·萨纳科耶夫表示："习近平主席的重要主张顺应时代潮流，展现了大国领袖风范。俄中两国坚定捍卫和践行真正的多边主义，两国合作也能够经受住各种风险挑战的考验。在此基础上，俄中两国有能力共同维护世界和平稳定，携手构建人类命运共同体。"②

随着俄中战略协作伙伴关系的日益巩固，俄罗斯人对中国的认知和好感度不断深化和提升。近几年来，俄罗斯媒体特别关注"来自中国的新闻"，俄社会舆论也十分重视"发自北京的声音"。俄罗斯媒体和民众对人类命运共同体、东北亚经济命运共同体由知悉到了解，认知倾向越来越积极。2017 年 10 月党的十九大召开期间，包括塔斯社、今日俄罗斯电视台、《俄罗斯报》在内的俄罗斯多家主流媒体纷纷围绕"中国呼吁各国人民同心协力构建人类命运共同体"主题进行报道，给予积极评价；③ 2020 年 4 月 15 日，《俄罗斯报》网站在《中俄锐评》专栏中刊发《世界应共同抗疫而不是推诿甩锅》的评论文章，尖锐地揭批美国借新冠疫情对中国种种甩锅和污名化的做法，力挺中国抗疫努力和国际合作，积极赞赏"人类命运共同体"理念。④

蒙古国对东北亚经济命运共同体的认知随着蒙中两国关系的向好升级而逐渐走向明晰、认同。特别是蒙古国官方层面的表态十分明确积极。

---

① 《携手共克时艰　谱写合作新篇》，https：// baijiahao. baidu. com/s？ id = 1710007494608147479&wfr = spider&for = pc。

② 习近平：《共克时艰，同谋发展，携手谱写远东合作新篇章——在第六届东方经济论坛全会开幕式上的致辞》，https：//www. ccps. gov. cn/tpxw/202109/t20210903_ 150364. shtml。

③ 李淑华：《俄罗斯媒体对"中共十九大"的认知与评价》，《俄罗斯学刊》2018 年第 1 期。

④ 《俄媒：世界应共同抗疫而不是推诿甩锅》，http：//m. cyol. com/content/2020-04/16/content_ 18571779. htm。

2014 年习近平主席访问蒙古国期间，两国元首一致决定将两国关系提升为全面战略伙伴关系，并在 2015 年确定中国"一带一路"建设与蒙古国"草原之路"战略对接，为两国发展理念的契合、经贸利益的互惠、人文交往的融通奠定了互利共赢的坚实基础。

2017 年 12 月，蒙古国执政党、蒙古国人民党总书记达·阿玛尔巴伊斯格楞在出席中国共产党与世界政党高层对话会时表示，蒙中两国是友好邻国，边境线长达 4700 公里，其愿意同中国共产党及中国进一步加强交流与合作，增进两国人民相互了解，为构建人类命运共同体做出努力。蒙古国公民意志绿党总书记玛·呼日勒苏赫则表示，习近平总书记在讲话中提到要打造人类绿色共同体，保护自然。世界各国的发展不能以自然环境为代价，蒙古国在保护环境、治理污染方面将与中国共产党加强合作。①

2021 年 9 月 24 日，蒙古国副总理色·阿玛尔赛汗在出席第十三届中国—东北亚博览会时指出，发展东北亚地区合作要促进贸易、发展基础设施和过境运输能力、降低成本、增进民间相互了解和信任。当然，对处于 21 世纪发展前沿的东北亚地区来说，经济一体化和信息技术的进步也无疑成为发展的重要因素。2021 年 10 月 31 日，中蒙正式签署《中蒙自贸区战略合作备忘录》，双方一致同意就"中蒙自贸区"重点项目建设的有关事项展开合作。

中蒙俄地缘相接，设施联通是中蒙俄经济走廊跨境合作的优先领域，要重点推进中蒙俄三国区域之间的设施联通，打通缺失路段，构建完善的交通运输综合体系，形成中蒙俄跨境次区域合作的大通道，同时应在数字设施联通方面探索跨境合作新通道，打通数字信息公路，提高中蒙俄跨境合作质量。

推动中蒙俄经济走廊通道上的口岸城市建设，加快中俄珲春—哈桑跨境经济合作区、中俄黑河—布市跨境经济合作区、中蒙二连浩特

---

① 《蒙古国政党领导人：愿意与中国人民一道积极构建人类命运共同体》，http：//news. cri. cn/baidunews-eco/20171204/8d537504-2a45-7edc-da10-37b9a780dd70. html。

市—扎门乌德跨境经济合作区建设，以点连线、以线带面，打造中蒙俄跨境沿边经济带。推进跨境次区域合作，加强综合保税区、互市贸易区及跨境经济合作区建设，发挥保税区对外开放、贸易、投资、产业调整和区域经济的牵动作用，强化工业园区和边境经济合作区综合保税功能；以国际贸易、跨境旅游、出口加工、仓储物流为主体，加快发展出口加工产业、跨国界商贸旅游、国际物流三大产业集群；协调蒙俄，按照"两国一区、境内关外、封闭运行、政策优惠"的运行模式，建设进出口加工型产业基地、区域性国际商贸物流中心、区域性国际现代化服务业合作平台。

应加快中蒙俄自贸区的可行性研究工作，尽早将中蒙俄自贸区谈判提上议程。可以率先构建中蒙俄自贸区建设的大致框架，以此为基础，推动三国政府就建立自由贸易区的研究和谈判。考虑到构建自贸区的难度，可以先开始在功能领域就便利化、协调规则、建立合作机制，如通关程序、检验检疫标准、原产地原则和知识产权认证等。

构建东北亚命运共同体的建设对于俄罗斯和蒙古国具有重要的意义，符合两国的战略和现实利益。因此，加强中国与蒙俄的合作，以中蒙俄紧密经济联系拉动与东北亚其他国家的联系与合作，形成东北亚区域紧密的经济链接与合作网络是一个可行的路径选择。

第三篇

推动东北亚政治安全命运共同体构建，旨在共建可持续的东北亚和平与发展新秩序。

第十三章 东北亚政治安全命运共同体构建

东北亚是经历漫长历史演化，域内力量与域外力量反复折冲的地区，是中国国家利益高度关切的地区，也是中国推进构建命运共同体的关键区域。政治安全的发展对地区的综合发展影响极大，因此，构建东北亚政治安全命运共同体是构建东北亚命运共同体的重要内容。

一 东北亚政治安全格局的转变

东北亚是大国力量交织、地区政治安全局势最为复杂的地区之一，区域内外国家间的博弈塑造了复杂的东北亚政治安全格局。在新的形势下，东北亚政治安全格局正在发生重要的转变，这种转变具有历史性意义。鉴于其高度复杂性，对东北亚政治安全格局进行剖析，需要从多角度进行综合分析。

秩序结构主要是由力量格局决定。传统的国际秩序一般是在特定国家主导下建立的，秩序是约束行为体的各种法律、制度、准则和规范的总和，主要是以国家间权力分配为基础。从世界史的发展来看，占支配地位的大国或大国集团在国际秩序中扮演重要角色，国际秩序的建立、运行和保障都离不开这些国家的努力。国际秩序有其自身的运行逻辑，如基辛格所言，权力与合法性是国际秩序的两大支柱。①

---

① Henry Kissinger, *World Order*, New York: Penguin Books, 2015, p. 9.

权力结构是指国家间的权力分配，任何国际秩序都是建立在一定的权力分配之上，权力分配的稳定与否直接影响国际秩序的稳定程度。每一种国际秩序都有特定的国际规则追求，这是其合法性的重要来源。当国际规则发生变化时，国际秩序随之也会变得不稳定。

国际秩序分类有多种形式，按照不同标准可得出不同分类结果（见表 13 - 1）。

表 13 - 1 　　　　　　　　　　　　国际秩序分类

分类标准	类别
按秩序支配国	荷兰主导下的秩序、法国主导下的秩序、英国主导下的秩序、美国主导下的秩序等
按主导价值观	自由主义秩序、共产主义秩序、中世纪欧洲基督教秩序等
按国际规范	封建主义秩序、威斯特伐利亚秩序、殖民主义秩序、自由贸易秩序等
按国际机制	国际联盟秩序、联合国秩序、"天下—朝贡"秩序等
按所在领域	国际政治秩序、国际经济秩序、国际安全秩序、国际文化秩序等
按地理范围	全球秩序、欧洲国际秩序、东亚国际秩序、中东国际秩序等

资料来源：参考 Henry Kissinger, *World Order*, New York：Penguin Books，笔者整理而得。

国际秩序转型即从一种秩序类别转移到另一种秩序类别。秩序本身始终处于运动发展的过程中，无时无刻不在变化调整，当局部量的变化积累到引发总体质的变化时，秩序就会发生转型或变革。国际秩序转型可分为三类：其一，以国际基本行为规范的变革为标志的国际秩序自身变革；其二，以国际秩序主导国家或集团更迭为特征的国际秩序支配者变迁；其三，在国家间经常性互动范围内发生的国际秩序某一构成要素的日常调整。

当前东北亚国际秩序正处于转型期，从短期看属于前文提及的第三类转型，从长期看属于第二类。东北亚国际秩序是以"二战"后地区秩序安排为基础、受部分冷战秩序遗留因素影响、多种现代国际秩序进程共同作用下的产物。

1945 年 9 月 2 日，日本政府签署无条件投降书，标志第二次世界大战结束，东北亚人民取得了反法西斯战争的胜利。在"二战"后期，美、苏、英、中等反法西斯同盟国，就战争结束后如何处置法西斯轴心国、协调反法西斯盟国间的关系、建立联合国等重大事项达成了重要共识，对战争结束后东北亚地区事务做出了全面安排，这些安排塑造了"二战"后东北亚国际秩序的基本框架。"二战"后国际秩序的基本特征表现在四个方面：其一，主要目标是防止发生新的世界大战、维持长久的国际和平与安全；其二，清算法西斯国家犯下的军国主义罪行和彻底清除军国主义国家的侵略根源是其重要任务；其三，盟国签订的《大西洋宪章》《开罗宣言》《波茨坦公告》《联合国宪章》等文件是"二战"后国际秩序的国际法基石；其四，秩序的根本保证是在联合国集体安全机制内的大国合作和大国一致原则。

然而，"二战"结束后东北亚地区并没有立即实现和平。在经历了数年的动荡后，东北亚的"二战"遗留问题最终被冻结，服从于苏美冷战的全球大战略，逐步建立以美苏两大阵营对抗为标志的两极体系，形成东北亚地区两极均势国际秩序。相对于"二战"前，冷战时期的东北亚两极体系在国际行为体、体系结构和国际行为范式发生了显著的变化，并且在运行过程中不断调整。

东北亚地区的主权国家增多，已有国家的国际行为能力发生了重大变化。1946 年，当时的中国国民政府承认蒙古国独立并与其建交，蒙古国作为独立的主权国家渐渐活跃于东北亚国际政治舞台。日本投降后，朝鲜半岛以北纬 38 度线为界，分别由苏联和美国军队接管。在美苏各自的支持下，1948 年大韩民国和朝鲜民主主义人民共和国先后成立。中国在经历解放战争后，1949 年 10 月 1 日中华人民共和国宣告成立。"二战"结束后，美国对战败国日本进行单独军事占领和管制，在日本实施民主化改革，日本由此沦为不完整主权国家，它在国际上的独立行为能力大大缩减。在整个冷战时期，日本的外交和国防政策一直依附于美国的对外政策。

联合国作为全球性国际组织，"二战"后在东北亚国际事务中扮演重要角色，对地区和平进程产生重要影响，成为该地区重要的国际行为主体之一。非政府间国际组织、跨国公司等非国家行为体在东北亚地区也开始萌发，但冷战中前期受制于两大阵营对抗的国际环境，发展十分缓慢。20世纪80年代，随着美苏关系的缓和，中国进入改革开放的新时期，针对外商投资的政策逐渐宽松，东北亚地区跨国公司逐渐兴起，其国际行为体角色渐渐活跃。

冷战时期东北亚国际体系的总体结构是苏美两个超级大国维持的两极格局。"二战"结束伊始，苏联和美国便开始在东北亚组建社会主义阵营和资本主义阵营。1946年2月27日，苏联和蒙古国签订《蒙苏友好互助条约》。新中国成立后实行向苏联"一边倒"的外交政策，1950年2月14日，中苏两国签署了《中苏友好同盟互助条约》。1950年1月26日，美韩签署《美韩共同防卫援助协定》。这样，以苏联、中国、蒙古国、朝鲜为一方的社会主义阵营，以美国、日本、韩国为一方的资本主义阵营初步形成，东北亚两极格局拉开帷幕。朝鲜战争使得中国、苏联和朝鲜的政治和军事同盟得到了加强。①1951年9月8日，美日缔结《美日安全保障条约》。1953年10月1日，美韩正式签订《美韩共同防御条约》。东北亚地区的两极格局最终确立。

冷战中后期，东北亚国际体系经历了分化重组，在微观结构上出现了明显的变化。20世纪60年代初，中苏关系恶化，中国从苏联领导的阵营中分离出来。1961年7月6日，苏联和朝鲜签署《苏朝友好合作互助条约》。紧接着，8月23日中朝签署《中朝友好合作互助条约》。1963年7月，苏联与蒙古国秘密签订了针对中

① 刘德斌主编：《东北亚史》，吉林人民出版社2006年版，第310页。

国的《关于苏联帮助蒙古加强南部边界的防务协定》。1966 年 1 月，苏联和蒙古国签订《友好合作互助条约》。

表 13 – 2　　　　1970—1990 年中苏美日国内生产总值对比

（单位：万亿美元）

年份	中国	苏联	美国	日本
1990	3966	7832	59796	31037
1988	4098	7798	52526	30154
1986	3014	8497	45901	20511
1984	3144	9383	40407	12946
1982	2846	9599	33450	11168
1980	3029	9400	28625	10870
1978	2142	8401	23566	9967
1976	1529	6885	18776	5764
1974	1396	6166	15488	4716
1972	1093	5158	12824	3127
1970	897	4334	10759	2091

资料来源：联合国统计司（United Nations Statistics Division）。

整个 20 世纪 60 年代，朝鲜在中苏之间基本保持了中立，而蒙古国完全倒向了苏联。在东北亚地区，中国成为独立于美苏两大阵营的第三支力量，在局部地区形成了中美苏三角关系。20 世纪 70 年代，国际形势发生了深刻的变化，苏联的国力发展到了巅峰，经济总量一度达到美国的 43%（见表 13 – 2）。苏联与美国的军事实力差距也在不断缩小，到 20 世纪 80 年代初期，苏联的核弹头、战略运载工具等某些战略武器数量甚至超越了美国。[①]"美国丧失了"二战"后初期

---

① ［挪］盖尔·伦德斯塔德：《战后国际关系史》（第六版），张云雷译，中国人民大学出版社 2014 年版，第 110、111 页。

建立起来的霸主地位，美苏争霸替代了美国的独霸。"① 在此背景下，中国外交转向发展同西方发达国家的关系，以共同抵御苏联霸权主义对中国的战争威胁。在这一时期，中国恢复了在联合国的合法席位，成为政治大国，并且实现中美建交和中日邦交正常化，中国联合美国反对苏联的战略使得东北亚国际体系结构重组。从 20 世纪 80 年代中期开始，苏联经济由盛转衰。中国基于对国际局势的判断再次调整了对外战略，奉行独立自主、不结盟的外交政策。东北亚地区在政治上逐渐呈现中美苏三足鼎立的局面。

现实主义的权力政治则在物质层面上支撑着东北亚地区的权力斗争。尤其是冷战中前期，地区各大国进行激烈的军备竞赛，准备打新一轮的世界大战。两大阵营内部也充斥着权力竞争，中苏追逐社会主义阵营的领导权，日本始终致力于提高在美日同盟中的地位。苏联和美国奉行霸权主义和强权政治，肆意干涉东北亚中小国家的内政、国防和外交。然而，在冷战时期的东北亚两极体系下，当意识形态与权力政治原则发生重大冲突时，意识形态的地位是优先于权力政治的。当 20 世纪 50 年代朝鲜试图采用弱肉强食的丛林法则吞并韩国时，两大阵营的意识形态对抗立即凌驾于权力政治原则之上，及时制止了朝鲜半岛的版图变更。

在东北亚两极均势秩序下，两大阵营之间大体上维持了势均力敌的状态，双方对抗多于合作，遏制多于接触。东北亚地区在各方均势的基础上维持了低水平的和平秩序。均势秩序虽然能带来一定程度的和平，但其追逐权力优势的现实主义逻辑决定其无法避免战争和大国集团对抗。美苏争霸和意识形态对立造成的紧张气氛始终笼罩在东北亚上空，军备竞赛引发的安全困境更是无法消解。纵观整个冷战时期，两极均势和平虽然在大多数时间都维持了东北亚的和平状态，但是这种和平是与大国对抗紧密相伴的，战争随时都可能爆发。朝鲜战争、中苏边界冲突等在

---

① 谢益显主编：《中国当代外交史（1949—2009）》，中国青年出版社 2009 年版，第 232 页。

某种程度上都是均势被打破或者维持均势的产物。

在美苏冷战条件下，联合国履行自身职能受到严重限制，难以有效发挥自己应有的作用。冷战初期，西方国家在联合国中扮演重要角色，联合国成为美苏争夺权力的场所。在美国的支持下，日本在 1956 年就已加入联合国。中国虽然是联合国的创始成员国，但中华人民共和国直至 1971 年才恢复在联合国的合法席位。蒙古国于 1961 年加入联合国，而朝鲜和韩国直到冷战结束时才加入联合国。联合国涉及东北亚的决议和行动并不能体现本地区大多数国家的意志，造成它在构建东北亚和平秩序上捉襟见肘。例如，1950 年 7 月 7 日，联合国安理会在苏联代表缺席的情况下通过了美国提出的出兵朝鲜决议，这使得联合国直接卷入东北亚大国冲突，促使朝鲜战争全面爆发。

苏联解体后，美国成为世界上唯一的超级大国。东北亚地区两极格局终结，国际体系转变为美国主导下的单极体系。它是建立在美日、美韩军事同盟基础上，突出价值观外交，确立美国地区霸权地位，形成美国霸权治下的国际秩序。冷战结束后，和平与发展成为世界主题。东北亚单极体系在国际行为体、体系结构和国际行为范式发生重要变革。

多数国家行为体的内政外交均发生明显变化。苏联解体后，俄罗斯继承其主体部分，但其国内政治、经济在转型过程中遇到了巨大困难，俄罗斯的国际影响力远远不及苏联时期。中国以经济建设为中心，在改革开放上取得历史性突破，完善了社会主义市场经济体制，向经济大国目标加速前进。日本在政治上结束了"1955 年体制"，外交政策总体趋向保守化和右倾化。韩国政府告别了军人威权统治，开启了文人民主政治时代。朝鲜实现从金日成时代向金正日时代的转轨，确立"先军政治"路线。蒙古国跟随苏联放弃社会主义制度，选择了西方民主体制。

冷战结束后，东北亚地区的国家关系发生了很大变化，朝鲜和韩国加入联合国，中、韩正式建立大使级外交关系，结束了两国长期互不承认和相互隔绝的历史。俄罗斯总统叶利钦访问韩国，推进了两国关系的发展。东北亚国家市场经济的发展推动了地区的经贸往来和人文交流，从而使得东北亚之间的关系结构发生重要转变。

表 13 - 3　　　　　　1991—1999 年中美俄日韩 GDP 对比　　（单位：亿美元）

年份	中国	美国	俄罗斯	日本	韩国
1999	10894	96606	1959	44326	4863
1998	10253	90892	2710	39146	3765
1997	9582	86085	4049	43243	5605
1996	8608	81002	3917	47062	6034
1995	7320	76641	3955	53339	5593
1994	5623	73088	3951	48503	4587
1993	4429	68787	4351	44150	3920
1992	4249	65393	4603	38528	3561
1991	3815	61740	5180	35368	3323

资料来源：世界银行（World Bank）。

　　冷战的结束也使得原先被苏美两极对抗所掩盖的领土争端、慰安妇、日本对侵略战争的认识等"二战"遗留问题重新浮现，这些问题很容易激发东北亚各国的极端民族主义情绪，成为加剧矛盾的新因素。冷战虽然结束，但其影响还远没有消失，朝鲜对外关系正常化问题、朝鲜半岛对立问题等并没有得到解决，零和博弈的冷战思维在一些国家仍有广泛的市场，美国仍然继续冷战时期的军事结盟政策，坚持强硬的单边主义做法。随着中国经济实力的快速增强，美国遏制政策的矛头渐渐转向中国。

　　美国依靠双边军事同盟和自身强大的军事、经济实力精心构建了其在政治安全方面的主导权。美国通过多种方式，特别是依托军事同盟和在日韩驻军，来维护其主导地位的稳定。在美国主导的政治安全架构下，东北亚各国之间的安全合作非常有限，在朝核问题上，由于以维护其主导地位而设计，使得合作解决朝核问题和构建东北亚安全新架构的努力失败。

"二战"后的东北亚国际秩序建构仍在演变中。冷战时期，东北亚发展成一个两大阵营对抗的秩序。以意识形态为分野，以美国为首的资本主义阵营建立了自由主义国际秩序，以苏联为首的社会主义阵营实行建立了共产主义国际秩序。冷战结束后，东北亚国际秩序继续保留了"二战"后国际秩序的框架，朝鲜半岛继续分裂，朝鲜与韩国、日本以及美国没有实现关系正常化。

东北亚地区的经济开放推动了除朝鲜以外的区域性经贸关系网构建，经贸、人员的交流得到大规模发展，这在一定程度上推进了政治关系的发展。尽管如此，除了日本和韩国，其他东北亚国家并没有融入美国领导的政治安全机制。中、俄结成紧密的战略协作伙伴关系，与朝鲜保持着关系正常化。尽管朝核问题曾经造就了共同参与的平台——六方会谈，并且力图构建面向未来的东北亚安全机制，但是，由于战略定位、利益定位上的分歧，其也只是昙花一现。

当前东北亚国际秩序在经济上属于开放的框架，覆盖了除朝鲜外的所有东北亚国家，但是区域机制性构建滞后，在政治和安全上表现为多层框架：美国领导下的美日、美韩同盟框架；中蒙俄朝双边框架。缺乏区域性合作机制。

二　东北亚区域化与安全化悖论

区域化与安全化悖论指的是，经济区域化的推进并不能实现区域安全的改善。在东北亚，尽管经济的区域链接越来越紧密，特别是中日韩之间，构建了合作机制，成立了秘书处，但是，安全机制空缺，诸多安全问题，特别是领土争端加剧。在美国开展对华竞争的格局下，许多议题以安全的面目出现，被贴上安全的标签。[1] 东北亚深陷区域化与安全化悖论之中。

---

① 张景全：《区域化与安全化悖论及其视域下的周边安全》，《南洋问题研究》2018年第1期。

2012 年 9 月，日本宣布"国有化"钓鱼岛，而钓鱼岛是中国不可分割的部分，这引起激烈的争端，影响了中日的政治关系。拜登上任后，日本开始积极介入"台海问题"，并表示将严密关切钓鱼岛，美日首脑联合声明确认《日美安全条约》第五条适用于钓鱼岛列岛，日本 2021 年版《防卫白皮书》称中国海警船在钓鱼岛周边活动违反国际法。东海争端本该由当事国来解决，但是，美国参与其中，宣布美日同盟条约适用于钓鱼岛，使得争端更为复杂。

日本福岛发生核事故，导致核安全问题凸显。日本决定向太平洋排放福岛核污染的处理水，会对海洋造成灾难性污染，危及人类的安全，特别是近邻国家，遭受核污染的伤害更大。像这样的重大安全问题，本应该通过合作来应对，然而东北亚国家却难以构建合作机制，美国出于美日同盟关系的考虑甚至对日本核污水排海计划表示理解。

朝鲜频繁进行核试验与弹道导弹试验①，把拥核作为国策，大大增加了东北亚政治安全局势的复杂性与危险性，以解决朝核问题的"六方会谈"陷入僵局，长久停滞。美、韩宣布将"萨德"反导系统部署在韩国，该系统的监测与防御能力远远超出针对朝鲜的功能。在"保守势力"整治后，韩国政府加强与北方对抗，与美国达成"延伸核威慑"协议，把核武器引入朝鲜担保使得东北亚地区的安全局势环境恶化。

东北亚区域化与安全化之间的悖论是否能够克服？这要从东北亚的复杂关系结构、冷战肌瘤未除、冷战思维和架构等多方面进行探求。事实上，悖论的根源不是因为区域化，而是政治安全的结构。东北亚没有走出冷战的阴影，双边关系并没有真正实现正常化。在此情况下，不仅不应该责备经济区域化，而且应该进一步加强，不仅是中日韩之间，而且应该是整个东北亚国家，包括朝鲜，共同参与和提升共同利益，提高区域获益的认知与相互支持的基础。在政治安全方面，基础是双边关系改善，走向真正的正常化，以合作、和平的方式

---

① 2006 年、2009 年、2013 年、2016 年，朝鲜先后四次进行核试验。

解决争端。同时，需要推动构建多方式、多层次的安全合作，从构建避免冲突开始，进一步拓展安全合作领域。东北亚需要制定一份安全宣言，通过召开民间和官方安全会议，就共同遵守和平解决争端的原则达成共识，把和平构建放在突出的位置。东北亚要走出安全困境，就要推动构建以和平为导向的政治安全命运共同体。

三 推动东北亚政治安全命运共同体构建

人类命运共同体作为引领中国特色大国外交的重要理念，在政治安全层面提出了诸多具有划时代意义的建设性方略。东北亚正处在历史性转变时期，推动构建政治安全命运共同体是把握转变大局、避免东北亚历史悲剧重演、引领东北亚走向和平与发展新秩序的重要举措。

（一）政治安全命运共同体的内涵

2020 年 11 月，习近平主席在上海合作组织成员国元首理事会第二十次会议上的重要讲话中提出："携手构建卫生健康共同体、安全共同体、发展共同体、人文共同体。"（即"四个共同体"）① "四个共同体"的提出，层次分明地指明了命运共同体的奋斗方向。安全共同体是"四个共同体"的重要组成部分，习近平总书记对世界安全问题做了高度概括："一是安全问题的联动性更加突出；安全问题同政治、经济、文化、民族、宗教等问题紧密相关，非传统安全和传统安全相互交织；二是安全问题的跨国性更加突出；三是安全问题的多样性更加突出。全球安全问题的内涵和外延正在不断拓展，传统犯罪在互联网和新媒体的作用下推陈出新，电信诈骗、金融诈骗等新型犯罪大量滋生，跨国有组织犯罪日趋升级，难民危机愈演愈烈，网络攻

---

① 《国家主席习近平于 11 月 10 日出席上海合作组织成员国元首理事会第二十次会议并发表重要讲话》，http://www.xinhuanet.com/2020-11/11/c_1126723806.htm。

击、网络窃密已经成为危害各国安全的突出问题。"① 上述论断高屋建瓴地呈现了安全共同体所面临的挑战。在系统认识安全问题的基础上，习近平总书记提出了构建安全共同体的理想蓝图。他在世界政党高层对话会上的《携手建设更加美好的世界》主旨讲话中，全面阐述了建设由"一个远离恐惧、普遍安全的世界""一个远离贫困、共同繁荣的世界""一个远离封闭、开放包容的世界"和"一个山清水秀、清洁美丽的世界"构成的"美好的世界"。②

安全共同体构建深刻反映出中国关于加强全球安全治理、维护世界和平与安全的理念，反映了世界各国人民的共同意愿和人类文明进步的必然趋势。在国家安全上，提倡建设持久和平、普遍安全和共同繁荣的世界的共同安全观，反对单边主义和霸权主义与强权政治，维护联合国宪章和国际关系基本准则；在安全理念上，各国要秉持共同、综合、合作和可持续的安全观；在原则上，要讲规则，讲惯例，各国应切实维护以《不扩散核武器条约》为基石的现行军控和防扩散体系的权威性和有效性，不能采取双重标准和选择性做法；在安全机制上，要秉持多边主义，支持联合国发挥核心作用，完善多层次的全球安全治理机制，稳定大国合作框架，在不冲突、不对抗、相互尊重、合作共赢的基础上建立新型大国关系，加强沟通协作，主动管控分歧，实现共同安全。

（二）东北亚政治安全命运共同体构建

东北亚正处于转型期，"东北亚地区没有形成区域性的合作机制，东北亚合作仍处于一种非制度性和无组织的不稳定状态"③。东北亚的转型对于推动构建东北亚政治安全命运共同体而言，既是挑战，也

① 习近平：《坚持合作创新法治共赢 携手开展全球安全治理——在国际刑警组织第八十六届全体大会开幕式上的主旨演讲》，http：//www.gov.cn/xinwen/2017 - 09/27/content_5227786.htm。
② 《习近平出席中国共产党与世界政党高层对话会开幕式并发表主旨讲话》，《光明日报》2017 年 12 月 2 日第 1 版。
③ 赵可金：《东北亚合作中的中国公共外交》，《当代世界》2010 年第 7 期。

是机遇，重要的是应对挑战、抓住机遇，以新的理念和战略把控大局，避免对抗，推动合作。

东北亚的历史性转变提供了一个中国在地区事务中提升自身领导力的机会。中国和其他地区国家很有可能去探索一条完全不同的地区秩序路径，它更多地由地区国家而非域外国家主导，它将在本地区国家之间创建更多的联系，使中国在重塑地区治理中发挥更加积极的作用。RCEP 于 2022 年 1 月 1 日生效，拓展了中国区域构建的空间，尤其是中日韩在一个开放的区域框架下发展经贸关系，有助于推动三国构建更高水平的合作机制。①

与此同时，我们也必须关注秩序转型时期国际合作不确定性。第一，地区秩序转型时期国际合作存在大量政治风险。国际秩序转型涉及政治、经济、均势等诸多方面的大国博弈，特定形式的地区合作很可能成为大国博弈的牺牲品。第二，地区秩序的不确定性带来合作的不确定性。当前东北亚转型可能在自由主义国际秩序和共同体国际秩序之间摇摆，而这两种秩序对于地区合作而言意味着完全不同的预期。东北亚共同体国际秩序下的合作空间最大，而自由主义国际秩序下的区域合作难以立足。

需指出的是，在秩序转型时期，中国参与区域国际合作面临的双重困境。一是区域秩序转型与全球秩序转型不同步困境。由于中美实力的客观差距和中国自身利益的限制，区域秩序转型必然先于全球秩序转型，这种不同步必然会带来对外政策的不同步。因为维护全球的自由主义国际秩序和变革地区的自由主义国际秩序本身就是两种逻辑，经常得出相互矛盾的政策。这反映在国际合作中就是，可能会出现一些区域国际合作在本地区是有利的，却不符合国家的全局性战略安排。现实中，此类与国家总体布局相矛盾的合作常常会被舍弃。二是对外政策与对内政策错位困境。一方面，中国若想继续在现有的国际秩序下发展，那么必须保持战略定力，大力推动合作；另一方面，

---

① ［美］加阿米塔夫·阿查亚：《中国与自由主义国际秩序的危机》，崔志楠译，《全球秩序》2018 年第 1 期。

当前国内改革已经进入攻坚期和深水区，通过调整对外政策，扩大开放，有助于推动国内改革。

东北亚国际秩序的转型是一个中长期过程。我们需要充分挖掘现有地区秩序下的国际合作空间。现有地区秩序虽然在政治和安全安排上有诸多局限，不是适用于国际合作的理想秩序，但是仍然存在尚待开发的国际合作空间。要走出传统安全的困境、积极推动非传统安全领域的合作。东北亚国家间在核安全、防震减灾合作、自然灾害预警合作、传染性疾病预防合作、网络安全合作以及气候变化等领域的合作空间很大。

东北亚国际秩序转型时期地区合作存在诸多不确定性。我们需要主动规避其中存在的政治风险，避免将来之不易的合作成果沦为大国博弈和地缘政治斗争的牺牲品。准确识别这种风险需要对全球政治和地区政治保持敏锐的洞察力，同时熟谙相关国家的国内政治走向。就中国自身而言，还需要加强中央与地方、对内政策与对外政策部门间的协调，在参与地区国际合作时务必确保事先经过多重论证。

现有东北亚国际秩序的困境由来已久，不是一朝一夕就能改变的。阿克塞尔罗德重复进行囚徒困境博弈实验来研究合作的复杂性，得出的结论对于我们应对地区合作中的矛盾性有参考价值："即使在噪音存在的时候，互惠性仍然起着作用，但这要取决于两点：要么存在宽容（当别人莫名其妙地采取背叛策略后仍给予合作的机会），要么存在悔悟（某方采取背叛策略后，当别人也以背叛来报复时，该方即重新开始采用合作策略）。"[1] 任何合作中都难免会存在不同的看法，我们应坚持以互惠性策略应对区域合作中的不利因素。中国是东北亚地区最大的国家，应有大国胸怀和大国气度。秉持互惠性策略、合作策略也与中国推动地区国际秩序转型息息相关，大国气魄不仅体现在政府的对外政策上，也植根于经常性的地区合作中。中国已成为东北亚地区最大的国家，应当积极担负起供给地区合作公共产品的责

① ［美］罗伯特·阿克塞尔罗德：《合作的复杂性：基于参与者竞争与合作的模型》，梁捷、高笑梅等译，上海人民出版社 2017 年版，第 40 页。

任。这样，既可保障东北亚的和平稳定，也可促进区域国际合作，中国也将从中获益。

推动东北亚政治安全命运共同体的构建，需要重视人的安全，建立国家、人与区域三位一体的安全理念。人的安全是政治安全命运共同体的核心因素，因此，要把人的安全放在突出的位置。从区域视角考虑，需要增进各国人民的安全感与对合作安全的认知与信任，使政治安全命运共同体的构建得到人民的理解和支持。如今，出于复杂的因素，东北亚各国间民众之间的相互认知度和互信度较低，各种民调都显示，相互间不认同、对对方不信任甚至敌对、不安全感增加，在此情况下，东北亚构建政治安全命运共同体要重视做各国民众间的工作。

为了克服身份转化过程中引发的安全问题，亚历山大·温特提出了四个变量，即相互依赖、共同命运、同质性以及自我约束。① 然而，相互依赖可能会因其脆弱性而引发不安全感。"与相互依存一样，具有共同命运和同质性的行为体也不一定能实现合作。中外历史上，面对共同敌人的行为体，由于相互之间充满敌意和不信任而无法合作，最终被侵略或消灭的例子不胜枚举；同质性的国家，例如民主国家之间也会成为竞争对手，难以开展合作"，至于自我约束会因为无法消除恐惧心理，"在恐惧的心理状态下，防御性的行动也会被解读为进攻性行为"，这导致行为体很难自我约束。② 因此，提升安全感与互信，需要加强交流、增进理解。

在区域政治安全命运共同体构建中，不仅要重视经济相互依赖，也要重视文化相互依赖，重视文化外交与文化互动。文化外交是人心工程，它在润物无声中塑造行为体的认知，从而参与塑造其身份的过程，这对周边区域的意义更为明显。"只有在地理和文化一致时，区域才可能作为国家之间合作的基础。离开了文化，地理上的邻近不会

---

① Joseph Grieco, "Anarchy and the Limits of Cooperation: A Realist Critique of the Newest Liberal Institutionalism", *International Organization*, Vol. 42, No. 3, 1988, pp. 485–508.

② 季玲：《重新思考体系建构主义身份理论的概念与逻辑》，《世界经济与政治》2012年第6期。

产生共同性，而可能出现相反的情况。"①

　　总之，东北亚政治安全命运共同体构建是一个包含多要素的综合进程，一方面在总体设计上需要考虑国家、人、区域的综合性，另一方面需要在多要素上做工作，让安全感、信任感增加，降低不利因素导致的负面冲击。应如同其他领域的命运共同体构建一样，以命运共同体的理念为导向，共同推动东北亚向和合共生、合作共赢的新关系、新格局、新秩序构建发展。

---

① 张景全：《区域化与安全化悖论及其视域下的周边安全》，《南洋问题研究》2018年第 1 期。

第十四章　东北亚海洋安全命运
共同体构建

海洋是东北亚地区的重要连接，除蒙古国外，其他国家都与海洋相接，因此，在构建东北亚政治安全命运共同体中，海洋命运共同体是重要的组成部分。构建东北亚海洋安全命运共同体具有增进海洋认知共识、应对东北亚地区秩序变迁、推动海上贸易等现实基础和实践动力。但区域意识远未成熟、海洋观念存在差异、合作机制严重缺失、"美国因素"干扰牵制等仍在很大程度上限制着东北亚海洋安全命运共同体的构建进程。我们既要在宏观上从结构基础、价值基础、安全基础、战略基础打造东北亚海洋安全命运共同体的构建基础，更要在多维度的合作模式、多层次的政策规划、多领域的互补并进、必要的制度安排等具体实践层面探讨可供操作的构建路径。

2019 年 4 月 23 日，习近平主席在青岛会见应邀出席中国人民解放军海军成立 70 周年海上阅兵活动的多国代表团团长时，提出推动构建"海洋命运共同体"的倡议，"海洋命运共同体"的提出为东北亚地区海洋安全合作提供了从构想到实践的理念基础与行动方向。2019 年 12 月 24 日，李克强总理在第八次中日韩领导人会议上提出将海洋作为中日韩合作的新领域。中国把握重要机遇窗口期，持续深耕东北亚，拓宽合作领域，创新合作方式，搭建地区海洋合作平台。

一　东北亚海洋安全命运共同体的含义

地球大部分面积是海洋，海洋的重要性不言自明。传统的以国家为本位的世界观曾一度固化了海陆二元认知，但这并不能抹杀海洋之于陆地的天然连接作用。从全球生态来说，人类与海洋是一体的，是一种共生关系。正如习近平主席所指出的："海洋孕育了生命、联通了世界、促进了发展。我们人类居住的这个蓝色星球，不是被海洋分割成了各个孤岛，而是被海洋连结成了命运共同体，各国人民安危与共。"① 基于这样的认识，习近平主席提出要推动建设海洋命运共同体。海洋命运共同体构建需要从多层次、多方式来推动，在东北亚地区，推动构建东北亚海洋安全命运共同体具有重要的意义。

全球海洋被划分为太平洋、大西洋、印度洋和北冰洋，各大洋都形成了具有不同特征的海洋命运共同体。海洋命运共同体具有不同的特征与要素，有的海洋命运共同体基于生物族类特征，称之为海洋生物命运共同体；有的基于经济的联系，称之为海洋经济命运共同体。东北亚海洋安全命运共同体也具有其独特的定位。

从目标来看，东北亚海洋安全命运共同体是基于自然地理特征但又超越自然地理特征、共同解决区域性海洋安全议题的海洋命运共同体。从功能来看，东北亚海洋安全命运共同体是包括传统安全和海盗、海上恐怖主义袭击、海上跨国犯罪、海洋生态危机、海上卫生疫病等非传统安全问题的复合型安全命运共同体。从地理范围来看，东北亚海洋安全命运共同体的狭义范围是与东北亚国家连接的海域，广义范围还包括连接美加两国的海域（即北太平洋圈）和连接北极的北冰洋部分海域。

东北亚海洋安全合作是指东北亚地区国家之间在涉海安全问题上

---

① 《习近平集体会见出席海军成立 70 周年多国海军活动外方代表团团长》，http://www.xinhuanet.com/politics/leaders/2019-04/23/c_1124404136.htm。

基于共同利益采取的共同行动。当今世界海洋安全问题突出，东北亚海域的区域性海洋安全议题很多，需要开展协商，采取集体行动，推动海洋的持久和平与可持续发展。东北亚海洋安全合作是构建东北亚"蓝色伙伴关系"的有益尝试。

当今世界海洋领域呈现海上力量格局多元化、海洋利益诉求多样化、海洋制度与机制参与需求普遍化的趋势，传统的以控制和霸权为特征的海洋安全理念已不合时宜。海洋安全问题日益严重的现实催生了国际社会对塑造以命运与共为特征的、全新的海洋安全理念和行为规范的期盼，东北亚海洋安全命运共同体的构建正是在践行这种全新的安全理念。

长期以来，东北亚地区事务的复杂态势一直干扰着地区安全机制的构建和区域安全合作进程，海洋领域也不例外。东北亚海洋安全命运共同体是以问题导向的机制构建为支撑的，是构建海洋安全合作机制的有益尝试，这些问题关乎域内各国切身利益，需要域内国家采取集体行动。这是在复杂态势的负面影响始终存在的情况下，为有针对性地解决区域性海洋安全问题而采取的新行动，成为推动东北亚域内国家跨越分歧、通力合作的驱动力。

中国走向海洋的时代背景和价值理念不同于西方，中国致力于用和平的方式走出一条全新的大国发展之路，构建和谐的东北亚地区新秩序。推进东北亚海洋安全命运共同体的形成是在东北亚地区打造一个构建海洋新秩序的试验场，打造共生、共利、共建的东北亚海洋安全命运共同体。

东北亚海洋安全命运共同体具有共生、共利、共建的性质。共生性体现在：海洋的连续性、流动性把域内国家连结成一个命运共同体，各国共生共存。比如，海洋生态具有鲜明的共生性特征，生态环境的破坏主要是人类活动，如污染排放、过度开放与捕捞造成的，而海洋生态的恶化又会对人类的生存环境造成严重的影响。共利性体现在：第一，各国共处这个基于地缘连接的区域，安全利益紧密相连；第二，海洋资源、海洋环境是各国的共同财富与生存依托。因此，维护东北亚海洋的和平与合作符合各方的利益。共建性体现在：海洋是一个整体，不可分割，构建东北亚海洋的共同安全需要共同参与，需要形成共同的理念认知与共识，需要共同承担责任，共建基于命运共同体的新秩序。

二　构建东北亚海洋安全命运共同体的基础和动因

困于长期存在的安全困境，东北亚海洋安全合作进程较为缓慢，但随着东北亚地区形势的变化，构建东北亚海洋安全命运共同体仍具有一定的现实基础和实践动力。

日本海交流圈和环黄海、东海交流圈就已将东北亚地区连成一体，为今日之东北亚海洋安全命运共同体的构建奠定了久远坚实的历史基础。人类早期的海洋活动主要是利用浮筏漂流。受地理环境、千岛寒流和对马暖流、季风分布情况的影响，在相对封闭的日本海首先形成北部交流圈。随着造船和航海技术的不断提高，人类逐渐步入舟船沿岸航行时代，这一时期，环黄海沿岸航路的开通推动了环黄海交流圈的形成；跨黄海与东海航路的相继开通推动了环黄海、东海交流圈的形成。经济发展水平的差异性和民族、文化的多样性促使东北亚各国间交流往来、互通有无。在古代，由于朝鲜半岛以北的中国东北地区长期被古代少数民族占据，这里的陆路交通时常受阻，海洋遂成为东北亚地区核心文明与边缘文明双向流动的重要通道，黄海和东海也因此在古代东北亚各国间的交流中扮演着重要角色。[①] 在漫长的历史发展过程中，人们较早形成了海洋是贸易和人员往来的通道的观念，认识到海洋所蕴含的"海运力"。海洋的通道功能具有双重属性，它既是对外交往的通道，也是外敌入侵的通道，沿岸国家在抵御海上入侵的过程中逐步形成海防观念，认识到修建海防工事、建设强大水军的重要性。

---

① 李雪威：《韩国海洋战略研究》，时事出版社 2016 年版，第 10—13 页。

近代以来，随着西方殖民者的入侵，东北亚海域在继续扮演贸易通道角色的同时，更多地沦为殖民者入侵的通道和争霸的战场。19世纪马汉的"海权论"问世，对世界产生深刻影响。19世纪，中日韩相继被迫打开国门，其后走上了不同的发展道路，受马汉"海权论"的影响也不尽相同。日本将马汉的"海权论"引入国内大加宣扬，凭借对海军建设的狂热以及对海军作战战术的出色运用在东北亚海域崭露锋芒。中国的近代海军建设蹒跚起步，囿于当政者的保守观念和动荡的时局，未能打造出一支强大海军。朝鲜半岛则在长期厉行海禁政策之后，被日本吞并，丧失了建设海军的自主权。沙俄核心利益在欧洲，且陆军是军队建设主要方向，海军建设重点是波罗的海舰队和黑海舰队，对太平洋舰队投入较少，因此无力掌控东北亚制海权。在帝国主义国家争霸的年代，东北亚国家或主动或被动、不同程度地加深了对海上军事力量即"海军力"重要性的认识。

"二战"结束后，朝鲜战争的爆发推动两大阵营对峙格局在东北亚加速形成。冷战时期，以美国为首的西方阵营在西太平洋形成海上围堵之势，旨在对社会主义国家彻底实施经济封锁、政治孤立与军事遏制，切断了中苏朝与美日韩间的海上联系。与此同时，美国掀起"蓝色圈地运动"，在东北亚地区的海洋资源勘探行动增多。《联合国海洋法公约》的讨论与生效大大增强了各国海洋意识，受这些因素的影响，东北亚地区也顺势掀起了海洋开发热潮。但鉴于东北亚海域是冷战对峙的前沿阵地，两大阵营在安全领域的互不信任也投射到经济领域，这一地区的海洋资源开发呈现激烈竞争的态势，始终未形成合作格局，其产生的负面影响一直延续至今。

尽管如此，随着海洋科技的发展、海洋实践的推进，东北亚国家海洋观念不断得以提升，已超出马汉"海权观"的时代局限，其内涵日益丰富，不单指海上权力、海上力量，还拓展出海洋能力、海洋影响力等概念意涵。对于"Sea Power"一词，东北亚各国表述不同，苏联称其为"海上威力"，韩国称其为"海洋力"，日本称其为"海上支配力"，与马汉的海权概念不尽相同。1976年，苏联海军司令苏谢·格·戈尔什科夫出版了《国家的海上威力》，指出"海上威力"
（Sea Power）是包括"海运力""海军力""海洋考察和开发力""水
产力"等的综合性概念；① 几乎在同一时期，韩国国内对"海洋力"
的探索与研究也开始起步，1977 年，韩国国防大学教授李善浩在其
著作中指出，在经济资源开发利用的时代，"海洋力"的构成要素应
包括"海军力"及其基地、"海运力"及造船与修理、水产及海底资
源开发、海洋探查等能力。② 这一时期，随着海洋资源开发、海洋勘
探等活动的开展，对海洋科技力的重视程度大为提高。日本是高度重
视海上军事力量和海上安全的国家，不断打造"海上支配力"，但随
着海洋实践活动的开展，也日益关注海洋资源开发、海洋科技等非军
事因素。

冷战结束后，随着两极格局的解体、经济全球化的深入推进，中
韩、俄韩关系正常化，东北亚国家的海上联系日益密切，各国海洋观
念得到进一步深化。20 世纪 90 年代初，《联合国海洋法公约》《气候
变化框架公约》《地球宪章》《21 世纪议程》等一系列规范国际环境
行为准则的国际公约的正式生效和纲领性文件的相继出台，大大提升
了世界各国的海洋保护意识。1993 年，美国海洋学者路克·卡佛士
在其《海权：环球之旅》中提出，"Sea Power"不仅是"海军力"和
"海运力"等利用和控制海洋的能力，还应该是保存和保护海洋的综
合能力，在世界范围内引起广泛关注。与此同时，中日韩俄因推进工
业化进程造成的环境污染问题日渐显露，开始在本国海洋实践过程中
重视海洋环境的保护和修复。20 世纪 90 年代初，中日韩俄均成为
"西北太平洋行动计划"（NOWPAP）成员国，朝鲜也作为观察员国
参与其中，合作开展海洋环境保护和修复。进入 21 世纪，以提高海
洋资源利用效率、海上活动安全管理、有效处理海洋污染、妥善解决

---

① S. Gorshkov, *The Sea Power of the State*, Oxford, New York：Pergamon Press, 1979,
pp. 13 – 14.

② ［韩］李善浩：《超强大国的海上战略与海上势力竞争的趋势》，《国防研究》1977
年第 1 期。

海洋领土争端、推动海洋经济转型深化等为主要目标的"海洋治理力"也开始纳入海洋观念的研究范畴。① 目前，东北亚国家正从偏重于海上军事力量的传统海洋观向着综合海洋观转变，形成了包括海运力、海军力、海洋开发力、海洋科技力、海洋环保力、海洋治理力等在内的综合海洋观。东北亚国家海洋观念的变化趋势为东北亚海洋安全命运共同体的构建奠定了互通的观念基础。

在区域内外因素的复合影响下，东北亚地区先后经历了朝贡秩序、殖民秩序、冷战秩序等多种国际秩序形态的变迁，目前正处在冷战后的地区秩序重构时期。冷战结束后，囿于以美国为首的同盟体系以及朝核问题、半岛分裂等因素，东北亚地区冷战影响犹在。加之东北亚海域海洋争端错综复杂，域内海洋合作进程难以深化，多数领域呈现低水平、浅层次的不成熟状态。

当前东北亚面临着地区秩序重构的新课题。在这一过程中，以海洋经济的共同利益为纽带连结域内各国、以海洋观念的共同认知为基石构建高水平互信、以海洋合作的通力开展为津梁彻底打通交往栓塞，与域内国家形成相辅相成、互为倚重的相生关系，推动"海洋命运共同体"由本土性不断向普遍性延展。近年来，中国先后提出"一带一路""人类命运共同体""海洋命运共同体"等倡议和理念，不断倡导区域安全合作，在实践中强化东北亚各国对区域安全合作的期待感与行动力，凝心聚力构建区域安全合作机制的时机日益成熟。海洋是东北亚国家的共生资源和环境，是承载着利益共同体、命运共同体建设的良好平台。因此，积极推动域内各国海洋安全战略的良性对接，有效管控并妥善处理海洋争端，不断强化海洋安全合作的韧性，于多层面、多维度推动东北亚海洋合作安全机制的形成，也必将有助于东北亚海洋命运共同体的构建。

随着东北亚地区极端天气、气候变暖、赤潮、核泄漏、石油泄漏等自然灾害与生态危机的频发，东北亚各国在非传统安全领域所面临

---

① 李雪威：《韩国海权观：力的谋求与逻辑转换》，《东北亚论坛》2018 年第 2 期。

的共同威胁和挑战日渐增多。近年来，东北亚国家在有关海上运输、海洋资源开发、海上执法、海洋环境保护、海洋科考等海洋事务各领域进行了深入沟通与合作，取得了诸多建设性成果。其中，2008 年 9月，中俄日韩四国成立了"东北亚航运株式会社"；2009 年，在中国珲春、俄罗斯扎鲁比诺、韩国束草以及日本新潟四国四地之间完成了首次陆海联运航线试运，大大提高了海上航运效率；① 2019 年 1 月 17日，《威海—仁川打造东北亚物流中心谅解备忘录》签约仪式在威海举行，这标志着中韩两国将首次实现海空港联动多式联运，共同打造中韩及世界各国货物通过威海、仁川转至日本、欧美乃至全球的双向物流黄金通道；② 东北亚各国积极合作开发域内海洋旅游资源，大连、上海、釜山、蔚山、束草、新潟、扎鲁比诺等港口纷纷被打造成东北亚地区国际邮轮旅游中心，中日韩、俄之间的邮轮旅游线路不断得以拓展；在萨哈林，中日韩已与俄罗斯进行了油气开采、资源开发和基础设施建设等多个领域的合作；为妥善管控黄海、东海渔业纠纷，中日、中韩间开展海上联合执法，通过预防性举措减少渔业纠纷的发生。此外，双方还在海事联合执法、海上联合搜救等方面开展合作；海洋环境保护也是东北亚国家开展海洋治理合作的标杆项目，西北太平洋行动计划和中日韩三国环境部长会议每年召开一次，组织海洋垃圾研讨会暨海滩清扫活动；东亚海环境管理伙伴关系计划，简称东亚海项目，是中国参与的一个重要多边海洋合作项目，日本、韩国、朝鲜也参与其中。这一项目由全球环境基金、联合国开发计划署和国际海事组织共同发起，主要目的是通过实施海洋的可持续发展，建立相关部门间的合作伙伴关系，解决跨行政管理边界的热点海域的环境管理问题。③ 截至 2019 年 6 月，中日韩已开展了四轮"中日韩北极事务

---

① 《中俄日韩四国陆海联运航线即将正式运营》，http：//www.chinanews.com/cj/cj-gncj/news/2009/07-10/1770591.shtml。

② 《威海—仁川"四港联动"！中韩将实现海空港联动多式联运》，http：//www.weihai.gov.cn/art/2019/1/18/art_32194_1499397.html。

③ 《东亚海环境管理伙伴关系计划》，http：//www.gov.cn/jrzg/2006-12/12/content_467933.htm。

高级别对话"，三国同为北极理事会"观察员国"，在参与北极事务的过程中拥有诸多相似的立场、观点和诉求，在北极航道建设、生态环境保护、科学研究、能源和矿产资源勘探开采等领域不断强化与俄罗斯之间的政策协调力度。

三　构建东北亚海洋安全命运共同体的制约因素

东北亚海洋安全命运共同体的构建有其现实基础及动因，但诸多制约因素仍在很大程度上限制着东北亚海洋安全命运共同体的构建进程。

东北亚地区安全局势复杂多变，导致域内国家间安全及政治互信严重缺失。域内的历史问题、朝鲜半岛问题、海洋争端问题、大国利益竞争问题等复杂难解，难以形成开展合作所必需的信任基础。目前，东北亚地区格局经历着深刻变化，东北亚政治安全信任缺失，削弱了地区安全的共识，阻碍了合作进程，复杂的区内外关系降低了各国对区域合作的期待与信心。这种情况形成东北亚海洋安全命运共同体构建的制约。

东北亚地区国家的海洋观念正从传统海洋观念向综合海洋观念过渡，但各国的认知存在很大差别，对海权内涵要素还有着各自的理解与侧重，影响着域内国家的海洋合作实践。中国在维护自身"海洋权利"的同时，也主张承担应有责任，维护区域海洋良性发展态势，推动"海洋命运共同体"构建。而受到西方海权概念的影响，日、韩的海权概念不涉及对海洋权利的表述，而是更加关注海洋权利之外海洋利益的获取。因此，日、韩在承担责任方面长于推诿，且受同盟关系影响，二者无法完全站在地区整体海洋开发、利用、治理的角度上思考问题，这不利于东北亚海洋安全命运共同体的构建。域内国家对海权的认知差异还将长期存在，导致东北亚地区在实践中呈现基于共识的合作行动式微，影响东北亚海洋安全命运共同体构建进程。

迄今为止，东北亚地区仍缺乏一个行之有效的地区合作机制，因此，东北亚地区合作的深度、广度与水平不仅远落后于欧盟，也弱于东盟。目前，中日韩经济合作是东北亚地区合作的主轴。以1997年亚洲金融危机的爆发为契机，东亚顺势开启地区合作与一体化进程，中日韩三国在这个合作进程中逐步发展起了独立的合作进程，形成了以领导人对话为支撑的合作机制，但是由于双边关系不时出现问题，行动力均显不足。从海洋合作领域来看，东北亚尚无专司区域海洋合作的机制或机构安排。"西北太平洋行动计划"虽覆盖中、日、韩、俄、朝五个成员国，但该组织只负责管理西北太平洋沿海及海洋环境，不涉及其他海洋合作议题。"中日韩三国环境部长会议"机制也存在涉及国家少、领域单一的问题。"中日韩三国合作秘书处"自成立以来组织开展了一系列地区海洋事务合作，但因其是职能宽泛的行政机构，对海洋领域合作的专注力和推动力仍显不足。特别是目前东北亚海洋领域存在针对海洋规则的各自解读、面对利益竞争的互不相让、应对海洋治理的责权淡化等问题，迫切需要建立一个专司海洋事务的机制或机构有效管控海洋危机，协调海上矛盾和分歧，推动地区海洋合作安全。

美国将中国视为竞争对手，认为中国的海上发展会挑战美国的海上霸权，竭力干扰中国海上和平发展进程。为此，美国积极充当东北亚域内海洋争端的搅局者，阻挠东北亚区域一体化进程，限制中国参与北极事务的范围和权利，成为牵制东北亚海洋安全命运共同体构建的重要外因。在东北亚地区，海域相邻的国家间存在大量海洋争端，而美国往往是这些争端的始作俑者与搅局者。例如，"二战"后，美国为扶植日本签订了片面媾和的《旧金山对日和约》，托管钓鱼岛。后又通过《美日归还冲绳协定》私相授受钓鱼岛，一手制造中日钓鱼岛问题。美国虽远离东亚大陆，但始终保持着对东北亚地区的影响力，干扰并阻挠东北亚区域一体化进程。美国限制中国拓展新的合作空间，阻挠中国参与北极事务的范围和权利。如时任国务卿蓬佩奥在参加2019年北极理事会部长级会议时，公开将中俄塑造为"北极威胁"，宣称"北冰洋将变成充满军事化和领土争夺的新南海"。他同时警告中俄"要尊重美国在北极的利益否则后果自负",甚至声称"中国在北极没有任何权利"。除此之外,蓬佩奥拒绝提及北极地区面临的由温室效应而导致的日益严峻的生态破坏,遵循特朗普政府拒绝承担气候变化责任的执政方针。① 此举将严重干扰相关国家的北极合作,进而对东北亚海洋安全命运共同体的构建产生负面影响。

四　东北亚海洋安全命运共同体的构建路径

近年来东北亚区域合作动力的增强为推动海洋合作安全创造了有利条件。因此,我们既要在宏观上打造东北亚海洋安全命运共同体的构建基础,更要在具体实践层面探讨可供操作的构建路径。

在宏观上应从结构基础、价值基础、安全基础、战略基础打造东北亚海洋安全命运共同体的构建基础。首先,在凝聚区域意识层面,推动域内国家间关系的逐步改善是重中之重。在这一过程中,中日两国作为域内第一及第二大经济体,在构建"东北亚共识"的过程中责任重大。基于此认知,继续改善中日关系与日本真正回归亚洲是增强东北亚地区认同的结构基础。② 其次,弥合各国海洋观认知差异、强化海洋合作意识、宣传海洋共享性权利、推动"综合海洋观"的形成是构建东北亚海洋安全命运共同体的必由路径。只有当海洋权利与海洋义务、海洋利益与海洋责任的并重成为域内国家的"海洋共识",才能"从排他性转向竞争性与合作性的统一",③ 把东北亚海洋安全命运共同体构建作为共同的价值基础。最后,地区海洋合作机制与机构建立健全的首要目标是有效管控域内海洋争端,维护海洋安全。东北亚各国尤其是中日韩三国经济合作业已攀升至较高水平,需

---

① Victoria Herrmann, "In the Arctic, America is its own worst enemy", https://edition.cnn.com/2019/05/10/opinions/victoria-herrmann-arctic-america-is-its-own-worst-enemy/index.html.

② 梁云祥:《中日近代以来不同历史经历和发展道路对东亚地区认同的影响》,《日本学刊》2010 年第 1 期。

③ 夏立平、云新雷:《论构建中国特色新海权观》,《社会科学》2018 年第 1 期。

要推进区域一体化合作的进程。在具体实践层面，构建东北亚海洋安全命运共同体需要照顾各国发展的基本诉求，提升合作的意愿和积极性，努力扩大利益契合点，探求更为切实有效的构建路径。

构建东北亚海洋安全命运共同体须东北亚各国凝心聚力排除干扰，专注于发展与合作。积极打造共同利益，尊重彼此差异，弱化各方分歧，推动多元化的合作模式。东北亚海洋安全命运共同体的建设不应拘泥于单一模式，应在广泛融合双边、多边合作的基础上实现优势互补、兼容并包。

推动多元化的合作模式，东北亚各国间要保持双边海洋合作、交流互动的顺畅，形成良性发展模式，进而为扩展至三边乃至多边合作提供基础性支持。中日韩作为东北亚地区核心三国，是开展海洋合作范围、深度、时间较广的国家，在进一步深化三边合作的同时要注重相互补充，避免不必要的恶性竞争。在成熟完善的中日韩三边合作机制的基础上，逐步推进"中日韩＋X"模式的规划与实施，域内、域外国家只要兼具意愿与能力，皆可加入。由此，在多元化渐进与并行推动过程中，区域内外海洋合作安全联动发展的基础逐步加固，为在实践中坚实地推动东北亚海洋安全命运共同体的深度融合与发展提供支持。

东北亚国家共处一片海，海上合作为各方带来了巨大的共同利益，因此，东北亚各国需要规避零和博弈，合力管控争端，开展良性竞争，实现最大收益。

东北亚国家应持续推动战略对接。目前，中日韩俄等国发展战略既存在重叠又相互对接，这在客观上成为推动东北亚海洋安全命运共同体构建的政策基础，在实践中也为东北亚各国参与海洋安全命运共同体构建提供了总体战略规划支撑。不可否认的是，各国发展战略存在相互竞争与对抗的成分，但也不乏合作空间。例如，近年来，日韩两国开始对中国"一带一路"倡议持有限支持立场，这有利于中日韩推动以双边或多边形式开展的第三方市场合作，有助于推动东北亚海洋安全命运共同体的构建。2020年4月10日，日本防卫研究所发布了《东亚战略展望2020》，对"自由开放的印太战略"进行解读，强调与韩国合作具有重要战略意义，并指出该战略不排斥中国，希望中国作为重要成员加入其中。① 显然，东北亚各国应继续规划好总体战略对接，积极推动东北亚海洋安全命运共同体构建进程。

东北亚国家须深度挖掘合作领域。在渔业、海运业、造船业等传统海洋产业领域开展产业升级合作，向集约化、绿色化、信息化、智能化方向转型；在海洋生物医药、海洋新能源、海洋新材料、邮轮等新兴产业领域加强合作，引领海洋经济发展方向，打造东北亚多边海洋合作的强劲动力。以多领域的海洋合作夯实东北亚海洋安全命运共同体的构建基础。东北亚国家应规划争议海域合作安全方案。共建海洋科技信息中心、建立健全海洋合作安全机制，就即时性和长期性的海洋安全问题进行多边磋商和深入合作，共同提升构建东北亚海洋安全命运共同体的动能与活力。

在推动东北亚海洋安全合作的过程中，经济合作可以成为先行者，以此加深域内国家的相互依赖，凝聚共识。但东北亚各国，尤其是中日韩三间在海洋经济领域既存在合作空间，也面临激烈竞争，三国在海洋贸易领域的互通紧密程度颇高，但在造船业、水产业等优势产业方面的竞争也非常激烈。因此，从经济领域入手虽然有利于提高海洋合作积极性，但单凭经济合作的驱动并不足以绑定东北亚各国，应该加强在与人类生存发展息息相关的气候治理、环境保护等低冲突领域加强合作。此外，海上减灾防灾、海上反恐、海上走私贩毒、海上人口贩运等其他非传统安全领域的合作也会对东北亚海洋安全命运共同体的构建起到积极推动作用。多领域的互补并进可以作为现阶段启动东北亚海洋安全命运共同体建设的重要方向，在协同各国开展由浅入深的海洋诸领域合作的过程中将不断发挥着释缓压力、增加互信、复合互补的外溢作用。

构建东北亚海洋安全命运共同体离不开两大重要支柱，一是共同观念基础，即增进安全、可持续的综合海洋观的共识；二是制度安

---

① 日本防卫研究所：《东亚战略展望2020》，2020年4月10日。

排，即多元化的合作机制构建，丰富海洋安全合作的内容。目前，东北亚海洋合作安全亟待填补两大制度空白，一是发挥综合管理职能的东北亚海洋合作管理机构，如东北亚海洋理事会；二是应对非传统海洋安全问题的机构。具体而言，一方面，建立统一的海洋合作主管机构将为东北亚海洋合作及海洋治理措施的有序、有力推进提供制度性保障，在此机构之下，要着手建立并完善海洋权益纠纷与争端解决机制，以此强化海洋安全合作的韧性；另一方面，东北亚地区迫切需要建立非传统海洋安全合作机制。在打击海盗、海上恐怖主义袭击和海上跨国犯罪、缓解海洋生态危机、防治海上卫生疫病等领域建立制度性安排。

总之，构建东北亚海洋安全命运共同体，需要东北亚相关国家群策群力共筑发展动力。共同的历史积淀、共同海洋观念的形成、海上贸易的相互依赖以及非传统安全合作动力的不断加强，是东北亚各国在海洋安全议题中实现协力合作的重要基础。囿于解决历史遗留问题的艰难与复杂，东北亚海洋领土与权益争端已成为构建东北亚海洋安全命运共同体的重要阻滞性因素。东北亚各国只有进一步破除在海洋安全议题领域开展零和博弈的观念，才能推动东北亚海域合作安全的实现。为此，需要增进东北亚各国对"人类命运共同体""海洋命运共同体"理念理解和认知，寻求各国共同表达方式的对接，以合力共同推动东北亚地区新秩序的构建，使东北亚海洋安全命运共同体建设在东北亚命运共同体构建中发挥重要的作用。

第十五章 日本与东北亚政治
安全机制构建

日本是东北亚的重要一员，近代日本崛起，实行扩张，改变了东北亚的历史秩序。日本在"二战"中失败后成为美国的同盟国，美国直接进入东北亚。一直以来，日本的国家战略有两个定位：一是成为"正常国家"；二是在同盟框架下加强与美国的合作。对于东北亚命运共同体的构建，日本有自己的认知和定位，具有特殊性，如何让日本融入东北亚命运共同体构建，特别是政治安全命运共同体构建，值得深入研究。

一 "二战"后日本安全战略的演变

"二战"后，日本作为战败国，被美国占领和改造，成为美国军事同盟的成员，这使得日本的安全高度依赖美国，安全同盟成为决定日美双边关系的重要因素。对美国来说，美日同盟是美国太平洋政策的"基石"，是美国推行亚太、印太战略目标的主要支柱。

在整个冷战时期，日本的外交和国防政策一直依附于美国的对外政策。20世纪70年代，日、美两国在《日美安保条约》基础上，于1978年出台了《日美防卫合作指针》，就防止侵略、日本遭到武力攻击和远东地区发生对日本产生重要影响的事态分别作了具体规定，旨在进一步确立美国对苏联的军事威慑并划分日本自卫队与美军的任务分工。

　　冷战结束后，苏联解体，日美同盟非但未因冷战的终结而消亡，反倒在冷战后经过日、美两国的不断调整得到进一步的稳固和加强。海湾战争、朝鲜半岛和台海局势变化等因素，推动着日美同盟进行新调整，主导方向是进一步加强。1996 年的《日美联合宣言》、1997 年修订的《日美防卫合作指针》将日美安全合作范围扩大至对日本安全有重要影响的"周边地区"，朝鲜半岛和台湾海峡被纳入防卫范畴。

　　如果说 1996 年的日美联合宣言是对冷战后日美同盟的重新定义，为日美安全合作深化提供了基础，那么"9·11"事件后的日美同盟则将日美携手合作以维持全球安全的战略目标变成了现实。在原有的安保体制中，由于受日本和平宪法的制约，日本自卫队的海外行动和执行战斗任务都有严格的限制。而"9·11"事件和伊拉克战争等重大国际事件则为日本构筑"有事法制"、实现海外派兵提供了机会。日本从配合美军维持自己的安全升级为协同美军开展军事行动，从同盟的幕后逐步走上了与美国并肩作战的前台。日美同盟已从地区性逐步扩展为全球性的安全同盟，其体制也由日本依赖美国向可以行使集体自卫权的"双向义务体制"转换。2015 年 4 月底，日、美两国发布再次修订的《日美防卫合作指针》。此次"指针"修订被视为两国"防务关系的历史性转折点"和"同盟历史上的新高点"。① 跨越半个多世纪的日美同盟已经"发生本质转换"②，"翻开了新的一页"。③

　　首先，由"传统安全合作"转向"全方位安全合作"。针对全球战略形势的新变化，2015 版《日美防卫合作指针》依旧注重强调传统安全领域合作，包括增加离岛防卫，重点突出海洋安全。但在传统

---

　　① "Joint Press Conference with Secretary Carter, Secretary Kerry", Foreign Minister Kishida and Defense Minister Nakatani in New York, New York, April 27, 2015", http：//www. defense. gov/ Transcripts/ Transcript. aspx? TranscriptID＝5623.

　　② 「日米同盟の本質、転換防衛指針、18 年ぶり改定 地球規模に協力拡大」. 朝日新聞. http：//www. asahi. com/articles/DA3S11727955. html.

　　③ "Remarks by President Obama and Prime Minister Abe of Japan in Joint Press Conference", https：// www. whitehouse. gov/the-press-office/2015/04/28/remarks-president-obama-and-prime-minister-abe-japan-joint-press-confere.

安全合作领域之外，新"指针"还写入了两国在太空和网络空间等
新领域展开合作的内容，包括执行太空监视、共享网络攻击情报信息
等。不难看出，日美同盟的防卫合作领域得到进一步拓展，日美同盟
从"传统安全合作"扩展为"全方位安全合作"。

其次，由"区域性合作"转向"全球性合作"。新"指针"以
"影响日本和平与安全的重要情况"取代过去的"日本周边事态"，
这实际上使得日本摆脱了 1997 年"指针"的束缚，地理上允许日本
自卫队的活动范围将不再仅限于周边区域。此外，旧"指针"所列
举对美军支援项目的"附表"被取消，不再对合作内容加以限制。
在"无缝"合作的名义下，新"指针"使日本自卫队在任何事态下、
全球范围内能对美军提供支援，自卫队与美军的一体化建设也将进一
步加速。日美同盟的安保合作从有缝走向无缝，从死板走向灵活。由
此可见，日美同盟正从"区域性同盟"转变为"全球性同盟"，日本
旨在全球范围内发挥美国盟友之"义务"。

再次，由"从属型同盟"转向"互助型同盟"。"二战"后数十
年间美国强大的经济军事实力使得日美同盟具有高度的不平等性，日
美同盟是一种"美主日从"。而 21 世纪以来，日本在安保问题上表现
出未曾有过的积极姿态，尤其对《日美防卫合作指针》的再度修订
投入了极大精力。修订后的"指针"对日、美两国在不同行动中的
责任分工进行了进一步明确，其中一个显著变化便是强化日本作战行
动的"自主性"。如在日本遭受武力攻击时，新"指针"对制空、反
导、制海、地面打击和跨领域合作等多种行动中的自卫队作战任务均
明确冠以"自主实施"的行动原则，而美军只是"对自卫队的作战
予以支援，实施弥补自卫队战力不足的作战"。对于美国或者其他国
家遭到攻击的情况，日本也被赋予了实施援助的权利。日本在日美同
盟中的作用更加灵活主动，与美国的关系更加平等互助，日美同盟由
"从属性同盟"转向"互助性同盟"。

最后，由"防御性为主"转向"极具进攻性"。2015 版《日美防
卫合作指针》扩充了日美双边相互防御的内涵。新"指针"规定双方

将设立日美共同协调常设军事机构，以强化自卫队和驻日美军的紧密协作，提高协同指挥作战的能力。在网络领域，则加强两国两军之间的情报搜集和分享能力。日本自卫队对美军的军事支援不再局限于提供武器、弹药和油料等后勤工作，而且日本自卫队还被允许直接从事军事作战。此外，新"指针"还扩充了日、美两国参与第三方防御的内涵。新"指针"规定，当与日本友好的第三国受到攻击并危及"日本生存以及人民追求生活、自由和谋求幸福的权利"时，为确保日本生存和保护日本人民，日本可以采取包括使用武力在内的手段对形势做出反应。上述变化意味着日本武装力量的职能从"自卫"扩大到"他卫"，而其权限也被提升至被允许对他国发起武装攻击。如此一来，日美同盟已经从"防御性同盟"转向"进攻性同盟"。

在美国"印太战略"和日本积极走向"正常国家"的双重背景下，日、美两国将相互倚重，进一步深化同盟关系以应对中国的快速发展。日美强化同盟关系势必对东北亚政治安全带来更大的负面影响。如何趋利避害、减轻日美同盟的负面影响将是构建东北亚政治安全命运共同体的一个重要课题。

二 日本对华战略的定位

中日关系如何对东北亚以及东亚都会产生举足轻重的影响。历史上，中、日两国曾有过密切的关系，中国先进的经济、思想文化对日本产生过非常重要的影响。但是，近代随着日本综合实力强大，日本走上大国争霸、侵略扩张的道路，殖民朝鲜半岛、侵略中国，重建了日本主导下的地区秩序。"二战"战败，日本被美国占领，成为美国的盟国。冷战期间，跟随美国与苏联、中国对抗。直到中美建交，日本与中国的关系才恢复正常化，开启两国关系的新局面。

在中国弱势情况下，日本作为先发展起来的发达国家，对中国的发展提供援助，带着同情、谢罪的复杂心情对待中国。但是，面对中国综合实力快速上升，特别是按 GDP 计算的经济总量超过日本，科技、军事力量的大幅提升，日本对中国安全方面的担心增大，如何与中国相处，被置于突出的位置。

从总体来说，日本越来越把中国作为其安全的主要威胁。日本为此进行的战略与行动主要体现在：其一，加强与美国的同盟关系，参与美国制约中国的战略，拉美国介入与中国的争端（主要是钓鱼岛），借助美国的力量，扩大在安全上的地区参与；其二，加强以中国为主要安全威胁的军力构建，突破和平宪法对其扩大军事力量与扩大参与行动的限制；其三，在重要领域与中国开展竞争，营造亲近日本、疏远中国的国际环境。在这样的对华战略与行动定位下，日本在诸多领域都与中国出现对立。这种情况下，中日关系反复恶化与改善似乎成为一种常态。

当然，出于综合的利益，日本需要与中国保持一种基本稳定的大局关系。从中国方面来说，改善中日关系符合自己的利益。比如，2018 年 5 月，时任总理李克强访日，10 月时任日本首相安倍晋三访华，这种互动让两国关系重回正常轨道。在日本方面，安倍政府基于现实利益考量，调整了对华强硬路线，将对华政策从"竞争"转向"协调"。安倍晋三访华期间明确表示"中日从竞争走向协调""中日是伙伴而不是威胁""中日要发展自由公正的贸易体制"等，反映了日本在对华政策、对华认知和对华需求三个层面的转向。除政府层面之外，日本经济界强烈的经济利益需求，也为安倍政府对华"协调"发挥了重要作用。经济界作为"压力团体"在一定程度上促使安倍政府对"一带一路"倡议展现出了接触姿态，这也成为推动安倍政府改善中日关系的关键因素之一，进一步促成了中日"企业主体、政府推动"的第三方市场合作。

事实上，中日在政治安全领域加强合作有着很大的空间，以往两国曾在东海争端领域、海上安全、核安全等领域进行过商榷与合作，这些领域应该继续做下去。其实，为了共同的安全，两个国家也应该建立一种安全对话机制，就涉及两国、地区的安全问题交换意见，推动合作治理。

从未来发展看，中、日两国国力消长带来的结构性矛盾短期内难以消解，日本对华的矛盾心态将长期存在。历史、领土问题暂时处于管控或搁置状态，并没有真正得到解决。特别是，作为影响中日关系的台湾问题具有爆炸性。在两岸关系持续紧张的情况下，台湾问题的不确定性大大增加。安倍晋三曾公开表态要日本介入台湾问题，这无疑成为影响中日关系的重大事件。在未来中美战略博弈将长期化的背景下，日本一方面会继续发展与美国的紧密关系，配合美国的对华战略；另一方面会尽可能维护与中国的基本稳定关系，但是，鉴于日美特殊的同盟关系和对中国的战略担心，日本对华政策的平衡空间有限。

不论从经济权力还是地缘权力的视角来看，日本对中、日两国在东亚地区的权力地位转变十分敏感，日本并非不愿意通过与中国的合作来获益，而是担忧这种获益会更有利于中国。[①] 自 2010 年日本 GDP 排名被中国超越之后，日本与中国展开权力竞争的趋势愈发明显，日本全方位对华制衡显著增强。日本不仅在争夺东亚贸易与投资市场方面与中国竞争激烈，在围绕"东亚""亚太"等地区主导权方面也与中国展开了广泛的竞争。美国奥巴马政府领衔 TPP 构建，排斥中国。特朗普执政后退出 TPP，日本将之转化为 CPTPP，仍然排斥中国。中国提出加入 CPTPP，估计最大的阻力可能是日本。在东亚地区合作中，日本与中国在"10 + 3"和"10 + 6"机制的构建中展开竞争，日本的方案最后成为事实上的议程。[②]

面对中国的倡议影响力提升，日本针对中国"规范遏制"的趋势愈发明显。在各种国际场合，安倍政府频频抛出"价值观外交""积极的和平主义""反对以实力试图单方面改变现状""海洋法治三原则""基建建设标准"等排他性价值标准与行为准则，试图联合规范

---

① 袁伟华：《权力转移、相对收益与中日合作困境——以日本对"一带一路"倡议的反应为例》，《日本学刊》2018 年第 3 期。

② RCEP 是中日共同参加的东亚自贸区，打开了两国和中日韩三国构建自贸区的双边不能打开两国和中日韩三国构建自贸区的双边屏障。

认知相近的国家一同遏制中国的倡议和影响力。①

当然，也应该看到，从日本的根本利益出发，维护与中国关系的基本稳定也是非常重要的，在地区层面需要避免造成严重的分裂，就像 RCEP，尽管日本希望拉印度加入以平衡中国，但印度参与高水平的开放安排能力不足，而中国的参与对于东亚地区而言至关重要，两国在整个谈判进程中保持了有效的合作。因此，无论是中日双边关系，还是两国参与的区域合作机制，都存在竞争与合作的动态调整。

在东北亚，中日是搬不走的邻国，共同维护地区的安全，符合双方的利益，靠美日同盟维护东北亚的安全不仅是不可能的，而且会增加矛盾和冲突。与一个强起来的中国和平相处，这是历史的必然，也是历史的选择。中日关系好，则日本好、东北亚地区好，这一点无须论证。

三　日本与东北亚政治安全命运共同体

在美日安全同盟强化与日本对华竞争性认知的双重作用下，日本对于推动构建东北亚命运共同体，特别是对东北亚政治安全命运共同体看似并不热心，甚至抵触。因此，需要寻求日本对于国家安全、地区安全的共同关注的话语权对接，推动在安全利益基础上的合作共识和行动。

双边关系是区域关系的基础，因此，日本需要构建稳定与合作的双边关系。日本与韩国、中国、俄罗斯的关系都存在很多问题，更不要说与朝鲜的关系，这种局面对日本很不利。在现代环境下，日本改善与各国的关系需要从两个方面下功夫：一是双边，关键是如何走出历史的阴影，以真诚的认知让他国接受，制约国内右翼舆论和势力，

---

① 日本学者汤川拓将"均势"概括为"政策层面的均势""体系层面的均势""规范层面的均势"，认为"规范层面的均势"并非完全现实主义式的均势概念，而是对于实现国际社会共同体共有利益或成员一般利益而形成的规范性和集团性体制。参见汤川拓「国際社会における規範としての勢力均衡とその存立基盤」．『国際政治』2014 年 3 月第 176 号。

以合作与相互接受的方式解决存留的争端，加强现实利益的基础，加强相互间的交流，这需要日本做出更多的努力，承担更多的责任；二是区域，对于区域合作进行更多的投入，参与和推动东北亚区域的多样性合作机制构建，特别是大力推动中日韩合作机制的构建，让许多双边的问题通过区域合作共利机制的构建得到缓和与化解，这需要日本提升对于东北亚的区域认知，把基于和平合作理念的东北亚区域政治安全命运共同体放在重要位置。

当前，日本政治安全战略的重点转向日本提出的"印太"地区。安倍晋三执政时，提出了"印太战略"（后改为构想），得到美国的认同，并把它作为重要的战略，由此，印太战略成为加强日美战略协同、应对中国综合实力提升的重要抓手。2021年4月16日，在日美首脑会谈中，两国领导人将同盟关系的定位表述为"打造自由开放的'印太'"，并表示"深切关注中国在该地区违背国际规则的活动，包括使用经济和其他形式的胁迫""强烈反对中国在东海与南海单方面破坏地区现状的行动"[①]。日本强调"印太"的战略诉求，力图发挥日本自身谋划力，极力推动日美印澳"四国安全对话"向"四国联盟机制"转变。

日本积极参与美国印太战略部署和借此提升其影响力的政策取向会继续下去，把中国作为战略威胁的认知难以发生转变。在此情况下，如何使日本以积极的姿态参与东北亚政治安全命运共同体的构建，并且发挥相应的贡献，需要做以下几个方面的工作：

其一，需要就命运共同体构建问题进行对话，将其作为双边、地区对话的议题。命运共同体不同于通行的共同体，它是基于理念的行进方向，旨在推动国与国、地区、人类的和合共生，以和平代替战争，以合作代替冲突，以共利代替独霸，以相互信任代替相互嫉恨的新关系、新秩序。东北亚政治安全命运共同体的构建是为了地区的和平与发展、合作与共赢，走出争霸、争夺的零和规则，创建持久和平

---

① 外務省.「日米首脳会談」. https：//www. mofa. goj. p/mofaj/files/100177718. pdf.

的东北亚。命运共同体是由各种基于合作的机制构成的，不是建立的单一的区域机构。这样的理念和基于理念的行动符合日本的利益，通过对话加深理解，找到各方不同表达方式的对接点，形成基于共识的导向性话语权。

其二，克服困难，继续推动中日韩合作，在科技、数字、供应链安全化的情况下，推动三国的科技链、供应链构建，提升三国经济合作的水平。要克服困难，重启三国领导人峰会，增加共同安全议题，以务实的认知推动共同安全机制构建。中日韩是东北亚经济的中心，三国经济由高度互补型结构向水平拓展结构转变，在 RCEP 生效的情况下，相互间的大部分市场流通障碍消除，应该推动东亚开放区域结构下的中日韩新经济合作，加深三国经济共利的基础。

其三，改变日本安全和安全利益依靠美国的局面，以功能性合作为平台，推动日本与中国、韩国、俄罗斯，以及朝鲜在领土、岛屿、海域争端领域与对象国家构建协商、协调与合作机制，缓解矛盾，共同应对突发事件，防止冲突特别是武力冲突。

东北亚地区的政治安全形势出现了新的动向，美国对华竞争以及俄乌冲突的影响，使得东北亚的政治安全分裂性和对抗性增加。推动构建东北亚政治安全命运共同体是一个历史性的转变，需要时间进程和行动议程，重要的是在这个历史进程中避免发生新的大裂变和大对抗。对于日本来说，重要的是转变思维方式，以真正的和平主义参与和推动东北亚新秩序转变，共建和合共生的东北亚命运共同体。

第十六章　韩国与东北亚政治安全
命运共同体构建

韩国是东北亚的第三大经济体，步入发达国家行列，在东北亚区域经济链条中起着重要的作用。韩国是美国的军事同盟国，美国在韩国有驻军。韩国是朝鲜半岛南北对峙的一方，南北关系对朝鲜半岛以及东北亚地区政治安全都有着直接和重要的影响。无论从哪个角度说，韩国都是东北亚政治安全命运共同体构建的重要角色。

一　韩国对东北亚区域安全的认知与定位

"二战"后，美苏冷战对抗，原本统一的朝鲜半岛分裂成南北两个国家。韩国成为美国的盟国，美国在韩国驻军，安全上严重依靠美国。朝鲜战争以后，韩国与朝鲜之间的对抗进一步加强，朝鲜半岛对抗的格局成为影响东北亚地区安全的最为敏感和最具危险的因素。

就安全而言，韩国与美国的同盟关系居于首要地位，但是，韩国一直在加强同盟与安全自主之间寻求平衡，其中争取同盟下的自主性、提升自主军事能力成为韩国各种政治势力的基本共识。冷战结束以后，韩国与中国建立正式外交关系，与俄罗斯建立外交关系，南北关系也曾出现一定程度的缓和，韩国把发展经济作为重心，美国也对韩国军事自主性给予一定的支持。但是，韩国对于美国拉入地区安全体系构建的意图（如战区导弹防御体系 MD）并不支持，对于构建美日韩同盟体系的紧密连接也保持谨慎。

　　不过，鉴于美国一直是韩美同盟的主导方，韩国往往会以自主性换取美国对其安全的保障。重要的是，美国构建的同盟体系具有支撑美国地区和全球战略作用，韩国不仅不可能背离美国的战略意图，而且会给予支持。事实上，在美国的"亚太再平衡"战略、"印太"战略中，韩美同盟都是重要的支撑点。尽管韩国国内"左"（亦称"进步势力"）"右"（亦称"保守势力"）翼势力在对待韩美同盟的做法上有所不同，一般而言，"左"翼更倾向于强调自主性，"右"翼更倾向于合作性，但在维护同盟、依托美国安全保证上是基本一致的。

　　南北关系是韩国安全的核心关注。尽管韩国在政治上与北方是对立的，但是出于民族意识和安全的考虑，韩国努力推动南北关系的缓和，推动与朝鲜的交流与合作。特别是 2000 年以后，在金大中、卢武铉执政时期，南北关系取得新的突破，实现了领导人会晤，发表《南北共同宣言》和《南北关系发展与和平繁荣宣言》，其间朝韩举行多次官方会谈和一系列民间交流活动，签署多项合作协议。但是，其后南北关系出现反复，朝鲜拥核之后形势变得更为复杂与敏感，联合国的一系列对朝制裁，阻断了南北交流的通道，尽管特朗普与朝鲜领导人的会晤同时推动了南北领导人的会晤，但是随着特朗普下台、拜登执政，美国对朝政策出现调整，韩国对朝政策也受到影响。对于韩国来说，维护南北关系的稳定、阻止朝鲜半岛再次发生战争是其安全战略的重要定位，但是，朝鲜半岛问题涉及冷战的遗留问题，如今又有朝核问题、美国对华竞争，以及地区秩序构建，绝不是韩国能够可以摆脱和左右的。朝鲜半岛问题需要综合的方案来加以解决。比如，出于政治安全上的考虑，韩国极力推进朝鲜半岛的停战宣言成行，但是在缺乏综合方案的情况下，试图单向推进还是难以行得通的。

　　韩国与中国的关系具有特殊的重要性。中国是韩国的邻国，是韩国的重要市场，对朝鲜半岛事务具有重要的影响力。尽管韩国以韩美同盟为安全支柱，但同时重视与中国的关系，不仅是经济，而且包括安全。特别是在朝鲜半岛事务上，韩国重视中国的作用，希望中国支持其发展南北交流、改善南北关系。但是，韩国作为美国的军事同盟国，毕竟与中国在许多问题上有着不同的利益与政策取向。从实际的发展看，每当韩国与美国协同过密、伤及中国利益的时候，韩国与中国的关系就会出现问题。尽管出于双方利益的考虑，双方在关系恶化时会做出积极的努力，把关系拉回正轨，但毕竟会留下伤痕。从中国的角度看，尽管在一定程度上理解韩国与美国的同盟关系，但希望韩国能够发挥相对独立的作用和一定的平衡作用。在推动构建朝鲜半岛、东北亚和平安全机制中，中韩合作起到非常重要的作用。

从总体来看，推动朝鲜半岛、东北亚和平机制构建，韩国是受益者，与韩国所追求的朝鲜半岛和平目标是相契合的。尽管存在美韩同盟、韩日关系的影响，韩国对于推动以和合共生、和平合作为目标的东北亚命运共同体构建是持积极态度的，在韩国，不乏各种有关构建东北亚共同体——东北亚和平共同体、东北亚经济共同体、东北亚文化共同体的思想与动议。因此，只要加强同沟通、推进共识，找到对接点，韩国在推动东北亚政治安全命运共同体构建上就可以发挥积极的作用。

二　文在寅执政下的韩国外交与安全战略

政党轮替对于韩国的对外政策与安全战略定位以及行动议程有着很大的影响。文在寅属于韩国的"左"翼势力，执政后基本上继承了金大中、卢武铉执政的政策路线。在外交与安全战略上，具有鲜明的追求提升国家自主的特征，可称之为自主战略。在这一战略实施下，朝韩关系回升，朝鲜半岛局势出现缓和，在朝鲜半岛事务中朝鲜民族的主体地位也得到了加强。

韩国所追求的国家自主，实际上是要改变安保上对美国过度依赖和外交上对美国被动"追从"的处境，集中反映在韩美同盟政策、对朝政策和外交政策上。文在寅政府把建设"和平与繁荣的朝鲜半岛"作为五大施政目标之一，为实现这一目标，推出了自主色彩鲜明的三大外交安保战略，即建立强大的安保与自主负责的"责任国防"、实现南北和解合作与朝鲜半岛无核化、推进真正务实的外交并主导国际合作。

要实现朝鲜半岛的和平与繁荣，需要以强大的安保力量为基础，因此在韩美同盟关系上，文在寅政府继续坚持以韩美同盟为安保防卫的支柱，寻求扩大同盟的基础，强化联合防卫态势，合理解决两国间的悬案问题，使韩美同盟超越军事同盟，发展成为共享民主主义和市场经济价值的全球性战略同盟。① 2017 年 6 月 28 日至 30 日，文在寅访问美国，在韩美首脑共同声明中确认了强化发展韩美同盟和就朝核问题进行密切协作的立场，强调要把韩美同盟发展成为"多元的综合战略同盟"②。2019 年 11 月 15 日，在韩美共同发表的《未来韩美同盟国防展望》中，再次确认了韩国在朝鲜半岛乃至整个地区的和平、稳定、繁荣的"核心轴"（linchpin）地位。③ 在韩美同盟防卫实践中，文在寅政府一改竞选时的公开约定，追加部署了 4 辆"萨德"发射车，配合美国的导弹系统建设，④ 以实际行动强化韩美同盟关系。

文在寅政府重视提升独自防卫能力。在其安保战略中明确指出，要尽早收回战时作战指挥权，发展韩军主导的韩美联合防卫的体制。⑤ 积极提升自身防卫能力建设，特别是加强"韩国型 3 轴防御体系"⑥ 等重点防卫能力建设，以实现与国力相应的"自主国防"。2017 年 6 月韩美首脑会谈中就韩国主张收回战时作战指挥权达成一致意见，同

---

① 국방부：『한미동맹의배경과의의』，국방부홈페이지，https：//www.mnd. go. kr/mb-shome/mbs/mnd/subview. jsp？id = mnd_ 010701010000。

② 이영태："한·미，동맹강화·북핵공조·공정무역확대등공동성명채택"，http：//www. newspim. com/news/view/20170701000012。

③ 국방부：『미래한미동맹국방전망』，대한민국정책브리핑，http：//www. korea. kr/news/pressReleaseView. do？ newsId = 156361160。

④ 韩国公开表示推进韩国型导弹防御体系（KAMD）建设，当前的症结是该建设有无必要以及韩国政府能否下定决心的问题。参见韩献栋《利益差异、战略分歧和美韩同盟关系的再调整》，《东北亚论坛》2010 年第 1 期，第 28 页。

⑤ 국방부：『2018 국방백서』，서울：국방부 2018 년，125 쪽。

⑥ 韩国型 3 轴防御是指：监视打击 能力（Kill Chain）、核心设施防御能力（KAMD）和大规模惩罚报复能力（KMPR）。국방부：『2018 국방백서』，서울：국방부，2018 년，53 – 54 쪽참조。

意尽早实现"基于条件的"战时作战指挥权转移。为落实这一决议，韩、美双方在 2018 和 2019 年度安保年会上就此展开了实质性协商，就向新的联合防卫体制平稳转换、强化韩军防卫能力等问题进行积极协作。①

改善南北关系是文在寅执政的重要目标。文在寅政府强调推动并固化南北对话机制，希望通过签署基本协议，使韩朝关系发展和朝鲜半岛的和平得以制度化。文在寅强调要掌握韩国在朝鲜半岛的主导权，终结朝鲜半岛残留的冷战结构，建立新的和平合作秩序，创造持久的和平体制和经济合作共同体，② 在无核化问题上，文在寅政府推进重启无核化协商，希望借此实现朝鲜半岛和平的稳固化，进而为和平统一打下基础。在实践中，朝美协商遇到困难时，文在寅政府在朝美间积极展开穿梭外交，促成了朝美河内峰会和板门店朝韩美三方首脑会面，为无核化绘制行动路线图，推出了"入口论"和"出口论"③，并在综合朝美立场原则的基础上强调"分阶段、一揽子解决"的立场。文在寅政府借助韩朝关系的改善助推重启了朝美无核化协商，打破了近十年来的僵局。通过包括首脑会谈在内的多种交流渠道，文在寅政府积极协调朝美，促成了具有历史意义的朝美首脑会谈，会谈中确立了朝鲜半岛完全无核化和改善朝美关系的基本原则，对于朝美无核化实务协商有着重要的指导作用。

韩国实施自主战略增进了朝鲜半岛和东北亚地区的和平稳定，拓展了韩国的外交空间和多边合作的外延，为朝鲜半岛安全机制与东北亚政治安全命运共同体的构建提供了土壤。

---

① "제50차한·미안보협의회의（SCM）공동성명"，http：//news. khan. co. kr/kh_news/khan_ art_ view. html? artid ＝201811010333001&code ＝910302。

② 대통령비서실：『문재인대통령연설문집』제2권（하），서울：청와대대통령비서실 2019 년，256 –263 쪽참조。

③ 文在寅政府主张的"入口论"和"出口论"，实际上与中国强调的"双暂停""双轨并行"原则十分类似，即以冻结核、导为入口，以通过韩朝关系和朝美关系改善缔结半岛和平体制为无核化的出口。

三　韩国与东北亚政治安全命运共同体构建

　　文在寅政府自主战略在推进过程中，也面临韩国国内、国际多重因素的制约，美国是其中最为主要的制约因素，朝韩关系的新变化以及韩国国内政治等因素也干扰着这一战略的实施。

　　从近年来韩美关系的实际情况来看，美国以增大安保压力等方式来动摇韩国收回战时作战指挥权的决心。特朗普当政时一再发出撤军信号，以此增加韩国的安全危机感，对于韩国收回战时作战指挥权，则强调"战时作战指挥权归还韩国后，联合国军司令部仍将会继续掌握这种指挥权"①。美国不支持韩国主导朝鲜半岛无核化与和平机制建设，特朗普政府采取直接与朝鲜打交道的方式，不希望朝韩关系"超前"发展，更不希望韩国突破限制。美国驻韩大使哈里森不加掩饰地强调："韩朝合作应通过美韩工作组来进行协调。"②

　　事实上，除了美国因素外，韩国力图主导朝鲜半岛问题的努力也受到半岛局势本身的影响。朝鲜方面所关注的主要是美国对朝政策改变，在这方面，韩国并没有能力施加影响，相反，在许多方面，需要配合美国的政策，特别是在对朝军事威慑方面。由此，文在寅政府一直无法突破对朝交流的限制，先前达成的深入开展南北经济合作的约定未能付诸实践，朝鲜对韩国的批评越来越尖锐，甚至直接批评文在寅"向外部势力乞求支持与合作"③，并单方面拆除了金刚山旅游区内韩国遗留的设施，切断了与韩国的主要通信联络线路，炸毁了位于开城工业园内的南北联络事务所大楼。韩国力图主导朝鲜半岛问题的努力落空。

　　事实表明，韩国要实现真正的自主，需要有一个清晰的前进方向

---

　　① 유강문：" '한반도위기시유엔사역할'강조하는미국... 커지는일본개입가능성"，『한겨레』2019 년 9 월 16 일。

　　② 정용수："해리스,韓개별관광추진경고 ... 北은 '금강산철거'최후통첩"，『중앙일보』2020 년 1 월 17 일。

　　③ 이제훈："북 '한 – 아세안참석어려워' ... 최룡해·김여정특사파견도거절"，『한겨레』2019 년 11 월 21 일。

和坚定的战略意志，也需要一个长期的、持续的努力过程，这个过程是韩国的安保需求与其自主性追求两者之间张力变化的过程，也是韩美同盟由不对称状态向平等互惠关系发展的过程。如何在维持同盟的情况下实现国家外交安全的自主、构建朝鲜半岛安全机制，考验着韩国政治家的政治远见和战略定力。

推动构建东北亚政治安全命运共同体符合韩国的利益。韩美同盟对韩国的安全保证建立在美国主导朝鲜半岛事务的基础上。这意味着，美国要掌控对朝政策，而改变美国政策、使其放弃对朝敌视政策，要有一个前提，即朝鲜发生根本变化倒向美国，现实地看，在正常情况下发生这种变化的概率很低。显而易见的是，以南北对抗为前提，靠美国保护安全，需要韩国付出巨大的代价。因此，韩国需要多重安全机制保障，这当然包括韩国提升自主性安全能力建设。但是，由于韩国的安全面临的是多重因素交织的格局，需要多向、多方式合作来推进安全机制构建。事实上，如今的安全已经走出传统国家安全的框架，是包括多要素的总体安全框架，在诸多新安全要素构成中，都需要开展合作、构建合作安全网络。

当然，构建东北亚政治安全命运共同体，重在理念更新，把共同安全、合作安全作为新时代的理念。解决朝鲜半岛问题的六方会谈方式虽然终止，短时恢复的可能性不高，但是，其所创建的共参、共商方式是有价值的，朝鲜半岛问题解决以及东北亚地区的安全机制构建走向正常化的任何未来途径，都离不开相关各方的共同参与和协商。在这方面，韩国是可以发挥积极作用的。

四　推动中韩合作安全机制的构建

中韩是推动构建东北亚政治安全命运共同体的中坚力量。长期以来，中韩关系的进展更多是体现在经贸合作领域，在安全领域则一直是短板，这暴露出两国关系的脆弱性，中韩也曾多次尝试从战略层面深化发展双边关系，但多因安保领域突发事件的冲击而未能达到预期目标。如今，出现了新的美国对华竞争的局面，韩国是美国的盟国，中韩如何推进合作，构建基于合作安全、共同安全的关系，这是两国需要进行深入对话和做出共同努力的大事。

从东北亚政治安全命运共同体构建的视角观察，中韩安全合作大体涵盖三个领域或者说是三个层次：

其一，双边安全问题，这涉及增进战略信任，建立安全合作机制、妥善解决分歧争端。中国的综合实力提升并不会危及韩国的安全，中韩之间不存在安全威胁，这是一个基本的认知。但是，由于韩国是美国的盟友，难以脱开美国的战略协同，在此情况下，更需要中、韩两国之间加强对话与协商，除领导人对话机制常设化外，应该建立国防部门、安全部门的常设性对话机制，以及职能部门的合作机制。事实上，中韩之间已经建立起多个战略沟通机制，先后建立起国防战略对话机制和副总理级外交安全负责人对话机制，拓宽了两国间的战略沟通渠道。2015 年 12 月 31 日，中、韩两国正式开通了国防部直通电话，标志着中韩军事合作又向前迈进了一步。此后因 "萨德" 反导系统的部署，中、韩两国的军事交流与合作受到巨大冲击，利用 2018 年 10 月北京香山论坛和 2019 年 6 月香格里拉战略对话等多边对话平台，中韩国防部长间进行了多轮对话，就尽早恢复两军交流合作达成了一致意见，决定增设两国海军、空军热线电话，把两军交流落到实处。海上安全是中韩共同安全的重要领域，也是经常发生摩擦、争议的领域，因此，应该进一步加强两国合作机制的协调性，制定相关工作细则，管控好渔业争端，不让操作层面的问题激化社会舆论，影响两国关系。中韩在各个领域走近，是利益共同体，在国家、社会（企业、个人）安全方面需要紧密合作。中韩安全合作也包括在一些涉及双方重大安全利益的关切。比如，在南海问题、钓鱼岛问题、独岛问题等，双方尽可能考虑各方的利益诉求。在韩美同盟问题上，中国既考虑到其现实的存在，考虑韩国的安全利益，但反对同盟多边化，韩国不支持美日韩三边同盟，不加入美国的导弹防御体系。事实上，韩国也越来越考虑到其安全的多重因素影响，比如，韩国国家安保战略研究院一份研究报告提出，"即使是韩美同盟被弱化，也要推进包括中国在内的多边合作，应该从依赖同盟的外交安全政策中脱离出来"。①

其二，朝鲜半岛安全合作。中国与朝鲜半岛的南北双方都有正常的外交关系，是朝鲜半岛安全的利益攸关者，也是维护朝鲜半岛安全的重要角色。因此，无论是南北关系、朝核问题，还是朝鲜半岛的持久和平构建，韩国都需要中国的参与和支持。如今，半岛局势充满不确定性，中韩深化合作对于避免半岛局势倒退、确保半岛和平构建与无核化进程继续稳定推进具有重要作用，同时对于防止地区局势走向新的对抗也具有积极的作用。中、韩两国在朝鲜半岛安全上均主张以和平方式解决问题。为推进半岛无核化进程，两国在六方会谈框架下曾展开过密切合作，确保了协商机制持续运行，并取得了《9·19联合声明》等一系列标志性成果，为推进无核化进程作出了重要贡献。也正是因为中韩坚持和平解决问题，在一定程度上牵制了美国的军事主义政策，对于维护半岛和平起到了重要作用。不过，文在寅政府强调"韩国主导解决"原则，希望通过改善对朝关系来推动朝美无核化协商取得进展，强调韩朝美三方解决问题，韩国在其中充当"协调者"的角色。在这一思想指导下，文在寅政府在协调朝美立场的同时，力图实现韩朝美三方首脑会谈，并共同发表政治性的《终战宣言》。由于所谓"三方和平论"忽略甚至排挤中国的作用，并不能真正实现朝鲜半岛的和平。② 建立中韩之间在朝鲜半岛安全上的密切合作，中韩两国间的战略信任，特别是韩国对于中国的战略信任，只有建立信任，才可以开展真诚的对话、协商与合作。

其三，东北亚地区安全。"二战"后东北亚地区安全经历了重大的重组、调整与转变。在诸多变局中，影响最大的是：美国直接进驻东北亚，建立美日、美韩同盟，朝鲜半岛分裂并发生战争，冷战对抗形成对立的集团，中国实施改革开放，苏联解体、冷战结束，以及冷战遗留续存，

① 该研究得到韩国国防部的支持，由韩国国家安保战略研究院撰写完成。
② 毕颖达：《如何看待文在寅的三方会谈论?》，《大公报》2018年3月28日A12版。

朝鲜半岛南北分裂与对抗持续，朝鲜成为拥核国家……这些复杂的因素和变换使得东北亚的安全结构和安全形势处在不稳定、不确定中，且威胁性和风险性加大。因此，推动构建政治安全命运共同体，走出东北亚对抗、冲突、战争的"历史循环"是新时代东北亚各国共同的责任，也符合各国的共同利益。朝鲜半岛的持久和平是建立在东北亚新时代持久和平的基础之上的。中国关于和平解决朝鲜半岛问题，合作共建基于共同安全、合作安全的地区新秩序的主张，符合韩国的根本利益。中、韩两国要在共建东北亚政治安全命运共同体上找到相通的话语权对接点，采取相向而行的行动，与包括美国在内的其他国家推动东北亚合作安全议程。

当然，深化中韩安全合作还将遇到多重障碍与挑战。其中最大的障碍会来自美国，因为美国对于中韩安全拉近和推动不由美国主导的东北亚安全机制存在战略性警惕，必然会对作为盟友的韩国施压。对于美国来说，防止挑战自身权力和地位的国家出现是其核心战略目标。中国的快速发展让美国感到担忧，美国对华竞争会在东北亚引发新的分裂。在此情况下，中韩保持协商与合作至关重要。

韩国政党轮替可能会使政府的政策发生重大转变。"右"翼势力上台执政大幅度调整了政治安全政策取向，终止了"左"翼势力执政下推行的对朝接触合作的"阳光政策"，加大了对"中国威胁"的认知度和应对，强调韩美同盟的价值观性质，加强与美国战略的协同，特别是在安全上获得美国的"延伸核保护"，让美国的核力量纳入综合安全部署。这样的调整必然引发南北关系对抗性、逆转与中国的战略合作伙伴关系，为东北亚地区的安全形势增加不稳定、不确定和对抗性。这对东北亚政治安全命运共同体构建提出了新的挑战。

尽管如此，从未来长期发展看，中韩在推动构建东北亚政治安全共同体上有着同源的传统思想文化认同。尽管韩国是美国的盟友，在现代化发展中选择了西方政治制度，但是，韩国同时很好地继承了传统的思想文化，对基于和合共生的命运共同体有着内在的认同，这也符合韩国追求民族自强、可持续的半岛和平的理念与实际努力。

第十七章　俄罗斯与东北亚政治安全
命运共同体构建

俄罗斯在地理上横跨欧亚，东部与东北亚地区连接，在东北亚地区有着直接的和重要的利益。无论在历史上还是现在，俄罗斯对东北亚事务都有着深度参与。俄罗斯在构建东北亚命运共同体，其中包括东北亚政治安全命运共同体中扮演着重要角色。

一　俄罗斯对东北亚的政策

近年来，随着亚太地区在全球经济结构中所占份额以及对全球经济增长贡献比例的快速提升，俄罗斯愈加注重同亚太地区的联系与合作。东北亚地区无论是在亚太地区的经济权重，还是政治影响，包括对全球安全格局的塑造，都处于举足轻重的地位。俄罗斯并未出台单独的东北亚政策，而是包含在其亚太政策当中，被视为亚太政策的一部分。① 之所以如此，一是因为俄罗斯将自身定位为具有世界影响力的大国，如 1999 年《俄罗斯联邦对外政策构想》提出，俄是欧亚大国，并在欧洲、中亚、近东、亚太和南亚地区都具有重要利益；二是俄为与自身的世界大国定位相适应，提出全方位外交概念，试图将塑造并发挥自身影响力的范围扩大到世界各个主要地区；因此，其对外政策止于地区层次，并未对次地区制定单独的对外政策。

---

① 季志业：《俄罗斯的东北亚政策》，《东北亚论坛》2013 年第 1 期。

俄《安全构想》为其亚太政策定下了基调，俄作为一个在欧洲、中亚、近东、亚太和南亚地区均具有重要利益的欧亚大国，被排除在亚太一体化进程之外显然是不正常的，俄不能接受这样的现实。俄致力于参加全球、欧洲、亚洲的经济、政治组织。通过互利合作，发展与美国、欧盟、中国、日本、印度以及其他国家的友好关系，符合俄联邦的经济、政治利益，也是使俄全面参与全球政治进程有关的组织与机制、发挥全球集体领导作用的保障。

亚洲在俄罗斯对外政策中的意义愈来愈重要，这是因为俄罗斯有大量领土位于亚洲，而西伯利亚和远东的经济发展是俄实现国家的发展目标的必要条件。俄在这方面的努力重点是积极参与该地区各类一体化组织（包括亚太经济合作论坛、东盟地区安全会议、"上海五国"等）的活动。俄罗斯亚太政策的基点是在地区多中心体系中发挥其独立作用，与该地区关键国家（如美、中、日）建立平衡而不依附的稳定关系。2013 年 2 月 12 日普京签署的《俄罗斯联邦对外政策构想》指出，当前的全球地缘政治生态正在发生深刻变化……国际关系转型的实质在于形成一个多中心的国际体系；西方在世界经济与政治中的主导地位持续下降，世界发展的实力重心向东方首先是亚太地区转移，一些新兴大国正在走向世界经济与政治的前台……世界政治与经济重心持续向亚太地区转移，俄罗斯致力于积极参与亚太地区一体化进程，并利用其所带来的各种机遇，落实西伯利亚及远东地区经济振兴纲要，在亚太地区同其他国家一道建立透明与平等的安全与合作结构，如加强上合组织在地区及全球事务中的地位，继续扩展和中国的全面平等信任伙伴关系与战略协作，积极发展全方位合作和所有领域的外交协作，以共同应对新的挑战与威胁和解决尖锐的地区及全球性问题。

2016 年 11 月 30 日，普京批准通过了新版《俄罗斯联邦对外政策构想》，其中提到，巩固俄罗斯在亚太地区的地位、积极发展与亚太地区国家的关系，是俄罗斯外交的重要方向。俄罗斯积极参加亚太地区的一体化进程并利用亚太地区资源落实西伯利亚及远东地区发展计划，俄罗斯愿意在集体原则基础上与亚太地区建立全面的、公开透明的平等安全与合作结构。

苏联解体之初，俄"一边倒向西方"政策遭遇挫败，面对这样的现实，叶利钦出台"双头鹰政策"，将对外政策调整为"东西方平衡"政策。基于"双头鹰政策"，俄罗斯重视与亚太地区的合作，强调俄在现有双多边合作基础上，以非武力、不结盟的方式建立新的地区安全体系。俄罗斯亚太政策的主要目标是稳定其东部边界、不扩散大规模杀伤性武器、在亚太国家理解和支持的前提下将其西伯利亚和远东地区纳入该地区经济体系。普京上任后，重视俄罗斯与东北亚各国的合作，强调这种合作对俄罗斯东部乃至整个经济发展以及国家经济完整的重要意义，重视借助东北亚国家的力量开发俄东部地区的经济潜力、带动其发展，使东部经济融入东北亚的重要性。

历史上俄罗斯就有转向东方的政策传统，将"东方政策"作为"西方政策"的补充。特别是当俄罗斯的"西方政策"处于实施间隙或遭遇挫折时，俄罗斯常常会向东方寻求出路或补偿。伊凡四世在位时，莫斯科公国与西边、北边的波兰、瑞典彼此征战频仍，经常遭遇挫败，但在这一时期，俄军吞并了整个西伯利亚，并分别于1552年和1558年征服了喀山和阿斯特拉罕汗国。克里米亚战争后，俄罗斯暂时退出欧洲事务，并将对外扩张的目标指向亚洲的远东地区。苏联时期，美苏两大阵营争夺的主要地缘战略空间在欧洲。冷战结束后，特别是俄罗斯"一边倒向西方"政策遭遇挫败后，俄罗斯开始重申其作为世界大国的独立自主地位，并将对外战略的视野转向东方，试图以东方政策平衡和补充西方政策，推出"东西方外交"和"全方位外交"等。俄罗斯的新东方政策试图达成以下目标：通过融入亚太地区一体化进程，借助亚太地区的发展与繁荣，为俄罗斯经济增长注入新的活力与动力；通过参与亚太地区提升自身的影响力，在遭到西方地缘遏制与挤压之时，增强与西方抗衡或对话时的自身分量与话语权。

　　显然，俄罗斯的东方政策被赋予了新的内涵，并被寄予了更高的期望，即利用与亚太地区的新兴力量，为俄罗斯在与西方的战略博弈中取得更大话语权和参与国际规则制定提供助力。尽管俄罗斯莫斯科方面对中俄关系日益加剧的不对称持谨慎态度，但主流的认知是，只有同中国合作，俄罗斯才有希望颠覆美国的地缘政治主导地位和西方的规范主导地位，并推进其建立后西方世界秩序的核心目标，即在这个秩序中，俄罗斯是作为一个独立而平等的大国存在。事实上，中俄伙伴关系已成为普京全球主义外交政策的主要工具。①

　　利用与亚太新兴力量的特殊关系，助力俄罗斯成为后西方世界的规则制定者，这一新的东方政策定位，更加突出了东北亚诸国，特别是中国在这一政策中的重要地位。较之于俄罗斯东方政策的前两个目标，这一目标对相关国际行为体的实力与体量，特别是其当前和未来与以美国为首的西方世界的整体实力对比（相对权力），具有更高的要求。② 东北亚诸国，特别是中国在经济、政治、安全结构中所占据的重要地位，决定了俄罗斯东方政策新目标与功能定位，必须奠基于与东北亚诸国特别是与中国的战略合作关系。

二　俄罗斯与东北亚政治安全机制构建

　　尽管随着亚太地区，特别是东北亚地区的快速发展，其在世界经济、政治、安全格局中的实力与影响力不断提升，加之俄不断受到西方的排斥与遏制，俄罗斯精英逐渐重视亚太，特别是东北亚地区对俄的战略意义与价值，开始属意于借力东北亚摆脱俄面临的安全与发展困境，并出台了一系列相关政策，采取了一系列外交步骤，试图促进俄加速融入亚太，特别是东北亚地区的一体化进程。尽管俄罗斯东北亚政策的落实取得一定的成果与实效，但与俄罗斯依托东北亚地区，

---

①　［俄］波波·罗：《普京的外交政策》，杨辉译，《俄罗斯研究》2019 年第 4 期。
②　也包括该行为体对以美国为首的西方经济、政治、安全霸权的抗衡意愿，及其是否能成功塑造并运用不同于西方的软权力。

带动俄西伯利亚与远东乃至俄罗斯整体经济发展，并实现俄罗斯一系列相应政治与安全目标的需求，仍相去甚远。

俄罗斯目前阶段的"转向东方"政策最早可追溯到戈尔巴乔夫①，其后叶利钦时期提出"新东方政策"，但东方政策真正取得实质性进展，是在普京执政时期。1998 年至 2005 年，俄罗斯先后加入亚太经合组织、亚信会议、朝核六方会谈、东亚峰会。此外，俄罗斯与东北亚国家的双边贸易投资额也有较大提升。以中俄贸易为例，2006 年中俄双边贸易额突破 300 亿美元，达 333.9 亿美元。② 而至 2019 年，中俄两国贸易额已达 1107.57 亿美元。③ 此外，乌克兰危机之后，中俄能源、军事技术等领域的合作又取得一系列新进展。

尽管如此，俄罗斯与东北亚国家之间的合作仍然存在某些结构性问题。从俄罗斯对外关系整体结构观察，仍然呈现西方重于东方的特征。仅以经贸关系为例，就目前的态势而言，俄罗斯对外经贸关系的重点仍然在欧洲。从实际的双边经贸情况来看，欧盟多年来始终为俄罗斯第一大贸易伙伴。约瑟夫·多布斯指出，俄罗斯对华天然气年输出量如能达到 680 亿立方米，将能使中俄关系在实际上得到显著提升，但即使与 2013 年 1630 亿立方米的俄对欧天然气输出量比较，也仍然能够得出结论：对华天然气输出尚无法取代对西方的天然气输出。其他方面的经济情况也基本相似，1993—2012年，在中国的出口结构中，对俄出口仅为 1.83%，而对美出口却达到 18.73%。俄在出口方面也主要依赖西方市场。④ 根据俄罗斯海关

---

① 戈尔巴乔夫 1986 年 7 月末至 8 月初曾有过一次远东之行，戈氏在视察了远东的几个城市之后，将远东的发展提上国家议程。

② 中国海关总署：《今年前 3 季度中俄双边贸易额近 350 亿美元》，http：// www. cus-toms. gov. cn/customs/302249/302274/jcyjfxwz/jcyjfxwz39/333820/index. html。

③ 中国海关总署：《2019 年中俄贸易额为 1107. 57 亿美元同比增长 3. 4%》，http：// sputniknews. cn/russia_ china_ relations/202001141030443262/。

④ Joseph Dobbs, *Russia and China - Friends or "frenemies"*? http：//www. Ftchinese. com/story/001059696/en？ ccode = LanguageSwitch&archive.

的相关信息，以美元计价，2018 年俄欧贸易额达 2941.67 亿，与上年相比，增长 19.3%，俄罗斯对欧出口增长 28.3%，自欧盟进口增长 2.7%。在俄对外贸易结构中，欧盟的份额进一步增长，达 42.7%。① 而从政治与安全领域观察，对俄罗斯至关重要的相关问题与事件，均发生于与北约、欧盟的互动过程中。② 由此可见，实际上无论俄罗斯愿意承认与否，西方仍然是俄罗斯当前对外关系的重中之重。

俄罗斯的东北亚政策是以西伯利亚和远东地区为主要背景的，但与俄罗斯其他地区，特别是西部地区比较，俄罗斯西伯利亚和远东地区在发展程度上是相当滞后的，因而对俄罗斯东北亚政策的实施效果产生不利影响。

俄罗斯精英在传统政治与文化认知上，尽管也对西方存在孤立主义意识③，但总体来说，其仍然将西方作为自身发展最重要的参照者（他者），同时对东方存在某种偏见。安德烈·P.齐甘科夫指出，从俄罗斯人的传统认知来说，欧洲（西方）一直是俄罗斯的"重要他者"，因而，融入西方世界成为俄罗斯荣誉观的重要成分。④ 普京具有强烈的欧洲中心主义意识，并试图使俄罗斯融入欧洲一体化进程。推进后苏联空间一体化也被视为与欧洲谈判的资源乃至依托，甚至欧

---

① 《В 2018 году товарооборот между Россией и ЕС вырос на 19，3%》，https：// russian. rt. com/business/news/600178-oborot-torgovlya-es-rossiya-rost。如前文所述，俄罗斯与其东北亚地区的第一大贸易伙伴——中国之间的贸易额在 2019 年刚刚达到 1100 多亿美元。

② 如北约和欧盟东扩、东欧反导系统部署、俄格冲突、乌克兰危机、伊核问题、叙利亚内战等。

③ 尽管俄罗斯在文化上向往西方，但它的情感与道德满足历史上就依靠与自己的文化共同体的关系……自 1054 年基督教分裂、拜占庭衰落以来，俄罗斯统治者就将自己的国家定位为有着自身特殊利益和文化特征的国家……作为一个拥有广袤领土、信仰东正教、常常担忧边界安全的国家，俄罗斯总是感觉自己与其他欧洲国家不同。欧洲总是很难承认俄罗斯是自己人这一事实加强了俄罗斯"不同"于西方这一身份认同。［俄］安德烈·P. 齐甘科夫：《俄罗斯与西方：从亚历山大一世到普京——国际关系中的荣耀》，关贵海、戴惟静译，上海人民出版社 2017 年版，第 4—5 页。

④ ［俄］安德烈·P. 齐甘科夫：《俄罗斯与西方：从亚历山大一世到普京——国际关系中的荣耀》，关贵海、戴惟静译，上海人民出版社 2017 年版，第 4 页。

亚经济联盟也被视为推进俄欧一体化的平台，以推进从里斯本到符拉迪沃斯托克的共同市场的建立。① 在可预见的未来，对俄罗斯领导人来说，作为他者的"东方"尚难以取代作为他者的"西方"。② 加布耶夫认为，俄罗斯从整体上对亚洲特别是对中国拥有文化优越感。

许多俄罗斯精英对快速发展的中国产生恐惧，远东地区和中国边疆地区不断拉大的经济和人口不平衡，成为一些人宣扬"中国威胁论"的说辞。③ 尽管俄罗斯精英属意于亚太，特别是东北亚地区的快速发展与崛起，并将其作为实现自身地区乃至整体发展战略的重要机遇，但俄罗斯精英对东方的认知仍然受到俄传统文化惯性的强烈影响。尽管融入东北亚地区的发展进程，是俄罗斯西伯利亚和远东地区摆脱衰退的重要机遇，俄罗斯精英也意识到，没有外来的投资与市场④，这一地区难以发展起来，但俄罗斯对从外部引入资金、人力、开拓外部市场仍然疑虑重重。尽管与中国的经济交流与合作，有利于俄罗斯远东地区的经济复苏，但由于俄远东地区与中国相邻地区的经济发展与人口密度对比严重失衡，部分俄罗斯精英与民众认为，如果对远东地区的中俄经济与人员往来不施以相应限制，未来远东地区将逐步中国化。因此，俄罗斯在制定对东北亚政策时，注重寻找两个平衡点：一是既要积极参与东北亚的政治合作，保证俄罗斯不被排斥在地区事务之外，又要保证这种参与不危害俄罗斯东西伯利亚和远东地区的安全与稳定；二是既要积极参与东北亚的经济合作，保证东西伯

---

① ［俄］亚历山大·加布耶夫：《俄罗斯对华政策：驱动力和决策过程》，孙超译，《俄罗斯研究》2015年第3期。

② ［俄］O.玛琳诺娃：《利用外部"他者"：俄罗斯总统言论中有关美国与中国表述（2000—2015）的比较分析》，《俄罗斯研究》2015年第5期。

③ ［俄］亚历山大·加布耶夫：《俄罗斯对华政策：驱动力和决策过程》，孙超译，《俄罗斯研究》2015年第3期。

④ 由于自身经济发展并不顺利，俄罗斯对西伯利亚和远东地区的投资始终十分有限，此外，俄罗斯自身尚存在人口衰退的危机，实际的情形是，由于缺乏足够的工作岗位，西伯利亚和远东地区的适龄劳动人口还存在向俄经济相对发达的欧洲地区流失的现象。而俄西部核心区与西伯利亚和远东地区的遥远距离以及交通的不便，也导致俄自身对西伯利亚和远东地区的开发存在鞭长莫及之感。

利亚和远东所需要的市场、资金、技术和劳动力，又要防止该地区的经济完全脱离俄罗斯①，成为东北亚经济的"资源附庸"②。

俄罗斯与东北亚国家的政治与安全关系还存在结构不平衡、以双边为主、多边机制匮乏等诸多问题。这显然与东北亚自身的地缘政治、经济结构与特征有关。如东北亚地区存在从冷战延续至今的美国主导的同盟体系，这一同盟体系将东北亚国家分割成对立的两部分，一部分是处于该同盟体系内部的国家——美国、日本、韩国，一部分是处于该同盟体系外部的国家——中国、俄罗斯、朝鲜，同盟体系内外国家之间存在明显的对立与冲突倾向。

东北亚国家之间存在较为突出的历史恩怨与领土纠纷，如其他诸国与日本在"二战"中的历史积怨及与之相关的领土纠纷，美、俄、中在冷战中的历史积怨等，这一方面导致东北亚地区的经济与安全合作结构出现分离，即经济领域处于合作状态的国家，在安全领域却处于潜在的对立与冲突状态。如中国与美国、日本、韩国的经济联系密切，但在安全上却处于疏离与对立状态。安全上的对立与冲突意向，显然对地区经济合作存在负面影响，且身处域外但对东北亚地区事务有重大影响的大国——美国，对东北亚地区采取分化控制政策，也导致东北亚地区一体化发展的阻力增加，多边机制的塑造与建立受到阻挠。如在 2008 年国际金融危机后中日韩之间的金融合作渐有起色之际，美国即对钓鱼岛问题推波助澜，导致中日之间因领土纷争而政治关系冷淡，从而使金融合作的升级被迫中止。而由于历史记忆与现实需要的叠加，东北亚诸国普遍奉行民族主义的主权至上原则，对主权的完整倍加珍视，对主权的让渡普遍敏感，这种情况对东北亚地区多边合作机制的建立，也可能产生阻碍作用。

显然，俄罗斯如欲使东北亚政策获得有效推进，则须将其对东北

---

① 俄罗斯东西伯利亚和远东地区亦存在分离主义隐患，只是这种隐患与车臣所在的北高加索等地区不同，它不是表现为民族分离主义，而是表现为在经济及社会层面上该地区与国家核心区的实际脱离。

② 季志业：《俄罗斯的东北亚政策》，《东北亚论坛》2013 年第 1 期。

亚诸国的传统认知加以修正，正视并深入了解东北亚诸国的发展现实与文化理念，并在认同层面将互信互利、合作共赢的理念加以内化，超越不同文化之间的隔阂与偏见。同时，还须转变自身在国际关系，特别是安全关系上的认知模式，从而放下传统的"安全"与"领土"负担。只有在这样的前提下，俄罗斯才能真正破解其融入东北亚发展进程的两难。

俄罗斯不认为东北亚国家，特别是中国的实力对俄罗斯形成传统安全威胁①，俄罗斯所担忧的是东北亚国家（包括中国）对俄带来的挑战，主要是基于远东对东北亚国家的依赖程度加深可能导致远东地方分离主义抬头②，以及俄罗斯与东北亚诸国在国家竞争力方面的差距进一步扩大。解决俄罗斯这种担忧的最佳选择是加强与东北亚国家的合作，只有这样才可以推动远东地区的发展，在区域合作框架下，各方都是平等参与的主体，这也有利于提升俄罗斯在参与中的影响力。与以往的关系不同，给予平等参与的合作所创建的是共享利益。

无论是从传统的历史联系，还是从现实的关系考虑，俄罗斯都在东北亚政治安全命运共同体构建中有着重要的利益，并且可以发挥积极的作用。从战略角度看，俄罗斯的深度参与是制约美国及其同盟体系试图主导东北亚政治安全事务的力量，与中国的紧密战略伙伴关系合作是推动东北亚格局转变向良性发展的关键因素。朝鲜半岛的安全局势走向仍然是影响东北亚地区安全的关键因素，俄罗斯在推动朝鲜半岛和解、实现朝鲜半岛持久和平方面应该并且有能力发挥重要的作用。

俄罗斯在推动东北亚新安全机制构建中曾非常积极，在六方会谈时期，曾主动主持东北亚政治安全机制构建专家组，由于六方会谈终止，推动建立东北亚面向未来的安全机制的努力没有成功。但是，从

---

① 显然，东北亚安全结构不仅使美国，也使包括中国在内的其他东北亚国家，可用于其他方向或其他国家的战略力量受到相当程度的牵制。

② 远东地方分离主义与中亚、高加索地区（以车臣为代表）有所不同，主要表现为地方与联邦中央在贸易、投资、金融、财政等方面的关系疏离。

未来发展看，走向合作安全的东北亚新安全秩序，构建共参与的合作安全机制是大趋势，俄罗斯无疑拥有一定的优势和影响力，这需要俄罗斯制定更加平衡的欧亚战略，加强其东北亚国家身份认同意识，在地区政治安全命运共同体构建中进行更多的投入。

随着中俄政治互信的不断提升及对中国战略意图与目标的了解加深，俄罗斯对中国的战略与现实发展疑虑会逐步减弱。从战略上分析，俄罗斯加强与东北亚的安全合作，对于缓解其欧洲方向面临的战略压力也有积极的意义。

俄乌冲突使得俄罗斯在欧洲的压力和对抗性增大，在此情况下，俄罗斯会把更大的战略期待放在东北亚，特别是与中国的战略协作伙伴关系的深化。

第四篇

　　推动东北亚人文命运共同体构建，宗旨是实现各国人民间的和睦交往、守望相助、相互理解与互通互鉴。

第十八章　人文命运共同体的
特征与构建

　　在东北亚命运共同体建设中，人文命运共同体居于重要的地位。东北亚有着久远的人文交流史，历史文化所积累的宝贵遗产至今仍在东北亚发挥着重要的作用，是推动面向未来的人文命运共同体构建的宝贵财富。汉字、儒家学说、佛教、律令制度等历史文化，是东北亚命运共同体构建的文化基础。构建基于当代、面向未来的人文命运共同体，需要努力寻求历史与现代的链接点，创建新时代文化相通的话语体系。

　　东北亚作为一个地理概念，包括中国、朝鲜半岛、日本、蒙古国和俄罗斯东部。由于中国、日本、朝鲜半岛国家之间有着更为紧密的历史人文交往，在文化相通上存在特殊的链接与认同，本部分的研究案例与分析更多聚焦于这些国家。① 当然，蒙古国也与中国有着特殊历史与现代人文链接，俄罗斯也与中国有着紧密的人文交往，在推动东北亚人文命运共同体构建中是不可或缺的。

一　人文命运共同体的基本特征

　　在推动东北亚命运共同体构建中，需要构建共同体赖以生存的思

---

　　① 文中"朝鲜"有时指"朝鲜半岛"，有时指"古朝鲜"，有时指"李氏朝鲜"。在论及1950年朝鲜与韩国分别建国前的历史时，本文多处用"朝鲜"指称历史上存在于朝鲜半岛的政权。由于获取资料较困难，本文未能将朝鲜民主主义人民共和国列入研究范围。

想文化基础。不同的国家、不同的种族、不同的宗教，对世界的看法和判断也许是不同的，然而，对于世界的整体性和联系性而言，存在人类共有、共享的文化。人文命运共同体是在人类命运共同体思想指引下，各国在多样性文化发展的基础上互学互鉴、和谐共处、合作共赢。一般而言，具有相同或相似的文化背景和历史的区域更容易产生文化认同，构成具有内在联系的人文圈。然而，就人文命运共体而言，文化圈是有利的因素，但并非前提条件，而且，人文命运共同体的含义和范畴要比通常所说的文化圈更为深刻、更为包容。

人文命运共同体并非是实体组织，而是基于利益相交、文化相融、和谐相处理念的共生方式。区域人文命运共同体的形成，具有非强制性和人为性特征，是在人文交流过程中逐步形成的。区域人文命运共同体的构建并不意味着民族文化的质变，更不是民族文化的消亡，而是在开放交流中使得民族文化更好发展。

作为多样性文化并存的人文命运共同体具有如下几个方面的基本特征，这些特征是各国在长期的交往中逐步形成和加以维护的。

（一）碰撞与对话的兼容

文化具有多元性，不同的国家、民族有不同的文化。不同的文化所固有的性质、特征、功能和力量，会因为差异而引起互相碰撞，甚至对抗的状态。[①] 这说明在文化上的开放与互通虽然有助于人类相互理解、交流，并形成共通的文化因素，但也潜藏着各民族不同文化传统之间的矛盾，甚至碰撞。碰撞权势霸权下也会形成文化霸权，因为它往往打着文化普世性的旗号，力图控制与同化其他文化。即便在正常交往中，也可能会出现一些所谓"强势文化"排斥"弱势文化"的情况，出现文化上的排他性。不过，从大趋势看，跨文化的对话和交流还是主流。

---

① 陈平：《多元文化的冲突与融合》，《东北师大学报》（哲学社会科学版）2004 年第 1 期。

从人类文化发展的历史来看，文化的碰撞与融合是一种规律，文化进步和发展的真正动力来自文化的交流。没有文化的碰撞与融合，就没有文化的发展与创新。文化碰撞与文化融合是文化发展过程中的两个辩证统一的集合体，它们既对立又统一，是人类文化不断发展和进步的源泉和直接动力。文化的融合过程也许会有碰撞，但是，文化发展的历史告诉我们，即便是有碰撞，也无法阻挡文化融合的进程。①

不同文化之间的碰撞也是文化存在的必然形态，而解决这种碰撞最好的办法不是相互排斥和抵御，而是应当通过交流和对话增加相互了解和理解。在对话过程中，坚持反对文化霸权主义和相对主义。在相互交流中，一方面在不同文化的碰撞中坚守自身的特点，另一方面也在碰撞中寻求相互间的共同点。通过学习借鉴克服自身的落后，吸收他方先进的文化因素。

（二）多元与一元共存

文化的开放与交流并不是要"西方压倒东方"或者"东方压倒西方"，而是东西方文明的交流对话、互鉴与创新，实现多元与一元的共存。文化可以相互交织，但并不会完全重合，文化的多元性是一个客观事实。多元文化并存与交融是大趋势，各种文化间的交流和互动促使人们开始寻找自我与共同的文化价值。

在联系紧密的国际区域，推动构建人文命运共同体，要在多元化文化发展的前提下，既坚持自己的特色，又积极参与构建文化上的国际新秩序。所以，一方面，开放交流并没有改变各民族文化内部固有的结构形态，各民族文化仍以其独特的面貌存在并发展着；另一方面，由于人类面临着越来越多的共同问题，将会在各民族文化多元交流、对话和碰撞中生成一种为世界各民族所共同接受的新文化要素。

---

① 陈平：《多元文化的冲突与融合》，《东北师大学报》（哲学社会科学版）2004年第1期。

从区域人文命运共同体构建来认识，一元文化是多元文化体系的组成部分，区域人文命运共同体就是寻求和创建一元文化与多元文化的共生、共存和共享的文化秩序，坚持一元文化与区域文化的互补与共进。在交流互鉴中，文化会形成一些鲜明的区域性特征，这些特征既有历史的传承，也有创新，而创新既立足于传统，也基于新的发展。比如，在互联网高度发展的今天，就创建出文化的新表现方式、传播方式和融合方式。互联网带来各国间文化传播的新方式，不但没有磨灭各国的文化个性，反而使其在很大程度上得到强化。

（三）扬弃和创新的结合

在现实生活中，世界文化、区域文化只是各个具体的民族文化的复合体。[1] 多样性的存在为相互间交流、融合与创新提供了基础，为文化共享提供了丰富的内容。同时，文化的开放交流化需要各民族文化能够顺应这一进程，在发展自身文化的同时加强对别国文化中合理因素的借鉴和学习。在这种开放交流中，各民族都不可能孤立、封闭、保守，需要对自己的文化创新。[2] 文化的变迁与发展，意味着文化的新陈代谢。

文化的生命力就在于创新，任何一种文化如果没有创新，那么只能走向衰弱和灭亡。只有吸收先进的文化，才能在文化的制高点上创新区域文化。文化创新是一个动态的发展过程，在这个过程中文化结构需要不断重组，各种文化因素的地位和作用不断得到新的调整，同时新的文化因素应运而生。

（四）多元性与互补性结合

全球化既促进了不同文化之间的相互认同，又强化了各种本土文化的自我认同，导致了一个同时展开的双向过程。可见，全球化绝不

---

[1] 刘小英：《经济全球化与文化多元化的对立统一关系》，《学习与探索》2004 年第 2 期。

[2] 仲崇东：《关于文化全球化若干问题的思考》，《思想战线》2002 年第 3 期。

意味着全球文化单一化，而只是表示不同文化在更加广阔的基础上获得了多元发展的可能性。在当今世界经济全球化步伐加快之时，也促进了多元化。① 文化多元化是经济全球化的必然，因为经济全球化的发展，必然会带来各民族间的频繁接触，通过接触增加理解、减少隔阂。一个民族的文化中所具有的生命力成分会被其他民族所认同。在文化全球化的背景下，不同文化出现在同一时空是我们必然要面对的一种局面，而且每一种文化都有其合理内核，构成文化的生命力和张力。因此，每种文化都有其不可剥夺的存在理由和独特价值，都应受到尊重和宽容。多元文化的共处和交流是文化发展的巨大动力，多种文化和谐相处、共生共荣是完全可能的。文化"多元型"是相对于"单元型"而言的形式，"多元型"首先要充分尊重"多元文化"。在经济全球化的时代中，文化的多样性依然凭借各种文化的魅力各放异彩，而不是被某种"强势"文化所统一。这就显示了特色文化的个性力量。一个民族文化特性的形成必然经历了一个长期的过程。在这一过程中，那些得到社会认同的文化因素就会得到不断的传承，并最终积淀为表征这个民族之精神的东西。

在处理族群与国家关系时，普遍得到认可的是"文化多元模式"。因为，这种文化的模式承认不同文化的平等价值，并给予所有社会文化群体以平等的政治、社会和文化地位。② 各国不同的文化是在自身长期的发展中逐步形成的，不同文化有着不同的特征和优势。人文命运共同体是建立在各种不同的文化特征和优势基础上的。然而，共存、共生与共享的人文命运共同体也为各种不同文化的互补性提供了环境和机会。任何文化都不是完美无缺的，都是在逐步的发展中加以扬弃和创新。而在创新中，借鉴吸收外来的文化占据着很重要的地位，因此，各国的文化都有很多外来文化的基因。

所谓互补性，就是文化上的各取其长。文化没有优劣之分，但有

---

① 刘小英：《经济全球化与文化多元化的对立统一关系》，《学习与探索》2004 年第 2 期。
② 庞金友：《族群身份与国家认同：多元文化主义与自由主义的当代论争》，《浙江社会科学》2007 年第 4 期。

不同的性质、特征和优势，共存和承认不同文化间的差异性是前提，在这个前提下互学互补，才可以实现真正的互补。不同文化间的优势互补，有益于文化的提升与创新。文化之间所具有的共同性和差异性，为各种文化相互学习、互为补充提供了可能性；文化之间的有用性，为各种文化相互借鉴、互为补充提供了必要性。各种文化在与不同文化的碰撞和交流中得到了丰富和发展。

二　东北亚人文命运共同体构建

东北亚在历史发展的长河中，既有儒家思想传播形成的相通的伦理道德、礼仪制度和审美意识，又有其各自民族的悠久的文化传统的特点，同时由于在近代化过程中各国的路径不同，各国拥有不同的文化背景和价值观。推动东北亚人文命运共同体构建，需要构筑民族特殊性与普遍性对话的空间，需要超脱民族国家的界线，培育区域性文化共同体意识，并为此采取促进文化交流合作的行动。[①] 推动东北亚文化共同体构建，离不开文化的包容与创新。所谓文化包容与创新，就是各民族文化通过交流融合、互渗和互补，不断突破本民族的地域和民族的局限性，通过相互学习借鉴，使得各民族文化得到发展和提升。文化包容与创新是推动文化发展的动力。文化包容与创新是让不同文化各扬其长、相互学习，通过吸取对方的长处、摒弃自己的短处，丰富和提升各自的文化。因此，人文命运共同体构建不是追求文化上的整合与单一化，而是在开放交流中创建共同发展、合作发展的环境与规制。

东北亚区域文化的多样性很强，同时，也有着长期交往中形成的共享性文化。比如汉字的使用，中日韩三国既有共同性，也有差异性。日本在使用汉字过程中创建了"日式汉字"，尽管韩国创建了自己的文字，但韩语中仍然含有汉字的元素。东北亚人文命运共同体的

---

① 李熙玉：《关于东北亚社会文化交流的反思和展望》，《当代韩国》2004 年第 3 期。

构建的本质是在区域范围内创建不同文化共同发展的环境和机制，因此，需要各方在相互尊重和信任的基础上开展文化交流、制定交流规划、签署合作协议、设立人文交流合作项目等。

民族文化是一个国家、一个民族存在和发展的基础，是价值观形成的根基。因此，在相互交往中，往往各自更重视对文化的保护，树立本身文化的优越感，甚至对外来的文化，特别是"强势文化"进行抵制。在很多情况下，文化的"民族主义"要比其他领域更强。在很多情况下，经济、政治安全上的问题，可能会以文化的形式表现出来，甚至以更强的文化"民族主义"表现出来。

值得注意的是，当今，东北亚正经历历史性的区域关系和秩序重构，现行的区域关系和秩序正在发生转变，由分裂向统一、由对抗向合作的转变是一个历史大趋势。但是，历史的转变艰难曲折，需要很长的时间，过程充满矛盾。在中国综合实力大幅提升、美国对华竞争、俄乌冲突持续的复杂形势下，东北亚进入一个矛盾多发期，各方合力构建命运共同体的凝聚力减弱。在经济、政治安全环境不利的情况下，更应该坚持共建命运共同体的理念，而人文的交流与合作能够起到独特的作用。

对于如何推动东北亚人文命运共同体的构建，也许现在难以给出完整的方案，因为在东北亚还存在着许多可变的因素，需要在实践中逐步探索。即便如此，我们还是需要做工作，一边继续探求方案，一边增进人文交流，在实践中增进认知。在实践中，探寻现代文化与传统文化、多元文化下各民族文化相互交流与融合的路径。东北亚人文命运共同体的构建需要走出设定模式的误区，在实践中寻求东北亚特色的人文命运共同体建设之路。

人文交流是一个庞大的体系，包含的内容很多，有些是作为独立形式存在的，有些蕴含在政治、安全、经济、社会以及科学技术之中。因此，推动人文命运共同体的构建，需要创建一种官与民、社会与个人多层次、多样性开放交流的环境，培育相互尊重、互学互鉴的人文意识，共建面向未来的东北亚人文命运共同体。

第十九章 东北亚历史文化的
相通与演变[*]

文化相通是深化国家间文化联系、推动人文命运共同体构建的重要基础。文化相通不同于文化相同，或者文化统一，其基本特征是相关国家存在历史文化要素的积淀，有着内在的联系基础，并且与现代有着发展上的延续。在长期的发展中，各国都形成了具有本国特色的文化，在民族文化构建中，凸显自身的特色与优势是一个重要的趋势。因此，以文化相通推动人文命运共同体，需要寻求不同特色文化的对接点、连接线，求同存异，扩大同的凝聚性、缩小异的离散性，促进休戚与共的人类命运共同体认知。

在东北亚地区讨论人文命运共同体，需要明确区分文化相通与文化认同这两个关键性变量。文化相通存在于社会实践中，是人们在跨境社会互动中共享的文化符号和意义系统。文化认同存在于观念领域，是人们对于文化共享范围的认知、对历史上文化亲缘的认知、对未来发展方向的认同。文化相通是客观存在，文化认同是主观认识。文化相通是存在于东北亚地区尤其中日韩三国的明显的文化现象。但在研究东北亚历史文化相通中，有必要重视近代基于复杂历史所发生的文化演变。深刻认识这些演变对于当今东北亚文化的相通，特别是推动构建人文命运共同体具有非常重要的意义。

---

[*] 本章重点以中国与朝鲜半岛、日本的人文交流的历史演变为例进行分析。

一　"中华文化圈"下的文化相通

厘清东北亚的文化相通与文化认同，需要从回顾东北亚地区文化交流的历史入手。观察中日韩三国的文化交流史，影响三国文化相通与文化认同变化的文化变迁有三次：第一次是古代以中国为源头的"中华文化圈时期"，这一时期的东北亚三国共享一个以中国为核心的文化共同体，这个文化共同体与被称作"封贡制度"的政治系统、被称作"朝贡贸易"的经济系统相伴相生。第二次是近代化转型过程中以日本为先导的"脱华学欧期"。这一阶段，日本提出"大亚洲主义"，东北亚三国一度出现"东北亚文化共同体想象"，但很快沦为日本殖民者的遮羞布。第三次是东北亚国家在现代化道路上取得成就后对"东北亚文化"的再发现，这一过程今天仍在持续。日本、韩国、中国都曾经提出相似的东北亚文化、东亚文化话语，但最集中的讨论出现在20世纪90年代，核心词是"东亚价值观"，新加坡、马来西亚等东盟国家投入了更多的政府资源，在这一话语的构件中起到了引人瞩目的作用。

人文交流是双向的。但在古代的东北亚地区，中国、朝鲜半岛与日本列岛之间的人文流动主要是由中国向后两者辐射。其结果是形成了一个具有较高人文共性的区域，代表性的文化要素是汉字、律令制度、东亚佛教、儒家文化，因此形成了"中华文化圈"。① "中华文化

---

① "中华文化圈"概念最早由日本学者提出，后来被中日韩三国学者广泛使用。早在20世纪60年代，日本学者西岛定生等人就提出，在近代之前，东亚存在固有的文化圈，以中国文化为中心，具有汉字、儒家、汉译佛教、律令四个标志特征，涵盖中国、日本、韩国、朝鲜和越南，文化圈与册封体制的政治权合为一体，共同构成了"东亚世界"。日本学者铃木亮则进一步指出，东亚虽然并非一元，而是多种要素多层重叠混杂的场域，但存在显著共通性。[参见唐永亮《试析日本的东亚文化共同体思想》，《延边大学学报》（社会科学版）2013年第1期] 本文使用"中华文化圈"一词有三层含义：其一，"中华文化"是古代中国、朝鲜半岛、日本对自身文化的称谓；其二，"中华文化"一词承认古代东北亚地区文化发展变动的源头来自中国；其三，"中华文化"是朝鲜半岛和日本古代文化的重要组成部分，朝鲜半岛和日本在"内化"中华文化的同时也进行了再创造，与"中国文化"有区别。

圈"是一个典型的人文共同体，即以汉字为载体的"文学艺术共同体"、以儒学和律令制度为特征的"政治文化共同体"、受儒学和东亚化佛学等东北亚哲学思想影响的"社会价值共同体"。

"中华文化圈"作为东北亚地区的人文系统，时与被称作"贡封制度"的政治系统、被称作"朝贡经济"的经济系统相辅相生。以"中华文化"在意识形态中所处的地位为标准来衡量，"中华文化圈"在东北亚地区出现过两次高潮，第一次高潮大体出现在隋唐时期，第二次在17—18世纪。19世纪西方列强向东北亚地区扩张，以中国为中心的文化、政治、经济圈走向崩溃。

我们把"中华文化圈"内的文化相通概括为三个方面：文字与文学艺术、政治制度与意识形态以及社会道德与行为规范。

(一) 以汉字为载体的文学艺术

朝鲜半岛自出现国家伊始就受中国文化影响。《史记·宋微子世家》《尚书大传·洪范》和《汉书·地理志》记载殷末三贤之一的箕子赴朝鲜半岛创立古朝鲜，传授农耕技术，制定法令，以礼仪教化百姓。秦末汉初，卫满带领难民移居朝鲜。东汉时期，中国在朝鲜半岛设立汉四郡。《三国史记》中的《高句丽本纪》称"国初始用文字"，说明朝鲜半岛至少在1世纪就使用汉字。汉字及其承载的中国先进文化进入朝鲜半岛后被贵族权力阶层广泛接受，既是其文化身份象征，也是其权力合法性的重要来源。朝鲜半岛在15世纪创制了用于记录朝鲜语发音的字母文字，也就是朝鲜半岛今天所使用的"韩字"。但"韩字"诞生后一直被视作底层民众和女性使用的文字，知识阶层依然使用汉字。直到20世纪前后侵略者到来，"韩字"才在近代化启蒙运动中作为民族文化的重要载体而得到重视。

朝鲜半岛早在三国时期就出现了"汉文学"，"汉文学"大致分为两类：一类是民间流传的神话传说、歌谣等，这些口头流传的民间文学在三国时期被用汉字记录下来。第二类是贵族们用汉字创作的汉语文学作品，包括诗歌和散文等，这些文学作品无论形式、修辞、立意还是审美都与当时的中国文人作品非常相似。在唐朝帮助新罗统一朝鲜半岛后，罗唐之间的人文交流变得更加活跃。朝鲜的贵族、僧人大量赴唐朝留学，他们与中国知识阶层的友谊被写进历史，其中还有人通过科举考试成为唐朝官员。晚唐、盛唐、初唐乃至南北朝时期的文学风格都出现在新罗后期到高丽前期的朝鲜半岛文坛，赴唐留学生崔致远等人创作的汉诗成就了韩国古代文学的一个高峰。除文学外，唐代的书法、绘画、舞蹈、音乐以及贵族、知识阶层的生活方式都传播到朝鲜半岛，朝鲜知识阶层的文化呈现普遍的"中国化"特征。隋唐时期，"汉译佛教"也开始在东北亚三国广泛传播。三国僧人间的交流虽然以佛教为中心，但同时也带动了文学、艺术、建筑等各种文化元素的流动，而且影响阶层更加广泛。① 唐朝衰落后，中国对朝鲜半岛的文化辐射依然持续。在汉诗之后，词、散曲、传记文学、传奇小说、章回体小说等都传到了朝鲜半岛，朝鲜半岛文学与中国文学的主题、题材、情节、修辞都呈现一脉相承的特点。韦旭东指出，中国文学首先派生出朝鲜半岛汉文学，但影响范围并不局限于汉文学，与中国文坛产生深层次共振的朝鲜半岛文人又将汉文学的思想与审美投射进朝鲜半岛的国语文学。②

　　据《日本书记》记载，3世纪时百济的王仁将《千字文》带到日本。与朝鲜半岛的情况不同，汉字文学与政治权力相对疏离，且发生了"日本化"的变迁。日本在唐朝时期开始大量学习中国文化，并借用汉字创造了假名，开始同时使用汉字和假名书写。假名的文化地位虽然低于汉字，但仍然承载了大量的日本古代文学，和歌和物语就是其中的代表。"明治维新"以后，这些假名文学被认为是日本古代文化的精髓。而汉文学在"大化改新"时代之后更多地被看作一种专门学问以及天皇等贵族阶层的身份象征。当然，这也使得汉字与汉文学得以留存和发展。在持续一千多年的"中华文化圈"里，汉字

① 严绍璗、刘渤：《中国与东北亚文化交流志》，北京大学出版社2016年版。
② 韦旭昇：《中国文学在朝鲜》，花城出版社1990年版。

成为中、朝、日三者之间进行文化交流的通道。

隋唐时期，日本也有大量贵族、僧人赴唐留学，"唐风"成为日本文坛的主流。《怀藻风》和《万叶集》等作品是唐诗在日本的回响，同样也是日本古代文化的里程碑。但中国文化在日本的传播更多地局限于以"博士家"为代表的学术精英家族以及寺庙。"鉴真东渡日本"推动的不仅仅是佛教文化传播，也带去了文学、艺术、建筑等各种文化元素。唐朝衰落后，中国对日本的文化辐射大大减弱。日本文学的"本土空间"发展起来。唐朝衰落后，日本停止向中国派遣使臣，曾经在外交中作为国力象征的高雅的"汉文学"失去了用武之地，成为贵族文化身份的象征。"平安"文坛一度热烈追捧"元白"，天皇设立了讲读白居易诗歌的"侍读官"，研究和模仿白居易的民间文人组织也数量颇多。白居易对平安文学的影响不仅仅限于汉诗，还影响了和歌、物语、日记等几乎一切文学题材。① 与此同时，假名文学也发展起来，"本朝""国风""异邦"等话语在平安时代中后期频繁出现，以和歌、物语、日记、随笔等日本民族文学形式为主的"国风"文学达到了高潮。概言之，日本在"平安时代"中期以后出现了本土文化自觉，文坛呈现"和汉兼学"的特征。②

（二）政治制度与意识形态

朝鲜半岛早在4—7世纪的三国时期就开始尝试建立孔孟儒学所主张的政治秩序。秦末汉初，卫满带领难民移居朝鲜半岛。东汉在朝鲜半岛设立汉四郡，朝鲜半岛进入中华文化版图。百济和新罗设立了儒学教育机构，将儒学作为官学。③ 在唐朝帮助新罗统一朝鲜半岛后，中国与朝鲜半岛的"封贡关系"走向成熟。新罗原本实行贵族骨品

---

① 严绍璗、刘渤：《中国与东北亚文化交流志》，北京大学出版社2016年版，第185页。
② 郝祥满：《日本民族意识下的国家间文化竞争——以平安时代的语境为视角》，《世界民族》2015年第5期。
③ 方国根、罗本琦：《简论儒学在朝鲜和日本的传播、发展及影响》，《东方论坛》2005年第3期。

制，后来受唐的影响建立了官僚政治体制和科举制度，并重用留唐归罗的留学生在礼部下设立"国学"教授儒家经典和中国历史知识，仿效中国科举制度建立了"读书三品科"。① 新罗之后的高丽王朝也实施唐朝的三省六部制，其创建者王建颁布的治国原则"训要十条"是儒家、佛教、道教思想的融合体。"训要十条"中的第七条指出：人君要得民心就要从谏言、远谗言、使民以时、减赋税、轻徭役，反应的就是儒家的民本思想。高丽前期的国王都学习儒家经典，祭祀孔子。② 高丽国王同时还以从中国传入的佛教为国教，意识形态呈现儒佛结合的特征。高丽末期，佛学腐化堕落，性理学得到了新兴士大夫阶层的喜爱，高丽将领李成桂在建立李朝的过程中看到了佛教寺院对于朝鲜半岛经济的毁坏以及性理学在维护封建等级制度方面的优越性，因此主张"崇儒抑佛"，奉朱子学为"圣学"③。自新罗以来，中国的认可就是朝鲜半岛统治者地位合法性的重要来源。在经历了高丽与李朝的更替后，朝鲜半岛对中国的认同已经不仅仅源于国家实力差别，而是内化为道统的一体化。在 500 多年的李朝史上，性理学得益于统治者"崇儒斥佛"的思想，占据了意识形态的主导地位。李朝建立了供奉孔子、教授儒家学说的成均馆，产生了李滉、李珥等本土性理学家。李珥在《大学》的基础上创作的《圣学辑要》成为君王的教科书。李朝建立了供奉孔子、教授儒家学说的成均馆，各地出现了教授儒家经典的书院。由儒生构成的"士林阶层"不断扩大，成为国家治理和地方社会治理的精英人群。统治者与"士林阶层"用儒家价值观教化民众。韩字发明后，更多的儒家经典被翻译成韩字文本，也加速了儒学的普及。明朝与朝鲜半岛的统治阶层形成了稳定的"道义共同体"。16 世纪初，阳明学由中国传入朝鲜半岛，虽然未能

---

① 陈尚胜：《中韩交流三千年》，中华书局 1997 年版，第 18—19 页、166 页。

② 严绍璗、刘渤：《中国与东北亚文化交流志》，北京大学出版社 2016 年版，第 88—90 页。

③ ［韩］申昌镐：《朝鲜对中国儒学的接受——以粟谷李珥的〈圣学辑要〉为中心》，《山东大学学报》（哲学社会科学版）2011 年第 5 期。

撼动性理学的地位，但一直在知识阶层中传播，其"致良知"思想与平等、平权、民主等近代启蒙思想紧密相连，被朝鲜半岛末期反封建统治、反侵略的"东学党"所用，也为后来朝鲜半岛的"独立运动"以及近代化转型提供了理论支撑。17—19世纪，朝鲜半岛实学受中国实学的影响发展起来，一批儒生开始研究"经世致用"和"利用厚生"的学问，[①] 同样也成为朝鲜半岛近代化转型的思想基础。

"中华文化"对于日本政治制度、意识形态的影响比朝鲜半岛弱。如果说朝鲜半岛"内化"了中国的政治制度与意识形态，那么日本对于中国政治制度与意识形态的学习更接近于"借用"和"涵化"。日本政治长期呈现封建领主制特征，武臣和武士阶层占据权力中心，不存在科举制度和大规模的士人阶层。但即便如此，日本政治的重大变革同样多次受到中华文化的影响。日本学习中华文化有两个途径，中国和朝鲜半岛。《论语》等儒学典籍曾在3世纪通过朝鲜半岛传入日本，但日本贵族大量从中国和朝鲜半岛获取并学习儒学典籍发生在中国的隋唐时期。据《日本书记》记载，513年百济曾经派遣多名"五经博士"到日本教授儒家经典。7世纪，遣唐使、留学生和学问僧将儒学和中国化佛教同时引入日本。日本贵族积极学习六朝和唐朝时期的中华文化。[②]

相比朝鲜半岛统治者对儒家文化的偏爱，佛教在日本的文化输入中占更高的比重。日本原生宗教为神道教，神道教的领袖曾经同时掌握政治权力。佛教由百济传入日本后，处于政治斗争中的不同家族分别以佛教和神道教为信仰，同时将其作为权力合法性依据，因此出现了政治斗争与宗教斗争相结合的现象。随着佛教家族在权力斗争中获胜，佛教在6世纪的日本开始迅速传播。

7世纪，隋唐文化大量传入日本后推动了"大化改新"，这是日

---

① 方国根、罗本琦：《简论儒学在朝鲜和日本的传播、发展及影响》，《东方论坛》2005年第3期。

② 郑樑生：《朱子学之东传日本与其发展》，台北：文史哲出版社有限公司1999年版，第8页。

本学习中华文化的最高潮。"大化改新"使得日本朝着强化中央集权的方向发展，为建立天皇为首的大一统国家奠定了思想和制度基础。日本参考唐朝的制度、以从唐朝归来的学问僧为顾问改革了行政制度，在中央政府设立八省，将地方划分为国、郡、里等行政单位，由中央政府任命各级官员。与此同时，"大化朝廷"仿照唐朝"均田制"将土地收归国有后再授田给农民，称作"班田收授法"。"大化朝廷"还学习唐朝的租、庸、调法征收赋税派遣徭役。[①]

但是，"大化改新"没能让日本走向封建集权，后来的日本走向分裂，战乱频仍，律令制也被领主制代替。相比儒学，佛教的影响力更加突出，既为民众提供慰藉，也影响着武士阶层。在国家治理中，武士而非儒生承担了更多角色，寺庙而非学堂成为儒家思想重要的传播场所。

17世纪，日本进入大一统的江户时代，以幕府为中心的军事帝国建立起严格的等级制度，儒学重新进入统治者视野。统治者们需要能够为封建等级制度提供合法性辩护的意识形态，这时候已经在朝鲜半岛得到充分发展的朝鲜半岛朱子学和中国朱子学为其提供了帮助。"朱子学"进入日本后，一方面将忠君爱国思想与武士道精神、禅学融合起来，形成了具有日本特色的"朱子学"，成为幕府时代的官学[②]，另一方面也使得儒学从佛学中独立出来，占据意识形态的主导地位。藤原惺窝在接受朝鲜半岛朱子学影响后由僧人还俗成为朱子学家，并成为幕府的重要智囊，就是一个典型案例。相比"朱子学"在朝鲜半岛思想领域里的统治地位，日本"朱子学"的影响力较小，为"阳明学"和"实学"留下了更大的发展空间。"阳明学"的世俗化、平民化、政治化倾向以及"实学"的"经世致用"思想为日本的明治维新奠定了思想基础。德川幕府后期，资本主义经济开始在日本萌芽，农业地主经济基础上形成的严格的身份体系开始动摇，下级

---

①　吕正理：《东亚大历史：从远古到1945年的中日韩多角互动历史》，群言出版社2015年版，第190页。

②　朱谦之：《日本的朱子学》，人民出版社2000年版，第177页。

武士和市民阶层渴望社会变革，"阳明学"有了进一步发展的社会基础。1837 年大阪农民和城市贫民的联合起义就把"致良知""知行合一"作为理论指导。① 与此同时，"实学"则为日本人学习"兰学"等西方科学技术提供了思想基础。

（三）社会道德与行为规范

"中华文化"被统治阶层作为教化工具，其对朝鲜半岛道德规范的影响呈现自上而下的特点。例如，早在新罗时期，新罗王就为青年精英团体"花郎道"制定了"世俗五戒"："事君以忠""事亲以孝""交友以信""杀生有责""临战无退"，将儒家与佛教的价值观念同时注入贵族精神。"花郎道"文化是跆拳道文化的前身，而后者至今仍被视作韩国文化的重要元素。三国时期以后，知识分子开始书写历史、整理民间传说、文学作品，在这一过程中将儒家与佛教思想融合其中，成为民族文化记忆。例如出现在三国时期，在民间传说基础上编写而成的《三国遗事》就明显带有儒家和佛教思想的特征，② 后来流传于朝鲜半岛民间的小说和戏剧也大多融入了儒家和佛教理念，朝鲜半岛三大古典小说《春香传》《沈清传》《兴夫传》分别歌颂妇女贞洁、孝道和善良勤劳。到了李朝，性理学占据意识形态的主导地位，全面影响朝鲜半岛的社会道德、风俗以及行为方式。李朝时期教授儒家经典的书院日益繁盛，由儒生构成的士林阶层不断壮大，他们既是以性理学为核心的意识形态的主要承载者，也是社会道德标尺的守护者。书院、私塾、宗亲会以及各级官员共同维护着儒家所强调的纲常礼仪。不仅如此，"韩字"诞生后，很多儒家经典得以被翻译为"韩字"版本，这也进一步推动了儒家学说在中下层民众中的传播。

除了自上而下的儒家教化，从中国传入的佛教则直接影响了朝鲜半岛民众的道德观念。而东亚佛教是儒释道等多种思想的融合，宣扬

---

① 朱谦之：《日本哲学史》，人民出版社 2002 年版，第 80—93 页。
② 韦旭昇：《韩国文学史》，北京大学出版社 2008 年版，第 131—133 页。

因果轮回、劝善镇恶、孝义廉耻、勤勉节俭等世界观和价值观。经过漫长的历史过程，儒家文化已经融入朝鲜半岛民众的风俗传统和生活习惯，以集体无意识的状态影响着今天朝鲜半岛民众的言行。例如祭祀祖先的活动已经成为传统节日文化的一部分，尊敬师长的文化体现为朝鲜半岛语言中的敬语，体现为其日常礼仪。

日本在"平安时代"大量吸收"中华文化"，但影响人群主要是贵族阶层，日本的统治者并没有把中华文化用于社会教化。[①] 相比儒家文化，从中国和朝鲜半岛传入的佛教对日本社会的影响时间更长，也更深刻。"平安时代"后期及以后，日本陷入长期战乱，将军掌握政治权力，武臣受到重视，儒学则渐渐转移到寺庙。僧人成为翻译和传承中国儒学经典的主要人群，形成了禅儒融合的局面。武士阶层在吸收禅宗和神道教的同时也间接受到了儒家文化影响，从而出现了三者融合的武士道文化。[②]

二　中华文化圈历史转变的特征

从构建人文命运共同体的角度出发，回顾"中华文化圈"的历史变迁，大体有以下几个突出特征。

(一)"中华文化圈"内的文化相通

古代中国虽然以"中华文化"为骄傲，但对于文化传播持"不往教"和"远悦近来"的态度，中华文化并不主动寻求认同。"中华文化"具有多族群多文化相互融合、不断变化的特点，在古代随着人员和典籍的流动、经济交流，以不断同化的方式扩大疆域，最终在大

---

① 陈景彦、王玉强：《江户时代日本对中国儒学的吸收与改造》，社会科学文献出版社 2014 年版，第 8—9 页。

② 陈景彦、王玉强：《江户时代日本对中国儒学的吸收与改造》，社会科学文献出版社 2014 年版，第 8—9 页。

陆上形成了一个多元融合的文化体。① 朝鲜半岛和日本虽然也在中华文化辐射范围内，但半岛和岛国的地理特征决定了二者与中华文化中心的交流较为不便，因此站在"半个他者"或者"他者"的位置上，能够有选择地主动处理自身与"中华文化"的关系。朝鲜半岛和日本是否吸收中华文化，很大程度上取决于国内权力阶层的需求，他们可以"按需所取"。不仅如此，"中华文化"遵循"工具理性"的实用原则，没有宗教的排他意识，排他性宗教在东北亚三者的权力结构中都没有占据过主导地位。因此，东北亚三者都以世俗理性的思维对待文化传播问题，或者说都考虑"成本与收益"。在这样的情况下，中华文化的传播是依据当地需要的路径进行传播的，并且形成具有当地特征的文化。

（二）"中华文化圈"内存在"文化阶序认识差异"

日本半游离于"中华文化圈"，对中华文化持羡慕但不臣服的心态。中日对于中华文化阶序的认识差异多次出现在中日交流史上。例如："大化改新"时的"圣德太子"将日本和中国称作日出和日落国；"万历朝鲜战争"时沈惟敬反复篡改信件，伪造日本臣服于中国，或者中国尊重日本的假象，从而迟缓了战争的发展。而沈惟敬的谎言生动地揭示了中日两国统治者之间的"文化阶序认识差异"。明清鼎革后，中国和朝鲜半岛之间也出现了"文化阶序认识差异"。朝鲜半岛与日本之间也存在文化阶序认识错位。朝鲜半岛是日本学习中华文化的重要途径，而且朝鲜半岛儒生的中华文化造诣高于日本，因此朝鲜半岛儒生面对日本拥有文化优越感。日本儒生也认可朝鲜半岛儒生的中华文化造诣，但并不接纳，在与朝鲜半岛的交流信件中以"皇"等字眼自称，甚至直接发动"壬辰倭乱"，企图把朝鲜纳入以自己为中心的"小中华"秩序。②

① 许倬云：《说中国：一个不断变化的复杂共同体》，广西师范大学出版社 2015 年版。
② 宋念申：《发现东亚》，新星出版社 2018 年版，第 27—43 页。

（三）近代文化的复杂重构

从鸦片战争到 20 世纪初，东北亚发生重大的转折。以中国为中心的文化圈衰败。中国、日本、朝鲜半岛在批判和反思传统文化的同时走上了以欧洲或日本为模板的近代化变革之路。这场"脱华学欧（日）"最初的突破口在器物层面，此后扩展到包括政治制度、社会道德规范乃至民族精神、语言文字在内的整个文化系统。中国的变革开始最早，经历了"洋务运动""戊戌变法""辛亥革命""新文化运动"。日本通过权力顶层设计的"明治维新"率先完成了文化变革。朝鲜半岛的自主变革被日本的侵略打断，走上了被动的殖民近代化的道路。

中国率先接触了西方自然科学、工业产品和天主教，也最先开始"看世界"。甲午战争前后，林则徐的《四洲志》和魏源的《海国图志》都已经出版，对整个东北亚地区的近代化变革都起到了启蒙作用。尤其是《海国图志》在日本多次印刷，为"明治维新"做足了思想准备。[①] 中国的"新文化运动"对"中华文化"进行了激烈的批判，批判封建礼教、批判中国人的国民性，主张以白话文代替文言文，其中的"激进派"甚至主张废除汉字。中国的史学家们以民族国家为单位重新塑造自身的历史文化，把中国作为一个族群、文化、疆域不断变化融合的动态的文化多元共同体。"辛亥革命"后，以孙中山为代表的革命派话语从"驱除鞑虏"的民族主义过渡到"五族共和"的国族主义。日本侵华战争爆发后，关于中国民族文化的话语增强，以此凝聚国民。[②]

1853 年美国人佩里带着大炮和工业产品来到日本时，日本决定主动向其开放港口，决心以中国为戒，尽快学习西方以自强。日本猛烈批判"中华文化"，形成了"脱华"共识。日本思想界将日本落后

---

① 王晓秋：《东亚历史比较研究》，北京大学出版社 2012 年版，第 29 页。

② 许倬云：《说中国：一个不断变化的复杂共同体》，广西师范大学出版社 2015 年版；干春松：《重回王道》，华东师范大学出版社 2012 年版，第 64—69 页。

的原因归咎于中华文化，将近代化转型与割裂中日文化画上了等号。[①]

在"脱华"的同时，日本努力"入欧"，接受了以欧洲为中心的文化阶序。福泽谕吉在 1875 年出版的《文明史概略》中称，欧洲和美国是最文明地，土耳其、中国、日本等亚洲国家是半开化地，非洲、大洋洲是野蛮地。充分说明当时的日本已经完全脱离了以中华文化为中心的文化阶序，进入了以欧洲为中心的文化阶序。1868 年，明治政府提出"求知识于世界"，把"富国强兵""殖产兴业""文明开化"作为三大方针，推行"教育救国""废藩置县""废除等级制度和武士俸禄"等政治改革，并且在政治制度、经济、军事、科学文化等所有领域里推动"西方化"变革。1871 年 12 月，"岩仓使节团"出访欧美，确定了日本近代化转型的政治、经济乃至文化路线。日本在 19 世纪后半期曾经出现过"废止汉字论"和"假名专用论"，追求书面用语与口头用语一致。但是这一设想未能成功。一直到第二次世界大战之后，日本才公布了汉字使用范围，对汉字的使用量进行了限制。

日本在谋求富国强兵的同时也重塑了民族文化，"国粹主义"由此发展壮大。日本将天皇作为日本精神的核心，宣传"天皇万世一系"。赞美"和文化"，将"平安时代"作为日本文化的典范。在改用西方的阳历后，日本废止了很多由中国传入的节日，以天皇和皇室的活动为参照制定了一套新节日，如神武天皇即位日、天皇生日等。"国粹主义"的倡导者之一西村茂树发表《日本道德论》，赞扬以皇室为中心的国民道德。三宅雪岭等人组织政教社，出版《日本人》杂志，号召日本尊重国粹，培养民族自尊心。[②] 1895 年由文部省审定出版的《小学日本历史》教科书将古代纪元神话作为日本民族的起源，称日本人是神的子孙，是天生的优秀民族，日本文化既能超越亚

---

① 严绍璗:《我对当代"海洋的日本文明论"的质疑》，载［韩］崔博光主编《东北亚近代文化交流关系研究》，山东大学出版社 2008 年版，第 7—9 页。

② 谢桂娟:《东北亚国家集体身份建构与区域合作：一种区域整体视角的研究》，社会科学文献出版社 2012 年版，第 132—133 页。

洲文明，又胜过偏重物质文明的西洋文化，是最优秀的文化。日俄战
争后，"国粹主义"声势更盛，到 20 世纪初与军国主义相结合。1932
年日本新潮社出版了多达 12 卷的《日本精神讲座》，提出恢复日本精
神，在皇道意识下创建日本学。至此，西化思想、国粹主义、国家神
道共同塑造了日本法西斯。①

鸦片战争后，朝鲜半岛也多次遭到列强侵略，目睹了中国衰落而陷
入恐慌。但欧洲殖民者将更多的注意力投向了中国，朝鲜半岛没有像日
本一样抓紧时机推动近代化转型，其统治者仍然寄希望于依靠中国抵抗
欧洲和日本，后来革新派又希望借助日本抵抗俄罗斯，最终在完成近代
化转型之前沦为日本殖民地。在这一过程中，朝鲜半岛同样出现了批判
中华文化、主张学习西方和日本的思潮。但主导这一潮流的"开化派"
与主张"卫正斥邪"的"保守派"产生了激烈冲突。这种冲突使得围
绕"事大主义"的论战非常激烈，"批判事大主义"在朝鲜半岛的近代
化启蒙运动中占了很大的比重。朝鲜半岛的启蒙思想家们认为"事大"
禁锢了朝鲜半岛的文化发展，使朝鲜半岛丧失了独立精神。

朝鲜半岛以"中华文化"的正统继承者自居，"脱华学欧"意味着
完全否定传统文化。而且"文明开化派"与日本关系紧密，在日本暴
露侵略野心后，金玉均、李完用等"开化派"成为"卖国奴"。在这样
的情况下，启蒙革新运动的浪潮很快被民族主义浪潮覆盖。朝鲜半岛
也开始通过"造神""改写历史"和推广韩字等方法构建本土文化空
间。在朝鲜半岛"历史脱华"的过程中，日本殖民者起到了推动作用。
但是朝鲜半岛重塑独立的民族历史文化的努力很快被日本殖民者的文
化殖民政策打断。朝鲜半岛的这一文化心理诉求被压制了 35 年。

在东北亚国家对自身文化进行"再发现"的过程中，首先完成近
代化转型的日本出现了"东洋学热"。日本"东洋学"受欧洲影响，
以东亚相似的传统文化元素为基础，以西方文化为边界构建"东亚文

---

① 谢桂娟：《东北亚国家集体身份建构与区域合作：一种区域整体视角的研究》，社
会科学文献出版社 2012 年版，第 132—133 页。

化"。冈仓天心发表了《东亚的理想》，指出"亚洲种族"的最大特性是热爱"终极"与"普世"，"海洋民族"则更强调特殊性。[①] 孙中山也指出欧洲文化是"霸道文化"，亚洲文化是"王道文化"[②]。这一时期的东亚出现了很多此类论断，例如"东洋道德西洋技艺""西画写实国画写意""西医重视实验中医重视经验"等。相似的历史文化传统，共同的"脱华学欧"发展方向以及"欧洲中心主义"的傲慢为东北亚文化共同体想象提供了机会。19 世纪末的日本提出了"大亚洲主义""东亚连带"等口号。明治维新后，日本建立了一系列"东洋学"研究机构，如"兴亚会""东亚同文会""黑龙会"等，研究和实际推动东北亚区域的联合。

日本构想的"亚洲文化共同体"由日本主导，这在当时的东北亚地区获得了一定程度的承认。原因之一是在东北亚文化转型过程中，日本是近代化思想的策源地，是西方文化进入东北亚的窗口。"明治维新"后，日本人的生活方式和精神面貌迅速改变。日本开始创办报纸、学校，大量创办工厂，用阳历替代阴历，断发脱刀，士民工商四民平等，追捧西方工业产品，以西方的服装饮食、生活方式为时尚。明治八年（1875），日本开始阶段性地推行立宪制度、推行土地改革允许土地买卖、推广西方近代科学工业技术、推行义务教育并发展高等教育，容许宗教自由、建造铁路银行和大学等。日本在学习西方文化的过程中创造了大量汉字词用以翻译吸收西方文化，这些汉字日语词成为中国和朝鲜半岛知识分子接触西方文化的桥梁，至今仍然是其语言的重要组成部分。大批西方思想通过日文翻译本传播到中国和朝鲜半岛。例如中江兆民翻译了卢梭的著作，将民主、自由、平等的价值观传播到整个东北亚。植木枝盛等人则提出"民权自由论"，主张以民主、自由、平等理念取代儒家意识形态。"明治维新"的成功鼓舞了中国和朝鲜半岛的革新派。中国早在清朝覆灭前的 10 年里就有

---

① 宋念申：《发现东亚》，新星出版社 2018 年版，第 241 页。

② 金英君：《"亚洲价值观"之争：现代化进程中价值本土化的合法性研究》，北京大学出版社 2015 年版，第 104 页。

大量年轻人赴日留学。当时中国向海外派遣留学生 2 万多人，其中
90% 赴日本留学。19 世纪末到 20 世纪初，朝鲜半岛知识分子主要的
留学对象国也是日本，而这些人归国后成为"革新派"的重要力量。
在中国，无论是"改良运动""辛亥革命"，还是"新文化运动"，都
受到"明治维新"思想的影响，① "同盟会"创建于日本，"辛亥革
命"得到了日本的帮助，陈独秀、李大钊、鲁迅等新文化运动的代
表也都有日本留学经历。日本同样也是朝鲜半岛上"开化派"与"革
新派"的思想摇篮和支持势力，"甲申政变"② 就是"激进改革派"
在日本公使的直接帮助下发动的。

福泽谕吉主张"和邦东亚"以日本为盟主，冈仓天心的"亚洲
文明论"以及近卫笃麻吕的"同文同种论"也从理论上论证过所谓
的日本领导亚洲的正当性和必然性。③ 主张"兴亚"的内藤湖南、西
田几多郎等学者最终为九·一八事变提供了理论支持，日本军部打着
"亚细亚主义"的旗帜吞并朝鲜、策动满蒙独立，"亚细亚主义"的
代表性团体"黑龙会"为日本在东北亚地区的扩张提供情报，前期
学者们出于"亚洲联合"目的进行的东北亚文化研究成果也被日本
侵略军所用。④ 日本侵略朝鲜半岛后，日本一方面进一步推动韩国史
学家将本国历史与中国剥离，一方面推行文化殖民政策，强制朝鲜半
岛人民说日语，改叫日本名字，每天面向东京方向背诵"皇国臣民誓
词"。1911 年起，日本多次发布《朝鲜教育令》以推动文化同化，在
学校教育中宣扬"日朝同宗"，编造朝鲜半岛民族是日本民族分支的
起源神话。在这样的情况下，"东北亚共同体"从此与民族主义成为
宿敌。

---

① 王晓秋：《东亚历史比较研究》，北京大学出版社 2012 年版，第 40 页。

② "甲申政变"发生在 1884 年，是朝鲜半岛的开化党在日本支持下发动的，提出了
两个政治诉求：一是脱离中国的影响，二是对朝鲜内政进行近代化改革。这次改革持续了 3
天，被袁世凯率领驻朝清军镇压。

③ 谢桂娟：《东北亚国家集体身份建构与区域合作：一种区域整体视角的研究》，社会科
学文献出版社 2012 年版，第 60—61 页。

④ 宋念申：《发现东亚》，新星出版社 2018 年版，239—245 页。

松冈洋右在 1940 年提出"大东亚共荣圈",1942 年日本在政府内部设立大东亚省,1943 年在东京召开大东亚会议,通过了《大东亚共同宣言》,批判欧美资本主义民主主义和自由主义,强调亚洲文化优越性。但是此时的"大东亚"已经完全沦为殖民话语,在东北亚地区失去了号召力。在"二战"中,朝鲜半岛和中国与反法西斯阵营的西方国家结成联盟,共同抵抗日本侵略者。以东亚文化传统为基础、以日本为盟主的日本霸权东亚文化共同体想象彻底破产。

三　结语

从东北亚人文交流的历史演变中可以看出,在长期的人文交流中,中华文化曾经起到过特别重要的影响力。基于古代中国无论在综合实力,还是在人文发展上都具有优势,代表着先进的构成,因此,中国的政治、思想、文化成为其他国家学习、引进与利用的榜样。中国并没有利用自己的实力强制其他国家接受和采用中国的文化,其他国家在学习、借鉴、引进和使用中逐步创建了具有本国特点的文化。在各自的创建过程中,也存在"外来"与"本土"的碰撞、冲突,但并没有完全扬弃中国文化,由此,造成了相互间内在的文化相通性。

文化的影响力是与综合实力紧密相关的。中国近代的衰落,也使得其文化影响力大幅度下降。日本"脱亚入欧",大大加强了与欧洲的人文交流,其学习、借鉴欧洲文化,在综合实力快速发展后,大举对外扩张侵略,文化扩张也是侵略的重要组成部分,特别是在朝鲜半岛,强制推行日本文化,极大地改变了东北亚人文开放交流互鉴的传统。

"二战"以后,东北亚国家各自选择了不同政治制度,如今,推动构建命运共同体就是要合力构建东北亚各国和合共生、合作共赢的区域关系和秩序。在东北亚命运共同体构建中,人文命运共同体的构建具有特殊性和重要性,要让文化相通,互学互鉴的历史传统回归。

第二十章　儒家思想与人文命运共同体构建

儒家思想是中国传统思想文化的宝贵财富，对于中国古代、近代和现代的发展都起着至关重要的作用。儒家思想不仅在中国，而且在东北亚地区都具有深远的影响，特别是在古代，东北亚国家在制度层面、政治层面、伦理层面上都深受儒家思想的影响，这些影响也延续至今。因此，东北亚人文命运共同体的构建，需要研究儒家思想的作用。

中华民族历经五千多年，能够长存不亡、衰而复兴的根本原因在于文化，而儒家思想是中华文化的主干和基础。中国古代儒家以积极入世的态度，通过博采各家思想，使儒家成为漫长的中国封建社会的主体意识，它规范着中国古代社会的政治生活，作用于人们的思想和行为。尽管对于儒家思想的历史地位问题，后人对其功过评判不一。

一种文化能够养育一个民族两千多年，已经深深积淀在人们心中，没有什么能将民族文化从代代相传的血脉中删除殆尽。① 东方文明可以看成是一脉相承的儒家文化，几千年来对中国和邻近的东亚各国产生了根深蒂固的影响，它塑造了东亚人民的思维方式和精神气质，也规范着东亚人民的言行举止和风俗习惯。儒家思想成为了这个"文化圈"，或者"汉字文化圈"的核心思想，而东北亚则是这个"文化圈"的中心。

儒家思想之所以能够推动世界文明对话，首先在于儒家思想体现

---

① 袁锡宏：《儒学对中国现代社会的几点启示》，《河北经贸大学学报》（综合版）2005年第1期。

了人类的道德自觉，揭示了人生常道，维护了人类的尊严。儒家思想具有贵和的传统，一向尊重其他的文明，承认文化的多样性，所以能够成为沟通各种文明的桥梁。① 儒家思想蕴含的"天人合一""厚德载物""民胞物与"的博大情怀，"崇尚道德""见利思义"的价值取向，"乐群贵和""推己及人"的行为准则，"家和万事兴""和而不同""和气生财""和平发展"等，都会成为构建和谐的东北亚文化环境的重要思想基础。

一　和而不同与人文命运共同体

"和而不同"是儒家思想中的一条重要法则，主张和谐而又不千篇一律，不同而又不相互碰撞，和谐以共生共长，不同以相辅相成。在文化的全球化与多元发展中，儒家文化作为其中的一元，它本身与其他文化处于互动与对话之中，这种互动与对话将促进儒家文化的现代转型，而儒家文化的仁爱精神、实践理性与"和而不同"的思想也将在人类文化达成"重叠共识"的过程中发挥积极的作用。② 儒家的"和而不同"思想，是在尊重东北亚各国民族差异和崇尚和谐的前提下，反对狭隘的民族主义和国家保护主义，防止发生各国家间、民族间的对立和冲突，积极促进东亚及世界文明的对话，并承认文化的多元化和相通，共同构建和谐的东北亚人文命运共同体。

儒家认为"和"是宇宙万物存在的基础和形式，人们就应该以"和"作为一切事物的目标。而"和为贵"已成为儒家"和而不同"的文化意蕴。"和而不同"是尊重差异、崇尚和谐，"和而不同"的基础是"不同"，"不同"是事物存在的常态，调强的是事物的差异性，认为事物只有在差异的基础上才能得到和谐发展和整体进步。如果否认事物间的"不同"，一味追求其"同"，事物不仅不能发展，

---

① 牟钟鉴：《儒学是推动世界文明对话的重要精神力量》，《探索与争鸣》2005 年第 1 期。
② 李存山：《文化的全球化与多元发展——兼论儒学在全球文化对话中的作用》，《求是学刊》2002 年第 1 期。

还会败亡毁灭。相反，如果把不同之处合理配合的话，就可能导致"和"，犹如用各种作料做出可口的汤，用不同的乐器弹奏出和谐优美的乐章。和而不同，一方面肯定了事物的差异性和多样性，强调了多样事物间的互补与和谐，主张事物的统一是多样的统一。

"和"是在承认差异和尊重差异的基础上的"和"，承认差异，不同的文化才能相互借鉴和吸收对方的文化因素，从而丰富和发展自己的文化，达到不同文化的和谐共生，否则就会步入极端，闭关自守，沦落为文化部落主义。儒家的"和"思想，是对多样性的一种追求，"和"是这种多样性的一种联合。真正的和谐是包含互补与差异的统一，是融合对立与碰撞的平衡。也就是说，儒家的"和"是对多样性的一种追求，是处理多样性之关系的一种方式。"和而不同"强调的是在保持文化多元差异的前提下，努力寻求相互间的和谐对话和观念共享，以创新和发展文化。"和而不同"的思想具有巨大的包容性和开放性，在多元文化背景下，它既可为文化和谐发展的价值追求多元一体，又可为文化和谐发展之理路选择和谐对话。"和而不同"是一种"求同存异"的文化策略，承认文化差别和个性，肯定不同民族、地区和国家文化的特点和价值，保持文化的多样性。多样性是文化的本质属性，丰富多彩的文化存在是人类文化吸引力和好奇心产生的基本前提。因此，"和而不同"是一种对不同文化尊重和理解的宽容精神，也是自身文化发展所需要的基本态度。"和而不同"是世界的本来面目与状态，也是正确处理人与人之间关系，不同国家、民族、文化之间关系的基本原则。

不同文化可以在竞争中实现对话与合作，在吸收与创新中保持文化的活力。"和而不同"也是一种对当前新的国际关系规范和新的国际政治文化的解说与期待。在经济全球化时代，可以作为国际处理不同政治文化碰撞与融合的原则。只要不同文化在交往时努力寻求彼此间的共同点，把分歧暂时搁置，通过耐心对话和沟通，就可以缩小分歧。每个民族都以平和与宽容的心态，共同构建多元共存的人类文化。东北亚各国的文化是复杂多样的，但是在长期的历史发展过程中相互学习、借鉴、融合，就形成了相同或相似的文化内核并保留了自己文化的个性，有许多共同的文化取向。从古至今，作为东方文化核心的儒家思想在东北亚文化交流中发挥了重要的纽带作用，对东北亚文化的繁荣和发展产生了极其重要的影响。东北亚各国政府应该采取交融互动、和而不同的策略，在认同各国文化差异、尊重文化多样性的基础上，用协调求得互利，用互利求得合作，用合作求得发展，用发展求得矛盾的解决，这是东北亚文化合作与发展的必然选择。"和而不同"思想是中国传统文化中内涵丰富的遗产，蕴涵着不同民族文化之间互相尊重、相辅相成、共存共荣、承认差异、包容差异、和谐发展的理念，为当今全球一体化过程中不同文化状态下的各民族和谐相处提供了理论借鉴。大千世界，和而不同。在全球化的价值取向中，我们必须寻求"双赢"和"皆大欢喜"。和平共处、求同存异、"和而不同"——这是构建和谐和东北亚人文命运共同体的最佳选择之路。

二 中庸之道与人文命运共同体

"中庸之道"作为儒家优秀文化理念，长期以来对中国人的思想行为起着潜移默化的作用，影响着国家和民族的发展。因此，学者认为"中庸文化观具有纳万物于胸中，不自设藩篱的宏大气魄"。

孔子在《论语·雍也》中讲，"中庸之为德也，其至矣乎"，认为中庸是至德，是道德的最高境界。孔子的中庸思想有其内在的逻辑："尚中"是中庸的逻辑起点，"时中"是中庸的内在本质，"中正"是中庸的规范准则，"中和"是中庸的理想目标。何谓中庸？子程子曰："不偏之谓中，不易之谓庸。中者，天下之正道，庸者，天下之定理。"中庸即所谓的不偏不倚，无过也无不及，有调和折中之意。中庸心理是中华民族历史非常悠久且重要的文化心理之一。[1] 从

---

① 彭有明、彭丽琴：《中庸原型结构——从谦虚用语选择的视角》，《广西社会科学》2007 年第 3 期。

认识上讲，"中庸"要求凡事要"执厥中者"，即取其"适中"而不偏执，做到"无过"又无"不及"。要求人们把握一个客观的"度"，就像掌握物体的重心一样，这个度就是介乎两端之间的"适中"，超过一定限度便是"过度"，达不到某种程度便是"不及"。儒家的"中庸"，既是一种思想方法，又是一种行为准则。作为一种思想方法，它能使人适其"度"，作为一种行为准则，它能使人合于"礼"。作为一种思想方法，中庸要求人们在处理各种社会关系时，要"致中"和"时中"。致中是指"叩其两端而竭之"，时中则指人们在处理问题时要坚持中庸之道，又要因人因场合随时变化其具体形式，在复杂的事物中穷尽各种可能性以施行最符合道德要求的行为。

中庸之道的"中"，不同于折中主义、调和主义的"中"，不是不讲原则、善恶不辨的折中与调和，而是指事物存在适中、合适、合理的观念，符合"中"这个界限和标准的事物存在方位和存在状态就是合宜的，"无过无不及"；中庸之道的"和"，不是指两个事物彼此完全相同，而是指不同事物相互间比例协调、配合得适当，从而达到总体上的和谐状态。① 如果说折中主义是一种机械地、无原则地拼凑在一起的哲学观点的话，中庸则意味着一种能力，它可以在一个特定的情况下积极地运用各种有效的手段方法，是一种积极的处事方式。② 儒家思想从根本上反对折中主义，认为它是对道德的破坏。中庸要求把握准矛盾的度，认清和运用事物的基本规律，而绝非指无原则地将不能统一的矛盾加以调和，更不是让人无原则地圆滑处世。"中庸"是一种理智，是一种科学判断，不抓住事物的本质就不可能掌握这种"分寸"。所以"中"是一种动态的概念，而不是一成不变的僵死的原则。如果缺乏通权达变的灵活性，片面地强调执中、守经的原则性，实际上是对道、礼的反动与伤害，甚不可取。

---

① 唐晖、吴学满：《论〈仲庸〉的和谐理性》，《内蒙古农业大学学报》（社会科学版）2007 年第 4 期。

② 许金龙、刘海涛：《论儒家的中庸之道及其现代价值》，《沈阳师范大学学报》（社会科学版）2005 年第 1 期。

从方法论意义上看，"中庸"也就包含了如下两个相关的思考方式：不同素质的特质并存；对异质特质的"求中正"。"执中"与"时中"作为中庸的核心，也是儒家的最高哲学范畴。执中，即要持守善德，反映儒家的世界观，具本体论意义。执守中道是大德。执中即要恰到好处，体现儒家的矛盾观，具方法论意义，持守中道是大智。而"有所为、有所不为"是"中庸"思想的基本表现形式，而"无法之法"则是"中庸"思想的最高境界。实现中庸，必须达到两点：第一，看问题、做事情全面而不偏激，讲求包容精神，追求事物和谐；第二，在一定原则的基础上实现多样的统一。儒家中庸之道的关键、要害是"恰到好处"。儒家追求勇于进取而又考虑全局、为人正直而又与人合作、能够实现节度精神与兼容精神的统一境界和方法。中庸是恰如其分地把握事物、协调矛盾的正确思维方法，中庸阐明任何事物都有一定的界限，超过或未到达一定的界限都要影响事物的质，势必向相反的方向转化，事情就不会有理想的结果，它要求人们做事恰如其分，不走极端。

在这个异常纷繁复杂的社会，我们怎样面对各种各样的文化和信仰的撞击？以中庸之道，强调不偏不倚，是十分重要的。在重视自己的文化、自己的价值观时要尊重他人的文化、他人的价值观，追求自己的利益和价值应以不损害他人的利益和价值为前提，这对实现人类的和平和繁荣是很重要的。在高速发展的信息化时代，我们既不能被这快速多变的时代所吓倒而畏缩不前、无所适从，也不能随波逐流、漫无目的，一味只是赶时髦追逐潮流而最终被潮流所淹没。应该静下心来，冷静恰当地分析自己和所处的社会，适当地确定自己的最终奋斗目标，不要过高也不要过低，确定自己的"中"并时刻抓紧它，就不会迷失方向，然后适时而动；又根据事物发展过程中出现的新情况、新问题而随时调整具体的行动方案，直到最终实现自我的目标。"中庸"思想不是西方政治中的"妥协"，在国际关系中，在强国的威逼下，那些弱国只好妥协让步，牺牲自己的利益以求得和平，从而建立不平等的国际秩序。"中庸"则强调充分考虑各方面利益，制定一个各方面都能接受的方案，各方面的利益都得到适当满足，结果是双赢甚至是多赢且没有受挫感。在此基础上建立的国际关系才会带来真正永久的和平。

三　诚信共赢与人文命运共同体

从"人文命运共同体"的内涵来看，它既有物质文化的因素，也有精神文化的因素，共同体内所属成员对"共同体"的价值观念、思维方式、道德规范、风俗习惯，以及语言文字等并非完全一致或相同。因此，在这个人文命运共同体当中必须建立一个诚信的环境，因为只有在一个诚信的环境当中，才能建立起共赢的文化环境。中国传统的儒家思想具有丰富的诚信思想，已成为了具有普遍意义的伦理道德规范。在儒家思想中，诚信被认为是一种道德价值、人格品质、社会秩序，在整个儒家思想占有重要的地位。诚信成为东亚人安身立命的根本，是人交往的原则，是经济活动的基础，也是治理国家的要略。它不仅为维系中华民族的生存与发展产生过巨大的合力作用，而且将为构建和谐的东北亚文化环境提供坚实的理论。

儒家历来以"诚"为道德之本、行为之源，而以"信"为德目之一。"诚信"是儒家立身、立业、立国之本。"诚信"二字在古代典籍中的使用上有一些区别，"诚"多强调向内的追求，追求内心的至诚，是道德主体的内在追求；而"信"是内诚的"外化"，强调"外信于人"。"诚"是一个侧重主体自我修养的概念，"信"则更侧重于主体与客体的相互作用。因此，相比之下，信似乎更接近今天所讲的诚信和信用的内涵。"信"在大多数情境中，都是作为伦理概念和道德范畴来运用的。在孔子看来，"信"是言行一致、行必求果的伦理常规，是道德主体对自身和客体的价值判定后的实践规约，贯穿于社会生活的方方面面，离开了它，所谓"德""仁""政""行"将无从谈起。[①] 孔子

---

① 刘立容：《〈论语〉之"信"及其当代启示》，《重庆交通大学学报》（社科版）2008 年第 1 期。

"信"的要求遍及社会生活的各个方面，他的"信"观念经后世其他儒家学者的完善和提倡，"构成了中华民族传统美德的重要组成部分"，对中华民族的人格塑造、道德品质的形成产生了重大影响。

在中国传统文化中，"诚"多指道德主体的内在德性，是进行道德修养的心理基础。诚信是做人的基本品质，也是一个人在社会生活中的道德起点，是人们在开创事业和从事任何职业活动中，必须遵循的道德准则和行为规范。诚信是个人良好道德品质的体现，并可以通过努力修养去达到诚信。以此告诫人们，在处理人与人之间、国与国之间的关系上，如果缺乏最基本的诚信，将寸步难行。诚信是人与人之间和谐交往的重要纽带，也是社会和谐发展的重要精神支柱。

儒家诚信理论扎根于中国传统宗法和农业社会的土壤中，它有着独特的追求内心至诚的道德价值，但由于其社会内部过多地强调父系的宗法关系、君主的权力等价值，其诚信理论必然有着低于其他价值系统的先天不足。一些学者主张要对儒家诚信进行必要的现代化改造，要克服儒家诚信一定程度上标准太高、脱离现实的局限，立足现实的道德水平，注重诚信的普适性；克服儒家诚信多强调个人自我约束的纯伦理局限，在契约和法律基础上，相互承担权利义务，建立健全法律诚信，使之和道德诚信相结合；克服儒家诚信和人治的联系，用法律保护公民的利益和权利。从而使儒家诚信逐渐转化为现实的道德力量和法治力量，并焕发新的生命力。① 也就是说，为了适应建设社会主义和谐社会的要求，为了使儒家的诚信思想走向"全球化"，有必要进行儒家诚信伦理的合理转换。

把传统诚信伦理由日常生活层次扩展到社会伦理层次，才能真正实现和谐社会所提出的人与人、人与社会、人与自然之间的和谐。儒家的诚信是一个立体、贯通、多维、有机的本体、伦理、价值综合系统。它既是形而上的哲学本体又是伦理学的道德本体；既是客观的，

---

① 沈慧芳：《儒家诚信的内容及其改造》，《云南民族大学学报》（哲学社会科学版）2005 年第 1 期。

又是精神的；既是道德评价的基本原则，又是具体领域的道德规范和
行为准则；既是伦理化、哲理化的制度，又是公共交往的基本要求；
既是人的本性和生活状态，又是人品修养和做人的根本原则。儒家诚
信虽然存在内涵隐而不彰、没有创造性的转化、缺少操作层面的制度
规定等缺陷，但其经创造性的转化将成为建构普世伦理的重要资源。①
诚信可以最大限度地减少社会生活中的各种内耗和摩擦，减少社会生
活的风险和代价，使社会的运行成本大大降低；有助于构筑良好的人
际环境，消除矛盾激化的潜在因素；有利于增加社会的价值认同和凝
聚力，进而激发社会的活力和创造力。如果说社会是一个组织严密、
功能齐全的系统，那么，诚信就是这个系统内部各个构件之间的纽带
或润滑剂。② 完成从传统诚信向现代诚信的转化，即要重视诚信思想
上的人人平等、权利一致，同时要尊重人的合理需要和合法权益。重
亲情、友情的传统诚信在古代社会中有一定的意义，但在现代社会中
如果使用方法不当，就会导致亲情、友情的泛滥和官僚主义的盛行。
儒家的诚信不是一种工具性道德，甚至不是一种基本的伦理原则，而
是一种把重心放在自我修养上的心性道德。现代社会的诚信，不只是
一种良知和一种修养方式，它是由经济基础所决定的，在经济交往中
又规范着人与人在经济生活中的关系。我们应该实现中西诚信文化的
互动与整合，建立一种能适应社会主义市场经济发展要求的现代诚信
文化。

共赢是现代信息化时代的诉求，是一个时代的理念，是一种共同体
发展的重要模式。因此，共赢主导着现代社会的思维模式，普遍受到
各个领域内的重视。儒家主张和提倡讲"诚信"，有助于营造稳定而且
共赢的社会环境。由于诚信不仅是一个普遍的道德范畴，也是一项重
要的政治准则和法律原则，还可以说"是一种重要的社会资本。"③ 根

① 谢桂山：《儒家诚信：普世伦理价值的考量》，《山东社会科学》2004 年第 11 期。
② 冯淑慧、刁书全：《论和谐社会视域下的儒家诚信伦理重构》，《长春工业大学学报》（社科版）2008 年第 2 期。
③ 葛晨虹：《诚信是一种社会资源》，《江海学刊》2003 年第 3 期。

据诚信所具有的主要功能，我们可以把诚信划分为政治诚信、制度诚信、经济活动诚信等几个方面。政治诚信既是政治文明的具体内容，又是政治文明的直接表现和重要标志。因此，有些学者又把政治诚信分为三个层次：思想上的诚信、理论诉求的诚信、认识层面的诚信。制度诚信，就是从制度上（包括法律和其他相关规定）保障诚信在社会中的地位。这充分体现了一种他律的作用。实践的诚信，那就是一个人在其实际行动中体现出诚信的品格。① 经济活动诚信是指在经济活动过程中，遵循经济规律和经济法则。尽管诚信表现为自律性，但是不能只限于自律性而不顾他律性，因为世界是"共同"的。在表面上，"诚信"与"利益"似乎处于鱼与熊掌不可兼得的矛盾之中，但实际上，"诚信"与利益并非一对冤家，坚持诚信是获取长久利益的前提。也是合作双方或多方的"双赢"和共赢。儒家不仅强调在政治生活中的"忠诚"和"诚信"，也十分强调人们日常交往中的"守信"，而且更强调市场经济活动中的"诚实无欺"。因而，儒家经济伦理中这些含有合理内核的内容是可以超越社会形态和时代限制而在当今社会直接发挥积极作用的。因此，中国历史上虽然商品经济不发达，但诚信为本、商德为魂却是中国商人的信条。市场经济发达国家流传着一句话："诚实是最好的竞争手段。"从某种意义上说，市场经济就是信用经济。没有信用，就没有秩序；没有信用，就没有市场，经济活动的健康发展将无以为继。共赢即双方都获益，而不是单赢，也不是一方获益、一方受损。东北亚要实现战略互惠，并且把它纳入全球的发展框架，这样才能不断产生出新的需求，才能促进可持续发展。东北亚区域合作机制相互补充、相互促进、相互支持，既共同分享发展机遇，又为彼此发展提供更大空间。因此，在经济全球化和世界多极化趋势深入发展的背景下，我们应把自己国家的发展放到东北亚整体的发展乃至于世界的大格局中思考，把自己的根本利益和东北亚和世界各国人民

---

① 李海云：《和谐社会：诚信维度中的解读》，《社会科学论坛》（学术研究卷）2008 年第 8 期。

的共同利益结合起来，牢牢把握要和平、求合作、谋发展的时代潮流，坚定不移地走和平发展道路。东北亚三国只有本着善意的目的进行双边和多边的政治、经济、安全合作，才能达到共赢的目的，才能促成东北亚的和谐局面。

四　和合思想与人文命运共同体

建立什么样的人文命运共同体是大家普遍关注的问题，但是，不管什么模式、什么性质的共同体，"和谐"的人文命运共同体是最理想的共同体。前文已经说过，古代思想家们曾提出在对待外族外邦的关系上，以"协和万邦"为主导原则，以实现"天下为公"的"大同"世界作为理想的最高境界。儒家的大同、小康思想反映了传统社会劳动人民对理想社会的追求，在全球化文化趋势下，它与中国现代社会也产生了一定的共鸣，并为构建和谐的东北亚文化环境提供了一定的理论基础。

儒家最高的理想社会应该是世界大同，而且，这个大同世界不是纯理念化的，而是具体化的。儒家的重要经典《礼记》中的《礼运》篇描述了大同世界的社会景象，在这个理想社会中，老人得享天年，壮年能发挥所长，少年受到良好的教育，鳏、寡、孤、独和残疾人得到社会的关怀和照料。在这个"大同"世界里，物质资源得到充分利用，人人愿意为社会繁荣贡献力量。这里没有盗贼，没有暴徒，没有战争，甚至连邪恶的念头都没有，可以夜不闭户。想要实现大同社会必须树立"天下为公"的信念，这是建立良好人际关系的前提和基础。

"小康"是与理想的"大同"社会相对应的一种社会理想。如果说，"大同社会"是令人神往的原始共产主义社会的画卷，反映了公有制朴素的愿望，而"小康社会"则是以礼维系所有社会关系。讲究实际的中国古代政治家、思想家们，在认识到"大同"社会虽好，却可敬而不可及时，也就只得退而以"大同为志，小康为事"，转而

提倡"天下为家"的"小康"社会了。大同社会是理想社会,小康
社会是现实社会;大同社会只有通过小康社会才能实现。

从中国文化发展的长远来看,未来中国文化体系应该是既是民族
的,又是世界的,这就要处理好文化的民族性与时代性、特殊性与普
世性。① 大同理想是中华优秀传统文化思想之一,也是儒家思想精华
之一,它反映了古代中国人民对理想社会的追求与向往。从伦理的角
度审视,小康思想实质上包含了一种对公正、和谐的社会伦理秩序、
繁荣的社会态势的追求与向往。而"小康"概念用于现代,是
邓小平同志对传统中国"小康"思想的革命性再造,同时,他也赋
予了小康社会思想以更丰富的道德内涵。构建东北亚和谐的文化环境
的根本目的,就是要建立一个平等、和谐、走向区域共同繁荣的东北
亚,因此,儒家圣贤所憧憬的大同社会的理想已经给了我们某种启
示。小康思想作为一种社会理想,在中国传统社会中有着广泛的社会
基础和深厚的文化底蕴,尽管由于封建社会的历史局限,这种社会理
想在以前从未真正实现过,但是小康思想对中国乃至于东北亚各国都
有一定的影响。

在多元文化、多元发展、多元模式的全球化背景下,要允许并承
认他人、自然、社会及各国、各民族走自己的发展之路。但是,国际
社会已经相互融合在一起,你中有我、我中有你,也是一个不争的事
实。面对共同的全球性问题,各国需要加强相互间的合作,加强彼此
之间的对话机制,共同创建一个共赢的、相互依赖的体制。构建共赢
环境和相互依赖的体制,需要大家普遍认可的价值理念,笔者认为儒
家的"和合"就可能成为这个理念的核心。

和合的涵义由三个维度构成:第一个维度是异质元素的存在,
这是和合的前提,只有许多性质不同或对立的事物、要素之间,才
可能和合融通,绝对同一无差别的存在不叫和合:第二个维度是动

---

① 韩星:《全球化背景下的儒学与中国文化整合》,《东方论坛—青岛大学学报》(社
会科学版) 2006 年第 1 期。

态的碰撞融合，这是和合的过程，不同的事物经过不断碰撞，彼此协调，而后融合，以至和；第三个维度是和合而生，这是和合的目标，即不同事物共生共存，且可融通产生新事物，生生不息。简言之，和合就是异质元素通过碰撞融合的过程，实现平衡协调，达到和生。① 儒家的"和合"思想可以融合不同的价值观，使之互相协调统一，而且其作为一个民族的文化理念和精神支柱，深深根植于中华民族文化的沃土之中。和合文化的内涵就是在承认"不同"事物存在矛盾、差异的前提下，把彼此不同的事物统一于相互依存的和合体中，并在不同事物和合的过程中，汲取各个事物的优长而克服其短，使之达到最佳组合，由此促进新事物的产生，推动新事物的发展。儒家和合思想提出了一系列旨在实现人类和谐与社会和谐的道德原则，把构建和睦、和平、和谐的各种关系，作为君子人格修养的重要方面和社会协调、稳定的价值尺度。"和合"思想强调国际主体之间的相互依存、相互依赖关系；强调无论是在社会制度、政治制度、意识形态、政治需求方面，还是经济领域、安全方面，无不共存于相互联结、相互依存的国际社会。同时和合文化所固有的整体认知观有利于我们建立一种正确的文化观，克服以往的文化冲突论，而且对内有利于推动社会的长治久安和国家的安定团结。因此，胡锦涛同志提出了构建"和谐社会""和谐亚洲""和谐世界"的重要思想，构成了中国国内政治和对外战略的指导原则，向转变中的国际体系明确了中国所追求的目标和方向。著名社会活动家程思远曾指出："和合"是中华民族独创的哲学概念、文化概念。和合思想在强调对各种思想文化兼容并蓄、共生共长的同时，必须坚持独立自主的原则，确立民族文化的本源主体地位，发挥民族文化的主体能动力。"和合"精神的基本含义是指在多元存在、多种要素的相互关联和作用中形成一个有秩序的整体。正如胡锦涛同志在美国耶鲁大学发表演讲时所说的那样：中华文明历来

① 安辉：《中国古代的和合思想及其现代价值》，《法制与社会》2009 年第 14 期。

注重亲仁善邻，讲求和睦相处；始终秉承"强不执弱""富不侮贫"的精神，主张"协和万邦"，提倡"海纳百川，有容乃大"。面对世界大变局，东北亚地区充满各种复杂的矛盾和变数，因此，如何面对复杂形势的挑战，势必影响到地区政治安全、经济的稳定和发展，影响到地区人文环境的稳定发展。

儒家思想能保持长久不衰，其生命力就在于它能够根据时代的变迁而不断地做自我调整，转移变换自己的形态，与时俱进，为现实服务。在全球化发展的大趋势下，世界经济一体化、政治多极化、文化多元化，以及各种文明形态跳跃、纠葛其间而构成了既相互交叉又充满断裂与脱节的复杂秩序，这些新情况为儒家思想的重新倡扬和走向国际舞台提供了前所未有的机遇，我们应该继承传统儒家思想中的那些合理内涵从而达到古为今用的目的。今日的儒家思想，已经不仅仅局限于一种古老的学术文化层面，它经历了近代以后东西文化的碰撞、冲突、融和，经历了东亚一些民族国家的社会转型和经济发展，以及文化的觉醒而得到新生。当前，通过吸取儒家思想中的精华部分来调整人与人、人与社会之间的不和谐状态，以实现政治、经济、文化的协调发展显得十分迫切和必要。

儒家的"己所不欲，勿施于人""推己及人"的仁道、"和为贵""睦仁善邻"的共生共处之道是相互依存时代处理国际关系不可或缺的基本原则。儒家思想既具备适应中国古代社会发展的内容，又能以开放的心态批判吸收其他学派的思想，实现自我更新；既有自强不息、不畏挫折的奋斗精神，又能采取行之有效的传播方法。具备了这些在中华文明土壤中生根、发芽、壮大的素质，儒家思想能从诸学派中脱颖而出，担当起引领中华优秀传统文化发展的重任，成为中华优秀传统文化的主流，成为古代中国人精神世界的主导也就不足为奇了。当今弘扬优秀传统文化，并非简单地照搬、复制历史，而是让优秀传统文化与现代结合，把传承与创新相结合。

任何民族的传统文化，都是在特定的时空背景下形成和发展的，儒家文化同任何一种传统文化一样，如果放在社会现代化的价值体系中去考察，也是一个具有两重性的文化实体。① 儒家文化提倡的人文精神、积极追求的理想人格、激励民族成员实现个人价值与社会价值，成为了民族凝聚力的核心要素。尽管儒家思想文化也有过衰落的时候，但是，随着儒家圈经济、政治等方面的发展，更加彰显其具有的文化特性和价值的力量。

儒家文化是有国际特殊性的东方文化，它不仅影响了中国，也影响了"儒家文化圈"；它不是单纯的政治、经济、地理等概念，当然更不是政治或经济实体，但是它又与政治、经济、地理等有着密切的关联；它既包含了历史，也影响着现在和未来。

儒家思想既有自身的核心价值，又是一个开放系统，可以呈现多元形态。文化的起源和生成是有国界的，但文化的传播和影响是没有国界的。优秀传统文化具有穿越时空的永恒价值和普世价值，具有很强的共享性、适应性和变异性。②

人类命运共同体既是经济、政治安全命运共同体，也是人文命运共同体。构建人类命运共同体，要求尊重各国多样性的文化，增进相互理解和认同，凝聚共识，在求同存异中生成人类命运共同体的相通和相容文化价值观。推动东北亚人文命运共同体的构建的基本要义是，为东北亚各国间和平相处、共同发展提供思想文化引领和坚实基础。人文命运共同体是一个多方式、多框架的人文融通体系。在人文命运共同体构建中，儒家思想作为传统文化的宝贵财富，能够发挥特殊的重要作用。

---

① 马传松：《现代化价值体系中的儒学二重性问题断想》，《重庆三峡学院学报》2003年第1期。

② 李祥熙：《韩国儒学与现代社会接轨的成功实践及对我们的启示》，《广州社会主义学院学报》2009年第1期。

第二十一章 务实推动东北亚人文命运共同体构建

"二战"后，东北亚地区政治巨变，朝鲜半岛分裂，中国、蒙古国、朝鲜与苏联结盟，日本、韩国与美国结盟，两个阵营发生对抗，经济的发展也走上不同的道路。20世纪60年代中苏关系发生变化，1978年中国实施改革开放，开启新的发展征程，逐步融入现行国际经济体系，与日本实现关系正常化。日本经济获得迅速恢复，实现快速发展，韩国经济也获得了高速发展，加入"四小龙"新兴经济体阵列。冷战结束后，中俄、中韩实现关系正常化，除朝鲜半岛分裂继续，朝鲜与日本、韩国关系没有实现正常化外，东北亚地区被割裂的政治、经济、文化大部走向正常化，并且有了新的发展。

一 现代发展中的文化相通传承

随着经济的发展，东亚地区国家的文化意识增强：第一，在学习国外先进科学技术、经济管理，加快发展自己的同时，各国更加重视本国文化的建设，特别是注重如何继承和发扬优秀传统文化；第二，面对西方文化的强势影响，在学习吸收的同时，努力寻求东方文化的价值。

在今天的东北亚地区，汉字与汉文学仍然是中日韩三国共有意义体系的重要组成部分。现代日语中有近2000个常用汉字，现代韩语虽然改用韩字书写，但70%以上的词汇是汉字词，韩国中学生需要认读 1817 个汉字。无论现代韩语还是现代日语，都存在大量源自汉语以及中国历史的成语典故。韩国人和日本人都会用寓意美好的汉字起名，仍将创作汉诗、书写汉字书法看作高雅的文化活动。日本创制的"和制汉语"也在现代汉语与现代韩语中广泛存在，尤其在人文社会科学的概念词汇中占有很高的比例。汉文学是韩日两国古代文学的重要组成部分。韩日两国民众熟悉中国诗词，《三国演义》等故事不仅家喻户晓，而且被开发成各种形式的文化产品。韩日古代文人用汉文创作的文学作品是其文学史的重要组成部分，被一代代传承至今。不仅如此，汉文学对韩语文学、日语文学也产生了深刻影响。文学艺术空间的亲缘性使得中日韩三国民众的精神世界、情感活动呈现相似性，进而影响其他艺术领域的审美。

以儒家文化为代表的"中华文化圈"遗产仍影响着东北亚三国的社会道德和行为规范，在微观层面的社会互动中发挥着作用。例如《论语》等儒家经典依然被三国民众反复研究讨论，其中很多经典语句被各种组织、社会名流视为座右铭。日本天皇的年号出自中国古代经典文献，说明日本人对"美好世界"的定义至今未变。韩国钱币上绘有性理学家李珥、其母亲申师任堂的画像，还绘有教授儒学的成均馆的图案，说明儒学仍然被韩国人视作值得骄傲的文化成就。在日常生活中，东北亚地区的社会文化普遍存在尊师重教、服从权威、勤劳节俭、集体主义、追求和谐人际关系等特点。上述微观层面的行为习惯传递到宏观领域，使得东北亚地区的劳动文化、资本组织方式、经济发展模式以及政治文化都具有其独特性，被称作"儒家资本主义""温情政治"等。除了儒家文化，以禅宗为代表的东北亚佛教在东北亚三国也仍然拥有众多信徒。① 在三国文化中占有一席之地，对三国民众的

---

① 2018 年中国发布的《中国保障宗教信仰自由的政策和实践》白皮书显示，中国信教公民接近 2 亿，其中佛教和道教信徒众多，但因为没有严格的入教程序而难以统计。韩国统计厅 2015 年的调查结果显示，韩国有 762 万佛教信徒，占韩国宗教信仰人口的 15.5%，仅次于基督教新教（占比为 19.7%）。日本的《宗教统计调查》则显示，截至 2016 年，日本佛教信徒有 8770 万人，超过神道教（8474 万人），在宗教信仰人口中占比最高。

善恶是非观、自然观、艺术审美和心理活动都产生着影响。

　　尽管古代的"中华文化圈"解体，但上述文化要素仍是东北亚地区文化交流的重要桥梁。虽然东北亚文化潮流的源头不再限于中国，但这一地区仍然在文化发展中保持着地域特色。进入全球化时代、信息时代后，东亚文化交流的参与人群迅速扩大至普通民众，文化产业的兴起更是提升了文化融合的速度，使得东北亚的文化相通现象快速复制和不断积累。目前东亚三国大城市的中产阶层拥有非常相似的生活形态、消费习惯和审美情趣，三国之间的人员流动也非常频繁，俨然存在一个"生活文化共同体"。

二　现代发展中的文化分离与交流

　　但是，历史文化遗产影响下的文化相通与不同意识形态导向下的政治分离并存。中日韩三国基于不同的意识形态建立了不同的政治制度，三国都寻求现代化发展过程中制度与传统文化的相互适应。东北亚地区的文化相通是存在于社会互动中的文化现象，往往以一种"集体无意识"的状态发挥作用。但是如果将其上升至观念和话语层面，则面临着主流意识形态以及其他更强势话语的挑战，例如社会制度差异、现代化理论、民族主义等。这使得东北亚地区的文化相通更多地被限定在生活领域里。因此，需要大力发掘文化相通所积累的宝贵财富，大力推动文化交流，增进文化相通的传承，推动政治的和谐。

　　东北亚三国走上快速工业化道路后又开始了新一轮的民族文化身份构建，民族主义思潮也随之上升。在日本，"民族主义"不仅表现为在国际社会上谋求大国地位的"外向型民族主义"，也表现在以美化侵略历史为重点的"内向型民族主义"。这股潮流推动日本通过修改教科书、修改和平宪法、获取联合国常任理事国地位来实现向"普通国家"的过渡。特别是自20世纪90年代中后期，日本社会出现保守化倾向，在这样的社会环境中，领导人频频参拜靖国神社，右翼历史教科书甚至主张日本的亚洲侵略战争"有一定的进步意义"。而大多数的日本国民也选择回避侵略历史，对围绕侵略历史产生的争议保持沉默，对亚洲国家的批判声音存在情感上的抗拒。① 日本民众认为日本已经对过去的侵略行为道歉，对日本政府被迫进行没完没了的道歉感到厌烦，认为中、韩有意识地打"历史牌"，以求在对日外交中占据道德优势。中日韩在日本侵略历史问题上的立场冲突难以调和，日本的这种民族主义成为东北亚各国，特别是中日韩朝人文交流合作的障碍。

全球化带来的文化同化现象也刺激着世界各国对优秀传统文化的回归。东北亚各国都不断完善"物质文化遗产"和"非物质文化遗产"相关保护政策，在联合国平台上积极注册文化遗产，在学校教育中强调培养年轻人对于本国优秀传统文化的自豪感。同时，东北亚国家都把文化产业作为21世纪的重点发展产业，制定了一系列扶植文化产业发展的政策，鼓励文化产品的海外出口。而文化产业出于盈利需求会保护国内市场，并围绕抄袭等问题频繁发生矛盾。东北亚国家为了保护自身文化产业发展都制定了"海外文化产品进口配额"制度。日本文化企业经常指责韩国抄袭其作品，韩国民众也认为中国文化产品大量抄袭韩国，而中国又以东亚文化宗主国自居，认为由日、韩企业包装生产的很多文化产品的源头是中国。这种"文化所有权"之争不仅关乎商业利益，还经常引发舆论关注，演变为三国之间的"文化自尊心之战"。以韩国为例，韩国一方面因为"韩流"在国际市场上取得的成就而骄傲，一方面限制文化产品进口数量，成为引发日本和中国"嫌韩流"的原因之一。韩国影视作品中的"辱华情节"、韩国艺人贬低中国的言论也经常引发中国民众的情感对立。

中国的快速发展引发了"中国文化威胁论"。日、韩民众一方面为自己的文化感到自豪，一方面也清楚古代中国文化遗产对自身产生的强大影响力，在中国面前同时具有自豪感与自卑感。相比日本，曾经完全融入中华文化秩序的韩国在中国面前有"自我矮小"心态，对于中国的发展更加敏感。2005年前后，中韩围绕"高句丽历史归

---

① 吴广义：《解析日本的历史认识问题》，广东人民出版社2005年版，第351页。

属"这一学术问题的争议在韩国被政治化解读。长白山归属、间岛归属等"莫须有"的中朝领土争端也被韩国舆论热炒，导致了中韩建交以来韩国对华认知第一次大规模转向负面。中韩之间的文化产业贸易虽然一直呈现赤字，但韩国对于中国文化产品的输入异常敏感。2010 年以后，中国资本加大了与韩国文化产业的合作，韩国媒体立刻强调"要警惕韩国文化产业失去自主性""警惕韩国文化重新成为中华文化的一部分"。韩国民众对于韩国影视作品中出现中国企业广告的情况也表现出过激反应。2021 年电视连续剧《朝鲜退魔师》就因为插入中国产品广告而遭到观众抗议，结果导致连续剧停播。

传统文化相通受到现代文化民族主义的影响。比如在韩国，存在"去中国化"和"去日本化"的现象。中韩建交以来，两国民众围绕朝鲜半岛在汉字和中医（韩国称"韩医"）等文化发展中的贡献、围绕中韩共有文化的发源地等问题发生过多次冲突。例如，中韩两国的活字印刷术曾经在佛教经典传播过程中相互启发，但今天的韩国侧重于强调高丽的金属活字印刷技术优于中国的木板活字印刷技术，将高丽时期用金属活字印刷的"大藏经"作为一号国宝。为了与中国文化相区别，韩国将很多在起源上与中国颇有渊源的有形和无形文化申请为世界文化遗产，将一些重要文化元素的汉字名称改为韩字名称。例如用"首尔"替代"汉城"、用"辛奇"替代"泡菜"等。韩日之间的文化相通现象更难以进入两国现代合作的话语体系。韩国人强调古代日本文化受朝鲜半岛影响，但影响韩国的日本文化大多是殖民文化，被列入"历史清算"的对象。例如殖民地时期的日本总督府、韩语中的日语词汇等。出于对日本"文化殖民"的反感，殖民地时期学习过日语的韩国人反而拒绝说日语，首尔大学也不设立"日语系"。近年来，少数韩国学者提出"殖民现代化说"，承认日本殖民统治是韩国近代化的开端。但这种观点并非主流，而且引发了韩国社会舆论的激烈批判。

东北亚国家有着长期的文化交流历史，形成了诸多共融、共享的文化。近代复杂的历史、不同的发展轨迹，增加了政治上的矛盾和对立，政治文化的特征加强。推动构建面向未来的文化共同体、增进文化民族性与共享性对接、通过扩大文化交流逐步化解矛盾、增加互鉴性和共享性，与维护民族文化自尊不矛盾，也没有必要担忧在文化交流中"被同化"。

东北亚地区政治安全领域的结构性矛盾始终是人文交流的桎梏，不断激化民族主义对抗，造成三国社会间的信任赤字。政治安全领域的合作遵循理性的国家利益原则，会随地缘政治结构变化而发生转向。民众之间的情感对抗看似是无形的软摩擦，但信任赤字一旦形成，就需要更长的时间去弥合。东北亚地区长期存在朝核问题、"独岛"（日本称"竹岛"）归属矛盾、钓鱼岛问题，日本侵略战争的伤疤也因为慰安妇赔偿问题、侵略战争中日本强征劳工的赔偿问题、日本领导人参拜靖国神社问题等问题一次次揭开，近年来中美竞争加剧又助长了日、韩两国的亲美舆论，考验着两国的"均衡外交"。东北亚地区长期以来用"政经分离"的原则降低政治安全矛盾对经济社会领域合作的影响，但社会系统是有机体，"政经分离"结构具有不稳定性，政治安全矛盾还是时常外溢至经济、社会领域。

近年来，随着中美竞争加剧、美国不断强化与日韩的同盟关系，日、韩两国的右翼和保守舆论不断制造对华负面舆论，两国社会对中国的意识形态偏见也日益加深。意识形态偏见已成为阻碍东北亚人文命运共同体构建的因素。在韩国，在 2020 年国会选举前后出现了批评中国以及文在寅对华政策的舆论。保守媒体与西方媒体一道批评中国的社会制度，保守党提出"政府问责论"和"政府媚华论"，青瓦台网站上出现了要求"弹劾总统"的请愿文。在 2022 年总统选举中，韩国保守党候选人以及保守党代表又多次发表中国相关负面言论。受这种社会舆论影响，一些从事中国研究的"知华派"也在媒体上建议总统不要使用"人类命运共同体"等话语，一些中韩文化合作项目也遇到阻碍。①

显然，推动东北亚人文命运共同体的构建，绕不开这些问题，面

---

① 《超 17 万韩国网友情缘种植江原道'中国城'项目，因"担心失去我们自己的文化"》，https：//baijiahao. baidu. com/s？id＝1695665420981104939&wfr＝spider&for＝pc。

对问题，需要寻求共同解决的方法，减少对立、坚持沟通、增进理解、增加共识。

三　务实推动东北亚人文命运共同体构建

东北亚的共享文化的基础是事实上的存在，这种存在大大降低了各国间文化传播的门槛，使得人文交流便捷与高效。例如在 2020 年抗击新冠疫情过程中，中日韩社会在互相捐助防疫物资时互赠汉诗作为鼓励，高效传递了善意。"青山一道同云雨，明月何曾是两乡""岂曰无衣，与子同袍""疾风知劲草，雨后地更坚""道不远人，人无异国"等"汉诗"语句在这一过程中作为中日韩共通的文化符号，最大限度地引发了对方社会的共鸣，因此而带来的感动是其他国家之间在捐助过程中所不曾出现的。

（一）推动文化相通与话语对接

东北亚地区活跃的经济合作带动了大规模的人员流动，涉及商贸、学术、教育、媒体、观光等各个领域。借助日益快捷的通信媒体以及受文化产业的推动，各国间的文化产品的交流也蓬勃发展，影响了更加广泛的人群。文化产业在市场、资本、人员技术领域里很容易开展深入合作，日本动漫与"韩流文化"都在流行文化中占有一席之地。而文化产业的合作又以极高的效率推动着民众消费文化和生活形态的同化。年轻人从小就熟悉同样的动漫人物、同样的绘本故事、同样的网络游戏、同样的影视明星，因此而拥有相似的审美情趣，而相似的审美情趣又促进了文化产业市场的一体化。换言之，在文化交流顺畅的情况下，"共享文化符号"会不断复制。畅通的文化交流环境下，东北亚地区的"生活文化共同体"得到发展。

文化相通也降低了国家间社会合作的成本，同时使我们有很多可以共同思考、相互借鉴的议题。历史上，中国的政治制度曾经是被朝鲜半岛、日本模仿的蓝本。日本"明治维新"的成功曾经对中国和朝鲜半岛起到了极大的促进作用，无论中国的"戊戌变法"还是朝鲜半岛的"甲申政变"都尝试以"明治维新"为蓝本。"二战"后，日本首先完成了工业化转型，其经济发展模式成为韩国和中国的榜样。韩国在 20 世纪六七十年代也走向了国家主导的外向型经济发展道路，财阀企业在发展初期大多得到了日本企业的帮助，从工厂设计、企业文化到营销手段都受到日本的影响。而日本与韩国的这种国家主导、重视出口的经济发展模式又被改革开放初期的中国所借鉴。

东北亚在社会治理中也面临着很多相同的问题，例如环境保护、社会保障、人口老龄化、教育改革、两性平等等，这些社会发展问题具有很高的同质性，很容易形成共同探讨的空间。这些议题大多属于共同的治理问题，有着共同的利益，有助于各国形成共同的问题意识、合作共识和人类命运共同体认同。

长期历史积累的文化传统是东北亚文化的重要财富，是文化相通的重要链接点，但是，考虑到近代东北亚国家的发展和现实政治文化的差异，人文命运共同体应该强调多元共处、多元互鉴的理念，对多元文化的发展给予支持，推动东北亚文化话语权的对接，构建新时代的东北亚人文命运共同体的话语体系。

倡导文化的开放包容、协同发展、多元互鉴，旨在以文明交流超越文明隔阂，以文明互鉴超越文明冲突，以文明共存超越文明优越。从这一理念出发，在东北亚地区的文化交流中，要理解和尊重各国文化的独特性，存异求同。近代东北亚留下的诸多历史问题、民族矛盾等化解需要长期的努力，寻求历史真相、共同构建历史文化认知的努力与构建开放包容、面向未来的新时代文化观并不矛盾。现代发展的不同道路所产生的政治文化需要在差别中寻求对接点，只有这样，东北亚才可以在不忘历史的同时走出历史。长期的和紧密的关系使得东北亚各国拥有丰富的共享历史遗产，也有着难以忘记的历史积怨。为此，既要珍惜历史留下的宝贵遗产，又摒弃否认历史、扭曲历史、编造历史的错误行为，做到这些需要做出不懈的努力。

追溯东北亚地区的文化发展史，人们发现，该地区的文化原本就具有多元包容、通权达变、善于学习、和而不同的特质。① 东北亚地区从未被某个宗教所主导，无论儒家文化、各种宗教还是西方的政治制度，都被用作经世致用的工具，这是各种文化在东北亚都能够被吸纳和本土化的根本原因。中华文化是多种族、多宗教、多地域不断融合变化的多元文化共同体。中华文化进入朝鲜半岛和日本后也继续保有这种特点，儒家文化、佛教文化、道教文化、神道教文化、萨满文化乃至后来的基督教文化都在这一地区相互融合共存，没有出现长期的尖锐的冲突。近代化转型以来，东北亚国家一直在积极学习和内化西方文化，追求文化融合。有关"东西融合""超越单向文化时空""多元共存"之类的话语在东北亚国家的观念领域里都被广泛认可。

构建人文命运共同体需要寻求传统文化相通与现代文化认同的对接路径。在东北亚，文化相通是客观的现实存在，但是，对于如何增加各国之间的文化认同，需要有新的思路，在推动传统文化相通与现代文化对接上做出更多的努力。当今时代，文化认同的凝聚方式与历史上不同，互联网、新媒体，文化商业化等，创造了文化互联互通的便利渠道，但同时也增加了认同上的难度。因此，一方面，需要营造促进文化互联互通的环境；另一方面，需要通过扩大交流，加强相互了解和理解，增加话语、导向和利益上的共识性。

东北亚地区的文化传播自古至今都不是强制性文化同化的结果，而是遵循实用理性原则双向互动的结果。在古代，符合统治者利益的文化才会被广泛地社会化。儒家文化维护皇权的合法性，神道教维护天皇的合法性，佛教在东北亚地区发展成为"护国佛教"，性理学在日本为了服务于幕府权力也发生了变迁。20世纪初中国和朝鲜半岛的革命派之所以接受日本的"大亚洲主义"，是出于民族救亡和民族发展的需要。20世纪90年代有关"东亚价值观"的话语构建之所以取得了可观的成果，也是迎合了当时这一地区的经济合作需要。在上

---

① 邢丽菊：《新时期中国外交思想的传统文化内涵》，《国际问题研究》2015年第3期。

述文化变动的过程中，当事人能否自发地接受新的文化观念非常重要。东北亚人文命运共同体理念要在东北亚落地生根，需要共同的利益基础，需要依托愿意将其"内化"的人群。

目前，东北亚地区既存在安全危机又存在经济发展潜力，呈现利害共存的"二元体"结构。[①] 趋利避害、坚定地走"和平"与"发展"之路，是东北亚国家的共同利益所在。构建东北亚人文命运共同体，要让更多的东北亚民众在区域合作中受益，以拓宽东北亚身份认同的社会基础。为此，在东北亚区域发展与合作中要突出均衡发展和共享发展。

（二）推动多样性的人文交流与合作

人员交流是文化交流重要载体。得益于地缘相近、文缘相亲，中日韩三国间的人员交流便利而高效，是亚洲人员交流最活跃的区域。中日韩三国互为对方的第一大或者第二大海外游客来源国。以 2019 年为例，中国年度访日游客数量达到 959 万人次，中国是日本最大的海外游客来源国，约占日本海外游客的 30%。韩国访日游客当年受韩日关系恶化影响有所下降，但仍然达到 504 万人次，韩国是日本海外游客第二大来源国。2019 年中国访韩游客数量为 602 万人次，日本访韩游客数量为 318 万人次，中国和日本分别是韩国第一和第二大海外游客来源国。2019 年韩国来华游客数量为 435 万人次，日本来华游客数量为 268 万人次，韩国和日本分别是中国第一和第二大海外游客来源国。[②]

随着政治、经济交流的紧密，政务、商务、就业人员的交往也大幅度增加。在中国的常驻外国人中，韩国人数量最多，在日本和韩国的常驻外国人中，中国人的数量也最多。随着中国的产业升级以及东北亚地区产业链结构变迁，旅居中国的日本人和韩国人数量约在

---

① 张蕴岭：《百年大变局下的东北亚》，《世界经济与政治》2019 年第 9 期。
② 中国《文化和旅游统计年鉴2020》显示 2019 年来华游客最多的 5 个国家依次为缅甸、越南、韩国、俄罗斯和日本，但缅甸、越南、俄罗斯来华游客中大部分是边贸往来人员。

2005 年前后达到峰值，此后而开始减少。即便如此，中国 2010 年第
6 次人口普查数据显示，韩国人仍旧是中国最大的外国人群体，达到
12.1 万人，日本人占第 3 位，为 6.6 万人。房屋中介公司贝壳研究院
基于 87 城国际客户的统计数据以及"链家"门店经纪人的调研结果
发现，2020 年在华居住的外国人中，韩国人占比仍旧最高。山东烟
台、青岛两城市的旅居外国人中韩国人占比高达 58.1% 和 43.0%。
在旅居广州的外国人中韩国人占比也最高，达到 18.1%。[①] 在北京和
上海存在韩国人聚居的社区，这里聚集着韩国餐厅、韩国商品，成为
城市文化的一部分。

教育交流是文化交流的重要领域，具有长远的影响。中日韩三国
年轻人都有很高的海外留学热情，互为重要留学生来源国。特别是韩
国，来华和赴日留学的人数都很多，来华留学生数量超过赴美留学生
数量，可见韩国社会非常认可东北亚地区的合作潜力。

表 21 - 1　　　　　　　中国在韩、日留学生现状

年度	中国在日留学生数量（人）	在中国海外留学生中占比（%）	中国在韩留学生数量（人）	在中国海外留学生中占比（%）
2016	105888	约 7.8	66672	约 4.9
2017	114974	约 7.9	68184	约 4.7
2018	114950	约 7.5	68537	约 4.5
2019	124436	约 7.5	71067	约 4.3
2020	121845	约 11.2	67030	约 6.2

资料来源：中国教育部统计数据。

2016 年中国在海外留学生总数 136.25 万人；
2017 年中国在海外留学生总数 145.41 万人；
2018 年中国在海外留学生总数 153.39 万人；

① 《外国人居住报告：韩国人来华定居最多》，http://baijiahao.baidu.com/s? id =
1681321833211010071&wfr = spider&for = pc。

2019 年中国在海外留学生总数 165.62 万人；
2020 年中国在海外留学生总数：108.8 万人。

由于教育部数据统计比较笼统，以上数据仅每年的海外留学生总数来源于中国教育部，中国在日留学生人数来自日本文部省，中国在韩国留学生人数来自韩国统计局及媒体。

表 21-2　　　　　　日本在中国、韩国留学生现状

年度	日本在中国留学生数量（人）	在日本海外留学生中占比（%）	日本在韩国留学生数量（人）	在日本海外留学生中占比（%）
2016	5787	约 6.0	6489	约 6.7
2017	7144	约 6.8	7006	约 6.7
2018	7980	约 6.9	8143	约 7.1
2019	6184	约 5.8	7235	约 6.7

资料来源：日本教育部统计数据。

2016 年日本在海外留学生总数 96853 人；
2017 年日本在海外留学生总数 105301 人；
2018 年日本在海外留学生总数 115146 人；
2019 年日本在海外留学生总数 107346 人；
以上所有数据来源于日本独立行政法人日本学生支援机构（JASSO）。

日本针对其海外留学生的统计主要通过文部省和日本独立行政法人日本学生支援机构两者进行，且二者统计的方式有很大不同。其中，文部省的统计方式是依据 OECD、联合国教科文组织、美国国际教育研究所（IIE）等数据进行的统计，不包括不满一年的短期留学，或者没有学籍的交流项目等，所以与实际的留学生人数存在差距。因此，第二个表中的数据均参考使用的是日本独立行政法人日本学生支援机构的统计数据。

表 21 - 3 韩国在中国、日本留学生现状

年度	韩国在中国留学生数量（人）	在韩国海外留学生中占比（%）	韩国在日本留学生数量（人）	在韩国海外留学生中占比（%）
2016	66672	29.8	15279	6.8
2017	73240	30.5	15457	6.4
2018	63827	28.9	15740	7.1
2019	50600	23.8	17012	8.0
2020	47146	24.2	18338	9.4

资料来源：韩国教育部统计数据。

　　留学生交流对于构建东北亚人文命运共同体而言具有重要意义。第一，今天的留学生是推动未来东北亚地区合作的智力资源。他们之中的很多人可能成长为三国的"知华派""知日派""知韩派"，能够影响本国社会对对方国家的认识、减少交流中的误会、提升交流合作的效率。第二，人员交流与经济合作、政治合作有着相互促进的关系。中日韩三国年轻人怀着对国家间合作的良好预期而选择留学对象国，他们毕业后从个人发展需求出发也会创造更多的合作机会。

　　目前东北亚地区的教育合作规模庞大，但着眼于构建东北亚人文命运共同体的长远目标，三国间教育合作的质量还有待进一步提升。目前三国优秀青年在选择留学对象国时更倾向于欧美国家的高校，中日韩三国教育界应该有意识地引导年轻人关注东北亚地区，应该强化东北亚区域性人才的选拔和培养工作，不仅要培养东北亚区域内的国别专家，还要培养区域专家，而且是既了解东北亚也了解欧美的区域专家。教育合作要着眼于未来，近年来中韩、韩日关系发展都遇到阻碍，民间相互认知恶化，产业合作面临调整，导致年轻人的留学热情也在下降。越是在这种时刻，政府和相关机构越要加大教育合作的力度，以保障东北亚合作健康发展的长远未来。

　　东北亚的文化产业贸易与合作取得了巨大成就而且存在更大的发

展潜力。文化产品输出不仅带来经济利润，而且是三国民众增进相互了解的最重要窗口。自20世纪80年代以来，日本和韩国文化娱乐产业兴起，相继成为席卷东北亚地区的大众文化流行源头，推动了三国消费市场的一体化。中国是韩国最大的文化贸易出口对象国，韩国文化体育观光部公布的《2019内容产业调查》显示，2019年韩国对华文化内容产业出口额为41.5亿美元，占韩国全球出口额的42%。对日出口额为16.6亿美元，占韩国全球出口额的16.8%。

在文化产业中，日本的动漫产业引人瞩目，是全球第一大动漫游戏出口国。自20世纪80年代起，日本的动画片和漫画作品就风靡东北亚地区，20世纪90年代以后动画电影、网络游戏兴起，影响了几代青少年。20世纪80年代，中国还处于改革开放之初，日本的广播剧、电视连续剧曾经一度风靡中国，成为中国人了解发达国家的一个新窗口，影响了中国的大众时尚，引发了一波日语学习热。受殖民历史的影响，日本影视剧很少直接在韩国电视台播放，但日本大众娱乐产业对韩国影视产业影响深远。韩国的大众娱乐产业，在人才培养机制、资本运作机制、节目形式、制作技术方面都有着日本的影子。

20世纪90年代以来，韩国文化产业也逐渐兴起，由网络游戏、流行歌曲、影视剧、综艺节目构成的"韩流"文化在中、日两国的流行文化中占据了一席之地。"韩流"文化自身吸收了欧美和日本的文化元素，其传统文化元素又与中、日传统文化有着较高的亲缘性，是一种带有韩国文化背景的融合文化。"韩流"将当代韩国的艺术审美和生活形态展示给受众，成为文化全球化浪潮中一个带有东北亚文化基因的支流。2000—2005年，"韩流"一度成为中国娱乐产业中最强劲的潮流，韩国也成为中国人最熟悉的国家，"韩版""韩范儿"等"仿韩流"现象在时尚消费中持续存在。2010年以后，韩国歌曲、电视剧、综艺节目通过互联网进入中国，出现了以"共同制作"为特征的"韩中流"。在文化领域，两国的资本、市场和技术出现了深度融合现象。从2010年到2015年，中国企业向韩国娱乐产业投入约1700亿元人民币，成为很多著名娱乐业公司的股东。"韩中流"产品大多在中韩两国同时播出，同时考虑两国市场的口味，极大地促进了两国大众文化的深度融合。"韩中流"继续发展，进一步发挥资本、市场、技术优势进而走向世界，将对推动东北亚人文命运共同体的构建起到积极的作用。无论是日本动漫，还是"韩流"，都潜移默化地推动了三国间的经济合作。在文化同化所造就的相似的"审美"情趣的推动下，收入水平上升后的中国人开始大量赴日、韩消费，日、韩代购也呈现惊人的规模，出现了中国人"爆买"日、韩现象。中国大城市与日、韩大城市的中产层在日常消费和生活形态方面呈现同质化特征。与此同时，大量中国游客的造访也影响着韩国和日本的城市文化。最直观的变化就是日、韩很多城市的商圈迅速发生改变，例如首尔和东京的化妆品店、观光商品店、免税店、酒店都迅速增加，出现了中国游客集中的区域，"唐人街"和中国餐馆也焕然一新。

中国文化对日、韩的输出主要表现为"汉语热"。韩国的"汉语热"已经从建交之初的大学和大企业扩散到中小学甚至幼儿园。韩国一直是汉语水平考试（HSK）最大的海外考场国，考生人数近年来一直占所有海外考生的半数以上，2015年超过13万人。目前韩国已经有过半数的中学把汉语列为二外，汉语在二外中所占的比重超过了日语、法语和德语，而适用于儿童的汉语教材也在韩国成为畅销书。"汉语热"带动着"中国热"，越来越多的人希望深入了解中国。介绍中国的书籍持续出现在韩国书店畅销书榜上，介绍中国的电视节目也越来越多。例如2015年韩国KBS电视台制作的大型纪录片"超级中国"就获得韩国观众的强烈反响，7集纪录片平均收视率高达8.7%，大大高于纪录片的平均水平。日本的"汉语热"不及韩国，但2018年参加HSK考试的日本人也达到3.4万人次。

近年来，中国文化产业实现了高速增长，网络游戏、影视剧制作水平快速提升，一系列以中国古典小说、武侠文化为基础制作的影视作品走向了亚洲市场，在很多国家赢得了很高的热度，抖音等社交自媒体成为中国文化走向海外的重要窗口。

显然，文化产业是推动东北亚文化认同的强劲动力，中日韩三国和其他东北亚国家通过在文化产业领域实现深度合作与融合，将使得具有新时代特征的人文命运共同体得到新的发展。

（三）加强政府间合作，完善人文交流机制

为了推进东北亚的人文交流合作，中日韩三国政府建立了政府间机制化的合作协商平台，其中代表性的主要有"中日韩文化部长会议""中日韩文化产业论坛"等。截至 2023 年，"中日韩文化部长会议"已经召开了 14 届，尽管这期间中日、日韩、中韩关系都经历过波动，但三国文化部长会议却稳定持续地推动着三国间的文化交流。每一届三国文化部长会议都发布了《共同宣言》和《行动计划》，为三国的文化交流与合作创造了良好的氛围。2012 年第 4 次中日韩文化部长会议上三国宣布启动"东亚文化之都"评选活动，目前已经选出三个国家的 20 多座城市。"东亚文化之都"在当选年会开展一系列交流活动，包括艺术家交流、青少年交流、媒体交流、城市宣传等，这些城市之间还建立了合作交流平台。"中日韩文化部长会议"还共同发起了"中日韩艺术节""中日韩文化艺术教育论坛"等合作项目，增进了三国民众的相互理解，也向世界展示了东北亚文化的独特魅力。"中日韩文化产业论坛"则致力于推动三国文化产业合作，例如联手搭建孵化和培育平台、从政府服务层面为致力于合作的三国企业和行业组织提供支援等。中日韩三国还定期举办旅游部长会议，有力推动了三国间多个"观光年"活动，推动了三国间观光游的便利化。2018 年 2 月韩国举办了"平昌冬奥会"，2021 年日本举办了"东京奥运会"，2022 年中国举办"北京冬奥会"，三场体育盛会中都包含大量人文交流活动，是民众增进相互了解的重要契机。

除了政府层面的文化交流机制，中日韩三国的很多地方政府以及民间组织也积极参与文化交流。目前中日之间已经有 256 对城市结为友好城市，中韩之间有 182 对友好城市。截至 2019 年，中日韩三方轮流举办了 21 届"中日韩友好城市交流大会"，成为地方政府层面稳定的沟通交流渠道。中日韩之间的友好学校更是不计其数，不仅涵盖

大学，还涵盖中小学，学者之间的学术交流以及青年人之间的交流都非常活跃。韩国科学财团、韩国国际交流财团、日本国际交流基金都设有面向海外学者的研究资助计划，其中关于东亚地区的研究长期以来都是热点和重点。这些研究基金鼓励东亚地区的学者展开合作研究，对于东北亚区域的思想交流起到了积极的推动作用。中国也在韩国和日本与当地高校合作设立了很多"孔子学院"，近年来启动的"中华经典外译"工作也推动了中国文化向日韩两国的传播。

从未来发展看，东北亚国家需要进一步加强促进人文交流的机制建设，不仅中日韩之间，也包括东北亚其他国家，推动签订政府间的文化交流协议，建立文化交流合作综合基金或者行业基金，吸引社会资金参与，通过政府搭台，推动企业、社会文化组织"唱戏"，特别是重视网络媒体的文化作用，大力发展数字化文化合作机制。

(四) 共建东北亚的共享历史文化

东北亚历史问题复杂，构建面向未来的共享历史文化是推动人文命运共同体的重要举措。2002 年，中国、日本、韩国的历史学学者召开了首届"历史认识与东亚和平论坛"，建立了"中日韩三国共同历史编纂委员会"，开始探讨三国都能够接受的东北亚历史叙事。2005 年"中日韩三国共同历史编纂委员会"编纂的《东亚三国的近现代史》出版，2013 年第二部教科书《超越国境的东亚近现代史》出版。这两本教科书在中日韩三国被很多中学用作参考或者选读书目。这项研究的源起是日本右翼出版了否认"南京大屠杀""慰安妇"等日本侵略历史的教科书，历史学者们从"以史为鉴""追求和平"的视角出发，希望书写东北亚三个"当事国"各自的历史记忆，以三元视角构建东北亚近代历史的完整拼图。这一研究的意义并不仅仅在于从多视角叙述的日本侵略战争，还是三国寻找历史叙述交集、确认彼此间观念差异，构建共享东亚认知的重要尝试。

事实上，在构建共享历史文化上，应该做的和能够做的还很多。比如，中日韩三国目前出版的共同教科书虽然介绍了三国的历史视角差异，但仅仅将立场差异呈现给三国青少年还不够，今后还需要围绕分歧进一步展开对话并将其展示给民众。中朝、中韩、中俄和中蒙也应该合作开展双边或者多边历史研究，通过这些研究写出各方达成共识的和存在分歧的历史沿革。对于复杂的近代东北亚文化关系，也应该通过民间合作的方式，开展联合研究、出版成果，增进各国民众对共享历史文化的认知。

（五）加固人文命运共同体的经济利益基础

经济合作是推动人文交流的重要基础。东北亚地区经济正在经历调整期：一是原来的经济竞争结构发生转变，以中国为低成本加工出口为架构的产业分工链发生变化，需要转型升级；二是美国贸易保护主义、技术封锁措施，使得以美国市场为支撑、以技术分工为依托的供应链发生变化；三是供应链断裂迫使政府和企业减少外部依赖，加大本土生产的能力。在此情况下，需要进一步加强合作，巩固原有的合作基础，重构合作共利的供应链。

当前的明显趋势是，出于对华竞争的考虑，美国极力拉拢日、韩企业，孤立中国，韩国大企业加大了对美投资，受美国政策影响，日本与韩国企业也有分散产业链、缩短产业链的考虑。经济合作的调整对东北亚地区民众的共同利益认知产生了影响。中国是日、韩的最大贸易伙伴国，但随着日、韩两国政府和企业对东南亚、美国等市场的关注度上升，大众媒体也更加关注这些地区的文化，在此情况下，需要做出新的努力凝聚东北亚区域合作的共识，发挥人文交流的特殊作用。

（六）加强人类命运共同体意识的培育

东北亚地区的文化相通在现实中是以多种形式体现的，但是，在观念认知上却存在很大的缺失。造成这种现实实践与观念认知差别的原因非常复杂，受到国家关系、舆论导向、突发事件等诸多因素的影响，因此，人类命运共同体的意识和观念认知需要培育。构建面向未来的人文命运共同体是一个长期过程，关键是创建区域的合力、官民齐动。

人文命运共同体在有些方面，可能走得更快些，成为构建人类命运共同体的先导，有些方面可能走得慢些，需要其他领域人类命运共同体发展的推动。重要的是维护国家间关系的总体稳定，创建开展交流与合作的良好环境。为此，应努力减少政治差别带来的政治分歧，通过多样性的文化交流与合作，增进东北亚共生意识和对构建人类命运共同体的认同，扩大人文命运共同体认同的社会基础。

东北亚地区存在丰富的文化相通资源，通过文化交流，文化相通的方式、内容和规模都会得到新的发展，有助于推动东北亚文化相通的扩大与深化。公众文化交流的目标应长远，为方便交流和扩大交流提供更为宽松、包容的环境。民间文化交流淡化政治议题，但要重视正确的导向，使交流真正有利于增进了解，促进对人文命运共同体的认同。在交流中可能会出现分歧，因此不必强求划一，彼此间可以批评争论，但应能增进了解和理解，而不是增加仇恨。斗而不破，知道相互合作共存的重要性。[1]

近年来，中日、日韩关系多有波折，加之受美国以及本国保守势力的影响，日本、韩国国内政治人物、社会舆论对中国的偏见有所增强，"中国话语"被扭曲，越是这样，越要推动交流，避免出现交流中断的局面，对于一时不能开展的交流，也要创造条件尽快恢复。只要文化交流路径通畅，就会增进人们对中国的真实了解，纠正偏见和不实舆论话语。

（七）营造包容、宽松的人文交流环境

人文交流应该着眼于大局，跳出眼前的争端。和平与发展是东北亚各国的根本利益所在，应该成为人文交流的主旋律。当前，东北亚

---

[1] 张薇薇等：《新时代中日人文交流的使命》，《东北亚学刊》2019 年第 2 期。

进入了权力与利益的调整期。东北亚地区风险与机遇并存的二元特征更加明显，此时民众的认知和选择比任何时候都更加重要。① 东北亚各国无论发生什么矛盾，都是彼此搬不走的邻居，共处、共生、共享的事实是推动构建人类命运共同体的内在根基，有分歧、有矛盾并不可怕，可怕的是由于失策而增加矛盾、引发对抗。在很多情况下，当政治陷入僵持或者对立的时候，人文交流往往成为"冷却剂"和"润滑剂"，因此，要用好多方式、多渠道、多层次的人文交流机制。

人类命运共同体是中国基于"和合共生"的思想理念，推动人类走向和平与合作、发展新关系与新秩序的重要倡议与行动。东北亚人文命运共同体的构建要在这种思想理念引领下付诸行动，由于人文交流具有广泛覆盖的特征，在很大程度上表现为现实政治、经济、社会活动的凝练，因此，东北亚人文命运共同体的构建需要与其他领域的人类命运共同体构建相联系。比如，在发展方面，把文化因素嵌入均衡发展、共享发展和可持续性发展与合作等领域，把共处、共生的文化因素嵌入次区域合作、科技合作、教育合作、环境治理合作、公共卫生合作等领域，推动各国不同话语与文化表现形式的对接，形成新时代的文化相通与文化认同。

人文交流要细水长流，在交流中不断拓展和深化。为此，需要创建人文交流的包容和宽松环境，鼓励多元主体参与，促进多样性发展。人文交流离不开政治、经济、社会实践，但文化本身具有独立性，在形式上具有多样性，各国之间有着特性、内容、表现形式上的不同，应鼓励"百花齐放"。为此，要大力支持民间机构组织开展多样活动，鼓励更多的公众直接参与，让各种人群用他们喜闻乐见的方式开展文化交流活动。

人文交流离不开政府的支持和参与，比如，由政府通过举办友好年、观光年等活动来推动文化交流，具有规格高、规模大、参与面广的特点。同时，各国政府应在推动人文交流方面提供制度保障，对人

---

① 张蕴岭：《百年大变局下的东北亚》，《世界经济与政治》2019 年第 9 期。

文交流进行指导和引导。在制度保障方面，包括简化签证手续、建立学术领域的认证机制、完善相关法规等。

人文交流领域里的行为主体非常多样，不同行为体有各自的利益诉求和价值观，在互动过程中会有一致的方面，也会有不同的方面，有友好的方面，也会有对立的方面，有时具有很大的不确定性。但在大多数情况下，通过渠道畅通的交流，会增进理解和共识。对于出现的问题，需要通过沟通与合作加以妥善处理。

总的来看，随着经济社会发展阶段日益接近，东北亚民众作为文化消费者的口味日益接近，东北亚文化产业合作的空间会越来越广阔，因此应该将东北亚地区文化产品流动的大门开得更大些，鼓励和支持文化产业展开合作，推出有助于提升具有东北亚特色的文化竞争力、话语权的产品，推动东北亚文化产业共生链的发展。

要构建东北亚人文命运共同体话语的认同，需要思想的引领作用。以多元互鉴和共商共建为共识原则，就构建东北亚人文命运共同体开展对话。基于人类命运共同体的构建理念，在推动人文命运共同体构建中尊重文明、文化的多样性，以交流超越隔阂，以互鉴超越冲突，以共存超越优越。只有这样，才可以破除自我中心主义、狭隘民族主义的藩篱，共同建设以合作为基调的面向未来的包容与宽容的交流平台①。

要特别重视媒体，特别是新媒体在引导社会舆论与推动人文命运共同体构建中的建设性作用。由于媒体，特别是新媒体容易引发社会关注，产生轰动效应，在许多情况下，其往往更重视讨论分歧与矛盾，而不是认同与共识。因此，需要加强各国媒体，包括新媒体的沟通、对话和参与，建立交流平台机制，推进构建人文命运共同体的共识。

构建东北亚人文命运共同体话语，需要深入东北亚社会，了解不

---

① 赵立新：《当代东亚民族主义与国家间关系：20世纪90年代以来中韩日民族主义的冲突与整合》，社会科学文献出版社2012年版，第197页。

同阶层、社会群体与个人的关注和需求。要让人类命运共同体在不同的社会、不同人群中落地，因此，人文交流与合作要接地气，为公众所接受并得到公众的支持和参与，让公众成为推动人类命运共同体建设的积极参与者。

专家、学者在推动构建东北亚人文命运共同体中发挥着重要与特殊的作用。为此，应该开展更多更深入的合作研究，发布研究成果，建立多层次的专家、学者网络。要动员社会资源，包括基金会、公司、个人的资源，支持有助于人文命运共同体构建，凝聚政治家、专家学者和社会公众共识的学术研究、文化交流活动。

面对复杂、变化的世界，构建人类命运共同体是中国提供给世界、地区的"中国方案"，是引导世界和地区避免对抗、战争，走向和平与繁荣的良方。言必行、行必果，中国会以自身的行动作出贡献，同时也会与其他国家一道努力共建。

"大道之行，不责于人。"各国都有各自的国情，有不同的政治制度和文化，共商共建东北亚人文命运共同体，需要求同存异。求同是关键，在凝聚共识的基础上协力共进，创建一个和平、合作、繁荣的东北亚。